北大投资银行学丛书

Corporate
Financing
Management

公司融资管理

李心愉 著

企业管理出版社
ENTERPRISE MANAGEMENT PUBLISHING HOUSE

图书在版编目（CIP）数据

公司融资管理/李心愉著.—北京：企业管理出版社，2018.11
ISBN 978-7-5164-1828-4

Ⅰ.①公… Ⅱ.①李… Ⅲ.①企业融资—研究 Ⅳ.① F275.1
中国版本图书馆 CIP 数据核字（2018）第 256819 号

书　　　名：	公司融资管理
作　　　者：	李心愉
责任编辑：	尚元经　李　坚
书　　　号：	ISBN 978-7-5164-1828-4
出版发行：	企业管理出版社
地　　　址：	北京市海淀区紫竹院南路17号　　邮编：100048
网　　　址：	http://www.emph.cn
电　　　话：	总编室（010）68701719　发行部（010）68701816
	编辑部（010）68414643
电子信箱：	qiguan1961@163.com
印　　　刷：	北京市密东印刷有限公司
经　　　销：	新华书店
规　　　格：	170毫米×240毫米　16开本　28.5印张　378千字
版　　　次：	2018年11月第1版　2018年11月第1次印刷
定　　　价：	88.00元

版权所有　翻印必究·印装错误　负责调换

前言 Preface

公司在发展过程中所需要的资金，总的来说，可以通过两种方式获得：直接融资和间接融资。所谓直接融资是指直接从金融市场获取资金，如发行股票、债券等；间接融资是指通过金融机构获取资金，如银行借款。在我国现阶段，公司融资主要通过银行借款方式，股票和债券融资仅占公司所需资金来源的20%左右，这与我国股票和债券市场发育不完善关系很大。但近年来，尤其是2005年以来，我国资本市场多项改革齐头并进，金融生态环境明显改善。股权分置改革顺利完成，为股票市场的发展奠定了制度基础，公司融资手段明显拓宽。随着债券市场制度逐步完善、交易主体不断增加、交易品种日益丰富、交易规模持续扩大、市场流动性大幅提高，债券市场在金融体系中的地位和作用与日俱增。这些都为我国公司融资提供了广阔的前景。

金融市场发展为公司融资提供了一个更加自由，同时也更加复杂的金融环境，这就要求我们对融资理论和实务有更加深入的了解，以满足实践的需要。国内现有的公司融资类书籍往往还停留在比较简单的层次上，与金融实践存在一定的差距。金融市场的发展和公司融资途径的拓宽要求我们掌握更新的金融理论。为此，我们在阅读大量金融学文献和美国商学院金融学经典教科书的基础上，决心为广大读者提供一本较新的融资理论和实务书籍。与传统融资类书籍相比，本书具有以下特点。

（1）本书深入阐述了公司融资理论，这在全书的各个章节都有明显的体现。为了使读者理解中外公司融资行为的差异，我们不惜笔墨了介绍公司融资的制度基础。例如在第八章，我们对资本结构理论进行了深入的阐述和总结；第十章，我们对公司证券的发行制度进行了比较详细的阐述，这能使读者深入理解公司融资的很多重要特征。

（2）针对我国公司的具体情况，我们总结了我国公司融资的一些特点，比如我国A股首次公开发行的条件和程序等。由于基础设施建设中项目融资的广泛应用，我们在本书中对项目融资也专门做了介绍，尽管已经超出公司融资的范畴。

（3）为了便于读者理解，我们在该书中引用了大量案例和背景知识，以帮助读者理解、掌握并运用相关概念和知识。

本书的内容分成四篇。

第一篇：融资基础。公司融资需要了解和掌握大量的基础知识，比如财务报表，公司的现金流量、投资决策原理等，我们对这些概念和方法做了简单、明晰的介绍。

第二篇：价值原理。公司融资要用到股票、债券和期权等金融工具，我们对它们的价值确定做了详细的介绍，并讨论了公司的价值确定。

第三篇：资本结构和股利政策。公司融资与公司的资本结构和股利政策密不可分，我们在该部分对其进行深入的介绍，这对制定公司的融资策略至关重要。

第四篇：融资策略。我们分别探讨了股票、债券、混合型金融工具、租赁和项目融资。相信读者通过本篇的学习，对这些融资策略有更深刻的理解。

李心愉

2018年8月于北京大学

目录 Contents

第一篇　融资基础

第一章　现代公司制度 … 3
第一节　公司制企业的目标 … 4
一、公司制企业 … 4
二、公司制企业的经营目标 … 6
第二节　公司制企业的委托代理问题 … 8
一、股东和经理层之间的委托代理关系 … 8
二、股东和债权人之间的委托代理关系 … 9

第二章　财务报表与公司财务信息 … 14
第一节　财务会计报表的信息揭示 … 15
一、财务报表 … 15
二、财务报告体系 … 15
三、财务报表编制结果差异的主要原因 … 18
第二节　资产负债表 … 19
一、资产负债表的内容与分析 … 21
二、资产负债表在财务分析和评价中的作用 … 26
三、资产负债表的局限性 … 28

第三节　损益表 … 29
　　一、损益表的内容与分析 … 30
　　二、损益表在财务分析和评价中的作用 … 34
　　三、对于公司利润质量的进一步讨论 … 35

第四节　现金流量表 … 39
　　一、现金流量表的内容与分析 … 41
　　二、现金流量表在财务分析和评价中的作用 … 45
　　三、现金流量表的局限性 … 46

第五节　财务报表分析 … 48
　　一、财务比率分析 … 49
　　二、杜邦财务评价体系 … 62

第三章　现金流量与资本预算 … 65
第一节　现金与现金流量 … 66
　　一、现金流量与现金存量的关系 … 66
　　二、现金与现金周转 … 70

第二节　资本预算 … 72
　　一、评估投资项目的现金流量 … 72
　　二、投资决策准则 … 80

第三节　经济利润（EVA）和市场附加值（MVA） … 85
　　一、经济利润（EVA） … 86
　　二、市场附加值（MVA） … 91
　　三、EVA、MVA 与 NPV … 91

第二篇　价值原理

第四章　价值的基本概念 … 95
第一节　资金的时间价值 … 96

　　　　一、时间价值的概念 ·· 96
　　　　二、货币的将来值与现值 ···································· 97
　　第二节　风险与收益 ··· 104
　　　　一、风险与收益的衡量 ······································ 105
　　　　二、风险与风险偏好 ·· 108
　　第三节　利率风险和期限结构理论 ······························ 113
　　　　一、到期收益率 ·· 113
　　　　二、利率的风险 ·· 114
　　　　三、利率的期限结构 ·· 114

第五章　债券、股票和期权的价值 ································ 117
　　第一节　债券的价值 ··· 118
　　　　一、债券的基本特征 ·· 118
　　　　二、债券的价值和到期收益率 ···························· 119
　　　　三、债券的久期和凸性 ···································· 121
　　第二节　股票的价值 ··· 126
　　　　一、股票定价的基本模型 ·································· 126
　　　　二、市场有效性与股票定价 ······························· 129
　　第三节　期权的价值 ··· 140
　　　　一、期权的基本概念 ·· 141
　　　　二、期权的基本损益状态 ·································· 144
　　　　三、期权组合与买卖权平价 ······························· 146
　　　　四、期权的价值 ·· 148

第六章　资本成本 ··· 157
　　第一节　个别资本成本 ··· 158
　　　　一、估算负债成本 ··· 158
　　　　二、估算股权资本成本 ···································· 161
　　第二节　加权平均资本成本 ····································· 164

　　　　一、加权平均资本成本的概念和计算 …………………… 164
　　　　二、影响加权平均资本成本的因素 …………………… 164
　　　　三、对于资本成本的进一步讨论 …………………… 166
　　第三节　边际资本成本 …………………………………………… 169
　　　　一、边际资本成本的概念 …………………………… 169
　　　　二、边际资本成本的测算 …………………………… 170
　　第四节　投资项目的资本成本 …………………………………… 172
　　　　一、项目资本成本的涵义 …………………………… 172
　　　　二、资本预算中采用公司加权平均资本成本的前提 … 172
　　　　三、估算项目的资本成本 …………………………… 174
　　　　四、利用边际资本成本进行投资决策 ……………… 176

第七章　公司价值评估 ……………………………………………………… 178
　　第一节　公司价值评估的方法 …………………………………… 179
　　　　一、比较价值法 ……………………………………… 179
　　　　二、现金流贴现法 …………………………………… 185
　　第二节　公司购并中的价值评估 ………………………………… 189
　　　　一、公司购并为什么可能创造价值 ………………… 189
　　　　二、公司购并中的价值评估方法 …………………… 190

第三篇　资本结构和股利政策

第八章　资本结构理论与实务 …………………………………………… 199
　　第一节　早期资本结构理论 ……………………………………… 200
　　　　一、净营业收益理论 ………………………………… 200
　　　　二、净收益理论 ……………………………………… 201
　　　　三、传统理论 ………………………………………… 202

第二节　MM资本结构理论 ……………………………………… 203
一、MM理论的基本假设条件 ………………………………… 204
二、无公司所得税时的MM模型 ……………………………… 204
三、有公司所得税时的MM模型 ……………………………… 208
四、Miller模型 ………………………………………………… 212

第三节　权衡理论 ………………………………………………… 214
一、财务危机成本 ……………………………………………… 214
二、代理成本 …………………………………………………… 216
三、权衡理论（Trade-Off Theory）——考虑财务危机和代理成本后的资本结构理论 ……………………………… 217

第四节　信号模型 ………………………………………………… 222
一、唐纳逊的融资选择顺序理论 ……………………………… 222
二、梅尔茨的资本结构信号模型 ……………………………… 223

第五节　资本结构决策 …………………………………………… 226
一、根据资本成本选择资本结构 ……………………………… 226
二、息税前收益—每股收益分析 ……………………………… 227
三、股票价值分析 ……………………………………………… 230
四、影响资本结构决策的主要因素 …………………………… 232

第九章　股利理论与政策 …………………………………………… 236

第一节　股利理论 ………………………………………………… 237
一、MM股利无关论 …………………………………………… 237
二、股利更安全："一鸟在手论" ……………………………… 241
三、税收偏好理论 ……………………………………………… 242
四、信号理论 …………………………………………………… 244
五、股利政策理论讨论中的其他观点 ………………………… 247

第二节　股利政策的选择 ………………………………………… 248
一、影响公司股利政策的主要因素 …………………………… 249

二、常见的公司股利政策 …………………………………… 250
　　三、现金股利的支付程序 …………………………………… 254

第三节　股票股利、拆股与股票回购 ………………………… 257
　　一、股票股利 ………………………………………………… 257
　　二、股票分割 ………………………………………………… 259
　　三、股票回购 ………………………………………………… 262

第四篇　融资策略

第十章　证券发行基础知识 ……………………………………… 271

第一节　证券发行制度 …………………………………………… 272
　　一、美国的证券发行监管制度 ……………………………… 272
　　二、我国的证券发行监管制度 ……………………………… 275
　　三、我国证券发行的一些中国特色规定 …………………… 277

第二节　信息披露制度 …………………………………………… 277
　　一、中美信息披露制度体系及主要差异 …………………… 278
　　二、招股说明书 ……………………………………………… 279

第十一章　股票融资 ……………………………………………… 280

第一节　股票的基础知识 ………………………………………… 281
　　一、股票概述 ………………………………………………… 281
　　二、股票的分类 ……………………………………………… 284
　　三、我国股票的分类 ………………………………………… 288

第二节　股票初次公开发行 ……………………………………… 289
　　一、公司上市的利弊 ………………………………………… 290
　　二、公司上市的过程 ………………………………………… 291
　　三、上市交易的第一天——IPO抑价之谜 ………………… 293

四、首次公开发行股票的长期价格表现 ………………… 297

第三节　上市公司发行新股 ……………………………… 299
一、私募 ………………………………………………… 299
二、股票期权、员工持股计划（ESOPs）和
　　股利再投资计划（DRIPs） ………………………… 300
三、配股 ………………………………………………… 301
四、向社会公开发行新股（增发） …………………… 304

第四节　我国A股股票首次公开发行 …………………… 306
一、首次公开发行公司申请公开发行股票的条件 …… 306
二、首次公开发行股票的一般程序 …………………… 307
三、我国股票发行上市保荐制度 ……………………… 308
四、我国首次公开发行股票询价制度 ………………… 310
五、股票上市交易条件 ………………………………… 311
六、股票交易暂停和终止的情形 ……………………… 312

第五节　我国境内B股上市 ……………………………… 312
一、我国B股市场概况 ………………………………… 312
二、发行境内上市外资股的条件 ……………………… 313
三、申请增资发行境内上市外资股的条件 …………… 313

第六节　我国企业境外上市 ……………………………… 314
一、境外直接上市 ……………………………………… 314
二、境外间接上市 ……………………………………… 316
三、其他境外上市方式 ………………………………… 318
四、上市标准 …………………………………………… 318

第十二章　债券融资 …………………………………………… 321

第一节　债券的基本概念 ………………………………… 322
一、债券的基本要素 …………………………………… 322
二、债券的基本特征 …………………………………… 323

三、债券的分类 323

第二节　公司债券的主要条款 327
　　　一、资产条款 327
　　　二、股利条款 329
　　　三、融资条款 329
　　　四、保证条款 329
　　　五、偿债基金条款 330
　　　六、赎回选择权 331
　　　七、转换选择权、交换选择权和卖出选择权 336

第三节　债券的风险 337
　　　一、利率风险和再投资风险 337
　　　二、违约风险和债券评级 341
　　　三、垃圾债券 344

第四节　两种特殊的公司债券 351
　　　一、收入债券 351
　　　二、浮动利率债券 352

第五节　债券的发行 354
　　　一、公司债券的公开发行 354
　　　二、私募 354
　　　三、我国债券市场状况 355
　　　四、我国公司债公开发行、上市交易、法律规定一览 357

第十三章　混合型融资 359

第一节　优先股 360
　　　一、优先股的基本特征 360
　　　二、优先股融资的利弊分析 362

第二节　认股权证 362
　　　一、认股权证的特征 362

　　　　二、股权证与看涨期权的差异 …………………………………… 363
　　　　三、认股权证的价值分析 ………………………………………… 365
　　　　四、认股权证融资的利弊 ………………………………………… 368
　　第三节　可转换证券 ………………………………………………… 370
　　　　一、可转换证券的特征 …………………………………………… 370
　　　　二、可转换证券融资的利弊分析 ………………………………… 372
　　　　三、可转换债券价值分析 ………………………………………… 374

第十四章　租赁融资 ……………………………………………………… 382
　　第一节　租赁的基础知识 …………………………………………… 383
　　　　一、租赁的概念 …………………………………………………… 383
　　　　二、租赁的类型 …………………………………………………… 383
　　　　三、租赁的会计处理和税收规定 ………………………………… 387
　　　　四、租赁的程序 …………………………………………………… 389
　　　　五、租金的确定 …………………………………………………… 389
　　第二节　租赁与借款购买的比较 …………………………………… 391
　　第三节　对租赁的进一步讨论 ……………………………………… 393
　　　　一、租赁购买无差异 ……………………………………………… 393
　　　　二、对租赁现象的解释 …………………………………………… 396

第十五章　项目融资 ……………………………………………………… 398
　　第一节　项目融资概述 ……………………………………………… 399
　　　　一、项目融资的特点 ……………………………………………… 399
　　　　二、项目融资的参与者 …………………………………………… 401
　　　　三、项目融资的运作程序 ………………………………………… 404
　　第二节　项目的投资结构 …………………………………………… 406
　　　　一、决定项目投资结构的主要因素 ……………………………… 406
　　　　二、投资结构的基本类型 ………………………………………… 408
　　第三节　项目融资模式 ……………………………………………… 415

一、投资者直接安排的融资模式 …………………………… 415

　二、投资者通过项目公司安排的融资模式 …………………… 416

　三、以"杠杆租赁"为基础的融资模式 ………………………… 416

　四、以"设施使用协议"为基础的融资模式 …………………… 417

　五、以"产品支付"为基础的融资模式 ………………………… 418

　六、BOT项目融资模式 …………………………………………… 418

　七、ABS项目融资模式 …………………………………………… 422

第四节　项目的资金结构和融资担保 …………………………… 425

　一、项目的资金结构 ……………………………………………… 425

　二、融资担保 ……………………………………………………… 428

参考文献 ……………………………………………………………… 429

附录一　复利终值系数表 …………………………………………… 435

附录二　复利现值系数表 …………………………………………… 437

附录三　年金现值系数表 …………………………………………… 439

附录四　年金终值系数表 …………………………………………… 441

第一篇

融资基础

资本是公司创建和生存发展的必要条件，在公司的初创和持续经营过程中出于各种动机会不断地产生筹资需求。例如，为了扩大生产经营规模而产生的筹资需求，为了偿还债务而产生的筹资需求，为了改变资本结构而产生的筹资需求等等。不论出于何种目的，公司都需要根据融资需求和自身特点在众多融资方式中进行权衡选择，以便做出最优的融资决策。例如，针对一个投资项目进行融资时应该考虑哪些主要问题；如何在控制财务风险的前提下尽量发挥财务杠杆的作用；如何分析和对比不同融资方式的成本；如何评价公司价值；又该如何在公司价值最大化的前提下选择资本结构和股利分配方式等等。为此，必须首先了解公司是如何组织的，财务数据如何反映公司的经营情况，投资项目决策的基本要求等。只有掌握了这些基础知识，才能对公司的融资决策有更深刻的体会。本篇的目的就是要介绍上述有关公司融资的基础知识。本篇的组织结构如下：

第一章：讨论现代公司制企业的本质特征，使读者能够对公司融资中存在的委托—代理问题有一初步认识。

第二章：介绍公司财务报表以及如何从财务报表中获取公司财务信息的主要方法，它是公司融资决策的基础。

第三章：介绍如何将财务数据转化为现金流量，以及如何利用现金流量进行投资决策的方法。

第一章

现代公司制度

公司制是在个人业主制、合伙制基础上产生的一种企业组织形式。相对于其他企业组织形式，公司制最本质的特点在于其产权形式。无论是个人业主制还是合伙制，都是一种产权高度集中，所有权与经营权高度集中于业主或合伙人手中的自然人产权结构。公司制企业则不同，它的特点是产权分散、转让灵活，企业的融资能力大大增强；其次是所有权与经营权相分离，这一分离有利于扩大公司的经营规模，提高竞争力。但公司制企业也有不少问题，特别是所有权和经营权分离所带来的委托代理和重复纳税问题。在本章中，我们将讨论这些问题，使读者对公司制企业融资决策的微观决策环境有个初步认识。

第一节 公司制企业的目标

一、公司制企业

公司制企业是社会经济发展到一定阶段的产物，它是通过一系列的合同关系，将不同生产要素和利益集团组合在一起，进行生产经营活动的一种企业组织形式，是一个"合同关系"（或契约关系）的集合（nexus）。作为一种重要的企业组织形式，公司制企业在现代社会经济中占有重要的地位，绝大多数国家 GDP 中的大部分都是由公司制企业创造的。尽管如此，企业还可以采取其它组织形式。下面我们将看到，企业的三种基本组织形式以及不同的组织形式对融资决策的影响。

1. 个体业主制

个体业主制企业也称独资企业，是指个人出资经营、由个人所有和控制并享有经营成果的企业。个人业主制企业的创立很简单。在中国，只要符合《中华人民共和国个人独资企业法》（2000 年 1 月 1 日起施行），并向登记机关申请并获批后就可以了。此后，你就可以开始雇佣你所需要的人，借你所需要的钱，经营盈利或者亏损都由你自己承担。在初始阶段，个人业主制企业往往是"夫主外，妻主内，子女跑跑场子，再雇几个员工干干活"，因此它的组建很容易。个人业主制企业通常具有几下特点：

①个体业主制企业通常需要办理营业执照，但并不需要正式的公司章程，需要满足的政府规章也极少，成立和解散的程序很简单。

②个体业主对企业债务负无限责任。

③个体业主制企业无须交纳企业所得税，企业的利润作为业主个人所得交纳个人所得税。

④个体业主制企业本身的财力有限，往往受到业主本人财富的限制，负债

能力较差。

由于个体业主制企业的上述特点,使个体业主制企业融资能力十分有限,不利于规模扩张。我国现阶段的个体企业、私营中小企业很多都属于此类。

2. 合伙制

合伙制企业是由两人及两人以上共同投资、共同经营的企业。合伙制企业一般都有合伙协议,规定了合伙企业的制度安排,可以是口头协议,也可以是文字协议。

合伙制企业又分为一般合伙制和有限合伙制两类。

一般合伙制(general partnership)中,所有的合伙人都提供一定的资金,分享相应的利润或亏损。每个合伙人都必须承担合伙制企业的相应债务,其责任通常不限于其在合伙企业中所占的份额或所拥有资产比例,并且一般是承担无限责任,即在必要情况下,必须用私人财产偿付合伙企业债务。

有限合伙制(limited partnership)中,一部分合伙人的责任是有限的,这部分合伙人可以不参加企业管理,仅对其本人投资额承担责任;但每个有限合伙制企业至少应有一个无限责任合伙人,对企业债务承担无限责任。

合伙制企业具有以下特点:

①合伙制企业的产权转让十分困难,一般需要得到全体合伙人的一致同意。但有限合伙人可以出售他们在有限合伙企业中的产权。

②合伙制企业筹资也比较困难,其权益资本的规模受合伙人自身能力的限制,债务资本的规模则受企业自有资金资本规模的限制。

③合伙制企业的收入按照合伙人征收个人所得税。

与个人业主制企业一样,合伙制企业不具有法人资格,所有权和经营权合二为一的情况较多。由于受制于业主或者合伙人,通常企业具有有限生命。

3. 公司制

公司制企业是现代经济中最常见到的一种企业组织形式。公司制企业是一个独立的法人,有名称并拥有像自然人一样的起诉权和被起诉权。通常,各国都有《公司法》对公司制企业的组织、经营等进行规范。公司制企业的创办必须具有公司章程,公司章程通常规定了公司名称、经营目的、股东权利、董事会成员等事项。

在公司制企业中,通常有三类最主要的不同利益者:股东、董事会成员和经理层。股东作为公司所有者，控制着公司的经营方向，决定董事会成员组成。董事会成员选举以经理为首的高级管理层。公司制企业出现了所有权和管理权的分离，这一分离给企业带来了诸多好处：

①公司的产权以股份形式表示，因而易于转让。

②股东仅以出资比例承担有限责任。

③所有者的变动不影响公司的继续经营，从这个角度看，公司具有无限生命。

④公司制企业一般具有较强的负债能力及融资能力。

二、公司制企业的经营目标

在"经济人"这一前提假设下，公司制企业作为多个利益体构成的关系的集合，不管其利益关系如何错综复杂，追求的目标都是其利益的最大化，都是为了谋求所投入资本要素的保值和增值。但其经营目标也经历了一个不断演变的过程。

1. 利润最大化

利润最大化构成微观经济分析的理论基础，长期以来成为经济学家分析和评价公司企业经营业绩的基础。利润最大化有利于资源的合理配置，生产效率的提高。但利润最大化作为公司的经营目标却存在如下不足：

第一，利润最大化没有考虑到资金的时间价值。显然，30年后获得的100万元利润和当年获得的100万元利润存在着明显不同的效用。因此，有可能导致企业经理层短视，即只顾目前的利益，无视企业的长期发展问题。

第二，利润最大化没有充分考虑到收益的风险或者不确定性问题。利润最大化是建立在确定性假设基础上的，没有考虑到风险和收益的关系。经验告诉我们，高收益往往伴随着高风险。利润最大化可能会使经理层不顾风险的大小而去单纯追求更多的利润。如果为了利润最大化而选择高风险的投资项目，或进行过度的债务融资，公司的经营风险和财务风险就会大大提高。

第三，利润最大化忽略了利润和投入资本额的关系。例如，同样是获得200万元利润，一种可能需要投入800万元，另一种可能只要投入600万元，不与投入的资本额联系，可能导致财务决策优先选择高投入项目。

第四，利润最大化可能导致企业弄虚作假。利润是对企业经济成果的会计度量，由于会计处理通常具有一定的灵活性，导致经理层对利润具有一定的操纵空间，甚至可能进行恶性的弄虚作假。如臭名远扬的八佰伴破产案、安然事件、世通丑闻等。

第五，利润最大化并不代表企业可以支配和使用的现金，如果企业的商品大部分是以赊销的方式销售出去的，期末账面上仍有大量的应收账款，这时仍然可以形成可观的利润，产生有利无钱的现象。却不能保证能够有足够的现金保证企业未来生存和发展需求。

2. 股东财富最大化

从出资人的角度出发，公司的经营目标应该是为股东创造价值，当股东价值以普通股的市场价格为形式表现出来时，股东财富最大化则体现为股票价格最大化。与利润最大化目标相比，股东财富最大化作为公司的经营目标有以下好处：

第一，考虑到了风险因素。金融市场的实践表明，公司风险的高低往往会对股票的价格产生明显的影响。

第二，在一定程度上克服了公司在追求利润最大化上的短视行为。股票价格不仅受公司当期利润的影响，而且受公司未来利润的影响。

第三，上市公司股票价格很容易获得，便于投资者对公司行为进行监督。

但以股东财富最大化为目标也存在明显的不足：首先，股东财富最大化强调公司股东的利益，容易导致对其他利益相关者重视不够；其次，股价是公司投融资决策、股利政策、宏观经济等众多变量的函数，并非都是公司所能控制的。

虽然以股东财富最大化为目标存在着以上不足，但在一个高度发达的金融市场上，公司股票的市场价值毕竟是投资者赋予公司的价值，倘若无视其他利益相关者，就很可能使利润减少，股价低迷，根本无法实现股东财富最大化。因此，以股东财富最大化作为公司的经营目标具有一定的合理性。

3. 公司价值最大化

由于现代公司制企业是一系列契约的集合，公司经营成果的实现是这些利益集团相互作用和妥协的结果。而由于契约的不完备性，公司经营的目标就体现为在价值增值中满足相关利益方利益的公司价值最大化。具体体现为如下几个方面：

①强调风险和收益的均衡，公司应将其风险限定在可以承担的范围之内。

②与股东和债权人建立起协调的利益关系。
③关心员工的切身利益。
④为供应商和客户着想。
⑤考虑公司经营所在社区的利益。
⑥与政府建立良好的关系，遵守法规、合法纳税，树立良好形象。

虽然公司价值最大化目标强调了各方利益的平衡，也正在得到越来越广泛的认可，但公司价值最大化目标却面临着多目标决策的问题，它可能使经理层因为目标过于宽泛而迷失管理目标和方向，陷入决策拖沓的僵局。

第二节 公司制企业的委托代理问题

所有权和控制权的分离构成了现代公司制度的一个重要特征，由此也产生了股东与经理层之间的委托—代理问题。股东授权经理层经营公司，但与股东追求自身财富最大化目标相抗衡的是，经理层也有自身的利益目标，如获取尽可能多的权利、声望、收入、闲暇等，这就是通常所说的是公司内部由于委托代理关系所导致的利益冲突问题。在现代公司中，存在两种主要的委托代理关系：一是股东和经理层之间的，二是股东和债权人之间的。

一、股东和经理层之间的委托代理关系

如果经理持有 100% 的公司股份，不存在所有权和控制权的分离，也就没有所谓的委托—代理问题。但在大型公司中，经理层一般只持有较少的公司股票。简森和莫菲（Jensen，Murphy，1990b）在《哈佛商业评论》的文章中提到，1986 年在《福布斯》薪酬调查的 746 个总裁里，内部持股的比例是 0.25%，且样本中 80% 的公司总裁持股比例不足其所在公司股份的 1.4%。在这种情况下，股东财富最大化目标往往要让位于经理层目标。虽然人们可以采取一系列的奖罚措施促使管理层按照股东利益行为，但当经理层的行为不可观测时，道德风险问题就可能产生。为了减少股东和经理层之间的冲突，股东必须付出代理成本，诸如审计费用、聘请外部董事等，尽管如此，有时委托人还是难以评价代理人的能力和努力程度。20 世纪 80 年代以来，人们设计出了许多制度来解决代理人与委托人之间的这些潜在冲突：①更多地使用股票期权等与股价有关的

合约，使管理层的薪酬与公司股价联系起来；②更多地使用债务融资，给经理层造成压力以促使其努力工作；③依靠来自公司控制权市场的压力，通过活跃的收购市场对经理层的行为产生制约；④进行公司制度改革，包括：制定各种公司治理的原则和章程；鼓励机构投资者参与；增强董事会的独立性，在董事会内引入一定数量的独立董事或外部董事，以增强公司的内部监控力度，弥补由于外部监控不足所造成的问题等等。

二、股东和债权人之间的委托代理关系

在公司经营中，债权人借款给公司，有要求到期偿还本息的权利，而借款合同中的利息率则通常体现了债权人对公司经营风险和财务风险的判断。然而，股东（通过经理层）取得借款后，就有可能从事一些不利于债权人的行为，如从事高风险的投资项目。若项目成功，在偿还借款后，获取全部的剩余收益；若项目失败，债权人却可能分担损失。从债权人的角度看，这明显加大了公司的经营风险，"赢了归你，输了归我"的游戏显然不利于自身利益。虽然可以事前约定种种复杂的借款条款来限制公司的行为，但股东的事后行为在很大程度上仍然是不可控的。

专栏1-1　　　索尼公司的案例

委托—代理理论认为，在委托代理关系中，委托人和代理人的利益经常不一致，代理人往往为了自身的利益而违背代理合同的要求，不仅不按照委托人的利益行事，甚至还损害委托人的利益。为了避免这样的问题，委托人设计出了激励机制，激励机制使委托人和代理人的利益取得一致，从而使代理人能够按照委托人的利益行事。说得极端一些，委托人和代理人合二为一就可以解决这个问题，果真如此吗？我们来看索尼公司的案例。

索尼公司是Masaru Ibuka和Akio Morita在1946年建立的，1957年索尼生产出了第一台袖珍晶体管收音机。此后不久，Ibuka和Morita努力工作希望生产出彩色电视机。1961年3月，Masaru Ibuka和AkioMorita在纽约的一次展销会上发现了一种高质量的彩色显像管，它是由诺贝尔物理学奖获得者EO Lawrence为美国军方发明的，其拥有者是自动化实验室。Morita从该实验室购买了一项用它来生产彩色电视机的技术许可。1964年9月，Ibuka领

导的团队成功地造出了样机，但还没有找到经济可行的生产方法。

Ibuka 在索尼公司的展示会上发布了该产品的消息并展示了该产品，消费者反应良好。随后索尼公司决定投资新建厂房安装这一新型彩色显像管的生产线，Ibuka 宣称这种彩色显像管将会是索尼公司的主打产品，他为这条生产线投入了 150 人，但最终生产出来的彩色电视机只有千分之三的合格率。彩色电视机的零售价是 550 美元，但生产成本却是价格的两倍多。索尼公司领导层之间发生严重分歧：Morita 想结束这一项目，却被 Ibuka 拒绝了。索尼公司仍继续生产这种彩色电视机，最终销售了 13000 台，但每台的利润为负。直到 1966 年 11 月，索尼公司的财务总监宣布索尼公司即将破产，这时 Ibuka 才同意终止该项目。

委托人和代理人合二为一并没有使公司的决策遵循股东财富最大化目标。这个案例中明显有行为因素在起作用：过度自信和损失厌恶。过度自信是显而易见的，因为在索尼公司的工程师找出有效的生产方法之前，Ibuka 就轻率地决定批量生产这种彩色电视机。而损失厌恶则主要反映如下：在损失开始出现并逐渐增大时，Ibuka 仍坚持继续投资于该项目而不愿接受一个确定的损失金额，反而愿冒更大的风险赌赌看是否会出现好的解决方法。索尼公司最初的损失都是源于它对这个项目的投资，这是一项沉淀成本（sunk cost）。大多数经济学家提醒我们要忘记沉淀成本，R.Brealey 和 S.Myers（2000）在《公司财务的基本原则》一书中这样描述到："忘记沉淀成本，它就像已经倾倒出来的牛奶，他们是过时的和不可逆的。沉淀成本已经流走，管理层在进行决策时应该忽略它们，它们不应成为拒绝或接受一个项目的因素。"尽管很多经济学家强调要忽略沉淀成本，但是决策者却经常把它作为相关的事物来看待。在篮球比赛中，教练决定谁上场时，往往把球员工资作为考虑的因素——有时并不考虑高薪球员是否表现得好，实际上，球员工资就是一项沉淀成本。B.Staw 和 H.Hoang（1995）以及 C.Camererr 和 R.Webe（1999）的研究表明，球员领的薪水越高，他上场的时间也就越多，即使有其他情况，如受伤以及训练状态不佳等。

资料来源：Hersh Shefrin., Behavioral Corporate Finance, working paper, 2002.

对许多公司来说，两权分离可能会造成高昂的代理成本，只有合二为一时，公司才具有更大活力，这也许在某种程度上解释了为什么许多成功的公司并非公众公司，为什么有许多公司完全依赖权益融资。尽管存在上述现象，但毕竟在现实中，对大多数公司来说，股权都有一定程度上的分散，也都具有相当程度的负债，这也就意味着经营权与所有权的分离和债务融资的好处还是大于由此产生的相应的代理成本。

在日本和德国，由于公司的主要投资者是法人，同时银行体系在公司外部融资中处于重要地位，委托—代理问题相对缓和一些。

韩国、香港、台湾、泰国、新加坡、马来西亚、菲律宾、印尼等亚洲国家和地区，许多公司的股权都集中在创业者家族手中，控股家族通常普遍地参与公司的经营管理和投资决策，公司的主要高级经营职位也主要由控股家族的成员担任，因此公司的主要股东与经理层是合二为一的，这就在一定程度上消除了英美公司由于所有权与经营权分离所产生的委托代理问题。然而这类公司普遍存在的问题是控股股东和经理层侵害公司其他股东的利益，控股股东与经理层和广大中小股东之间的矛盾冲突比较突出。

在前苏联和东欧等转轨经济国家，内部人控制问题比较严重。内部人控制指的是公司既缺乏股东的内部控制，又缺乏公司外部治理市场及有关法规的监控，从而导致公司的经理层和职工成为企业实际控制人的现象。这在我国部分由原来的国有企业改制而来的上市公司中也有一定程度的表现。以"郑百文"为例，至公司重组时，拖欠银行债务高达25亿元，7亿多元的股本金不翼而飞，有效资产不足6亿元，2000多名员工的工资被拖欠，而公司下属某分公司经理竟拥有上百万元的"宝马"轿车和300多万元的北京罗马花园豪宅。ST春都董事长和东北高速董事长涉嫌挪用资金、开开实业总经理卷走公司巨额资产等等，这类案件不胜枚举；"银广夏"、"亿安科技"、"中科系"等等这类反映了上市公司大股东与小股东之间的矛盾冲突的事件在我国资本市场不断上演，都是内部人控制问题的反映。

专栏1-2　公司治理结构：董事会控制还是控制董事会？
——安然破产案启示一

安然（Enron），这个总部设在休斯敦的世界能源巨头，曾被认为是新经济时代传统产业发展的典范，做着实在的生意，有着良好的创新机制，几乎在一瞬间倒塌了，股价从一年前的85美元跌至1美元以下，投资者的损失超过百亿美元，公司两万多名员工中，很多人连退休金都保不住。可是，公司主席Kenneth Lay在过去四年中的股票红利超过两亿美元。这不能不让人对安然公司每年公布的财务报告产生怀疑。负责为安然做审计的安达信公司（Authur Anderson）不得不公布，它的手下雇员有销毁安然公司关键财务报表和备忘录的行为。身为五大会计师事务所的安达信公司居然掩盖安然的信用危机，也使它的声誉大受玷污。更让人不安的是，华尔街的金融分析专家们长期以来为安然公司摇旗呐喊，即便在公司股票市值已经严重缩水时，还鼓励人们不要出售，这也不禁让人们对于被华尔街奉为金科玉律的"诚信"、"客观"打上问号。

安然公司令人瞠目地终结了，由此引发的问题，带给人们的思考是多方面的。人们有必要对美国公司制度、会计制度、证监会、会计师事务所、投资银行、媒体在美国资本市场中的作用以及它们对公众的责任重新审视与思考。

安然破产的罪魁祸首当属该公司的管理层，包括董事会、公司高级管理人员。有道是：一切问题都是人的问题，而人的问题需要制度规范。美国公司秉持的是"股东大会——董事会——经理层"这一基本模式。董事会是监督公司经理及财务报告运行的主体，集最高决策机构与监督机构于一身。在这一结构下，CEO（首席执行官）个人处于一种对公司的支配地位，其公司治理结构的形成机理，主要是基于这样的假设前提：①由于股权分散，个体法人持股比例较小，而且在资本结构中负债率也较低，债权人能发挥的作用也十分有限。基于谨慎行事义务和诚信义务，董事们会强调维护股东权益，并承担相应的社会责任。②股东寄希望于资本市场的完美无缺和长期稳定，能利用对称信息，可以通过"用脚投票"表达自己的不满或实现自己的权力。③董事会由执行董事和独立董事共同组成，并设置多个委员会，独立董事能够发挥积极的作用，进行有效的监控。但是，安然公司董事会的所作所为令人发指。安然的董事会对于公司运营中出现的问题非常了解但长期以来熟视无睹甚至故意隐瞒，包括首席执行官斯基林在内的许多董事会成员一方面不断宣称安然的股票会不断走高，一方面却在秘密抛售公司股票，而按照美国法律规定，公司董事会成员非经证监会批准，不能买卖本公司股票。至于独立董事，要么正在与安然进行交易，要么供职于安然支持的非盈利机构，对安然的种种劣迹睁一只眼闭一只眼。

在安然破产事件中，损失最惨重的当属投资者，尤其是仍然掌握大量安然股票的普通投资者。按照美国法律，在申请破产保护之后，安然的资产将优先缴纳税款、偿还银行借款、发放员工薪资等，价值已经趋零的公司再经这么一折腾，普通投资者肯定血本无归。在此事件中，安然的客户和债权人也不可能幸免于此难。据统计，在安然破产案审理中，杜克（Duke）集团损失了1亿元。而在财团中，损失更为惨重的是ＪＰ摩根和花旗集团。仅摩根对安然的无担保贷款就高达5亿美元。不少退休基金也损失惨重。多家与安然有牵连的银行的信用评级大跌。可以认为美国的资本市场是最为成熟的市场，安然问题却使美国公司治理赖以存在的假设前提遭到质疑：①将"谨慎"、"诚信"作为公司经营的唯一原则是不可取的。唯有健全的制度才能弥补"道德约束"的不确定，才能有效消除"信任"可能带来的消极后果。②信息不对称仍然是阻碍美国资本市场发展的顽症。③美国公司治理模式存在缺陷，外部市场体制对董事的监管脆弱并滞后。

根据《会计研究》2002年2月"安然破产挑战公司财务运行体制"（作者汤谷良）改编。

第二章

财务报表与公司财务信息

　　财务报表反映了公司活动的基本信息，本章将说明公司的三张基本会计报表所包含的财务信息，介绍分析使用这些财务信息的基本方法。本章的大部分内容都属于基本的会计知识，对于公司融资决策而言，这些知识非常重要。因为如果不明白财务报表，就不能判断融资决策对公司价值的影响，也就不能做出正确的融资决策。对于大多数人来说，尽管并不需要懂得如何编制财务报表，但如何利用财务报表却是一门必备的基本功。

第一节　财务会计报表的信息揭示

一、财务报表

财务报表是公司根据公认的会计标准或准则（如 GAAP）编制的，向股东、高层管理者、政府或债权人提供公司在一段时期以来的有关经营和财务信息的正式文件。资产负债表（balance sheet）、损益表（income statement）和现金流量表（statement of cash flows）是三张最基本的财务报表，大多数国家和国际会计准则委员会（IASC）要求公司披露和公布上述三张财务报表，但也有一些国家（如德国）不需要公司披露和公布其"现金流量表"。IASC 和我国的会计制度还要求附加"股东权益状况变动说明"表。

作为财务工作的最终成果，财务报表具有极为重要的意义，它构成了整个经济信息体系的基础，同时对人们的投融资决策也会产生直接的影响。通过财务报表，人们可以深入地了解企业的财务状况，对企业的价值做出判断，为决策提供依据。

我们将在本章随后的各节中，从如何阅读和分析的角度，详细介绍资产负债表、损益表和现金流量表这三张最基本的企业财务报表。

二、财务报告体系

财务报表只是财务报告的一个组成部分，除了资产负债表、损益表和现金流量表三张基本报表外，财务报告体系通常还包括"各类附表""财务报表附注""财务状况说明书"和"审计报告"等。

1. 各类附表

三张基本报表通常只反映企业财务状况的基本信息，从各国实践看越来趋向于对内容予以精练化、概括化，而大量详细的信息则在附表中列示。所以附表对揭示财务状况发挥着越来越重要的作用。从我国目前看，主要的附表有存货表、应收账款账龄分析表、固定资产及累计折旧表、利润分配表、主营业务收支明细表、制造费用明细表以及现金流量表附表等。

2. 财务报表附注

附注提供了编制基本会计报表的具体说明和计算依据，包括"会计政策、会计估计和会计报表编制方法说明""会计报表的项目注释""关联方关系及交易""或有事项""承诺事项""资产抵押说明""资产负债表日后事项""债务重组事项"和"其他事项"等。

（1）会计政策、会计估计和会计报表编制方法说明

根据会计准则的规定，公司在进行会计核算时，可以根据其实际情况在既定的会计政策和会计估计方法中进行选择使用。如存货的计价、固定资产的折旧、外币业务的核算等等都有很多种方法可供选择，而选择不同的方法将产生不同的核算结果。通过报表附注的形式，就可以明确地告诉读者报表编制所采用的会计政策、会计估计和方法，有利于读者更好地理解和分析财务报表。

（2）会计政策的变更

为了保证会计信息的连续性，要求公司在会计报表编制中所选择的会计处理方法应尽量保持一致性。但是，当公司过去选择的会计政策和估计方法已严重不适用公司目前的经营方针、财务管理体制或经营环境时，必须重新选择或变更，而会计处理方法一旦变更必然对报表所体现的财务数据产生影响。这时需要对会计处理方法变更的情况、理由以及变更对财务状况和经营成果的影响做出分析和解释。

例如，在2001年之前，我国的上市公司都执行股份制企业的会计制度，从2001年开始，上市公司与其他企业一样执行新颁布的《企业会计制度》。这是一项重要的会计政策改变，因此，每一个上市公司在其2001年的年度报告中都披露了这一政策的变化，并说明政策改变对公司造成的影响。

（3）报表重要项目的说明

根据会计重要性原则对重要的项目应当说明其明细的构成，而这些信息从三张基本会计报表中无法获取，因此，需要对此在附注中加以说明。附注中反映的重要项目通常包括：货币资金、应收账款、存货、长期投资、固定资产、无形资产、短期借款、应付账款、应交税金、实收资本、主营业务收入等。在附注中有关这些项目的具体收支、构成等明细资料按照一定的表式或格式进行

披露。以应收款为例，附注中披露的信息有：应收账款的账龄结构及欠款金额前几位的排名、所欠金额、欠款时间和原因；对重大已核销应收款的说明及催讨情况；应收票据贴现抵押的有关出票人、出票日期、到期金额情况说明等等。

（4）重要事项的说明

财务报表无法反映不能用货币衡量的但对公司财务状况有重大影响的事项，忽略这些事项在阅读和分析报表时可能产生误解，这方面的信息则通过附注的形式反映。这些事项包括：与关联公司之间发生的交易（关联公司之间发生的交易可能不一定按照市场价格）；对外担保的情况（提供担保使公司承担潜在的风险）；未决诉讼和仲裁（公司与其他单位发生法律纠纷，这些未决事项可能造成公司的损失）；资产抵押等等。

财务报表附注由于提供了大量主表无法或未能充分表达的内容和信息，因而进一步扩展了财务信息的内容，提高了财务报表信息的可比性，对于公司财务信息的揭示具有十分重要的作用，将附注与报表结合分析，能够对公司的财务状况有更深入的认识和准确的判断。

3. 财务状况说明书

财务状况说明书是对公司当期财务分析的结果所进行的陈述。主要包括对公司的生产经营情况、利润实现和分配情况以及资金运用等情况的分析，代表公司经营决策层对公司的自我评价。

4. 审计报告

阅读报表的人常常会对会计报表及附注的真实性和完整性存有疑虑，特别是近年出现了很多虚假的财务会计报表问题，比如中国的郑百文、蓝田股份事件，美国的安然事件、世界通信、施乐公司事件等，这些公司都涉及提供虚假财务会计报表的问题，其中有注册会计师的责任，也有企业的责任。因此对于审计报告内容的理解、解读和使用也是分析财务报表、获取公司财务信息的一个十分必要的途径。

审计报告是注册会计师根据独立审计准则的要求，在实施了必要的审计程序后出具的、用于对被审计单位年度会计报表发表审计意见的书面文件，是审计工作的最终成果。审计报告是注册会计师发表审计意见的载体，具有法定证明力。

根据不同的审计结果，独立审计师在审计报告中发表的审计意见有以下五类：标准无保留意见、无保留+说明段、保留意见、拒绝发表意见和反对意见。

其具体含义分别是：

①标准无保留审计意见指公司的会计政策和处理符合会计准则及有关规定，会计报表的内容完整、表达清楚、无重要遗漏，合法、公允和一致地反映了公司的财务状况、经营成果和资金变化情况。

②无保留+说明段的审计意见提醒报表使用者注意某重要因素对公司会计报表的影响，但会计政策和处理符合会计准则。

③保留意见指所审计的会计报表在整体上是合法公允一致的，但在某些重大方面不符合会计准则和会计制度的要求，保留意见并不全盘否定所审计的会计报表。

④拒绝发表意见指的是由于审计范围受到限制，注册会计师无法取得充分而有效的证据来对所审计的会计报表发表意见，审计人员拒绝对此报表的合法性发表意见。

⑤反对意见意味着所审计的会计报表不符合会计准则和会计制度的要求，没有合法、公允和一致地反映公司的财务状况、经营成果和资金变化，这是对所审计报表的全盘否定。

需要特别指出的是，尽管独立审计要求注册会计师关注公司的舞弊行为，但独立审计并不是舞弊审计，如果审计师严格按照审计准则认真执行审计程序，未发现舞弊现象，则不对事后发现的舞弊承担责任。注册会计师承担的是审计责任，并不承担会计责任。换言之，注册会计师的审计意见提高了会计报表的可信度，但并不能百分之百地保证会计报表的准确，因财务报表本身的问题而使报表使用者遭受损失则不由注册会计师承担责任。

三、财务报表编制结果差异的主要原因

①会计标准和准则引起的差异。财务报表会因依据的"会计标准或准则"不同而有所差异，不同国家或地区的企业，由于编制报表的依据不同，其账目的处理结果不同。如目前，美国和中国的会计标准和规则就存在较大差异。

②会计师执行引起的差异。会计师在执行会计标准或准则的时候，往往具有一定的灵活性，这种灵活性也可能导致账目的处理结果不同。

③使用目的引起的差异。财务报表的内容可能因使用目的而异。公司一般准备两份财务报表：年度或季度报表和纳税报表，前者对外公开，后者只用于提交税务机关计算纳税。

第二节 资产负债表

资产负债表提供公司在某一特定时点上的财务状况。其内容包括企业的资产、负债，以及所有者权益三个部分。

严格意义上的财务状况至少包括三层意思：一是关于资产、负债和所有者权益的构成及其合理性；二是关于流动性，通常指资产转换成现金的便捷程度；三是关于财务弹性，即企业应付意外情况的能力。时点报表也有三层意义：一是不同时期的时点报表中数值相加是没有意义的，资产负债表所反映的是资产、负债等的存量；二是时点报表中的每一个数字都可能随企业川流不息的经营活动而发生变化；三是它代表企业目前所拥有的、未来可以使用的资产和目前所承担的未来要偿还的债务。

在任何时点上，企业的资产必须等于债权人和股东的出资之和。通常可用会计方程式表示为：资产＝负债＋所有者权益，这就是通常所说的会计恒等式，资产负债表就是按资产等于负债加所有者权益这种会计平衡式编制的。会计的这种平衡式来源于企业的经济活动，企业经营需要一定的物质基础，即资产，而资产源于权益资本和负债资本的投入。

资产负债表通常有两种格式：一种是账户式报表，即表的左方列示资产，右方列示负债和所有者权益。另一种格式的资产负债表按资产、负债和所有者权益的顺序自上而下列示，称为报告式资产负债表。表 2.1 是账户式资产负债表。依据会计惯例，资产以流动性的递减顺序排列，负债按到期的递增顺序排列，资产和负债通常按稳健的原则记录，即不能丝毫夸大资产和负债的价值。

表 2.1　　青岛啤酒（600600）2013 年资产负债表

年份	2013 年 12 月 31 日	年份	2013 年 12 月 31 日
流动资产		**流动负债**	
货币资金	853172.01	短期借款	10108.01
交易性金融资产		交易性金融负债	
应收票据	8476.00	应付票据	13838.29
应收账款	15229.27	应付账款	270707.08
预付款项	13234.55	预收款项	98049.76
应收利息	18846.14	应付手续费及佣金	
其他应收款	18339.55	应付职工薪酬	82331.71
应收股利		应缴税费	33203.34

续表

年份	2013年12月31日	年份	2013年12月31日
买入返售金融资产		应付利息	120.29
存货	253455.19	应付股利	102.00
待摊费用		其他应付款	423198.15
其他流动资产	46686.34	一年内到期的非流动负债	179716.72
其他金融类流动资产		预提费用	
流动资产合计	1227439.05	应付短期债券	
非流动资产		其他流动负债	
可供出售金融资产		其他金融类流动负债	
持有至到期投资		流动负债合计	1111375.35
长期应收款		**非流动负债**	
长期股权投资	127194.74	长期借款	488.13
投资性房地产	792.50	应付债券	
固定资产	874031.03	长期应付款	
在建工程	50662.43	专项应付款	45093.57
工程物资		预计负债	
固定资产清理	536.88	递延所得税负债	17374.53
无形资产	253302.74	其他非流动负债	174807.97
开发支出		非流动负债合计	237764.20
商誉	107992.55	负债合计	1349139.55
长期待摊费用	2152.51	**所有者权益（或股东权益）**	
递延所得税资产	70016.22	实收资本（或股本）	135098.28
其他非流动资产	22366.02	资本公积金	407879.36
非流动资产合计	1509047.60	减：库存股	
		专项储备	
		盈余公积金	105946.91
		一般风险准备	
		未分配利润	750551.50
		外币报表折算差额	2579.85
		未确认的投资损失	
		归属于母公司所有者权益合计	1402055.90
		少数股东权益	-14708.80
		所有者权益合计	1387347.10
资产总计	2736486.65	负债和所有者权益总计	2736486.65

资料来源：根据万得数据库，将报告式资产负债表调整为账户式资产负债表，该表为合并报表，表中数据的计量单位为万元。

一、资产负债表的内容与分析

1. 资产

资产是创造收入的基础,资产的耗费或损耗就是获取收入的代价。从长期看,所有资产都会逐渐转化为费用,如现金支出进入期间费用,原材料形成产品成本,固定资产通过折旧进入产品成本或制造费用、管理费用,从短期看,费用不过是瞬间的资产。

根据企业会计准则,资产被进一步分成流动资产、长期投资、固定资产、无形资产、递延资产和其他资产等。上述资产项目中的各具体项目进一步按照流动性排列在资产负债表中。资产的流动性是指资产转化为现金的能力和速度。如,应收票据的变现能力比应收账款强,存货的变现能力比应收账款弱,所以排列顺序依次为现金、应收票据、应收账款和存货。

(1)流动资产

流动资产包括现金、交易性金融资产、应收账款,应收票据、存货、预付货款、其他应收款等,它是指可以在一年内或一个营业周期内转化为现金的资产,是企业用于日常经营的资产。流动资产越多,公司对外支付的能力就越强,在市场中运用现金把握商业机会的能力也就越强。流动资产不足将造成资金周转困难。当然流动资产也不是越多越好,流动资产太多造成资金占用,会降低资金的使用效率。

在流动资产中应收账款和存货占的比重往往比较大,因此要特别注意分析应收账款和存货的规模和质量。如注意分析应收账款的账龄、坏账计提和周转率,存货的构成、计价方法、跌价准备和周转率等。

(2)长期投资

长期投资指不准备在一年内变现的对外投资,包括持有时间准备超过一年的各种股票、债券、股权性质的投资。在资产负债表中项目具体表现为:可供出售金融资产、持有至到期投资、长期股权投资、投资性房地产等。

对外长期投资是企业资本经营和优化内部资源配置的重要途径,它不仅能够带来投资收益,而且能够较好地实现公司发展战略,实现多元化经营,但复杂的对外长期投资也为某些盈余操纵提供了空间。如对被投资单位具有控制或重大影响的长期股权投资形成了关联方关系,许多交易就有背离公允性的可能。因此,除了分析长期投资的规模外,还要关注投资的效益和风险。

专栏2-1　　不同类别金融资产占比对利润的影响

可供出售金融资产占比高于交易性金融资产占比，必然导致在大盘下跌的情况下，利润受公允价值变动的影响最小，且能够适时释放在可供出售金融资产上所储备的浮盈，从而形成在不利环境下的业绩屏障。

国金证券2008年一季度归属母公司股东的净利润为3.63亿元，其中投资收益高达4.73亿元，公允价值变动净损失却仅为0.72亿元。考查其金融资产结构，交易性金融资产占总资产的比重从2007年底3.45%降为0.84%，可供出售的金融资产比重从28.93%降为16.33%（这一方面是由于大盘下跌所导致的公允价值减少，另一方面则源于出售）。如此的金融资产分类，必然减少其利润受公允价值变动的影响并能够适时释放在可供出售金融资产上所储备的浮盈。

而太平洋证券的情况恰好相反。太平洋证券2008年一季度归属母公司股东的净亏损为2.50亿元，其中证券投资收益仅为0.15亿元，公允价值变动净损失为3.36亿元。考查其金融资产结构，不论是2007年初、年末，还是2008年一季度末，太平洋仅列报了交易性金融资产。其2008年一季度末，交易性金融资产占总资产比重高达20.71%，比年初的14.69%有了大幅度的提高。由于没有在可供出售金融资产上存在的业绩屏障或缓冲，当大盘下跌时，太平洋的公允价值变动损失皆得以全额展现。

资料来源：作者根据相关资料整理。

（3）固定资产

固定资产指使用期限较长、单位价值较高并且在经营过程中不改变其实物形态的资产，包括建筑物、机器设备和在建工程等。固定资产类项目主要有：固定资产原值、累计折旧、固定资产减值准备、在建工程和固定资产清理等。固定资产项目下也包括以融资租赁形式租入的固定资产，融资租赁的资产属于长期资产，在很多方面相当于借款购买固定资产，所以尽管资产的所有权属于出租人，但承租人拥有使用权，按其摊销（折旧）后的净额在资产负债表上列示，至于租金，一部分是要当期支付的，属于流动负债，一部分是以后年度要支付的，属于长期负债。

对固定资产应注意从以下几方面进行分析：一是注意分析固定资产的规模和质量。固定资产的质量反映固定资产对盈利和现金流量的贡献能力，它与固定资产的技术状况、市场状况和企业对固定资产的管理水平等许多因素相关。二是注意分析固定资产的折旧。固定资产的价值是以折旧的方式逐渐转移到产品成本和有关费用中去的，固定资产折旧方法的选择对企业利润有时间上的影响。三是注意分析在建工程项目。在建工程反映企业期末各项未完工程的实际支出和尚未使用的工程物资的实际成本。在建工程往往金额较大，是企业重要的投资行为，其期初期末金额、利息资本化金额、资金来源、工程进度及转入固定资产的情况等信息有助于揭示企业的发展动态和未来的盈利能力。

（4）无形资产和商誉

无形资产指企业拥有的没有实物形态的长期资产，包括专利权、商标权、特许权、非专利技术、土地使用权等。无形资产只有在它能为企业带来收益时才有价值。根据我国会计制度，企业自行开发并按法律程序取得的无形资产，按依法取得时的成本列示在资产负债表上，在研究阶段发生的各项费用计入利润表中的费用，进行费用化处理，在开发阶段发生的各项费用应当资本化处理，确认为无形资产的成本。外购的无形资产则按购买时的历史成本入账，逐年摊销。

无形资产在会计计量中存在以下难点：一是无形资产价值的确认。按照会计准则，外购的无形资产按购买时发生的金额确认价值，自创的只确认开发阶段的支出以及注册费、聘请律师费等为无形资产的实际成本。这主要是因为无形资产的自创可能跨越多个会计期间，成本难以追溯，况且自创无形资产支出与其成功之间并没有数量比例关系；二是无形资产受益期的确认。无形资产是一种长期资产，其成本应在受益期内摊销。与固定资产比较，无形资产的受益期由于受更多的不可控因素的影响而更加不确定，受益期不确定无形资产就难以摊销。

商誉是指能在未来期间为企业经营带来超额利润的潜在经济价值，是企业由于优越的地理位置、卓越的信誉、高效率的生产经营管理或其他种种原因所导致的超越一般获利水平的获利能力，这种特殊的获利能力形成了无形价值。按照我国新会计准则，无形资产是企业拥有或者控制的没有实物形态的可辨认非货币性资产，而商誉具有不可辨认性，因此将商誉从无形资产中分离出去，独立确认为一项资产。由于商誉是由各种因素相互影响、相互作用而产生的，没有一笔费用可以被确认为是专为创造商誉而支出的，从而也就难以确定该笔支出究竟创造了多少价值的商誉，因此商誉的价值同样难以客观计量。在会计实务中，一般只对企业外购商誉即合并商誉加以确认入账。

上述计量难点无疑将影响无形资产项目所揭示的信息，在分析中应该考虑上述因素的影响。

（5）递延资产和其他资产

递延资产是指不能全部计入当期损益，应在以后年度内分期摊销的各项费用，如长期待摊费用、递延所得税资产等。

其他资产指除以上资产以外的其他资产，是由于某种特殊原因企业不得随意支配的资产，如特准储备物质，银行冻结存款和物资，涉及诉讼的财产。

2. 负债

负债是由企业过去的经济活动引起的需要在未来偿付的经济义务。在资产负债表中负债按其偿还期的长短分为流动负债和长期负债。

（1）流动负债

流动负债是指需要在一年内或超过一年的一个营业周期内偿还的债务，具体包括：短期借款、交易性金融负债、应付票据、应付账款、预收账款、应付工资、福利费、应交税金、未付利润、预提费用和其他应付款等。

根据流动负债的性质可以将所有的流动负债项目分为两类，一是借入的债务，如短期借款，需要到期偿还；二是应付款项，如应付账款、预收账款等，需要按期履行支付义务。前者是企业资金筹集活动的结果，后者多是由企业业务交易中的商业信用引起的。如果一个企业的超过信用期的各项应付款金额很大，则说明企业资金短缺，信用较差。

在企业的全部负债中，流动负债的比重越大企业当前偿债的压力就越大。注意对比流动资产的情况来分析企业的短期偿债能力。

（2）长期负债

长期负债是指偿还期在一年或者超过一年的一个营业周期以上的债务，包括长期借款、应付债券、长期应付款和其他长期负债等项目。

对长期负债分析，除了要分析其数量、构成外，还需要注意对或有负债的分析。或有负债指在过去交易形成的，但在资产负债表日还不明确的，未来可能发生也可能不发生的债务责任。企业面临的主要或有负债有：担保、未决诉讼、应收票据贴现等。如应收票据贴现是企业以转让票据的办法从银行或金融公司取得借款的方式，若在票据到期日出票人不能如数付款，企业作为背书人则负有连带责任。或有负债一旦发生就会加重企业的债务负担。

专栏2-2　　　　　上市公司担保之患

担保怪圈是我国上市公司的一大顽疾，年年医治却难以根除。这些公司对外担保风险不断扩大，部分公司甚至形成了担保圈，如果有一家公司出现问题必将形成"多米诺骨牌风险"，不仅加剧了上市公司的负担和困难，而且会拖垮或掏空上市公司。

上市公司中关村公告显示，截至2010年6月30日，公司及其控股子公司涉及诉讼的担保金额为5430.1万元，因担保被判决败诉而应承担损失的金额为5430.10万元，均已在以前年度计提预计负债；上半年高新发展旗下的多处房产继续被法院查封，也是源于2003年一笔8000万元贷款的担保。

ST金城在2010年年初的时候还是"金城股份"。1月30日，金城股份表示，公司为锦州彩练塑料集团有限责任公司和锦州宏威塑料有限责任公司贷款提供担保涉诉，两项共补提担保损失约7900万元，增加亏损约7900万元；中报时，公司再度表示，由于为金城造纸集团有限责任公司贷款担保涉诉，计提了1.57亿元的预计负债，增加了公司亏损额。就这样在担保诉讼的泥潭中不断打滚，公司又戴上了ST的帽子。

资料来源：作者根据相关资料整理。

3. 所有者权益

所有者权益代表公司的所有者对企业净资产的要求权，对于上市公司则称为股东权益，具体包括：实收资本、资本公积、盈余公积和未分配利润等项目。

实收资本账户反映企业所有者的投入资本，是企业得以设立开业的基本条件之一，在我国实收资本与注册资本在数额上是相等的。股份制公司则设立"股本"账户反映投资者实际投入的股本总额，股票发行收入，面值部分计入股本账户，超过面值部分作为股本溢价计入资本公积。

资本公积主要由两个渠道形成，一是股东或业主投入资本，包括股本溢价、捐赠资本、资本汇率折算差额等；二是非经营性的资产增值，即法定资产重估增值。资本公积的主要用途是弥补亏损或按法定程序转增资本金。

盈余公积是企业按规定从税后利润中提取的企业留用利润，其主要用途是弥补亏损，增加资本金以及职工福利设施的建设。

企业当期实现的净利润，加上年初未分配利润为可供分配的利润，在提取盈余公积金，并完成分红分配后的余额即为未分配利润。未分配利润是所有者权益的重要组成部分，它勾稽资产负债表与利润表，如该项目为负数，则表示企业尚未弥补的亏损。

所有者权益是企业生存和发展的基础，也是维护债权人权益的保证。因此，应注意分析所有者权益与负债比例，并结合分红的情况分析所有者权益的增减变化，考察企业为其所有者创造财富的能力和对债务清偿的保证程度，反映企业的投资价值。

二、资产负债表在财务分析和评价中的作用

资产负债表提供了企业资产的规模、结构、流动性及企业资金来源的结构、负债水平、偿债能力等多方面的信息，是十分重要的财务报表。资产负债表所披露的信息至少能对报表使用者起到如下的作用。

（1）评价企业的财务实力与财务弹性

不论是投资者还是债权人，或是企业经营者，都十分关注企业的财务实力与弹性，并希望企业拥有较强的资产实力和良好的财务弹性。企业的财务实力主要是就企业的资产规模和资本规模而言的，资产与资本规模较大的企业一般具备较强的财务实力。资产负债表中所显示的资产总额与资本金总额明确地描述了企业的财务实力。财务弹性则是企业应付各种挑战、适应各种变化，诸如新的投资机会或经济萧条与危机等的能力。财务弹性的评价来自于资产的流动性、现金净流量、资本结构、盈利能力等特征，资产负债表则提供了许多这方面的信息。

（2）评价企业的财务结构

企业的财务结构指企业资产的结构和资金来源的结构。资产的结构反映资源配置是否合理，资金来源的结构反映企业的财务风险和财务弹性，合理的结构是财务稳定持续成长的基础。

分析企业的资产的结构需要特别重视的：一是现金资产占资产的比重。二是应收账款和存货占资产的比重。根据经验：财务失败的企业在走向失败的过程中往往呈现出应收账款和存货比重越来越高，而现金及现金流量却越来越少的特点。三是生产经营性资产的比重。企业的资产可以分为生产经营用资产和非生产经营用资产两类，生产经营性资产是指销售商品或提供劳务所涉及的资产。对于生产经营性的企业而言，生产经营用资产是其长期持续发展的基础，若非生产经营用的资产占总资产的比重太高，则必然影响企业资产的效率。四

是无形资产比重。过去人们在评价企业资产的能力和质量时往往较多的关注固定资产而忽视无形资产，然而随着科学进步和知识经济的发展，包括无形资产在内的企业软资源在企业生存和发展中的作用越来越大，借助无形资产比重的指标可以分析企业可持续发展的潜力和综合竞争能力的强弱。五是对外投资的比重。资产的内外分布是企业降低资产风险的重要途径之一，商品经营与资本经营并举是现代企业经营的新趋势，目前形势下，许多企业都希望这个比重高些，但对于不同类型的企业而言应该有各自适当的组合。如集团化的大企业，一般都是以资本为纽带组建的，对外投资太少，将影响集团化的进程和规模，而对于非集团化的生产经营性企业，对外投资的比例太高则可能加大其生产经营的风险。

资金来源结构的分析需要特别重视的，一是所有者权益或负债比重；二是所有者权益和负债的内部结构。所有者权益体现企业投资者对净资产的所有权，是企业生存和持续发展的基础，也是维护债权人利益的保证。合理的负债比重是具有较低的财务风险但又能够充分发挥财务杠杆作用的比重。所有者权益内部结构指股本金、公积金等比重。可以重点分析盈余公积和未分配利润的比重及其变动，这部分比重高，反映出企业资本积累能力、弥补亏损能力、股利分配能力和应付意外风险的能力强。负债结构则主要看负债的期限结构及集中程度。负债的期限结构主要指长短期债务的分布，负债集中程度指债务类型和借款单位的分布。

（3）评价企业资产的流动性与偿债能力

就资产而言，流动性指资产转变为现金的能力和速度，就负债而言，流动性指以现金偿还债务的时间长短。资产的流动性和短期偿债能力是反映企业盈利和风险状况的重要因素，这需要计算一系列比率，而这些资料则需要从资产负债表中获取。

（4）评价企业的资本结构和长期偿债能力

企业的资本结构和长期偿债能力不仅决定了企业的财务风险，而且影响企业未来的盈利能力，保持良好的资本结构和偿债能力是企业持续经营的重要前提。利用资产负债表提供的关于资本规模和比例的信息，联系损益表等其他报表提供的盈利能力和获取现金流的能力可以分析企业资本结构，并对企业长期偿债能力做出评价。

（5）评价企业资产运用的效率以及获取利润和现金流的能力

企业拥有资产是为了创造财富，企业创造财富的能力主要体现在盈利能力和获取现金流的能力上，通过结合利润表和现金流量表所反映的盈利和现金流量，利用资产负债表提供的资产的信息，就可以评价企业利用所控制的经济资源所带来的经济利益，评价投入资本的增值能力。

三、资产负债表的局限性

虽然资产负债表能够提供许多有用的信息，但受会计核算方法的限制以及不断变化的客观环境的影响，资产负债表在信息揭示方面仍然存在着较大的局限性，对此我们应该有一个清醒的认识。

第一，资产负债表中的资产只是反映了企业控制的可以用货币计量的资产部分，并没有包括企业的全部经济资源。企业实际控制的经济资源很多，如与市场联系对企业发展有重要价值的商誉、品牌、销售网络和渠道等；与知识产权相联系的专利权、商标权、版权和著作权、专有技术等；与组织管理相关联的企业文化、管理哲学和艺术等；人力资源等。这些重要的资源由于难以用货币计量有些尚未得到反映，有些虽然有所计量但并不全面准确。

第二，资产的计量不够真实。这种不真实主要表现在两个方面：一是账面价值与实际价值的背离，二是"虚资产"和不良资产的存在。由于会计核算要求按照历史成本计价，从而产生了资产账面价值与实际价值的背离。虽然为了改变这种单一计价方法的缺陷，在会计核算中越来越多地引入并采用了公允价值、现值等计量方法，但仍无法完全避免账面价值与真实价值的不一致。"虚资产"指不能为企业带来经济利益的已经耗费的资产，如待摊费用、待处理资产损失等，它们加在资产项目上，使总资产虚增。不良资产指企业控制的但不能变现的或不能正常发挥功能的资产，如不良应收款项、不良投资、不良存货和不良固定资产等。

第三，对负债的计量也不够全面和真实。与资产的多样性一样，企业负债也具有多样性的特征，如货币化负债和非货币化负债，现实负债和潜在负债，或有负债等。具体如未决诉讼、未决索赔、税务纠纷、应收票据的贴现、应收账款的抵押借款及其他债务的担保等等，这些没有在资产负债表中反映的表外负债都可能影响我们的判断。

第四，存在虚饰美化企业资产负债表的情况。如采用暂时收回债权，或以长期借款的形式暂时借入资金，而在资产负债表日后以提前偿还的方式作为"短期借款"偿还；低估坏账准备使应收账款虚增；提前销货或延迟进货，导致存货减少；少记应付费用，导致流动负债减少等等手段美化企业的资产结构及流动性。

第三节　损益表

损益表也称利润表，反映企业在一定期间内的经营成果。与资产负债表不同，损益表是一张时期报表。作为时期报表，它有两个含义：一是不同时期的报表是可以叠加的，如上半年报表的利润和下半年报表的利润加起来，就是一年的利润。二是报表中的数据代表一段时期的累计数。在任何时期，损益表中的净收益一定等于收入减各项费用，即损益表所依据的平衡式是：利润 = 收入 − 费用。表 2.2 是常见的损益表的表式。

表 2.2　青岛啤酒（600600）2012 年和 2013 年利润表

年份	2013 年 12 月 31 日	2012 年 12 月 31 日
营业总收入	2829097.84	2578154.40
营业收入	2829097.84	2578154.40
其他业务收入（金融类）		
营业总成本	2616926.22	2365810.29
营业成本	1700789.40	1543386.95
营业税金及附加	222777.63	220108.25
销售费用	561069.38	493086.56
管理费用	157254.45	126942.17
财务费用	−25139.13	−17814.10
资产减值损失	174.49	100.46
其他业务成本		
其他经营收益	22922.55	1496.20
公允价值变动净收益		
投资净收益	22922.55	1496.20
其中：对联营企业和合营企业的投资收益	946.60	1484.48
汇兑净收益		
营业利润	235094.17	213840.31
加：营业外收入	56399.33	39483.07
减：营业外支出	24840.13	4907.76
其中：非流动资产处置净损失	10492.21	3668.26

续表

年份	2013年12月31日	2012年12月31日
利润总额	266653.37	248415.62
减：所得税	69160.99	63939.40
加：未确认的投资损失		
净利润	197492.38	184476.22
减：少数股东损益	155.17	8589.88
归属于母公司所有者的净利润	197337.21	175886.34
加：其他综合收益	596.97	190.58
综合收益总额	198089.35	184666.81
减：归属于少数股东的综合收益总额	155.17	8589.88
归属于母公司普通股东的综合收益总额	197934.18	176076.92
每股收益：		
基本每股收益	1.4610	1.3020
稀释每股收益	1.4610	1.3020

资料来源：根据万得数据库，该表为合并利润报表，表中数据的计量单位为万元。

一、损益表的内容与分析

1. 营业总收入

营业总收入是指企业在从事商品销售、提供劳务和让渡资产使用权等日常经营业务过程中所形成的经济利益的总流入。营业总收入可进一步分为营业收入和其他业务收入。营业收入指主营业务收入，反映由企业经常性的、主要业务所产生的收入，如制造业销售产品、非成品和提供工业性劳务作业的收入，商品流通企业的销售商品收入等。其他业务收入是指企业除商品销售以外的其他业务所取得的收入。

由于收入是按权责发生制的实现原则确认的，所以某一时期确认的收入与实际收到的现金往往是不同的。差异主要来自于以下三方面：一是当年的收入部分表现为应收款，而当年收到的现金可能是过去的收入实现；二是商业折扣问题，企业在销售商品时，有时会发生现金折扣、销售折让和销售退回等情况，而在确认主营业务收入时，不考虑各种预计可能发生的现金折扣和销售折让；三是坏账问题，坏账估计不准也会造成收入和现金收入产生差异。

营业收入具有以下特性：首先，主营业务收入是从企业日常生产经营活动中产生的，而不是从偶发的交易或事项中产生的，如出售固定资产、取得投资收益等，虽然也能带来收入的增加，但却不能算作营业收入。其次，营业收入一般表现为企业资产的增加，但也可能表现为企业负债的减少，如以商品或劳务抵偿债务等。由于营业收入能导致资产增加或负债减少，或两者兼而有之，根据"资产—负债＝所有者权益"，营业收入将导致所有者权益的增加。不过，营业收入扣除相关成本费用后的净额可能为正也可能为负，因此，所有者权益最终可能表现为增加也可能表现为减少。

2. 营业总成本

营业总成本反映与营业总收入相关的、已经确定了归属期和归属对象的成本。如表 2.2 所示，营业总成本可由下式得到：

营业总成本 = 营业成本 + 营业税金及附加 + 销售费用 + 管理费用 + 财务费用 + 资产减值损失 + 其他业务成本

营业成本对应于营业收入，其他业务成本对应于其他业务收入，是为了取得对应收入而发生的相关成本。

营业税金及附加反映与本期营业收入有关的税金和附加，如营业税、消费税、城市维护建设税、资源税、土地增值税和教育费附加等。

销售费用、管理费用和财务费用统称为期间费用，指企业当期发生、不能直接或间接归入某种产品成本而是直接计入损益的各项费用，这些费用容易确定其发生期间和归属期间，但很难判断其归属对象。其中：销售费用反映企业在销售产品和劳务等主要经营业务过程中所发生的各项销售费用，如运输费、包装费、展览费、广告费、代销手续费等等。管理费用反映公司行政管理部门为组织和管理公司生产经营活动所发生的各项费用，主要包括：行政管理部门职工工资、办公费、差旅费、业务招待费、折旧费、工会经费、职工教育经费、车船使用税、房产税、土地使用税、印花税等。财务费用指公司为筹集生产经营所需资金而发生的费用，主要包括利息费用和金融机构手续费等。利息费用指企业借款所发生的费用，是扣除利息收入后的净额。根据权责发生制，它所反映的是本期应支出的利息，而不是本期实际支出的利息。

资产减值损失是指资产的账面价值高于其可收回金额而造成的损失，如计提的坏账准备、存货跌价准备、可供出售金融资产减值准备和固定资产减值准备等形成的损失。根据我国《资产减值》准则，资产减值损失一经确认，在以后会计期间不得转回，改变了以往固定资产、无形资产等的减值准备计提后可以转回的会计核算方法，从而消除了一些企业通过计提准备来调节利润的可能，限制了利润的人为波动。

3. 营业利润

营业利润是企业销售产品、提供劳务等日常经营活动产生的利润。根据2006年财政部颁布的企业会计准则有：

营业利润 = 营业总收入 − 营业总成本 + 公允价值变动净收益 + 投资净收益

其中：公允价值变动损益科目反映企业以各种资产，如投资性房地产、债务重组、非货币交换、交易性金融资产等公允价值变动形成的应计入当期损益的利得或损失，即公允价值与账面价值之间的差额。为了与国际会计准则接轨，并提高会计信息的相关性，我国新发布的38项会计具体准则中有17项程度不同地运用了公允价值计量属性，因此有必要在利润表中单独列示公允价值变动损益。

投资收益是对外投资所取得的利润、股利、债券利息，以及投资到期收回的或到期前转让债权取得款项高于账面价值的差额等，用投资收入减去投资损失后就可以得到投资净收益。投资净收益虽不是企业通过自身的生产或劳务供应活动所得，但随着企业握有的管理和运用资金权力的日益增大，资本市场的逐步完善，投资活动获得的收入已成为企业重要的利润来源。因此在2006年财政部颁布的新企业会计准则中将投资收益归入营业利润。不过，我们也要注意企业通过短期投资收益掩盖长期获利能力的倾向。

营业利润是企业最基本经营活动的成果，也是企业一定时期获得利润中最主要、最稳定的来源。

4. 利润总额

营业利润加上营业外收支净额就可以得到利润总额，即：

利润总额 = 营业利润 + 营业外收入 − 营业外支出

营业外收支反映企业从事非生产经营活动中获得的各项收入和支出。营业外收支主要包括：固定资产盘盈（盘亏）及出售净收入、处理固定资产净收益（损失）、出售无形资产净收益（损失）、资产再次评估增值、债务重组收益（损失）、罚款收入（支出）、捐赠支出、债权人变更无法支付的应付款项、非正常停工损失、自然灾害损失等。

非流动资产处置净损失包括固定资产处置净损失和无形资产处置净损失。

固定资产处置净损失指企业出售固定资产所取得价款或报废固定资产的材料价值和变价收入等，不足以抵补处置固定资产的账面价值、清理费用、处置相关税费所发生的净损失；无形资产出售损失，指企业出售无形资产所取得价款，不足以抵补出售无形资产的账面价值、出售相关税费后所发生的净损失。

虽然营业外收支是与企业日常经营活动没有直接关系的各项收支，但同样能够增加或减少利润总额，特别是巨额的营业外收支会对企业的利润总额及净利润产生相当大的影响，而且这种影响是短期的，并不代表企业长期的盈利能力。由于在营业外收支中，非流动资产的处置损益所涉及的金额通常较大，因此，需要在利润表中单独列示，方便报表使用者更好地分析非经常性损益对企业当期利润的影响。

5. 净利润

净利润反映企业最终的财务成果，是归属于企业所有者的利润。其计算公式为：

$$净利润 = 利润总额 - 所得税$$

所得税是国家对企业就其经营所得及其他所得征收的税，将利润总额乘适用所得税率就可以得到利润表上所列示的所得税。由于根据财务会计原则确认的会计利润与按照税法规定确认的纳税所得之间存在差异，企业实际上缴的所得税需要将会计利润调整为纳税所得后乘适用税率来计征。

当母公司拥有子公司股份不足 100% 时，子公司股东权益的一部分属于其他股东所有，由于其他股东在子公司全部股权中不足半数，对于公司经营没有控制权，这部分股权被称为少数股权。在合并公司报表中，这部分股权在子公司中所拥有的权益则为少数股东权益。从净利润中扣除少数股东权益后的部分才是归属于母公司股东的净利润。

6. 综合收益

综合收益总额项目反映企业净利润与其他综合收益的合计金额。其中其他综合收益反映企业根据会计准则规定未在损益中确认的各项利得和损失扣除所得税影响后的净额。例如：可供出售金融资产的公允价值变动、减值及处置导致的其他资本公积金的增加或减少；将持有至到期投资重新分类为可供出售金融资产时重分类日公允价值与账面余额的差额计入"其他资本公积"的部分，以及按照权益法核算的在被投资单位其他综合收益中所享有的份额导致的其他资本公积的增加或减少；外币财务报表折算差额等等。

7. 每股收益

每股收益指税后利润与股本总数的比率，是普通股股东每持有一股所能享有的企业净利润或需承担的企业净亏损。每股收益通常被用来反映企业的经营成果，衡量普通股的获利水平及投资风险，是投资者等信息使用者据以评价企业盈利能力、预测企业成长潜力、进而做出相关决策的重要的财务指标之一。每股收益又可以进一步分为基本每股收益和稀释每股收益。

基本每股收益按照归属于普通股股东的当期净利润，除以发行在外普通股的加权平均数计算得到，其计算公式为：

每股收益 =（税后利润 − 优先股股利）/ 发行在外普通股加权平均股数

其中，发行在外普通股加权平均股数 = 期初发行在外普通股股数 + 当期新发行普通股股数 × 已发行时间 ÷ 报告期时间 − 当期回购普通股股数 × 已回购时间 ÷ 报告期时间

稀释每股收益是以基本每股收益为基础，在假设企业所有发行在外的稀释性潜在普通股均已转换为普通股的前提下，分别调整归属于普通股股东的当期净利润以及发行在外普通股的加权平均数计算而得到的每股收益。

稀释性潜在普通股主要包括：可转换公司债券、认股权证和股份期权等。例如，当上市公司发行可转换公司债券时，由于转股选择权的存在，这些可转换债券的利率低于正常条件下普通债券的利率，从而降低了上市公司的融资成本，在经营业绩和其他条件不变的情况下，相对提高了基本每股收益的金额。考虑可转换公司债券的影响以计算和列报"稀释每股收益"，显然可以提供一个更可比、更有用的财务指标。因此，如果公司存在稀释性潜在普通股，则应计算稀释每股收益。如果没有潜在普通股，稀释每股收益 = 基本每股收益。

二、损益表在财务分析和评价中的作用

损益表提供了公司经营能力情况的重要信息，备受各类利益相关者的关注，其在财务分析和评价中的作用主要表现在以下几个方面。

1. 分析公司的经营实力和经营成长性

企业的经营能力受多种因素影响，如经营机制的灵活性、产品开发和生产

能力与效率、市场营销和开拓能力等，这些都会最终体现在经营业绩上，即市场份额和获利能力上。销售额直接体现公司产品的市场占有情况，通过分析销售额及销售额的增长情况可以获得企业经营实力和经营成长性的信息。

2. 分析公司的经营结构

经营结构主要指经营收入、成本费用等的结构。我们知道规模和速度体现了公司的实力和成长性，但合理的经营结构才能提供可持续发展的后劲和坚固的实力。利用损益表我们可以分析各种收入的比重，如主营业务收入比重、投资收益比重、其他营业收入比重等，从而评价公司收入的质量。此外，我们还可以利用损益表分析成本费用结构，因为提高利润的途径除了增收就是节支。如，分析销售成本占销售收入比重，该比重直接影响公司的毛利润；分析各项期间费用比重，过高的期间费用影响公司利润，我们常常见到一些竞争性行业为扩大销售争取市场份额而采取广告战，使得广告费激增，营业利润下降，另一些企业则为了降低期间费用，过度削减研究开发费用的支出，影响了公司长远发展。此外过低的使用财务杠杆，也会导致当期管理费用和财务费用减少，虽然当期利润增加了，但未来的盈利能力却受到了遏制。

3. 分析公司的盈利水平和能力

公司盈利能力的分析主要通过研究损益表中利润项目及其与有关项目间的对比关系来进行。除了利润的规模外，我们还需要分析利润形成的结构，如毛利润、营业利润及净利润的占比等，它们各自从不同的角度反映了公司的盈利能力，揭示利润的形成过程，提供是否有利润操纵迹象的信息。

三、对于公司利润质量的进一步讨论

追求最大规模的利润是公司经营的目标，也是衡量经营业绩的主要标准之一，但由于损益表所反映的利润是公司经营成果的会计度量，权责发生制及不同会计处理方法的选择可能导致同样的经营成果却有不同的利润规模，或隐含着不同的利润质量。高质量的公司利润表现为，利润能够带来公司经营净现金流量增加和公司现金支付能力的增强，由利润所带来的净资产增加能够为公司未来的发展奠定良好的资产基础。而低质量的公司利润则不能准确反映公司真实的盈利能力和发展前景。分析从两个方面进行，一是注意利润形成过程，警惕利润操纵；二是关注是否存在利润质量下降的现象。

1. 注意利润形成过程，警惕利润操纵

通过收入构成和成本费用构成分析可以发现利润形成过程和利润操纵迹象。

在公司的各种收入中，营业收入及其比重对于利润形成和利润操纵具有很好的揭示作用。一方面，营业收入是形成营业利润的基础，而营业利润是公司利润的主要来源；另一方面，营业收入往往有较严格的确认标准，较难进行利润操纵。因此，通过对营业收入的确认方式、关联交易收入比重、非经常性收入比重等的分析，可以发现利润形成的主要途径和利润操纵的蛛丝马迹。例如，有些公司为了在年末实现利润目标，通过突击签订商标租赁合同、委托理财合同、财产托管合同、租赁合同等一锤子买卖合同进行利润包装，根据合同安排确认了收入，但与收入相关的现金并没有随之流入，而一锤子买卖显然是不具有持续性的。因此，如果其他业务收入超过了营业收入，或者突然出现大幅度增加，就应该引起高度的重视。

在营业收入既定的前提下，营业成本越低，毛利润就越高。营业成本的高低，既有公司不可控因素，也有公司可控因素，可以反映公司在组织采购、生产和销售方面的管理水平。除了营业成本外，不合理的期间费用也会严重影响公司当期的营业利润。例如，有些公司由于过度负债带来的巨大财务费用吞噬了毛利润；有些公司则由于滥用广告战或居高不下的管理费用而导致营业利润亏损；有些公司为了实现利润目标，通过利息资本化、资产减值处理等方法调整期间费用，从而达到调节利润的目的。

根据中国证券市场的具体情况，上市公司常用的操纵利润的手段还有：利用资产重组、关联交易和资产计提等方法调节利润；利用资产评估美化资产负债表和利润表；利用虚拟资产、利息资本化等方法虚增利润；利用跨年度、会计政策选择和变更等方法操纵利润等。发现这些利润操纵的现象，除了通过关注利润形成过程外，我们还可以通过关注审计报告的非标准意见和现金流量分析揭示。

2. 利润质量下降的预警信号

公司规模的过度扩张、大规模的收购兼并、价格战等恶性竞争和经营管理不力等许多原因都会造成企业利润质量下降，而企业利润质量的下降又往往伴随

着资产质量的下降，因此，当出现企业流动资产周转趋缓、负债率上升、利润异常、经营现金流持续入不敷出等现象时，都可视为公司利润质量下降的预警信号。

（1）应收账款或存货规模增长异常，周转趋缓

在企业赊销政策稳定的前提下，企业的应收账款规模与企业的营业收入保持较稳定的对应关系。因此，倘若相对于营业收入的增长，应收账款出现大规模的增加，特别是应收账款的平均收账期明显延长，往往是公司为达到促销的目的放宽信用政策的结果，使企业面临的坏账风险加大。

必要的存货是企业维持正常的生产经营所必需的，但过多的存货，不仅占用资金，还可能增加存货损失和存货保管成本。虽然合理的存货规模涉及许多因素，但存货规模出现了大幅度的上升，特别是存货周转速度显著变缓，说明企业在产品质量、价格、存货控制或营销策略等方面存在问题，警示企业的经营风险增大。

应收账款和存货是公司最主要的流动资产，其质量下降，必然影响企业未来的盈利能力，在流动资产质量下降的情况下，利润质量自然是不高的。

（2）过度举债，支付能力下降

公司在通过正常的生产经营活动和投资活动不能获得足够的现金流的情况下，需要通过融资方式来取得资金。特别是在回款不力、资金周转缓慢时，公司往往依赖增加短期借款和应付账款，延长应付账款的付款期来满足支付需求。因此，当公司的购货和销售情况没有发生很多变化，公司的供货商也没有主动放宽信用政策时，公司应付款规模大量增加，付款期明显延长，负债率迅速上升，都在提示公司的支付能力出现了问题。没有支付能力保证的利润显然是低质量的。

（3）费用不正常降低，资产不正常增加

公司各项费用可以进一步分为固定部分和变动部分，只有变动部分的费用随企业业务变化而变化，虽然通过加强管理，可以节约开支，压缩费用，但有一定的刚性约束，若相对于业务量而言，费用出现不正常的降低，有可能是企业刻意采用费用资本化等费用转移的方法"调"出来的。

企业计提的各项资产贬值准备和折旧太低同样会导致较高的利润。由于企业计提的各项资产贬值和折旧的幅度取决于企业对有关资产贬值程度的主观认识以及对会计政策和估计方法的选择，为了提高会计期间的利润，一些企业往往选择较低的准备和折旧。例如我国的一些上市公司就通过调整资产贬值准备的计提比率，以及准备金冲减来进行利润操纵。

按照会计借贷记账法，倘若公司通过人为会计调整降低费用和资产贬值准备，必然会在资产方表现出不正常的增加或变化。因此，资产不正常的增加则提示企业可能为了减少费用对利润的影响而进行的冲减。

（4）利润率异常，业绩过度依赖非经常性收益

公司所发生的交易事项可以按照其性质和发生的频率分为经常性事项和非经常性事项。经常性事项是指与生产经营直接相关的经常发生的交易事项，如出售商品、提供劳务等，由经常性交易事项引起的收益即为经常性收益，是具有持续性基础性的公司收益的核心部分。非经常性事项是指公司发生的与生产经营无直接关系，或虽与生产经营相关，但由于其性质、金额或发生频率，影响了真实、公允地评价公司当期经营成果和获利能力的各项收入、支出，如补贴收入、资产出让等营业外收入，托管收入、资产重组收入等。非经常性收益具有一次性、偶发性的特点，如果公司的业绩过度依赖非经常性收益，其利润难以代表公司未来的发展前景，对判断未来的投资价值意义不大。

利润率异常还经常表现为：毛利率异动，净利润与经营现金流不符、与股利分配政策不符等。毛利率异动是指相对于行业或公司自身历史而言，毛利率出现不正常的降低或提高。如在竞争性行业，单个企业没有定价权，企业的毛利率急剧下降，说明企业无法压缩成本费用，可能会被市场淘汰；相反，倘若企业的产品并无特色却取得远高于行业平均水平的毛利，则可能是会计通过成本在存货和当期销售成本之间分配的结果。净利润与经营现金流量不符是由于会计利润是按权责发生制核算的原因导致的，但若这种现象延续若干个会计年度，则说明企业现金回笼情况不好。发放现金股利是公司股利分配的主要形式，在公司有足够可供分配的利润的前提下，却不进行现金股利分配，说明公司的现金支付能力可能出现了问题。

（5）会计政策或会计师事务所变更，会计报表被出具非标准审计意见

为了保证可比性，公司采用的会计政策和估计方法前后各期应保持一致，无正当理由不得随意变更。因此，若公司在不符合条件的情况下，突然改变原先采用的会计政策和方法，而选择了有利于报表利润改善的会计政策和方法，则提示公司面临不良的经营状况。

公司是会计师事务所的客户，一般情况下，两者维持比较稳定的关系。但是，当审计过程中，注册会计师与公司管理者对报表编制出现重大分歧时，这种合作关系会难以为继。因此，对于变更会计师事务所的企业的报表应特别关注。

在审计师对财务报表审计意见的各种表述中，只有无保留意见称为标准审

计意见，其他表述均称为非标准审计意见。若公司的财务报表被出具了非标准审计意见，则应认真阅读审计师的审计报告，从中寻找可供参考和判断公司盈利质量的信息。

第四节 现金流量表

现金流量表反映一定期间内公司由于经营活动、筹资活动和投资活动等对公司现金及现金等价物所产生的影响，提供一定会计期间公司现金流入及流出变动过程的具体信息。如果想了解公司经营活动产生了多少现金收入，这些收入是否足够满足生产经营活动的支出，公司从投资或筹资活动中产生的现金流入又是否足以弥补经营现金流的赤字，公司对外部资金的依赖性是否很强，公司的财务弹性如何，是否会发生支付危机等问题，就可以观察现金流量表。

现金流量表分为主表和附表。主表按照经营活动、投资活动和筹资活动分类，反映这三类活动所引起的具体的现金流入和流出；附表为补充资料或附注，反映不涉及现金收支的投资和理财事项，以及按间接法计算的经营活动现金流量和现金及等价物的存量变动情况。现金流量表的表式见表2.3。

表2.3　　　青岛啤酒（600600）2012～2013年现金流量表

年份	2013年12月31日	2012年12月31日
经营活动产生的现金流量		
销售商品、提供劳务收到的现金	3128249.46	2801768.19
收到的税费返还	447.79	1968.55
收到的其他与经营活动有关的现金	143788.63	123923.92
经营活动现金流入小计	3272485.88	2927660.66
购买商品、接受劳务支付的现金	1635752.02	1409903.15
支付给职工以及为职工支付的现金	337405.39	294078.27
支付的各项税费	554135.08	560501.91
支付的其他与经营活动有关的现金	405078.27	352817.65
经营活动现金流出小计	2932370.76	2617300.99
经营活动产生的现金流量净额	340115.12	310359.68
投资活动产生的现金流量		
收回投资所收到的现金	3965.00	
取得投资收益收到的现金	5064.57	305.03

续表

年份	2013年12月31日	2012年12月31日
处置固定资产、无形资产和其他长期资产收回的现金净额	1162.83	1284.54
处置子公司及其他营业单位收到的现金净额		
收到其他与投资活动有关的现金	86586.56	67726.41
投资活动现金流入小计	96778.96	69315.98
构建固定资产，无形资产和其他长期资产所支付的现金	203622.99	237821.77
投资支付的现金	2.33	400.00
取得子公司及其他营业单位支付的现金净额		
支付其他与投资活动有关的现金	42746.18	30575.56
投资活动现金流出小计	246371.50	268797.33
投资活动产生的现金流量净额	-149592.53	-199481.35
筹资活动产生的现金流量		
吸收投资收到的现金	1000.00	7025.50
其中：子公司吸收少数股东投资收到的现金	1000.00	7025.50
取得借款收到的现金	3809.25	7540.22
收到的其他与筹资活动有关的现金		
发行债券收到的现金		
筹资活动现金流入小计	4809.25	14565.72
偿还债务支付的现金	20778.03	9722.12
分配股利、利润或偿付利息所支付的现金	61802.09	43964.02
其中：子公司支付给少数股东的股利、利润	5078.67	5483.11
支付其他与筹资活动有关的现金	0.68	64.12
筹资活动现金流出小计	82580.79	53750.26
筹资活动产生的现金流量净额	-77771.54	-39184.54
汇率变动对现金的影响	-179.00	209.87
现金及现金等价物净增加额	112572.04	71903.65
期初现金及现金等价物余额	626918.43	555014.77
期末现金及现金等价物余额	739490.46	626918.43
补充材料		
净利润	197492.38	184476.22
加：资产减值准备	174.49	100.46
固定资产折旧、油气资产折耗、生产性生物资产折旧	71196.23	68508.48
无形资产摊销	16702.54	15406.26
长期待摊费用摊销	606.12	468.98

续表

年份	2013年12月31日	2012年12月31日
待摊费用减少		
预提费用增加		
处置固定资产无形资产和其他长期资产的损失	10164.50	2627.23
固定资产报废损失		
公允价值变动损失		
财务费用	−26380.62	−16942.12
投资损失	−22922.55	−1496.20
递延所得税资产减少	−21758.30	−9288.50
递延所得税负债增加	−2353.46	−3099.64
存货的减少	−33629.07	35929.67
经营性应收项目的减少	−63282.35	15025.68
经营性应付项目的增加	214105.19	18643.16
未确认的投资损失		
其他		
间接法-经营活动产生的现金流量净额	340115.12	310359.68
债务转为资本		
一年内到期的可转换公司债券		
融资租入固定资产		
现金的期末余额	739490.46	626918.43
减：现金的期初余额	626918.43	555014.77
加：现金等价物的期末余额		
减：现金等价物的期初余额	0	16203740.00
间接法-现金及现金等价物净增加额	112572.04	71903.65

资料来源：根据万得数据库，该表为合并报表，表中数据的计量单位为万元。

一、现金流量表的内容与分析

1. 现金、现金等价物与现金流量

现金、现金等价物与现金流量是阅读现金流量表首先必须明确的概念。现金流量表中的现金指公司库存现金以及随时用于支付的存款，即不仅包括会计核算"现金账户"下核算的库存现金，而且包括"银行账户"下存入各种金融企业、随时可用于支付的存款，以及"其他货币资金"账户下的外埠存款、银

行本票和汇票存款、在途货币资金等。

现金等价物指公司持有的期限短、流动性强、易于转换为已知金额现金、价值变动风险小的投资。如可在证券市场上流通的 3 个月到期的短期国债等短期有价证券。现金等价物虽不是现金，但由于其支付能力与现金差别不大，现金流量表将现金等价物视为现金一并核算。

现金流量则是指现金及现金等价物的流入和流出。由于现金流量表中的现金包括不同形态的货币资金，因此需要注意的是，货币资金不同形态之间的转换不会产生现金流量。如公司出售 3 个月内到期的国库券取得现金，并存入银行账户，这些都不表现为现金的流入或流出。

2. 经营活动现金流量

经营活动现金流量是现金流量表反映的主要内容，体现了公司由于日常生产经营活动所产生的现金流入流出量，主要由现金流入、现金流出和现金净流量三部分组成。其中现金流入的项目主要是销售商品、提供劳务收到的现金，收到的税费返还，以及收到的其他与经营活动有关的现金；经营活动的现金流出主要是购买商品、接受劳务等支付的现金，支付给职工以及为职工支付的现金，支付的各项税费，以及支付的其他与经营活动有关的现金等。具体项目可参见表 2.3。

阅读和分析经营活动的现金流量时，要注意和把握如下几点。

第一，将现金流入与现金流出联系起来分析。除了特殊时期，如公司正处于生产经营初期阶段，由于设备人力资源的利用率低，材料消耗量高，经营成本较高有可能导致企业经营活动现金流量入不敷出外，一般在正常经营情况下，如果现金流入小于流出量，说明通过正常经营活动不仅不能支持投资或偿债，而且还要借助于收回投资或举借新债来取得现金才能维持正常经营。现金流入量大于现金流出量，则说明企业从当期活动中获得的现金收入不仅能够满足自身经营的需要，而且还可用于偿还债务，扩大生产经营规模，或进行新产品投资，体现了稳定的经营对公司投资和融资活动的支持能力，将对公司经营的可持续性、业务规模的扩大和及时回报投资者产生重要的支持作用。

第二，将经营活动现金流量净额与投资活动和筹资活动的净现金流量联系起来分析。如果经营活动现金流量在全部现金流量中所占的比例较大，说明企业创造现金的能力较强。反之，则说明企业创造现金的能力不强，这样的企业对外部资金依赖性较大。一个运转正常的现金流程应当是：首先，经营活动中取得的现金流入足以满足经营活动所需的现金支出需求，并有一定的剩余用于偿还债务或用于投资；其次，如果经营活动产生的现金收入不足以满足经营活动所需的现金支出，需要通过短期借款弥补，但企业未来的盈利能力和创造现金能力足可以偿还短期债务；其三，当企业需要长期投资时，一般需要通过发行股票或筹集长期借款等方式筹集长期资金，如果长期投资有效，将来会产生现金流入，不会出现现金窘迫及还债困境。最糟糕的情况是，一方面企业的经营活动现金收入严重不足，经常需要通过借款来维持周转，另一方面却进行大规模的扩张投资，于是，不得不依赖举借大量长期债务维持运转。由于企业创造现金的能力弱，日积月累，企业终将面临严重的财务拮据，甚至导致破产。

第三，将经营活动的净现金流量与净利润联系起来分析。有句话说：利润是主观评价，现金是客观事实。虽然一定期间的现金流量与净利润都是用于衡量经营活动成果的标准，但它们是不同的概念。公司所有的收益只有在产生现金流入后，才有真正的价值。如果企业利润较高，而经营活动净现金流量较低，说明企业利润质量不高，其原因可能是回款不及时，存货积压，当然也有可能是由于利润操纵的原因。

第四，将经营活动现金流量的具体项目与其他报表的具体项目联系起来分析。例如，关注"销售商品、提供劳务收到的现金"项目，将其与损益表中的营业收入净额相比，可以判断企业当期的收现情况。又如通过联系本期购货现金支出与损益表中的销货成本比较可以看出企业是否支付了本期购货款，是否偿还了前期的欠款，赊购是否形成了未来的偿债压力等。

3. 投资活动现金流量

投资活动是指企业长期资产的购建和不包括在现金等价物范围内的投资及其处置活动。其中的长期资产是指固定资产、在建工程、无形资产、其他资产等持有期在一年或一个营业周期以上的资产。由于已将包括在现金等价物范围内的投资视同现金，所以将之排除在投资活动之外。其中：现金流入量包括收回投资所收到的现金，分得股利或利润所收到的现金，取得债券利息收入所收到的现金，处置固定资产、无形资产和其他长期资产而收到的现金净额；现金流出量包括购建和处置固定资产、无形资产和其他长期资产所支付的现金，权益性投资所支付的现金，债权性投资所支付的现金，以及其他与投资活动有关的现金收入与支出等。

阅读和分析投资活动现金流量时要注意把握如下几点。

第一，将投资活动的现金流入和流出联系起来分析。企业通过投资扩大规模，实现发展，因此一般情况下，投资活动的现金流出大于流入，如果这个比例很大，说明企业实行的是投资扩张政策，并获得了较多的投资机会，但这些投资究竟会带来怎样的效益，则要与未来的投资收益结合分析。如果扣除投资收益后，投资活动的现金流入大于流出，则说明企业变现了大量资产，如果这些资产是闲置的多余的，对企业的经营有利，否则就可能是企业经营或还债方面出现了问题，也可能是由于经营困难或环境改变不得不收缩投资战线。

第二，将投资活动现金流入中的分到的股利或利润与损益表上的投资收益联系分析，两者比例能够说明对外投资收益的回收情况。

第三，将投资活动现金流量与经营活动现金流量和筹资活动现金流量联系起来，分析公司的投、融资策略和投资效益。公司处于大举扩张时期，经营活动所取得的现金通常是不足以满足投资需求的，多数时候要通过对外融资获取现金，从理财的谨慎角度，长期资产应当筹集长期资金，短期资产则可筹集短期资金投入。不同的筹资策略将形成不同的资金来源结构，影响公司资产的风险和收益水平。

4. 筹资活动现金流量

筹资活动是指导致企业资本及债务规模和构成发生变化的活动，其中的资本包括实收资本（股本）、资本溢价（股本溢价）。企业发生的与资本有关的现金流入和流出项目，一般包括吸收投资、发行股票、分配利润等。筹资活动所指的债务是企业对外举债所借入的款项，如发行债券、向金融企业借入款项以及偿还债务等。筹资活动的现金流入量主要包括吸收权益性投资所收到的现金、发行债券所收到的现金和借款所收到的现金；现金流出量主要包括偿还债务所支付的现金、发生筹资费用所支付的现金、分配股利或利润所支付的现金、偿付利息所支付的现金、融资租赁所支付的现金、减少注册资本所支付的现金以及与筹资活动有关的其他现金收入与支出等。

5. 现金及现金等价物的净增加

公司总的净现金流量是将一定时期内营业、投资和筹资活动产生的现金流相加的结果，在现金流量表中称为现金及现金等价物净增加，这是判断公司财务适应能力和现金支付能力的重要信息。财务的实质就是现金及其周转，财务适应能力的实质就是现金流量和存量满足企业经营、偿债和投资需要的能力，这个能力越强，企业的经营风险就越小。因此，如果全部现金净流量为正数，表明企业的现金支付能力较强，若全部现金净流量出现赤字，则公司财务适应能力较差。

二、现金流量表在财务分析和评价中的作用

1. 反映净利润的质量，提高会计信息的可比性

现金流量与公司盈亏并不一定成正向关系变化，但净利润与现金流量的关系却反映了企业净利润的质量，有现金流量支持的净利润是高质量的利润。利用现金流量可以解释为什么有些企业连续不断地有可观的利润却停止营业或发生财务困难；为什么有的企业出现经营亏损却能在短期内继续经营并有现金流量。许多破产企业的倒闭并不是因为亏损，而是因为现金不足。此外，由于现金流量表是按收付实现制编制的，排除了权责发生制下会计处理方法所造成的影响，从而使得数据在时间和空间上都更有可比性。

2. 反映公司的偿债及支付投资者报酬的能力

公司的偿债能力表现为对利息和本金的支付能力，现金流量表反映了公司现金流量适应经营、偿债和支付股利的需要的情况。据此，还可以预测公司未来所能获得的现金流量，为债权人和投资者提供进行投资和信贷决策的重要信息。

3. 反映公司未来获取现金的能力

现金流量表中经营活动产生的现金流量，代表企业运用其经济资源创造现金流量的能力；投资活动产生的现金流量，代表企业运用资金产生现金流量的能力；筹资活动产生的现金流量，代表企业通过融资活动获取现金的能力。因此，现金流量表全面反映了过去一年公司通过各种活动获取现金的情况，据此，可以预测公司未来获取或支付现金的能力。如，企业通过银行借款筹得资金，在本期现金流量表中反映为现金流入，但却意味着未来偿还借款时要流出现金。

4.提供动态财务信息，更全面地反映公司的财务状况

现金流量表作为动态的报表，是连接资产负债表与损益表的桥梁，其关系可用图2.1 表示。

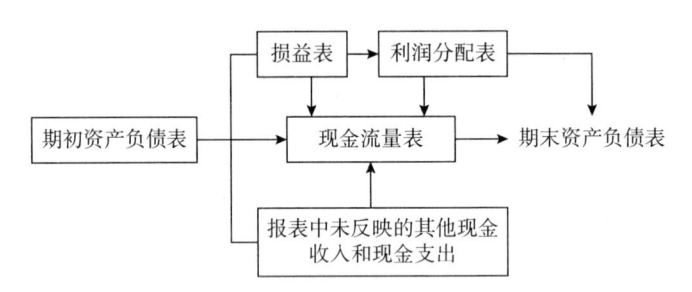

图 2.1 三张基本财务报表之间的联系

利用现金流量表与资产负债表和损益表之间的联系，我们能够更深入地揭示公司资产、负债和权益的变化原因，可以回答如下诸多问题：①利润到哪里去了？②为什么股利不能更多些？为什么可以在超过本期利润的水平或在有损失的情况下分发股利？③净收益上升了，为什么现金余额却下降了？报告期有净损失，为什么现金净额还会增加？④扩建厂房所需资金从何来的？收缩经营而出售厂房设备的资金是如果处置的？⑤债务是怎样偿还的？⑥发行股票所得现金到哪里去了？⑦发行债券所得现金用于何处？⑧现金的增加是如何获得的？现金的减少是什么原因造成的？

三、现金流量表的局限性

与资产负债表、损益表一样，现金流量表也有局限性。在报表分析中它的局限性主要表现在：由于采用与损益表、资产负债表不一致的会计核算方法，增加了分析对比的难度；一些非现金的交易得不到反映；存在人为操纵现金流量的可能等等。

现金流量泡沫主要表现在通过往来资金操纵现金流量表。例如，关联企业之间的往来资金往往带有融资性质，但是借款方并不作为短期借款或者长期借款，而是作为其他应付款核算，而在贷款方则不将其作为债权，而作为其他应收款核算。这样在编制现金流量表时，这些实质上属于筹资、投资活动引起的现金变动就转变成了经营活动产生的现金流量，从而夸大了经营活动所产生的现金流量净额，美化了现金流量表。

专栏2-3　　　　蓝田股份业绩之谜曝光

2002年春天，中国股市又一个美丽的肥皂泡在人们的感叹声中破灭了。与银广夏"异曲同工"的是，曾以"老牌绩优股"著称的蓝田股份玩的同样是编造业绩神话的伎俩。

蓝田股份自从1996年发行上市以后，在财务数字上一直保持着神奇的增长速度：总资产规模从上市前的2.66亿元发展到2000年末的28.38亿元，增长了10倍，历年年报的业绩都在每股0.60元以上，最高达到1.15元，即使遭遇了1998年特大洪灾以后，每股收益也达到0.81元，创造了中国农业企业罕见的"蓝田神话"，被称作是"中国农业第一股"。然而就在2001年12月，刘姝威教授以一篇发表在《金融内参》上的600字短文对蓝田神话直接提出了质疑，使市场的目光再次聚焦于蓝田讲述其业绩神话故事的财务报告。汇总人们对蓝田业绩的质疑，表现在以下几个方面。

第一，应收账款如此之少——收入确认真实吗？

蓝田股份2000年销售收入18.4亿元，应收账款仅857.2万元，2001年中期这一状况也未改变：销售收入8.2亿元，应收账款3159万元。根据公司"2001年中期报告补充说明"，造成这种状况的原因是由于公司地处洪湖市瞿家湾镇，占公司产品70%的水产品在养殖基地现场成交，上门提货的客户个体比重大，当地银行没有开通全国联行业务，客户办理银行电汇或银行汇票结算业务，必须绕道70公里去洪湖市办理，故采用"钱货两清"方式结算成为惯例。但18亿元的水产品销售不可能是直接与每一个消费者进行交易，必然需要代理商进行代理，因此水产品销售全部"以现金交易结算"的说法是难以成立的；况且其中销售收入达5亿元之巨的野藕汁、野莲汁等饮料，不可能也以现金交易结算。

第二，融资行为与现金流表现不符——现金都流向何处了？

2001年中报显示，蓝田股份加大了对银行资金的依赖程度，流动资金借款增加了1.93亿元，增加幅度达200%。这与其良好的现金流表现不相符。按照公司优秀的现金流表现，自有资金是充足的，况且其账上尚有11.4亿元的未分配利润，又何以会这样依赖于银行借贷？

公司近几年固定资产的扩张速度很快，2000年固定资产净额增长率达到54.57%，当年实现经营性现金净流量7.86亿元，而投资活动产生的现金净流量则为-7.15亿元（绝大部分是固定资产投入），这两个数字极为相近，这是巧合，还是虚构的利润只能变成不易盘点的固定资产？

第三，产品毛利率太高——虚增利润之嫌。

2000年年报及2001年中报显示，蓝田股份水产品的毛利率约为32%，饮料的毛利率达46%左右。从公司销售的产品结构来看，除非公司能够绝对垄断市场或具有超常低成本，以农产品为基础的相关产品都是低附加值的产品。以公司现有的行业地位看，达到这样高的盈利水平的可能性很小。

第四，关联方其他应付款数额巨大——占尽便宜的关联交易。

与其他上市公司的控股股东占用资金，导致上市公司其他应收款数额巨大相反，蓝田股份则是大量占用了中国蓝田总公司等关联方巨额资金。2001年中报显示，关联方其他应付款余额2.22亿元。其中，仅中国蓝田总公司直接借款就达1.93亿元。如同代付广告费一样，就连1999年因上市造假被处以的行政罚款100万元，也是由中国蓝田总公司代为垫付。一家年盈利近5亿元、未分配利润多达10亿元的上市公司，如此资金运用捉襟见肘简直让人难以理解。

资料来源：作者根据相关资料整理。

第五节　财务报表分析

财务报表为评价公司当前的财务状况提供了基本的信息，通过财务报表可以了解公司的财务状况和经营业绩，但是这种了解还只是表面的，不足以满足报表使用者进行决策的需要。例如，公司管理者要实现公司价值最大化，必须发挥优势并纠正问题，这就需要将公司经营状况和业绩与其他公司以及公司自身过去的经营状况和业绩进行对比，分析评价公司在行业中的地位和发展趋势。而要进行对比分析，就需要对财务报表所提供的大量数据进一步加工处理，以显示各项数据间隐含的关系，并解释这种关系。财务分析就是运用分析方法和技巧，从财务报表及其他财务资料中整理出有用信息的全过程。它可以避免决策时的直觉推测，减少不确定的判断和错误的范围，以增加决策的科学性。财务分析的主要方法有比率分析法、趋势分析法和综合分析法等，其中比率分析是财务分析的核心。

下面我们介绍财务报表分析中最常用财务比率分析法和杜邦财务分析体系。

一、财务比率分析

财务比率分析通过对比有关联关系的财务数据而求出比率,然后通过比率来说明企业的财务状况。表 2.4 列出了财务分析中常用的财务比率及其计算公式,并计算了青岛啤酒公司的财务比率。下面我们将介绍这些比率的计算,并以青岛啤酒公司为例介绍如何通过财务比率评价企业财务状况。然而,要想利用财务比率评价公司的财务状况,还需要一些标准来判别这些比率的优劣。虽然并不存在适合所有公司的"标准"财务比率系列,但通过与本公司历史比率对比,或通过与行业平均比率和与行业其他公司的对比仍然可以说明问题。因此,在表 2.4 中我们对青岛啤酒公司与其主要竞争对手——燕京啤酒公司的财务比率进行了比较。

表 2.4　　2013 年青岛啤酒公司与燕京啤酒公司的财务比率

比率名称	计算公式	青岛啤酒	燕京啤酒
短期偿债能力			
流动比率	流动资产 / 流动负债	1.10	1.07
速动比率	速动资产 / 流动负债	0.88	0.39
现金比率	(货币资金 + 交易性金融资产) / 流动负债	0.77	0.27
现金流量比率	经营活动净现金流量 / 流动负债	0.31	0.53
长期偿债能力			
资产负债率	负债总额 / 资产总额	0.49	0.32
负债权益比	负债总额 / 股东权益	0.97	0.46
利息保障倍数	息税前利润 / 利息费用	—	13.9
现金利息保障倍数	经营活动净现金流量 / 利息	—	39.3
现金流量债务比	经营活动净现金流量 / 负债总额	0.25	0.52
资产运用效率			
应收账款周转率	营业收入 / 平均应收账款	240.80	112.09
应收账款周转期	365 / 应收账款周转率	1.52	3.24
存货周转率	营业成本 / 平均存货	6.95	2.00
存货周转期	365 / 存货周转率	52.52	182.78
流动资产周转率	营业收入 / 平均流动资产	2.52	2.16
固定资产周转率	营业收入 / 固定资产平均净值	3.31	1.45
总资产周转率	营业收入 / 平均总资产	1.11	0.74
资产现金回收率	经营现金净流量 / 全部资产	0.12	0.16

续表

比率名称	计算公式	青岛啤酒	燕京啤酒
获利能力			
销售净利率	净利润/营业收入	0.070	0.0495
毛利润率	（营业收入−营业成本）/营业收入	0.399	0.39
资产经营利润率	息税前利润/平均总资产	0.094	0.059
资产净利润率	净利润/平均总资产	0.072	0.042
股东权益收益率	（净利润−优先股股利）/股东权益	0.14	0.06
销售现金比率	经营现金净流量/销售收入	0.120	0.225
市场价值比率			
市盈率	每股市价/每股收益	33.50	32.02
市净率	每股市价/每股净资产	4.72	1.94

①表中青岛啤酒财务比率根据第二章所提供的三张财务报表中的财务数据，按表中所列计算公式计算得到。其中，资产项目如未注明"平均"均采用期末数值；利息支出用财务费用代替，由于青岛啤酒财务费用为负数，故未计算利息保障倍数。读者可以通过查阅报表自行进行计算练习并核对。②燕京啤酒财务比率则根据其2013年年度报告中的合并财务报表数据计算得到。③青岛啤酒和燕京啤酒的每股市价采用2013年12月31日的收盘价，每股现金股利按利润分配预案的每股派发0.45元股利计算，普通股股数用2013年12月31日的数据，数据来源于中财网 http://quote.cfi.cn。

1. 短期偿债能力

企业的短期偿债能力是反映企业偿还短期债务能力的重要标志。企业短期偿债能力不足，有可能影响企业长期债务的偿还，进而影响股东回报率的实现。由于流动资产和流动负债之间存在着密切联系，所以考虑短期偿债能力要看流动资产变现的能力。一般说来，偿还流动负债的现金是从流动资产中产生的。若企业流动负债中有1000万元应付账款，另外有500万元和100万元的应付税款已到期必须支付。那么企业应该如何来偿还这些债务呢？首先考虑流动资产中的货币资金，假若可动用的货币资金有400万元；其次，考虑可变现的有价证券，假如变现交易性金融资产得到300万元；剩余部分可考虑用应收账款回收款支付，若收回的应收账款仍不足以支付剩余的900万元，则要出售存货、或通过新的流动负债取得（比如取得新的短期借款）现金来支付。这就说明企业盈利的情况下仍并不能保证它的短期偿债能力。换句话说，在权责发生制下，企业可以有很高的利润，却可能没有能力偿还债务，因为它缺乏可用的资金，而一个企业发生亏损，只要有可用资金，仍然有能力偿还短期负债。所以企业能否偿还短期债务，要看有多少短期债务以及有多少可变现的流动资产。因此，企业短期偿债能力又称为变现能力。

（1）流动比率

流动比率是流动资产与流动负债对比所确定的比率，其计算公式为：

$$流动比率 = 流动资产 / 流动负债$$

该比率表示假定所有的流动资产都用于偿还流动负债，每一元流动负债，有几元的流动资产作为偿债保障。

一般而言，流动比率越高，企业偿还短期债务的能力越强。流动比率高还可以对企业的长期资产保全产生屏障的效果。因为当企业因偿还债务所迫而不得不出售非流动资产时，不仅会影响到现阶段乃至下阶段资产的正常使用，而且往往由于削价求售而无法获得公允的价格，造成本不该发生的变现损失。流动比率高还可显示出企业应付不确定因素冲击的能力，对于企业的财务危机具有较强的预测能力。由于流动比率具有上述优点，所以早已成为金融机构、债权人及潜在投资者衡量企业短期偿债能力所普遍采用的工具。

长期以来，2.0 的流动比率下限被认为是比较理想的。这是因为传统制造行业，企业的存货余额大约占流动资产的一半，而存货是流动资产中流动性最弱的资产，为了保证有充裕的资金偿还流动负债，流动比率就应是流动资产的 2 倍。然而，最近几十年，制造业企业的经营方式和金融环境都发生了很大的变化，流动比率下降已成趋势。另外，企业的存货还受行业特点、生产的季节性、赊销或赊购的条件等许多因素的影响，例如，飞机、轮船等大型设备制造公司由于生产周期长，原材料价格高，存货价值大，其流动比率就较高。而电力业、餐饮娱乐等服务业，经营周期短，存货少，其流动比率就较低。因此，并不存在一个统一、标准的流动比率数值。我们在分析企业的流动比率时，需要根据实际情况选择对比标准。如与行业的平均水平比较，有助于评判企业流动比率水平是否正常；与本企业前期或过去各期比较，有助于判断流动比率的变化情况，从而判断企业短期偿债能力是逐渐提高、改善还是恶化；与竞争对手比较则有助于分析差距。例如，燕京啤酒公司的流动比率是 1.07，其资产的流动性或变现力与青岛啤酒十分接近。

不过，如果要解释流动比率的变化，仅仅进行以上分析还是不够的。这是因为影响流动资产和流动负债的因素很多，只有对影响流动比率数值的流动资产和流动负债项目进行具体分析才能说明流动比率变动的原因，以及企业实际的偿债能力。

例如，影响企业流动资产数额一个主要项目是存货，采用不同的方法所得到的存货的价值是不一样的,而不同的存货价值又会影响流动资产价值,进而影响企业的流动比率。若企业因存货价值低估导致流动比率下降,那么,这种情况下较低的流动比率并不意味着企业的流动性风险增大或偿债能力下降。相反,如果因产品积压而引起存货的价值增加,并因此而导致较高的流动比率,这样的高流动比率则并不意味着短期偿债能力增强,因为积压的产品变现性往往比较差。

应收账款是流动资产的另一项重要内容,如果由于大额的周转缓慢的应收账款而导致居高的流动比率,显然也并不代表企业短期偿债能力高,特别是在我国目前三角债如此严重、信用状况令人堪忧的情况下,有些账龄长的应收账款很可能成为永远收不回来的坏账,而因此而导致的高流动比率显然没有任何意义。

另外,在某些情况下,一个很高的流动比率或许意味着并不令人愉快的企业条件,而一个较低的流动比率或许却伴随着企业的营利性运作。如在经济衰退阶段,企业压缩生产,调整资本结构,纷纷偿还流动负债,这时即便流动资产处于极低的水平,流动比率也可能达到较高的水平。而在经济繁荣阶段,企业生产扩大,资金需求量剧增,流动负债相应增加以适应不断增加的对营运资金的需求,流动比率可能出现很低的水平。

因此,要利用流动比率正确地评价公司的短期偿债能力,需要结合各行业的特点,分析构成流动资产和流动负债的各个项目的情况进行全面综合分析。

（2）速动比率

速动比率是速动资产与流动负债对比所确定的比率。所谓速动资产指变现能力较强的流动资产。在企业的流动资产项目中,预付费用是变现能力最差的项目。除了预付货款有可能在收到货物后再通过出售货物转化为现金外,一般的预付费用,如预付税款、广告费、保险费等很难收回再转化为现金。存货也是变现能力较差的资产项目,特别是其中作为安全库存的那一部分,几乎是一项长期资产,部分存货还可能已经被抵押给了特殊的债权人,而且由于偿债和清算等原因,企业被迫出售库存品时其价格往往也受到不利影响。考虑这些因素后,真正具有较强变现能力的流动资产项目是货币资金、交易性金融资产、应收票据和应收账款等应收款项。于是有速动比率的计算公式:

$$速动比率 = (货币资金 + 交易性金融资产 + 应收票据 + 应收账款 + 其他应收款) / 流动负债$$

由于预付账款、待摊费用等项目相对金额较小,通常计算时可以忽略,国内也常常采用以下计算公式计算速动比率。

$$速动比率=(流动资产-存货)/流动负债$$

显然，相对于流动比率而言，速动比率更能严密测验企业的短期偿债能力。

速动比率同样与行业具有密切的关系。例如，典型的只进行现金交易行业，其速动比率就比较低，而且仍然具备足够的流动性。通常情况下，速动比率的变化趋势与流动比率是高度相关的，许多影响流动比率的因素往往也会影响速动比率的变化，所以可结合流动比率分析中的方法进行分析。

（3）现金比率

在速动资产中流动性最强、可直接用于偿债的资产是所持有的现金和有价证券，这类资产又称为现金资产。现金比率是将现金资产与流动负债对比得到的比率。计算公式为：

$$现金比率=(货币资金+交易性金融资产)/流动负债$$

现金比率越高表示企业可用以偿付流动负债的现金资产越多，变现损失的风险越小，且变现时间越短。现金是清偿债务的最后手段，如果缺少可用的现金，可能使企业陷入无清偿能力的困境。因此，现金比率太低意味着企业的即期支付可能出了问题。现金比率是对短期偿债能力要求最高的财务标准，主要适用于那些应收账款与存货的变现能力都存在问题的企业。青岛啤酒2013年的现金比率为0.77，而燕京啤酒仅为0.27，差距仍然很大。

（4）现金流量比率

现金流量比率是经营活动现金净流量与流动负债对比得到的比率，其计算公式为：

$$现金流量比率=经营活动净现金流量/流动负债$$

该比率说明企业每年的经营活动所得到净现金流量对于短期债务的偿还保障程度，是衡量企业短期偿债能力的动态指标。这一指标越高，说明企业支付即期债务的能力越强。反之，则说明企业支付即期债务的能力越弱。青岛啤酒2013年的现金流量比率为0.31，而燕京啤酒为0.53，要好于青岛啤酒。

上述四个财务比率是反映企业短期偿债能力的主要财务指标。在运用上述比率进行分析时要注意一些财务报表没有反映出来的因素也会影响企业的短期偿债能力。如增强短期偿债能力的因素有：可动用的银行贷款额度，准备变现的长期资产，偿债能力的声誉等等。而未作记录的或有负债，已售产品发生的质量事故赔偿的可能性、尚未解决的诉讼争端可能导致的不利后果，担保责任引起负债，经营租赁合同中的承诺条款等都是减弱变现能力的因素。

2. 长期偿债能力分析

企业的长期偿债能力是企业支付到期长期债务的能力。企业的长期偿债能力不仅取决于企业在长期内的盈利能力，也受企业资本结构的重要影响。因此，长期偿债能力分析，主要侧重于收益及资产对其债务的保障程度的分析。

（1）资产负债率

资产负债率是企业总负债与总资产之比，用以衡量企业总资产中，由债权人提供的比率有多大，说明企业偿还债务的综合能力以及资产对债权的保障程度。计算公式为：

$$资产负债率 = 负债总额 / 资产总额$$

一般情况下，上式中的负债总额不仅包括长期负债也包括短期负债。这主要是因为，虽然从某一具体的短期负债项目看，其时期是短期的，但从企业总是长期性地存在一定的短期债务的角度看，短期债务也可以看作是一种长期性的债务负担。

对于这个比率，企业的债权人、股东和经营者往往从不同的角度来评价。对债权人而言，关心的是贷出资金的安全性，负债比率越大，表示股东权益占总资本比例越小，对债权的保护程度就越低。例如，青岛啤酒的负债比率为49%，这表明该公司将近一半的资金是由债权人投入的，如果公司清算，总资产变现的价值扣除清算费用后低于其账面价值的一半，则债权人将不能全部收回自己的投资。

对股东来说，关心的是投资收益。公司借入的资金与自有资金同样发挥作用，只要支付的利息率低于投资收益率，就可以借债，从而可以较高的负债比率扩大企业获利的基础，以较少的投资控制较大的资金规模，取得财务杠杆利益。他们更关心的是投资收益率是否超过利息率，而不是负债率本身的高低。

站在经营者的角度，既要考虑企业的盈利，也要考虑财务风险。负债比率高，不仅能够产生财务杠杆效应，增加股东收益，而且说明企业活力充沛，前景很好，从而能够增强资本市场上投资者对公司的信心。但同时风险也会加大，一旦市场出现大的波动，经营受损，利息费用将使企业不堪重负，得不偿失。并且倘若负债率太高以至超出债权人心理承受程度时，企业根本就无法筹措到足够的债务资金。但如果负债比例小，财务风险虽然小了，但财务杠杆的作用不能得以发挥，股东利益最大化不能实现，同时还可能向市场传递企业发展前景不佳的信号，从而降低了资本市场投资者对企业的信心。所以经营者要权衡利弊，审时度势，以确定最佳的资产负债率。

另外，负债比率到底多高为好，还要视各企业自身具体情况及企业所处的行业而定。假如某企业所处行业是一个新兴的处于上升中的行业，行业的平均负债率就会比较高，而公司的负债率较高，但与行业水平接近，这并不说明公司负债率有问题。如果该公司的成长速度比行业平均水平还高，那么即使公司负债率高于行业水平也可以接受，因为上升的行业资金需求量大。因此，分析时应结合行业的平均负债水平、企业自身经营状况以及宏观经济环境等情况做出判断。

（2）负债权益比率

又称为产权比率，反映由债权人提供的资本与股东提供的资本之间的相对关系。计算公式为：

$$负债权益比率 = 负债总额 / 股东权益$$

该比率越低说明债权人投入的资本受到股东权益保障的程度越高，它与资产负债率所反映的问题是相同的。因此，对其分析可参见对资产负债率指标的分析。青岛啤酒的负债权益比为0.97，即其债权人与股东提供的资本股东接近1:1，其权益资本对债权的保障程度低于其竞争对手燕京啤酒企业。

（3）利息保障倍数

又称为已获利息倍数，是企业付息付税前利润与利息费用的比值。计算公式为：

$$利息保障倍数 = 息税前利润 / 利息$$

该比率反映了企业利用盈利支付年利息费用的能力。利息保障倍数越大，说明可用以支付利息费用的收益越多，企业偿还债务利息的风险越小，债权越有保障。如果利息保障倍数小，则说明企业负债太多，或是盈利能力不佳，以至连维持支付利息都很困难，这将使得企业偿债能力降低，若该指标低于1，则意味着企业的收益不能满足利息支付的需要，而企业若不能按期如数支付利息，就将面临被强制破产清算的威胁。从债权人的角度出发，除了要审查企业借入资本占总资本的比例外，利息保障倍数则是另一个十分重要的贷款依据。

考虑到数据的可得性，用财务费用代替利息，可以得到青岛啤酒的财务费用是负数，这意味着公司本期的利息收入大于利息支出，这表明尽管青岛啤酒的负债率接近50%，但从利息保障倍数看，公司利用盈利支付利息的能力还是很好的，同行业燕京啤酒的利息保障倍数的数值接近14，这主要是由于较低的债务负担和较强的盈利能力共同作用所致。

正确评价该指标的高与低，应将本年度的指标与以前年度同一行业的其他企业或行业平均水平比较。从稳健性的角度出发，最好比较本企业连续几年的数据。因为企业在经营好的年度要偿债，经营不好的年度仍然要偿债，某一个年度利润很高，并不代表年年都可如此。

（4）现金利息保障倍数

真正具有支付能力的是企业生产经营中所产生的现金流量，而非利润。现金利息保障倍数可以更好地反映企业对利息的偿还能力。计算公式为：

$$现金利息保障倍数 = 经营活动净现金流量 / 利息$$

青岛啤酒 2013 年的经营活动净现金流量为 340115 万元，明显高于其付息付税前利润，显然，青岛啤酒通过生产经营活动创造现金的能力还是比较理想的，足以满足利息支出的需要。

（5）现金流量债务比

该比率主要衡量企业的债务可由经营活动产生的现金来偿付的程度。计算公式为：

$$现金流量债务比 = 经营活动净现金流量 / 负债总额$$

相对于现金利息保障倍数，该比率更全面地反映公司对债务的偿还能力。青岛啤酒 2013 年的现金流量债务比值为 0.25，燕京啤酒为 0.52。我们看到，在综合考虑了现金支付能力和债务负担后，青岛啤酒的偿债能力比率不如燕京啤酒。这也说明，企业的偿债能力不仅与资本结构相关，而且取决于企业的获利能力和创造现金的能力。

在运用长期偿债能力比率分析时要注意，一些表外因素可能会影响企业的长期偿债能力，如经营性租赁。当企业急需设备又缺乏足够的资金购买时，往往采取租赁的方式取得设备。如果是采取融资租赁的方式，租入的固定资产列入资产负债表的资产方，相应的租赁费用作为长期负债列入负债方，则负债总额已反映了这一部分偿债责任。若采取的是经营性租赁的方式，且金额较大，并形成经常性状态，则构成了一种表外负债，这显然增加了企业的偿债责任，降低了企业的偿债能力。另外如担保责任、未决诉讼等，有的涉及短期负债，有的带来潜在的长期负债。对这些表外债务因素，应该给予充分的重视。

3. 资产运用效率分析

同样的资产由不同的人来运作会产生不同的效果，从而影响企业的盈利状况。资产运营效率分析是通过相关的财务比率衡量公司在资产管理方面的效率。

（1）应收账款周转率和应收账款周转期

应收账款在流动资产中具有举足轻重的地位，应收账款周转率和应收账款周转期从不同的角度说明应收账款的变现能力，即特定期间收回赊销款的能力。计算公式为：

应收账款周转率（次数）= 全年赊销收入 / 平均应收账款

应收账款周转期（天数）= 365/ 应收账款周转率

=（平均应收账款 / 全年赊销收入）× 365

由于财务报表往往只提供销售收入数据，所以在上式中往往用销售收入净额替代。只要企业现销与赊销的比例比较稳定，则不妨碍计算结果与本企业上期数据的可比性，但与其他企业比较时就难以保证可比性。上式中的平均应收账款则是扣除了坏账准备后的应收账款期初期末平均值。

一定时期内应收账款周转次数越多，或应收账款周转天数越少，说明应收账款周转越快。否则，企业的营运资金会过多停留在应收账款上，影响了资金的正常周转，也会影响企业的偿债能力和对资金的运营效率。因此，该比率不仅反映了企业在应收账款管理方面的效率，而且还能够反映企业短期的偿债能力。

需要注意的是：季节性因素、分期付款结算方式、销售中现金结算方式以及企业的信用政策变化等都会影响该比率的计算结果。在分析中要联系行业及企业的特点做出判断。

通过计算得到，青岛啤酒的应收账款一年平均周转约 240 次，周转一次的时间平均为 1.5 天，而燕京啤酒应收账款周转率为 112 次，周转期为 3.24 天。显然，青岛啤酒在产品销售的回款能力方面强于燕京啤酒。

（2）存货周转率和存货周转期

与应收账款一样，存货往往也是在流动资产中所占的比重比较大的资产，特别是对于制造行业企业，存货的周转速度将直接影响企业流动资产的变现能力。用于反映存货周转速度的财务比率是存货周转率和存货周转期，它们的计算公式为：

存货周转率（次数）= 营业成本 / 平均存货

存货周转期（天数）= 365/ 存货周转率

=（平均存货 / 营业成本）× 365

一定时期内，存货周转率越高，或存货周转期越低，则表明存货通过销售转变为现金的速度越快，不仅能够衡量和评价企业购入存货、投入生产、销售回款等各环节管理的水平和效率，而且能够弥补流动比率低这一不利因素对偿债能力的影响。青岛啤酒的存货一年平均周转6.95次，周转一次所需时间约为52天，与应收账款的周转速度一样，其存货的周转速度也快于其竞争对手燕京啤酒。

需要注意的是，企业所处行业、季节性生产、批量采购以及存货的计价方法等因素都会对企业的存货周转率产生影响。如果企业生产经营活动具有很强的季节性，则年度内各季度的存货会有很大波动。在这种情况下，可以计算按季度平均的平均库存额来消除其影响。存货周转率高低与行业差别有特别密切的关系。如建筑业、养殖业及木材业等行业生产周期长，其存货周转率就比较低，而出口贸易业、百货业及电力、煤气等供应业的存货周转率则比较高。另外，销售成本过高、存货水平太低、采购次数过于频繁等都可能导致较高的存货周转速度，但由此对应的却可能是偏低的盈利能力和并不乐观的经营状况。

（3）流动资产周转率

流动资产周转率是销售收入与平均流动资产的比值，说明流动资产的周转速度。其计算公式为：

$$流动资产周转率 = 营业收入 / 平均流动资产$$

流动资产周转率高，相当于节约了流动资产，扩大了其他资产投入，能够增强企业的盈利能力；而缓慢的流动资产周转率，等于增加了流动资金占用，必然降低企业的盈利能力。我们看到，在存货周转速度和应收账款周转速度都较理想的情况下，青岛啤酒的流动资产周转率达到2.52次，略高于燕京啤酒。

（4）固定资产周转率

固定资产周转率是企业的销售收入与固定资产平均净值进行对比所确定的财务比率，说明企业对厂房、机器设备等固定资产的利用情况，该比率低，同样会影响企业的获利能力。计算公式为：

$$固定资产周转率 = 营业收入 / 固定资产平均净值$$

青岛啤酒2013年的固定资产周转率为3.31，燕京啤酒为1.45，从固定资产使用效率看，青岛啤酒优于燕京啤酒。

（5）总资产周转率

将销售收入与平均总资产对比所得到的是总资产周转率，其计算公式为：

$$总资产周转率 = 营业收入 / 平均总资产$$

通过总资产周转率可以综合反映企业对全部资产的利用效率。总资产周转率越高，销售能力越强。薄利多销、处置闲置资产等措施都能够加速总资产周转，增加利润的绝对额。

2013年青岛啤酒的总资产全年平均周转将近1.11次,而燕京啤酒平均周转0.74次,青岛啤酒对资产的利用效率明显好于燕京啤酒。

(6)资产现金回收率

资产现金回收率是经营现金净流量与全部资产的比值,说明企业运用资产产生现金的能力。计算公式为:

$$资产现金回收率 = 经营现金净流量 / 全部资产$$

该指标客观反映了企业在利用资产进行经营活动过程中获得现金的能力,体现了现金为王的经营理念。青岛啤酒2013年的资产现金回收率为0.12,略低于燕京啤酒的0.16。

4. 获利能力分析

获利能力是企业赚取收益的能力。盈利是企业重要的经营目标,是企业生存和发展的基础,不论是投资者、债权人还是经营者都十分关注企业的获利能力。

(1)销售净利率

销售净利率是净利润与营业收入之比,其计算公式为:

$$净利润率 = 净利润 / 营业收入$$

该比率反映了每一元营业收入所带来的净利润。净利润率高,可供股东分配的利润就多,直接关系股东的收益水平。企业在增加营业收入时,只有同时降低营业成本、期间费用等,才能获得更多的净利润,才能使净利润率增加。

用表2.4中的净利润除以营业收入,我们得到青岛啤酒的销售净利润率为7.7%,明显高于燕京啤酒的4.9%。

(2)毛利润率

毛利润率是毛利润与销售收入之比,即:

$$毛利润率 = (营业收入 - 营业成本) / 营业收入$$

毛利润率反映每一元营业收入扣除成本后,有多少剩余可以用于弥补期间费用和形成盈利。没有足够大的毛利率便不能盈利。但若企业不能很好地控制费用,即便有较高的毛利率也难以带来理想的净利润率。青岛啤酒的毛利率是39.9%,燕京啤酒的毛利率是39.4%,两公司的毛利率十分接近。

(3)资产经营利润率

资产经营利润率是企业付息付税前利润与平均资产总额的比值:

$$资产经营利润率 = 付税付息前利润 / 平均总资产$$

该比率反映企业运用资产创造收益的能力。由于它排除了不同的财务杠杆和不同税收制度对企业收益的影响，所反映的是资产的基本盈利能力，因此，是一个十分重要的财务比率。根据表2.1和表2.2计算结果，青岛啤酒企业每百元资产投入能够带来9.4元的息税前利润，而燕京啤酒每百元资产投入只能够带来5.9元的息税前利润。

（4）资产净利润率

资产净利润率是净利润与平均资产总额的比值，即：

$$资产净利润率 = 净利润 / 平均总资产$$

净利润的高低与资产的多少、资产的结构及企业的经营管理水平都有着密切的关系。因此，资产净利润率的高低不仅受到利润水平，而且受到资产的周转率等多种因素的影响，是一个综合性的评价指标。根据表2.1和表2.2计算得到，青岛啤酒2013年的资产净利润率为7.2%，远高于燕京啤酒的4.2%的水平。

（5）股东权益收益率

又称为净资产收益率，反映企业所有者投入资金所获得的报酬。计算公式为：

$$股东权益收益率 = (净利润 - 优先股股利) / 股东权益$$

股东权益收益率的大小不仅受企业所有者投入资金的规模和企业运用资金获取利润的能力的影响，而且受到企业财务杠杆的影响。青岛啤酒的股东权益收益率为14%，而燕京啤酒的股东权益收益率只有6%。

（6）销售现金比率

销售现金比率是经营现金净流量与营业收入的比值，说明每百元销售收入能够得到的现金，反映企业获取现金的能力。计算公式为：

$$销售现金比率 = 经营现金净流量 / 营业收入$$

2013年青岛啤酒的销售现金比率是12.09%，燕京啤酒为22.04%，燕京啤酒公司获取现金的能力明显高于青岛啤酒。

（7）股利发放率

股利发放率是每股股利与每股收益的比值，反映的是公司的股利分配政策和支付股利的能力。计算公式为：

$$股利发放率 = 每股股利 / 每股收益$$

5. 市场价值比率

市场价值比率是指与公司股票市场价格有关的财务比率，反映市场上投资者对公司价值的评价。如果公司的经营业绩和未来前景令投资者满意，其股票的市场价格也就会因投资者的良好预期而升高,从而导致较为理想的市场价值比率。

(1)市盈率(P/E ratio)

市盈率是普通股每股市价与普通股每股盈余对比而确定的比率,是判断公司股票是否有吸引力以及测算股票发行价格的重要参数。计算公式为:

$$市盈率 = 普通股每股市价 / 普通股每股盈余$$

市盈率反映的是市场投资者对公司的共同期望,市盈率高表明市场投资者看好公司的发展前景,而发展前景不佳的公司的市盈率偏低。

市盈率可以用于投资选择的参考标准。假如公司将盈利全部分红,市盈率的倒数就相当于红利率,一种类似于存款利率或投资报酬率的指标,即投资收益与投资额的比值。假如盈利并未全部分红,市盈率倒数则可反映投资的潜在收益率。潜在收益率尽管不是实际收益率,但至少是实际收益率的基础。假如市场期望报酬率在 5%~10% 之间,相应的市盈率则为 20 倍 ~10 倍。对于青岛啤酒公司,按照我们所选择的股票价格计算的市盈率为 33.5,高于燕京啤酒的市盈率(32.02)。

但是,市盈率也有较大的局限性。首先,市盈率的有效性取决于普通股市价与每股净收益的有效性。普通股市场价格变动的投机因素、投资者过度悲观或乐观的情绪对股价的影响、证券市场的有效性以及每股收益的会计问题等都会导致市盈率的不正常。其次,当企业利润非常低或者企业发生亏损时,市价不会降至零,这时市盈率会异常高或出现负值,而这时的市盈率则说明不了任何问题。

克服市盈率的局限性,我们可以联系每股市价与每股主营业务收入之比或每股市价与每股现金流量之比值。收入分析是评估企业经营前景至关重要的一步,主营业务收入对于公司未来发展的前途命运产生着决定性的影响,每股市价与每股主营业务收入比率有助于考察公司收益基础的稳定性和可靠性。现金流量同样有助于对企业真实经营状况的了解。

(2)市净率

市净率也称为市值账面价值比率,是普通股每股市价与每股净资产账面价值比率。其计算公式为:

$$市净率 = 每股市价 / 每股净资产$$

这一比率反映了普通股股东愿意为每一元净资产支付的价格,说明市场对公司资产质量的评价。市净率还可用于投资分析,一般来说市净率较低的股票,投资价值较高，相反，则投资价值较低。但在判断投资价值时还要考虑当时的市场环境以及公司经营情况、盈利能力等因素。青岛啤酒公司4.72的市净率意味着公司现在的市场价值是股东过去投入资本的4.72倍，反映了市场对公司资产质量具有较高的评价。

6.财务比率分析应注意的问题

比率分析是财务分析的一种重要方法，但它本身也存在一些局限性，在分析中应注意克服以下局限性。

①可比性。每个企业都有自身特点，各种比率在不同企业、在同一企业发展的不同阶段各有特点，不能简单对比。因此，应慎重选择对比的标准。

②真实性。如果计算财务比率使用的财务报表数据不能反映企业的真实情况，据此计算的比率也就存在虚假成分。因此，需要结合报表数据进行分析。

③侧重性。一项财务比率只能反映企业某一方面的财务状况，因此，注意根据不同的分析目的有侧重性地选择财务比率。例如，贷款部门侧重偿债能力比率，而投资者更关心盈利能力财务比率。

二、杜邦财务评价体系

杜邦财务评价体系是由美国杜邦公司创造出来的，距今已有百年历史。这种财务分析方法的特点是从评价公司绩效最具综合性和代表性的传统指标——股东权益净利率出发，利用有关的财务比率之间的相关性，层层分解至公司最基本生产要素的使用，成本与费用的构成等，以满足投资者和经理层分析评估的目的，使得管理层能够在经营目标发生异常变化时及时查明原因并加以改进。

杜邦财务体系如图2.2所示。

在杜邦分析系统中，股东权益报酬率是一个核心指标。这是因为股东权益收益率反映了股东投资的获利能力。提高股东权益报酬率取决于两个因素：一是高的总资产报酬率，二是非常有效地使用债务，企业的负债越多，权益乘数就越大，由此带来的财务杠杆利益也就越大；或者是两者兼而有之。而提高资产报酬率也取决于两个因素：或是高的销售净利率，或是高的总资产周转率。通过层层分解，一个综合性很强的"股东权益报酬率"就被分解为三个财务比率相乘，从而使股东权益报酬率变动的原因得以显性化和具体化。

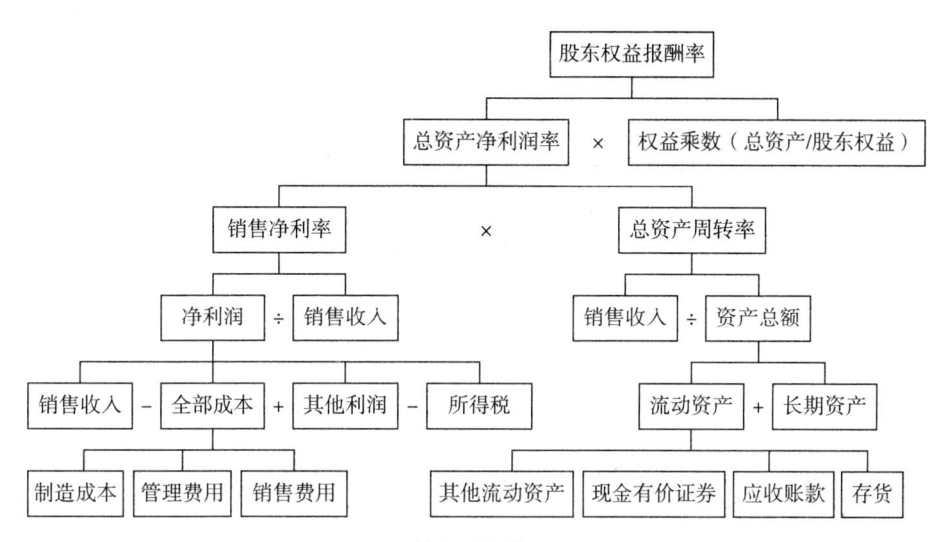

```
                        股东权益报酬率
                            │
            ┌───────────────┴───────────────┐
        总资产净利润率    ×    权益乘数（总资产/股东权益）
            │
      ┌─────┴─────┐
   销售净利率  ×  总资产周转率
      │              │
   ┌──┴──┐       ┌───┴───┐
  净利润 ÷ 销售收入   销售收入 ÷ 资产总额
   │                        │
┌──┼──────┬─────┐      ┌────┴────┐
销售收入 - 全部成本 + 其他利润 - 所得税  流动资产 + 长期资产
         │                         │
    ┌────┼────┐           ┌────┬───┴──┬────┐
 制造成本 管理费用 销售费用  其他流动资产 现金有价证券 应收账款 存货
```

图 2.2　杜邦财务体系分析图

在以上基础上，还可以进一步对销售净利润率和总资产周转率深入分析。企业若要提高销售净利率，或者提高销售收入，或者降低成本费用，或者两者兼而有之。一方面要改进产品，生产适销对路的产品，并不断开发新产品；另一方面，则需严格控制成本费用支出。若要提高总资产周转率，首先应分析流动资产与非流动资产的结构是否合理，保持一定比例的流动资产固然重要，因为资产的流动性体现了企业的偿债能力，但也关系到企业的获利能力。如果流动资产比重过大，就要仔细检查企业的现金是否有闲置，存货是否积压等，对应收账款周转率、存货周转率等各类资产使用效率进行分析，判断影响企业资产周转率的主要问题在哪个环节。如果企业能够既保持高的总资产报酬率又能够保持高的资产周转率，就能为股东创造更多的财富。但是，由于企业所处行业不同，以及企业所采取的竞争战略不同，就会使得企业在各项经济效益指标上侧重点不同。比如，重工业企业，固定资产比例高，所以更强调销售利润率，而不是资产周转率。一般零售业，固定资产比例低，则更强调资产周转率，更多地采用薄利多销的策略。

下面我们用青岛啤酒公司 2013 年的财务数据作一个简单的杜邦财务体系分析，见图 2.3。

通过对比燕京啤酒公司，我们看到青岛啤酒公司股东权益收益率远远高于燕京啤酒公司（6%），这一方面源于青岛啤酒公司的总资产报酬率高于燕京啤酒公司（4.2%），另一方面源于其较高的财务杠杆，青岛啤酒公司的权益乘数为 1.97，高于燕京啤酒公司的 1.46。而燕京啤酒公司的销售利润率和总资产周转率均低于青岛啤酒公司，使得总资产报酬率低于青岛啤酒公司。

```
                股东权益报酬率
                     14%
                      │
          ┌───────────┴───────────┐
     总资产报酬率                权益乘数
        7.2%                      1.97
          │
   ┌──────┴──────┐
销售利润率    总资产周转率
    7%            1.11
```

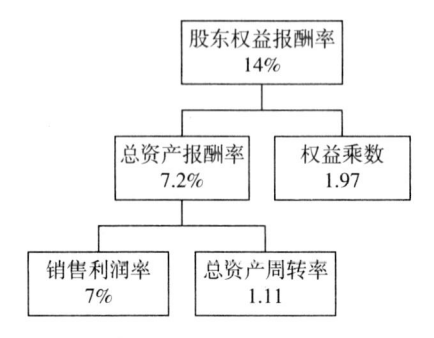

图 2.3　青岛啤酒公司杜邦财务分析体系

需要注意的是，杜邦财务分析体系是一种分解财务比率的方法，而不是另建新的财务指标，运用这种方法的关键不在于对指标的计算而在于对指标的运用和理解。

第三章

现金流量与资本预算

现金流量的概念在现代公司融资决策中受到前所未有的重视。现金流量代表股东和债权人能够分配到的现金，是投资项目决策的依据，同时也是评估经营绩效和公司价值的基础。了解现金流量及其运行规律将有助于管理者更好地制定公司的投、融资决策，也有利于公司价值最大化。在本章，我们重点讨论现金流量在公司经营决策和投资决策中的应用。

第一节　现金与现金流量

一、现金流量与现金存量的关系

在公司所有的流动资产中，现金的流动性最强。现金在公司经营中往往包含两种含义，一是指现金存量，即在某一时点上公司所持有的现金量；二是指现金流量，即在某一时期内公司生产经营活动引起的现金流入流出量，以及现金流入量与流出量相抵后的净现金流量。公司的经营活动、投资活动和筹资活动会带来现金流入和流出，并最终引起公司现金存量的变化。现金存量和流量之间的关系可以用图 3.1 描述如下。

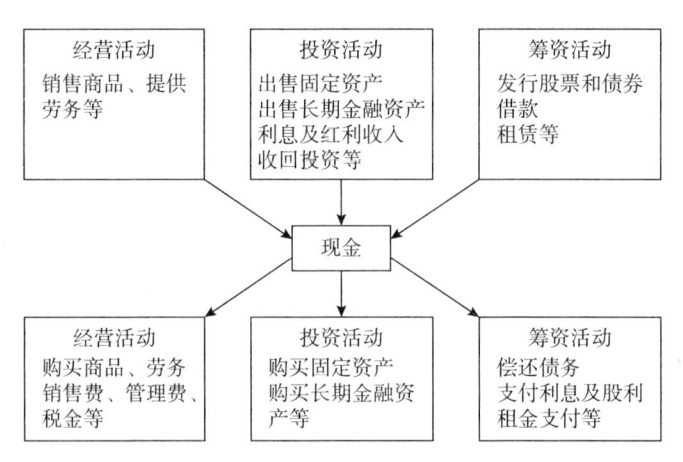

图 3.1　现金与现金流量

下面我们通过嘉嘉公司的财务报表来说明现金与现金流量的关系。

嘉嘉公司是一家经营办公设备和用品的分销商，其生产经营不存在季节性和周期性变化，销售收入和利润十分稳定。表 3.1 和表 3.2 是嘉嘉公司近三年的资产负债和经营数据。

表 3.1　　　　嘉嘉公司 2011~2013 年简化的资产负债表　　　　单位：百万元

资产	2011.12.31	2012.12.31	2013.12.31
资产			
流动资产	104.0	119.0	137.0
现金	6.0	12.0	8.0
应收账款	44.0	48.0	56.0
存货	52.0	57.0	72.0
预付账款	2.0	2.0	1.0
长期投资	0.0	0.0	0.0
固定资产			
固定资产原值	90.0	90.0	93.0
固定资产净值	56.0	51.0	53.0
累计折旧	(34.0)	(39.0)	(40.0)
总资产	160.0	170.0	190.0
负债和所有者权益			
流动负债	54.0	66.0	75.0
短期借款	7.0	14.0	15.0
应付账款	37.0	40.0	48.0
应付费用	2.0	4.0	4.0
一年到期的长期负债	8.0	8.0	8.0
长期借款	42.0	34.0	38.0
负债合计	96.0	100.0	113.0
所有者权益	64.0	70.0	77.0
负债和所有者权益合计	160.0	170.0	190.0

注：① 2012 年没有处置或购置固定资产。2013 年为扩建仓库花费 1200 万元成本，并把原值 900 万元的固定资产以其净值 200 万元出售；②长期借款以年 800 万元速度偿还，2012 年无新的长期借款，2013 年为建仓库抵押贷款 1200 万元。③公司 3 年间没有发行或购买新的股票。

表 3.2　　　　嘉嘉公司 2011~2013 年的利润表　　　　单位：万元

	2011 年	2012 年	2013 年
销售净额	39000.0	42000.0	48000.0
减：销售成本	(32800.0)	(35300.0)	(40000.0)
毛利润	6200.0	6700.0	8000.0
减：销售及管理费用	(3980.0)	(4370.0)	(4800.0)
折旧	(500.0)	(500.0)	(800.0)
营业利润	1720.0	1830.0	2400.0

续表

	2011 年	2012 年	2013 年
净利息费用	（550）	（500）	（700）
税前利润	1170.0	1330.0	1700.0
所得税	（470.0）	（530.0）	（680.0）
税后净利	700.0	800.0	1020.0
股利	200.0	200.0	320.0
留存收益	500.0	600.0	700.0

注：由于公司没有利息收入，故净利息费用等于利息支出费用。

首先，分析经营活动现金流量。上述损益表提供了计算经营活动净现金流量的基础，因为经营活动所产生的净现金流量源于损益表所揭示的营业收入和营业费用，但并非所有的营业收入和营业费用都会引起现金流动，收入和支出一经确认就计入损益表，却不一定相应发生现金流入或流出。例如，折旧是营业费用但并没有引起现金流出。因此，要通过损益表计算营业净现金流还需要进一步的调整。

以营业现金收入为例，公司每向客户发货一次，都会同时记入销售净收入和应收账款两方，当顾客付现金时，再同时以现金增加和应收账款减少加以反映。可见，根据应收账款的变动可以估计一定期间的营业现金流入量。即有：

销售现金流入 = 销售收入 −（期末应收账款 − 期初应收账款）

= 销售收入 − Δ 应收账款

这个道理同样适合于营业费用与营业现金流出之间的关系。即有：

营业现金流出 = 采购现金支出 + 销售及管理费用现金支出 + 税金现金支出

其中：采购现金支出 = 销售成本 +（期末存货 − 期初存货）−（期末应付账款 − 期初应付账款）

= 销售成本 + Δ 存货 − Δ 应付账款

销售及管理费用现金支出 = 销售及管理费用 + Δ 预付费用 − Δ 预提费用

上式中的销售及管理费用不包括折旧，因为折旧并没有引起现金流出。综合考虑营业现金流入与营业现金流出后，可以得到营业净现金流量为：

营业净现金流量 =（销售收入 − Δ 应收账款）−（销售成本 + 销售及管理费用 + Δ 存货 + Δ 预付费用 − Δ 预提费用 − Δ 应付账款）− 税金

对上式进行整理后可得：

营业净现金流量 = 销售收入 − 销售成本 − 销售及管理费用 − 税金 − Δ 营运资本需求

据此，我们可以计算得到嘉嘉公司经营活动的净现金流量如下：

2012 年经营活动净现金流量 =42000-35300-4370-530-400=1400（万元）
2013 年经营活动净现金流量 =48000-40000-4800-680-1400=1120（万元）

接着我们来分析投资活动的现金流量。资产负债表和损益表并不直接反映会计期间的投资情况，需要利用报表之外的一些信息。由于嘉嘉公司在 2012 年没有出售或购置固定资产，在 2013 年花费了 1200 万元扩建仓库，并以 200 万元的账面净值处置了一批固定资产（见表 3.1 的注①），又由于该公司没有其他长期投资活动，与投资活动有关的现金流量只是购置与处置固定资产，于是嘉嘉公司 2012 年投资活动的净现金流量为零，2013 年为 1000 万元（1200 万元 -200 万元）。

最后，分析筹资活动的现金流量。通过资产负债表和损益表中的数据可以计算得到与筹资活动相关的现金流量。嘉嘉公司资产负债表显示，2012 年短期借款为 1400 万元，比 2011 年增加了 700 万元，偿还长期借款 800 万元，其损益表显示，支付利息 500 万元，支付股利 200 万元，因此，2012 年筹资活动使现金流量减少了 800 万元（700 万元 -800 万元 -500 万元 -200 万元）。2013 年嘉嘉公司短期借款增加了 100 万元，为扩建仓库借款 1200 万元，继续偿还长期借款 800 万元，支付利息 700 万元，支付股利 320 万元，从筹资活动中产生的净现金流量为 -520 万元（100 万元 +1200 万元 -800 万元 -700 万元 -320 万元）。

根据上述分析结果可以整理得到嘉嘉公司的现金流量表如下：

表 3.3　　　　嘉嘉公司 2012~2013 年的现金流量表　　　　单位：万元

	2012 年	2013 年
经营活动现金流量		
销售收入净额	42000	48000
销售成本	（35300）	（40000）
销售及管理费用	（4370）	（4800）
税金	（530）	（680）
营运资本需求变动	（400）	（1400）
A. 经营活动净现金流量	1400	1120
投资活动净现金流量		
出售固定资产	0	200
资本性支出及购并支出	0	（1200）
B. 投资活动净现金流量	0	（1000）
筹资活动净现金流量		
增加长期借款	0	12.0
增加短期借款	700	100

续表

	2012 年	2013 年
偿还长期借款	（800）	（800）
支付利息	（500）	（700）
支付股利	（200）	（320）
C. 筹资活动净现金流量	（800）	（520）
D. 总净现金流量 A+B+C	600	（400）
E. 期初现金	600	1200
F. 期末现金 D+E	1200	800

注：销售及管理费用不包括折旧。

上述分析及现金流量表显示了现金存量变化的原因以及变化的方式，说明是哪些活动增加了现金，又是哪些活动减少了现金，从而使管理者能够更清楚地了解公司究竟是处于合理的财务处境还是在步入困境，知道该怎样筹划现金运作。

二、现金与现金周转

在一个新设立企业或已完工的项目投入运行前，首先需要筹集一定数额的现金，作为最初的营运资本。当企业开始运营后，这些现金会变为经营用的非现金资产，在运营过程中这些非现金资产又再陆续地变为现金。在企业生产经营过程中，现金变为非现金资产，非现金资产又变为现金，这种周而复始的流转过程称为现金周转。在企业持续的生产经营过程中，现金周转循环往复，这个过程称为现金循环。现金的循环有多条途径。例如，有的现金用于购买原材料，原材料经过加工成为产成品，产成品出售后又变为现金；有的现金用于购买机器等固定资产，固定资产在使用过程中逐渐磨损，其损耗价值进入产品，陆续通过产品销售转变为现金。不同的流转途径完成一次周转，即从现金支出到现金收回的时间不同。通常将时间不超过一年的现金流转称为短期现金循环，而将时间超过一年的现金流转称为长期现金循环。

短期现金循环过程中的非现金资产是流动资产。图 3.2 描述了短期现金循环的规律和时间。

如图所示，企业的生产经营周期等于存货周转期加上应收账款周转期，而现金周转期则等于生产经营周期减去应付账款周转期。根据现金短期循环的规律和特点，利用会计数据可以估计出企业现金周转一次所需的时间。

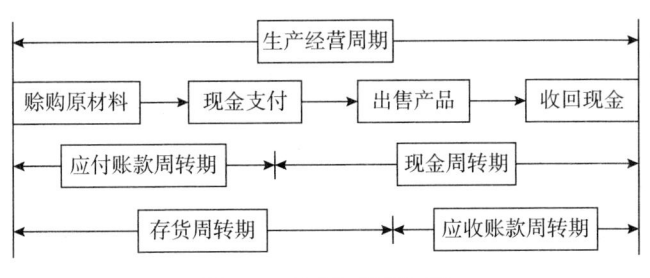

图 3.2 现金短期循环图

现金长期循环的起点也是现金，但在换取非现金资产时转化为长期资产。图 3.3 描述了现金长期循环的特征和规律。

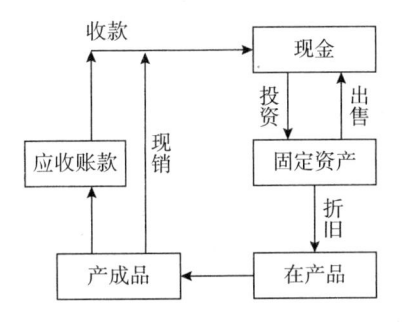

图 3.3 现金长期循环图

现金的长期循环是一个缓慢的过程，其中有一个特点值得注意：折旧是现金的一种来源。例如，某公司的损益情况如表 3.4 所示。

表 3.4　　　　　　　　　某公司的利润表　　　　　　　　单位：元

销售收入	100000
制造成本	50000
销售和管理费用	10000
折旧	20000
税前利润	20000
所得税（30%）	6000
税后利润	14000

该公司获利 14000 元，现金却增加了 34000 元。如果该公司本年度亏损，只要亏损额不超过折旧额，企业的现金余额就不会减少。

第二节　资本预算

从价值创造的角度来看，公司之所以有价值，值得投资者投入资本，关键不在于公司拥有厂房、机器等生产设备，而在于公司通过投资于厂房设备等投资活动能够为股东和债权人创造更多的价值。从这一角度讲，投资才是公司价值的来源。决定某个投资项目是接受还是拒绝的投资决策过程称为资本预算决策。资本预算所涉及的项目通常都是耗资多、回收期长，且难以变现的固定资产投资，其决策正确与否不仅关系公司未来许多年的财务业绩，甚至可能影响公司的存亡。可以说资本预算决策是公司金融决策中最具有挑战性的决策活动。

一、评估投资项目的现金流量

投资需要支出资本，但也能为公司带来现金流量，只有现金流才有可能分配到股东和债权人的手中。因此评估项目的现金流量是投资决策的重要环节。

1. 现金流量的构成与估算

在资本预算中，现金流量是指由投资项目引起的现金收入与支出增加的数量。

根据现金流动的方向，资本预算中的现金流量分为现金流出量、现金流入量和净现金流量。现金流出量指由于实施投资方案而引起的现金支出的增加额。例如购置一条生产线，可能引起如下现金支出：生产线的购置款、垫支的流动资金等。现金流入量指由于实施投资方案而增加的现金收入，例如在项目寿命周期内由于生产经营活动所带来的营业现金流入、固定资产报废时的残值收入及收回的营运资金垫支款等。而现金流入量减现金流出量即为净现金流量。

由于一个项目从准备投资到项目结束，需经历项目准备及建设期、生产经营期和项目终止期三个阶段，因此，资本预算中也将现金流量按照时期划分为初始现金流量、营业现金流量和终结现金流量三个部分。

初始现金流量是指为使项目建成并投入使用而发生的有关现金流量。包括固定资产的购置成本或建造费用，原材料、在产品、产成品和现金等流动资产上的投资，以及其他投资费用，如职工培训费、谈判费和注册费等。如果投资项目涉及固定资产的更新，则还包括原有固定资产的出售收入和清理费用等。

营业现金流量指项目投入使用后，在其寿命周期内由于生产经营所带来的现金流入和流出的数量，一般按年度计算。每年的净营业现金流量可以用公式表示如下：

营业净现金流量（NCF）= 每年营业现金收入 – 付现成本（不包括折旧）– 所得税

或：

营业净现金流量（NCF）= 净利润 + 折旧

终结净现金流量指投资项目寿命终结时所发生的现金流量。包括：固定资产的残值收入或变价收入；原来垫支在各种流动资产上的资金（营运资金）的收回；停止使用的土地的变价收入等。

估计投资方案的现金流量涉及很多方面，需要企业有关部门的参与。销售部门负责预测售价和销量，具体涉及产品价格及价格弹性、广告效果、竞争者动向等；产品开发部门和技术部门负责估计投资方案的资本支出，具体涉及研制费用、设备购置、厂房建筑等；生产和成本部门负责估计制造成本，具体涉及原材料采购价格、生产工艺安排、产品成本等；财务人员则需要为生产、销售等部门的预测建立共同的基本假设条件，如物价水平、贴现率、限制条件等，协调参与预测的各部门人员，使各部门的预测工作相互衔接与配合，防止预测者因个人喜好和部门利益而高估或低估收入和成本。

2. 现金流量的识别

相关性准则为识别项目的现金流量提供了重要的依据。根据这一准则，必须确认与投资决策相关的现金流量。所谓与投资决策相关是指由于投资决策而引起的公司未来现金状况变化的现金流量，而不是由于投资决策而引起的公司未来的现金流量就不是相关的现金流量。例如，倘若采纳一个投资项目，必须雇佣一个项目经理和三个管理人员，那么，经理和三个管理人员的薪金就是相关的现金流量。倘若采纳一个投资项目，不需增加管理人员和行政管理经费的支出，则公司现有的管理人员薪金和行政管理经费支出就是不相关的现金流量。

在相关性基本准则的指导下，牢牢把握好如下具体识别标准可以帮助我们避免估计现金流量中容易发生的错误。

（1）只有现金流才与投资决策有关

在投资决策中最基本最重要的一点就是：项目价值由未来现金流量而不是会计利润决定，因此用现金流量而不是会计利润来衡量项目价值。会计意义上的税后利润并不是公司实际收到的现金，它与净现金流量往往不是同时发生的。例如，按会计制度，在厂房和设备上的资本支出要在未来若干年后提取折旧，而折旧与摊销要从每年的应税收入扣除，从而减少了会计利润。但从现金流的角度看，厂房和设备上的资本支出在期初时已经发生，而折旧和摊销本身并没有引起现金流出，所以它们是非现金费用，不是现金流。当然它们会产生税盾效应，可以减少税收支出，从而间接带来现金流入。由于现金流准确反映了收入和成本发生的时间——什么时候收到现金，什么时候收到的现金可用于再投资，什么时候必须支出现金，所以评估项目的价值应该用现金流量。

（2）对现金流的估计应始终以增量为基础

所谓增量现金流量是指接受或拒绝某个投资方案后，企业总现金流量因此发生的变动。只有那些由于采纳了某个项目引起的现金收入（支出）的增加额，才是该项目的现金流入（流出），这是确定投资项目相关的现金流量时应遵循的基本原则。

新项目往往不是孤立的，常常与公司的原有业务有关联。如新产品推出后，可能与公司的已有产品形成竞争，从而减少公司现有产品的销售额。从增量的角度评价项目的现金流，现有产品收入的减少量就必须从新项目的收入中扣除。当然，如果没有新产品推出，竞争对手也会夺取这部分市场，由于新产品推出反而保住了这部分市场，则新项目的收入中就不必扣除现有产品减少的收入。总而言之，评价任何一个项目都应该站在公司的立场上，将公司作为一个整体来评价新项目的现金流量。

尽管在许多情况下，新项目会挤占公司现有产品的市场和销售，但在很多情况下，也会促进公司现有产品的销售。例如，开通了一条新的航线，新航线联入了已有航线系统后，一方面在新航线上创造了收入，而且还将旅客送至与之相联的其他航线，增加了相关航线的收入。因此，从增量的角度，新航线项目的收入不仅应包括新航线本身的收入，还应包括由于新航线的联入而使得相关航线收入增加的部分。

（3）切勿计入沉没成本（sunk cost）

沉没成本指在投资决策时已经发生的现金流出量，由于这些现金流量对决定是接受还是拒绝项目的决策选择已没有影响，因此，根据相关/不相关准则，沉没成本不必计入项目的现金流量。

在资本预算时通常需要考虑两个问题：①如果接受这个项目，此项现金流量会发生吗？②如果拒绝这个项目，此项现金流会发生吗？对第一个问题的肯定的现金流是相关的现金流，而对第二个问题否定的现金流才是相关的现金流。例如，某公司为新建一个车间，专门聘请了一家咨询公司作可行性分析，支付咨询费 7 万元，该咨询费作为费用已经入账。假如此时公司进行投资分析，由于该笔咨询费用已经发生，不论公司是接受还是拒绝此项目，这个费用都与决策无关，所以它不应计入新项目的现金流。假如新车间建成需再投资 10 万元，建成后项目带来的净现金流量的现值是 16 万元，显然，如果考虑了沉没成本 7 万元，净现值为负，就会放弃该项目。但若不考虑已经花掉的 7 万元，净现值为正，就不应该放弃该项目。由于沉没成本已与投资决策无关，所以正确的选择是应该接受该项目。

沉没成本就像泼出的牛奶，它们已成为过去，是不可逆转的成本。但这一事实却常常被人们忘记。在投资实践中，许多已经知道决策失误的项目之所以能够最终建成并一直亏损下去，其中的原因之一就是决策者们总是念念不忘沉没成本。

（4）必须包括机会成本

在计算投资项目现金流量时，不仅需要考虑直接的现金流入流出，还要考虑没有直接现金交易的"机会成本"。我们常常遇到的情况是，一旦选择了一个投资方案，就必须放弃投资于其他途径的机会。因此，所放弃的其他投资机会可能取得的收益，是实行这一方案的一种代价。例如，公司新建车间，可以使用属于公司的一块土地，因此公司不必动用资金去购置土地，那么，在计算投资项目的初始现金流中可否不包括土地的成本呢？我们的回答是必须考虑土地的成本。因为这块土地如不盖车间可以移作它用，并取得一定收入。假设这块地可出售获得土地转让收入 15 万元，那么这 15 万元就是新建车间项目的机会成本。

机会成本是潜在的，不是实际支出，因此，识别和量化机会成本有时候并不容易。例如，上例中如果土地可以自由交换，则新建车间土地的机会成本就等于土地的市场价值。如果土地不允许自由交换，没有土地的市场价格，就需要通过其他途径估计。

（5）酌情处理间接费用的分摊

在资本预算中，投资分析师与会计师之间的不一致往往还表现在对间接费用的分摊处理上。间接费用包括管理人员工资，租金，水电费等，这些费用在计算成本时必须考虑，因此，对于会计师，公司的每一项新投资都应分摊一定的间接费用，并从利润中扣除。但是在做投资的现金流量分析时，需要对这些费用作进一步辨别，因为这些费用也可能不与特定项目相关。对那些确因所评估的投资项目引起的间接费用，则应计入项目的现金流量，而对那些公司原本就要发生的间接费用，就不应计入项目的现金流量。

（6）忽略利息支付

在估算项目的现金流量时，往往将融资决策分开考虑，即假设项目所需全部资金都来自于权益资本。因此，并不考虑利息费用。也就是说，即便接受该项目不得不发行债券融资，其利息费用和债券本金的偿还也不必从项目现金流中扣除。忽略利息支付并不是说资本预算不必考虑融资成本。实际上无论是债务融资还是权益融资，都需要付给投资者一定的回报，因而都是有代价或成本的。但是，在资本预算中对于融资成本的考虑不体现在现金流中，而是体现在对项目现金流计算现值时所采用的贴现率上。

因此，当我们计算项目的营业净现金流时，实际上是用息税前利润作为应税收入，据此求出所得税支付额，将应税收入减去所得税支出后，再加上折旧而得到的。那么，利息引起的税收减免是否被忽视了呢？这个问题同样是放在融资成本的计算中予以考虑的。因为作为项目贴现率的融资成本都是指税后的融资成本，不仅能够反映债务的利息率和债务融资的比重，而且反映了债务利息费用的税盾效应。

（7）不可忘记营运资本需求

一般情况下，公司开办一个新业务并使销售额扩大以后，对于存货和应收账款等流动资产的需求也会相应增加，公司应筹措新的资金以满足这种需要。虽然这部分资金并没有被消耗掉，但也应作为投资支出在新项目开始时垫支，而在项目终结时收回。因此，对于营运资本的需求和收回必须纳入我们的预期现金流分析。

（8）注意通货膨胀的影响

在通货膨胀期间，无论是项目的收入或支出都会发生很大变化。因此，在资本预算中应该反映通货膨胀的影响。例如可以利用预期的通货膨胀率调整预期的现金流量。需要注意的是，如果现金流量反映了通货膨胀的影响，则所用的贴现率也应是包含了通货膨胀率预期的名义贴现率，即在处理通货膨胀影响时要保持一致性。

3. 一个案例——制图桌灯项目[①]

（1）案例背景

阳光制造公司在过去 20 年一直成功生产和出售电子设备，目前考虑进入相对高边际利润高质量的制图桌灯市场。表 3.5 是关于此项目的一些基础数据。

表 3.5　　　　　　　　　制图桌灯项目的数据摘要　　　　　　　单位：美元

项目	未来 1~5 年
1. 预期年销售量（盏）	45000；40000；30000；20000；10000
2. 单价	40，以后年上涨 3%
3. 咨询费	30000
4. 标准桌灯上损失	80000/年
5. 建筑物向外出租的租金	10000
6. 设备成本	2000，000
7. 折旧	400000
8. 设备再售价值	100000
9. 单位原材料成本	10，以后年上涨 3%
10. 原材料库存	7 天的销售额
11. 应付账款	4 周的采购额
12. 应收账款	8 周的销售额
13. 在产品和产成品库存	16 天的销售额
14. 单位直接人工成本	5，以后年上涨 3%
15. 单位能源成本	1，以后年上涨 3%
16. 间接费用	销售额的 1%
17. 资金成本	资产净账面值的 12%
18. 所得税	税前利润的 40%
19. 资本收益税	税前资本收益的 40%
20. 税后资本成本	10%

上表中关于未来市场销售量和价格的数据是公司聘请的一家咨询公司对潜在市场作初步研究得到的，第 1 年销售量为 45000 盏灯，此后每年销售量如表中所示，第 5 年项目结束。第 1 年每盏灯的售价为 40 美元，此后每年售价上浮不超过 3%。阳光制造公司已在 1 个月前向咨询公司支付了 30000 美元的咨询费。

阳光制造公司的销售经理认为新产品可能会降低公司目前正在生产和销售的标准桌灯的销售额，估计可能导致公司的税后经营净现金流每年减少 80000 美元。

如果阳光制造公司决定生产制图桌灯，可以使用一座闲置的厂房。但是最

---

① 此案例选自：加布里埃尔·哈瓦维尼、克劳德·维埃里著，王全喜等译：《经理人员财务管理——创造价值的过程》，机械工业出版社 2000 年 6 月第 1 版。

近公司正巧收到附近商场经理写来的信，希望能够租用此厂房作为仓库，租金每年为10000美元，据会计部门估计此租金与市场行情一致，因此是合理的。

公司的工程技术部门确定项目所需的设备成本为200万美元，包括运输和安装费。设备可按直线法折旧到零。如果项目在第5年末转卖，估计价值为10万美元。

采购部门估计市场制图桌灯的原材料成本在第1年为每盏灯10美元，此后极可能以每年3%的预期通货膨胀率的比率增加。为避免供货中断，需要足够7天生产使用的原材料库存，供货商给公司的平均付款期为收到原材料后4周，而公司对客户的平均收款期为发出产品后8周。

生产部门估计项目必要的在产品和产成品库存价值相当于16天的销售额。

会计部门估计，每盏制图桌灯的直接人工成本为5美元，能源费为1美元，这些费用在项目的寿命期内每年都会按3%的通货膨胀率增长。而公司的销售费、行政管理费等间接费用并不会因此项目而增加额外支出。但为了弥补公司的间接费用，新项目应该分摊一部分，其标准为项目销售收入的1%。新项目还应承担支持项目所使用资产的资本成本，标准为项目所使用资产账面价值的12%。但公司的财务经理认为，新项目的资本成本应该与公司现有项目的资本成本一致，而阳光制造公司的税后资本成本为10%。

根据税法规定，当设备最终账面价值为零的情况下，出售设备的收入高于零的部分属于资本收益，需要缴纳税率为40%的资本收益税。另外，阳光制造公司的所得税税率为40%。

（2）估算现金流量

对于制图桌灯项目，初始现金流量包括：

①200万美元的设备成本和安装成本；

②为支持项目预计在第1年产生的销售收入而垫支的初始营运资本需求。

根据表3.5的信息不难估计出营运资本需求。通常企业对于营运资本的需求都是以销售额的百分比表示。对于制图桌灯项目，有：

营运资本需求 = 应收账款 + 存货 − 应付账款

由于应收账款等于56天的销售额，存货等于23天的销售额，两者之和为79天的销售额，而应付账款等于28天的购买额，等价于7天的销售额（10元的原材料成本是40元灯价格的1/4）。因此，可以得出项目的营运资本需求是72天的销售额，相当于年销售额的20%。

接下来就要估计第1年预计的销售额，有：

第 1 年的销售额 =40 美元 ×45000=1800000 美元

将第 1 年销售额乘 20% 就可以得到初始营运资本需求为 360000 美元。

这样，全部的初始现金流量为：

初始现金净流出（CF_0）=2000000 美元 +360000 美元 =2360000 美元

接着我们可以计算出每年的营业净现金流量，计算过程及结果列入表 3.6 及表注的说明。

表 3.6　　　　制图桌灯项目预期营业现金流量计算表　　　　单位：千美元

	1	2	3	4	5
预期销售收入（1）	1800	1648	1273	874	450
营业费用总额（2）	1130	1069	919	760	590
息税前利润（3）=（1）−（2）	670	579	354	116	−140
所得税（4）=（3）×40%	−268	−232	−142	−47	56
税后利润（5）=（3）−（4）	402	347	212	69	−84
折旧（6）	400	400	400	400	400
营业净现金流量（7）=（5）+（6）	802	747	612	469	316

注：①预期销售收入 = 销售价格 × 销售量，如：第 2 年销售收入 =（40×1.03）× 40000=1648000 美元；
②营业费用总额 = 原材料成本 + 人工成本 + 能源成本 + 租金损失 + 折旧，如：第 2 年营业费用 =（10+5+1）× 1.03 × 40000+10000+400000=1069200 美元。

营运资本需求是与销售额相关的资本需求，因此当各年度的销售规模不同时，营运资本需求也会相应地发生变化。因此每年年初都需要根据年度的销售规模确定所需营运资本需求，然后与已投入的营运资本相减，以求出为支持本年度销售需要追加的营运资本。表 3.7 所列的是制图桌灯项目在寿命期内对营运资本需求的变动。

表 3.7　　　　制图桌灯项目预期的营运资本需求变动　　　　单位：千美元

	0	1	2	3	4	5
营运资金需求变动	−360	30	75	80	85	
营运资本回收						90

注：每年增加的营运资本需求 = 该年的销售额 ×20% − 上年的营运资本需求。

由于制图桌灯项目的销售额在第 1 年后逐年减少，因此，营运资本需求从第 1 年后逐渐减少了，表现为逐年收回一部分期初投入的营运资本。在第 5 年末由于项目终结，收回最后 9 万美元营运资本。

任何项目最后一年的终结现金流量都可称为终结现金流量，它应该包括项目在最后一年产生的营业净现金流量,营运资本的收回,设备残值的税后转卖价值,与项目终止有关的其他资本支出和成本支出。就制图桌灯项目而言,其终结现金流量,除了期末(第5年)的营业净现金流量和9万美元的营运资本回收外,就是设备残值的税后转卖价值6万美元。将表3.6、表3.7的计算结果整理汇总后统一汇入表3.8。

表3.8　　　　　制图桌灯项目预期现金流量　　　　　单位:千美元

	0	1	2	3	4	5
1. 设备支出净现金流	−2000					
2. 营运资金需求变动	−360	30	75	80	85	
3. 营业净现金流量		802	747	612	469	316
4. 设备税后残值回收						60
5. 营运资本回收						90
6. 全部净现金流量	−2360	832	822	692	554	466
7. 全部净现金流量(扣除标准桌灯损失8万元)	−2360	752	742	612	474	386

注:表中第6行的数据是制图桌灯项目本身的预期现金流量,第7行是该项目的预期增量现金流量。

至此,我们完成了制图桌灯项目从投资到整个寿命期间的现金流量的估计,那么,阳光制造公司是否应该采纳此项目呢?我们还需要在项目现金流量的基础上,计算投资决策分析指标,并根据投资决策准则做出选择。

二、投资决策准则

资本预算的另一个重要环节是按照一定的决策方法对投资项目进行选择,决定取舍。有多种评价资本投资方案的投资决策准则,它们都有各自的特点和局限性。

1. 净现值准则

净现值(net present value)是投资项目寿命期内预计的各期现金流量按一定的贴现率折算为现值后,与初始投入相抵后的差额。

净现值用NPV表示,其计算公式为:

$$NPV = \sum_{t=1}^{n} \frac{NCF_t}{(1+r)^t} + NCF_0$$

式中:NCF_t为第t期的营业净现金流;NCF_0是初始投资支出;r是相应的贴现率,通常是用公司税后资本成本或投资者要求的必要投资回报率为贴现率[1]。

净现值的计算公式也可以用以下更简化的形式表示：

$$NPV = \sum_{t=0}^{n} \frac{NCF_t}{(1+r)^t}$$

净现值方法的原理是：假设初始投资所要求的必要回报率为r，预计净现金流量在各年末实现，用于补偿投资所要求的回报，于是，净现值就是投资项目净现金收益补偿投资成本后的净收益（或损失）。净现值等于零意味着，投资项目的收益正好弥补投资报酬和初始投资支出。净现值大于零意味着，投资收益补偿投资报酬和初始资本支出后还有剩余，显然净现值实质上代表了项目创造的超额收益。

因此，按净现值决策，其准则是：如果净现值是正值，就应该接受项目；如果净现值是负值，就应该拒绝项目。在若干个互斥投资项目的比较中[2]，应该选择净现值最大的项目。

已知阳光制造公司的税后资本成本为10%，将表3-8中的净现金流量数据代入净现值的计算公式，我们可以得到制图桌灯项目的净现值为：

$$NPV = -2360000 + \frac{752000}{(1+10\%)} + \frac{742000}{(1+10\%)^2} + \frac{612000}{(1+10\%)^3} + \frac{474000}{(1+10\%)^4} + \frac{386000}{(1+10\%)^5}$$
$$= -2360000 + 2320088 = -39912（美元）$$

倘若不考虑标准桌灯的损失，则有净现值为：

$$NPV = -2360000 + \frac{832000}{(1+10\%)} + \frac{822000}{(1+10\%)^2} + \frac{692000}{(1+10\%)^3} + \frac{554000}{(1+10\%)^4} + \frac{466000}{(1+10\%)^5}$$
$$= -2360000 + 2623293 = 263293（美元）$$

阳光制造公司的管理者需要在做出决策之前对标准桌灯的市场竞争状况做出回答。如果近期内标准桌灯不存在市场竞争，即只有本公司才会生产对标准桌灯产生竞争的新产品，那么，就不应该接受该项目，因为该项目增量现金流的净现值小于零。但是如果标准桌灯的市场竞争存在，假设竞争对手也将推出新产品，那么制图桌灯项目就可以进行。

净现值是通过对项目各期现金流量贴现而得到未来现金流量的现值，因此，它很好地反映了资金的时间价值和现金流的风险。净现值准则更深刻的内涵在

---

[1] 关于贴现率的选择和公司税后资本成本的详细讨论见后面章节中的相关内容。
[2] 所谓互斥项目是指不能同时采纳的项目。比如项目A是在某一块地上建造一幢公寓，项目B是在同一块地上建一个商店。与此对应的概念是"独立项目"。所谓独立项目是指对某一项目的决策不受其他项目决策的影响。

于，只要存在竞争的资本市场，股东无须公司管理者的帮助就可以得到最佳的消费安排，而公司管理者要实现股东财富最大化的目标就要抓住所有净现值大于零的投资机会[①]。

2. 内部收益率准则

内部收益率（internal rate return，IRR）是反映投资项目投资报酬率的指标，计算公式为：

$$\sum_{t=1}^{n}\frac{NCF_t}{(1+IRR)^t}+NCF_0=0$$

可见，所谓内部收益率也就是使投资项目的净现值为零的贴现率。

根据内部收益率选择项目，其决策准则是：接受内部收益率大于资本机会成本的项目[②]。

例如，投资项目 E、F 的初始投资额及各期现金流量如表 3.9 所示，资本机会成本为 10%。

表 3.9　　　　　投资项目 E、F 的现金流量　　　　　单位：万元

	0	1	2	3	4	NPV
项目 E	−20000	16000	16000	7000	7000	17808
项目 F	−20000	6000	6000	6000	30000	15411

于是，我们计算可以项目 E 和 F 的内部收益率如下：

$$IRR(E)=\frac{16000}{(1+x\%)}+\frac{16000}{(1+x\%)^2}+\frac{7000}{(1+x\%)^3}+\frac{7000}{(1+x\%)^4}-20000=0$$

利用试错法可以解出：$x\%=55\%$

$$IRR(F)=\frac{6000}{(1+x\%)}+\frac{6000}{(1+x\%)^2}+\frac{6000}{(1+x\%)^3}+\frac{30000}{(1+x\%)^4}-20000=0$$

利用试错法可以解出：$x\%=33\%$

由于两个项目的内部收益率都大于资本的机会成本，所以按照内部收益率准则两个项目都可以接受。如果两个项目是互斥的，则应该选择 E 项目。

[①] 关于净现值深刻内涵有兴趣的读者可以参阅：李心愉编著《公司金融学》（第二版）中的第六章第二节，北京大学出版社 2015 年。

[②] 内部收益率是使净现值为零的贴现率，但它与净现值计算中所采用的资本机会成本具有本质的不同。内部收益率是与项目现金流金额和发生时间相关的盈利指标，而资本机会成本是评估项目价值的标准，是资本投入同等风险的项目所可能获得的期望收益率，它是在资本市场中形成的。

我们看到，按照内部收益率准则决策的结果与按照净现值准则选择结果一样。

图 3.4 形象地说明了内部收益率对项目投资决策的意义。图中净现值是贴现率的因变量。曲线在贴现率为 22% 时与横轴相交，即内部收益率等于 22%，此时净现值为零。

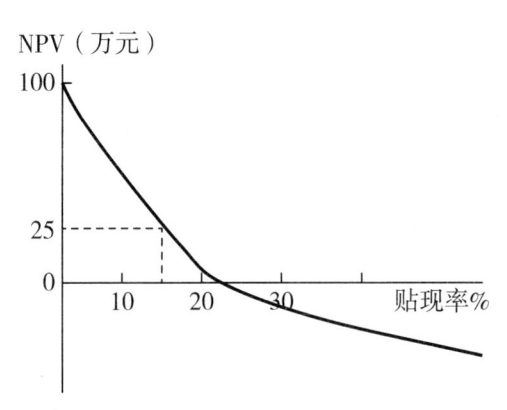

图 3.4　净现值与贴现率

图中曲线表明，当贴现率大于内部收益率时，净现值为负值；而当贴现率小于内部收益率时，净现值为正值。因此，如果我们在贴现率小于内部收益率时接受了一个项目，也就意味着接受了一个净现值大于零的项目。

在证券投资中，我们按照市场价格买下债券，到期时兑现，债券的到期收益率就是此项投资的投资收益率，相当于投资项目的内部收益率。如果资本市场是有效率的，那么债券的价格就等于或十分接近于它的价值，于是其到期收益率就等于债券投资的机会成本，没有超额利润。由于证券市场相对于产品市场更接近于完全竞争，更有效率，所以很难得到超额利润，也很难得到投资的净现值。

内部收益率的计算考虑了项目寿命期内各期的现金流量和风险，反映了项目的真实报酬率，而且在计算时只要输入现金流量，不必估计资本的机会成本，其概念也比净现值更符合人们的思维和表达习惯，因此，在实际应用中广受欢迎。那么，这是否意味着内部收益率与净现值具有同样的功效呢？当问题复杂时，内部收益率的问题就显现出来了。内部收益率的主要缺陷是它计算结果的不稳定和不可靠，并在某些情况下与净现值准则发生冲突[①]。

[①] 对于内部收益率缺陷及其与净现值的冲突有兴趣的读者可以参阅：李心愉编著《公司金融学》（第二版）中的第六章第二节，北京大学出版社 2015 年。

3. 获利指数

获利指数是投资项目未来报酬的总现值与初始投资额的现值之比，其计算公式为：

$$PI = (\sum_{t=1}^{n} \frac{NCF_t}{(1+r)^t}) \div CF_0$$

获利指数的决策准则是：接受获利指数大于1的项目。因为获利指数大于1也就意味着净现值大于零。

获利指数的计算考虑了现金流的时间性，体现了时间价值的观念，也考虑了风险，与净现值在计算和分析中所用的数据是完全一样的，不同的是获利指数是投资收益现值与初始投资额的比率，而净现值是投资收益现值与初始投资额的差额。这样，当初始投资额相同时，两种决策准则的选择结果一致，但当初始投资额不同时，就可能出现不同的选择结果。

4. 回收期准则

项目的回收期（payback period）是指用项目所产生的净现金流量来收回全部初始投资所需要的时间，通常以年为计量单位。

根据回收期准则选择项目，若公司项目的回收期短于一个特定的期间则接受，如果是在几个互斥项目中选择，则选择投资期短的。

假如有两个项目甲和乙，其初始投资和各期现金流量如表3.10所示，容易计算得到两个项目的回收期分别为2.2年和1.83年。

表3.10　　　　　　甲和乙项目各期的净现金流量　　　　　　单位：万元

年	0	1	2	3	回收期
甲项目	−2000	500	500	5000	2.2年
乙项目	−2000	500	1800	100	1.83年

由于项目甲于第2年年末已抵补初始投资支出1000万元，第三年有净现金流入收入5000万元，假若现金在一年内是均匀流入的，则投资回收期为2.2年（2+1000/5000）。项目乙根据同样方法计算可以得到其投资回收期为1.83年。若公司规定投资项目的回收期不得长于2年，则项目乙可以接受，项目甲就不能接受。若公司规定项目的回收期不得长于3年，则甲、乙两个项目都可以接受。若甲和乙项目只能选择其一，则应选择回收期短的乙项目。

回收期概念清晰，计算简便，不足之处在于没有考虑现金流的时间价值和风险，也没有考虑资金回收以后现金流量的贡献。

第三节　经济利润（EVA）和市场附加值（MVA）

　　传统的业绩衡量以会计利润为核心，每股盈余一直是衡量上市公司业绩的主要指标。但由于会计确认程序的滞后性以及公司存在盈余管理的可能性，会计利润或每股盈余与公司价值的相关性日益受到人们的质疑。尤其是不断曝光的上市公司财务欺诈案，使得投资者对会计利润的信任度大打折扣。此外，会计利润只考虑以利息形式表现的债务融资成本，而忽略了股权资本的成本，从而严重影响了资源配置的有效性和公司投资决策的正确性。在这种标准的引导下，销售收入和利润的增长成为公司追求的首要目标，过度投资、追求短期利益和委托代理中的逆向选择问题成为久治不愈的顽疾。例如，如果以净资产收益率为基准衡量公司经营者的业绩，则公司经营者可能会放弃高于公司整体资本成本但低于基准净资产收益率的项目，或从事高于基准净资产收益率但具有较高风险的项目，而这些行为都会降低公司整体价值。基于上述问题，人们开始思考用更好的业绩评价指标代替会计利润。

　　经济利润（economic value added，EVA）和市场附加值（market value added，MVA）是20世纪90年代发展起来的一种新的绩效评定方法，美国思腾斯特管理咨询公司（Stern Stewart & Co.）是它们的创造者和商标持有者。1993年，EVA在美国《财富》杂志的封面故事中被称为当今最为炙手可热的财务理念，并作为公司治理和业绩评价标准在全球范围内得到迅速的推广。世界上一些著名的大公司，像西门子、Coca-Cola和AT&T，DuPont，SONY等，都是EVA的忠实用户。如今，美国《财富》杂志已经连续二十多年刊登了按照EVA和MVA排名的上市公司财富创造排行榜。

表3.11　　2006年美国最大的价值创造者（2007年排行榜）　　单位：百万美元

MVA 前 10 名	MVA	EVA	ROIC	WACC
1. GENERAL ELECTRIC	281265	8284	14%	7%
2. EXXON MOBIL	223811	28961	19%	7%
3. MICROSOFT	221403	9187	46%	11%
4. WAL-MART STORES	127747	5026	11%	6%
5. PROCTER & GAMBLE	125886	4179	12%	7%
6. GOOGLE	123471	2245	55%	13%
7. ALTRIA GROUP	117992	6903	13%	6%
8. CITIGROUP	116276	8381	15%	8%
9. CISCO SYSTEMS	110366	827	14%	12%
10. JOHNSON & JOHNSON	103802	5945	16%	8%

资料来源：摘自美国《财富》杂志，2007年第1期。

一、经济利润（EVA）

经济利润是公司经过调整的税后经营净利润减去公司为获得这些利润所使用资本的"费用"余额。其计算公式为：

EVA = 税后经营净利润（NOPAT）- WACC × 期初资本占用额

式中：WACC指公司的加权平均资本成本，是对不同类别的资本成本用各类别资本占总资本权重进行加权平均而得到的公司综合资本成本。从经济利润的定义和计算公式中可以看到，EVA与传统的利润指标有一个显著的不同，这就是在利润的计算中扣除了利息费用，即考虑了债务资本成本，但却没有扣除权益资本成本，所以利润的增加并不代表股东财富的增长。而EVA则纠正了传统利润指标的这一缺陷，考虑了经营的全部成本。因此，EVA是从股东的角度定义的利润，有利于反映股东财富变化的真实情况，纠正那种不计成本地扩大股权融资规模，盲目筹资、投资的现象。

EVA作为独特的业绩评价标准，能够将股东利益与经营者业绩联系在一起，避免决策次优化。例如，如果用投资报酬率来考核公司经营者业绩，经营者就有可能放弃高于公司资本成本而低于基准投资报酬率的投资机会，或减少现有的投资报酬率较低但高于资本成本的某些资产以提高业绩，其结果是伤害了股东利益。而若用EVA考核经营者就能有效解决这个问题。因为经营者主要通过三种途径来增加EVA：一是在不增加资本投入的条件下，提高已有资产使用效率来提高税后经营利润（NOPAT）；二是在收益高于资本成本条件下，增加投资；三是减少收益低于资本成本的资产占用。这三种途径显然都有利于增加股东财富。

计算EVA需要以利润表中的经营净利润为基础，通过调整因会计核算需要但实际并未真正发生的引起经营利润变化的费用项目来得到税后经营净利润（NOPAT）。公式中的期初资本占有额也需要进行相应地调整，以反映真实的投入总资本。

以研发费用为例，根据公认会计准则，研发费用需计入当年成本，即使这些研发费用是对未来产品或业务的投资。但在计算EVA时，需要将在利润表中作为一次性成本的研发费用从费用中剔除，同时在资产负债表上，将研发费用资本化，以得到调整后的税后经营利润和所有者权益。经过这样调整，公司的税后经营利润和总资本能够反映研发费用的长期经济效益。计算EVA时需要调整的项目很多，有商誉的摊销、坏账准备的提取、研究开发费用的摊销、存货计价方法导致的存货的变化等等。之所以要进行这样的调整，是因为按会计谨慎性原则，这些项目要作为费用从利润中减去，从而影响了公司税后经营利润和总资本的真实性。需要调整的具体项目很多，也很复杂，但关键是找出几个对公司业绩分析产生较大影响的项目进行调整，例如坏账准备摊销、商誉的摊销以及研究开发费用摊销等，这样可以大大减轻调整的复杂性。下面以惠康公司为例简要说明如何通过调整得到真实的投入总资本的过程和意义。税后经营净利润（NOPAT）的调整同理。

表 3.12 为惠康公司用管理资产负债表形式表示的未经调整的资产负债表。表中浅色数据为没有反映在股东权益账面价值中的会计核算摊销的费用。表 3.13 则为经过调整后的惠康公司管理资产负债表。

表 3.12　　　　惠康公司未经调整的管理资产负债表　　　　单位：百万元

	2006.12.31	2007.12.31		2006.12.31	2007.12.31
现金	5	10	短期负债	40	20
净营运资本需求	100	100	长期负债	40	40
总营运资本需求	105	110	租赁责任	40	40
累计坏账准备	（5）	（10）			
净固定资产	185	190	所有者权益	170	200
厂房设备净值	95	110			
商誉净值	90	80			
累计商誉摊销	（10）	（20）			
合计	290	300	合计	290	300

资料来源：加布里埃尔·哈瓦维尼等著，王全喜等译：《经理人员财务管理》，机械工业出版社2006年第1版，第288页。

表 3.13　　　　惠康公司调整后的管理资产负债表　　　　单位：百万元

	2006.12.31	2007.12.31		2006.12.31	2007.12.31
现金	5	10	短期负债	40	20
营运资本需求	105	110	长期负债	40	40
净固定资产	235	260	租赁责任	40	40
厂房设备净值	95	110	负债合计	120	100
总商誉	100	100	调整后的所有者权益	225	280
资本化 R&D	40	50	权益账面价值	170	200
			累计坏账准备	5	10
			累计商誉摊销	10	20
			资本化 R&D	40	50
合计	345	380	合计	345	380

投资者对公司的投入表现为公司资产的价值，倘若根据惠康公司未经调整的管理资产负债表，公司资产在2007年12月31日这一日的总价值为3亿元，其中股东投入的股权资本为2亿元，债权人投入的资本为1亿元。然而，由于累计的坏账准备、累计的商誉摊销以及研究开发费用（R&D）等项目的存在，使得公司的利润和留存收益被低估了，从而导致资产负债表中的股东权益账户不真实，总资产不真实。因此，需要将这些摊销的费用进行资本化调整，才能够真实地反映投资者对公司的投入。惠康公司经调整后的管理资产表显示，惠康公司股东和债权人共投入资本3.8亿元，其中股东投入的股权资本为2.8亿元。

专栏3-1　　　　　　　　　　EVA

EVA和MVA这两个名词是由约尔·思腾恩（Joel Stern）和贝内特·斯图尔特（G.Bennett Stewart）提出的，他们于1982年共同创办了管理咨询公司思腾斯特（Stern&Stewart），并申请了"EVA""MVA"的版权，其他咨询公司也运用这两项指标，只是起了不同的名字。如麦肯锡（Mckinsey）将其计算方法称为经济利润，BCG／Holt使用的三种计算方法分别是：现金增加量（CVA）、投资的现金流量回报率（CFROI）、股东总回报（TSR）或商业总回报（TBR），这些方法的原理都是一样的，只是在计算现金流量和资本成本方面有所不同。

1. 什么是EVA

EVA是经济增加值（economic value added）的英文缩写。从算术角度说，EVA等于税后经营利润减去债务和股本成本，是所有成本被扣除后的剩余收入（residual income）。EVA是对真正"经济"利润的评价，或者说，是表示净营运利润与投资者用同样资本投资其他风险相近的有价证券的最低回报相比，超出或低于后者的量值。

（1）EVA是股东衡量利润的方法

资本费用是EVA最突出最重要的一个方面。在传统的会计利润条件下，大多数公司都在盈利。但是，许多公司实际上是在损害股东财富，因为所得利润是小于全部资本成本的。EVA纠正了这个错误，并明确指出，管理人员在运用资本时，必须为资本付费，就像付工资一样。考虑到包括净资产在内的所有资本的成本，EVA显示了一个企业在每个报表时期创造或损害了的财富价值。换句话说，EVA是股东定义的利润。假设股东希望得到10%的投资回报率，那么，只有当他们所分享的税后营运利润超过10%的资本金的时候，他们才是在"赚钱"。

（2）EVA使决策与股东财富一致

思腾斯特公司提出了EVA衡量指标，帮助管理人员在决策过程中运用两条基本财务原则。第一条原则，任何公司的财务指标必须是最大程度地增加股东财富。第二条原则，一个公司的价值取决于投资者对利润是超出还是低于资本成本的预期程度。从定义上来说，EVA的可持续性增长将会带来公司市场价值的增值。这条途径在实践中几乎对所有组织都十分有效，从刚起步的公司到大型企业都是如此。EVA的当前的绝对水平并不真正起决定性作用，重要的是EVA的增长，正是EVA的连续增长为股东财富带来连续增长。

2. EVA体系的4M's

（1）评价指标（measurement）

EVA是衡量业绩最准确的尺度，对无论处于何种时间段的公司业绩，都可以作出最准确恰当的评价。在计算EVA的过程中，首先要对传统收入概念进行一系列调整以消除会计核算可能引起的异常状况，使计算结果尽量与经济真实状况相吻合。举例说，GAAP要求公司把研发费用计入当年的成本，即使这些研发费用是对未来产品或业务的投资。为了反映研发的长期经济效益，在计算EVA时需要将被作为当期一次性成本的研发费用从成本中剔除，在资产负债表上，也要作出相应的调整，把研发费用资本化，并在适当的时期内分期摊销。同时，资本化后的研发费用还要支付相应的资本费用。思腾斯特公司已经确认了达一百六十多种对GAAP所得收入及收支平衡表可能做的调整措施。这些措施涉及到诸多方面，包括存货成本、货币贬值、坏账储备金、重组收费，以及商誉的摊销等等。

（2）管理体系（management）

EVA是衡量企业所有决策的单一指标。公司可以把EVA作为全面财务管理体系的基础。在EVA体系下，管理决策的所有方面全都囊括在内，包括战略规划、资本分配、并购或撤资的估价、制定年度计划，甚至包括每天的运作计划。

举例说，如果公司的既定目标是最大程度地提高资产的回报率，那么一些高利润的部门不会太积极地进行投资，即使是对一些有吸引力的项目也不愿意，因为他们害怕会损害回报率。比如，ABC公司A分部的总资产为

100万美元,年税后利润为100万美元,此时ROA为100%。如果该公司总经理推荐A分部一个投资100万美元,年税后利润为50万美元的项目,该项目的ROA高达50%,显然对ABC公司来说很有吸引力,它的资本成本为10%。但A分部却不乐意接受该项目,因为接受它的ROA变为75%[(100+50)/(100+100)],对A分部来说,它的ROA下降了25%。而业绩并不突出的部门会十分积极地对几乎任何事情投资,即使这些投资得到的回报低于公司的资本成本。上述所有这些行为都会损害股东利益,将管理体系统一于着重改善EVA,将会确保所有的管理人员为股东的利益作出正确决策。

使用EVA,公司的管理人员清楚明白增加价值只有三条基本途径:一是可以通过更有效地经营现有的业务和资本,提高经营收入;二是投资期望回报率超出公司资本成本的项目;三是可以通过出售对别人更有价值的资产或通过提高资本运用效率,比如加快流动资金的运转,加速资本回流,来达到盘活沉淀资本的目的。

(3)激励制度(motivation)

在中国,许多公司针对管理人员的激励报酬计划过多强调报酬而对激励不够重视。无论奖金量是高还是低,都是通过每年讨价还价的预算计划确定的。在这种体制下,管理人员最强的动机是制定一个易于完成的预算任务,因为奖金是有上限的,否则会使来年的期望值太高,甚至使其信誉受损。

EVA使经理人从股东角度长远地看待问题,并得到像企业所有者一样的报酬,比如思腾斯特公司提出的现金奖励计划和内部杠杆收购计划,以EVA增加作为激励报偿的基础,现金奖励计划能够让员工像企业主一样得到报酬,而内部杠杆收购计划则可以使员工对企业的所有者关系真实化。在上述奖励制度之下,管理人员为自身谋取更多利益的唯一途径就是为股东创造更大的财富。这种奖励没有上限,管理人员创造EVA越多,就可得到越多的奖励,同时,股东所得的财富也越多。

EVA奖金额度是自动通过公式每年重新计算的。举例说,如果EVA值提高,那么下一年度的奖金将建立在当前更高的EVA水平增长的基础之上。不仅如此,还可以"蓄存"一定量的额外奖金,并分几年偿付。蓄存奖金在EVA下降的时候将会产生一种"负"奖金,并且确保只有在EVA可持续增长之时才发放奖金。因为奖金没有上限,并且脱离了年度预算,EVA管理人员更有动力进行全面经营(home runs),不再单打独斗(singles),并且会在进行投资时考虑到长远利益（long-run payoffs）。

（4）理念体系（mindset）

如果 EVA 制度全面贯彻实施，EVA 财务管理制度和激励报酬制度将使公司的企业文化发生深远变化。在 EVA 制度下，所有财务营运功能都从同一基础出发，为公司各部门员工提供一条相互交流的渠道，为决策部门和营运部门建立联系通道。

资料来源：http://www.sternstewart.com.cn 等。

二、市场附加值（MVA）

MVA 指某一特定时点上，公司总资本的市场价值与投入的总资本价值之差。MVA 计算公式可以表示为：

$$MVA = 公司总资本的市场价值 - 投入的总资本价值$$

假设上例中的惠康公司于 2001 年成立，截至 2007 年 12 月 31 日，经过调整后我们得到了股东投入的资本价值共 2.8 亿元，其中债权人投入的资本价值（假如全部为债券，则为债券的面值）1 亿元。假如这一天公司债券的市场价值为 1.1 亿元，公司股票有 390 万股，每股价格为 100 元，则权益资本的市场价值为 3.9 亿元，则 2000 年 12 月 31 日该公司的市场附加值为：

$$MVA = (3.9+1.1) - (2.8+1) = 1.2（亿元）$$

从 MVA 的计算公式可以看出，MVA 计算的是投资者投入公司的现金价值与按市场价格出售其拥有的资本现金价值的差额，这个差额正是公司增加或减少投资者财富的累积总量。因此，MVA 能够反映和评价公司的管理活动是否为投资者创造价值。

MVA 增加好比公司投资了正的净现值的项目，因此创造了价值。回顾净现值的定义，净现值是投资项目预期产生的现金流量的现值与投入资本之差。MVA 中的公司资本投入无非是过去和现在大大小小投资项目的投入资本总量，而所有这些项目未来预期产生的现金流量的现值就是 MVA 中公司的市场价值。

三、EVA、MVA 与 NPV

下面的例子可以说明经济利润、市场附加价值和净现值之间的关系。

设东风公司准备投资一个独立的子项目。项目的寿命两年,所需初始设备投资为1000万元,营运资本需求为销售收入的10%。预计第一年的销售收入为2000万元,第二年为4000万元,营业费用占销售额的70%。项目的寿命为两年,固定资产按直线法折旧,残值为零,公司的所得税率为40%。公司的加权平均资本成本为10%。根据上述资料计算该项目的净现值、经济利润和市场附加价值如表3.14所示。

表3.14　东风公司独立子项目的NPV、EVA和MVA　　　　单位：万元

	0	1	2
初始投资			
设备	1000		
营运资本需求（销售额10%）变化	−200	−200	400
税后净营业利润（NOPAT）			
销售额		2 000	4000
减：占销售额70%的营业费用		−1 400	−2800
减：折旧		−500	−500
税前营业利润		700	
减：所得税（40%）		−40	−280
NOPAT		60	420
净现值计算			
NOPAT加折旧		560	920
减：营运资本需求变化	−200	−200	400
减：资本支出	−1000		
净现金流量	−1200	360	1320
按10%资本成本贴现的净现值	218.2		
内部收益率	21%		
EVA和MVA的计算			
NOPAT		60	420
投入资本			
固定资产原值	1000	1000	1000
减：累计折旧		−500	−1000
固定资产净投资	1000	500	0
加：营运资本需求投资	200	400	
投入资本合计	1200	900	
资本费用（年初投入资本的10%）		−120	−90
经济增加值（NOPAT−资本费用）		−60	330
MVA（EVA按10%贴现）	218.2		

该例说明,价值创造的管理者的最终经营目标应该是使公司的EVA和MVA最大化,该目标与以净现值最大化的决策目标是一致的。

| 第二篇 |

价值原理

在第一篇，我们讨论了公司融资的最终目标是实现公司价值最大化，但并没有对公司价值进行深入讨论。公司进行融资，必须使用股票、债券等金融工具，公司的经理层和投资者都非常关注这些金融工具的价值确定。对经理层来说，希望以较高的价格发行金融工具从而筹集到较多的资金；对投资者来说，希望支付较低的价格从而能够获得较高的投资收益。同时，很多金融工具还具有期权的性质，比如可转换债券、优先认股权等，它们的价值同样会影响融资中的公司和投资者的判断。在金融学中，价值的确定（利用折现、套利等方法）和经济学中价格的确定（利用偏好、生产技术等）大不相同，因此进行融资决策必须首先熟悉金融工具的定价理论。本篇的组织结构如下：

第四章：介绍价值的基本概念，它是融资工具定价的基础，这些基本概念的应用贯穿于全书。

第五章：主要讨论债券、股票和期权的价值确定问题。只有了解了这些金融工具的定价原理，才能更好地利用它们筹集资金。

第六章：介绍公司融资成本。不同融资方式所筹集的资金的成本不同，资本成本是公司选择筹资方式和投资项目的重要依据。

第七章：讨论公司的价值，公司价值的估算总结了我们学习过的所有知识。

第四章

价值的基本概念

本章的内容很简单，但非常重要。资金时间价值、风险与收益的概念不仅贯穿全书，而且涉及到融资决策的各个方面，例如投资决策、偿债计划等都大量应用时间价值、风险收益原理。利率是我们非常熟悉的概念，但我们往往并不清楚它的精确含义。本章将对资金的时间价值、利率、风险与收益的概念进行初步的介绍，这对更好地理解公司融资决策很有帮助。

第一节　资金的时间价值

在日常生活中我们经常会遇到这种情况：一张在一年后能够获得1000元收入的凭证若转换为现金可能只有909元，一套两年后交付使用的价值60万元的公寓房，当前全额付款可能只需49万元。因此，人们所面临的问题就是"一年后的今天收到的1000元在当前的价值是多少？"以及"两年后价值60万元的公寓房的现值是否等于49万元？"为什么我们必须考虑这样的问题呢？这是因为金钱、货币是有时间价值的。"今天的一元钱比明天的一元钱更值钱"是公司金融理论和实务中最重要的价值观念之一，也是融资决策的基本依据。

一、时间价值的概念

时间价值是客观存在的经济范畴，但对于时间价值的概念和成因的解释仍不统一。西方国家的传统解释是：在没有风险和通货膨胀的条件下，货币的时间价值是由人们对消费的时间偏好决定的。投资者用货币进行投资就牺牲了当时使用或消费这笔资金的机会，对于这种推迟消费的耐心所给予的报酬构成了货币的时间价值。我国学者的解释是时间价值是针对货币作为生产要素在运用过程中可以不断增值这一特性而言的。与其他的生产要素一样，货币投入生产过程的条件是要得到相应的报酬。由于货币在其运用过程中不可避免地面临各种各样的风险因素，这些也都需要得到相应的补偿，因此，扣除了在货币的价值增值中所包括的风险报酬后所剩余的部分就是货币的时间价值。

通常情况下，货币的时间价值用相对值的形式表示，即以利息率或收益率的形式表示。利息率和收益率有许多表现形式，如银行存、贷款利率，债券的票面利率，股票收益率等。准确地说，从投资的角度，它们都可以看作是投资收益率，但并不等同于时间价值。通常将投资收益率划分为通货膨胀补偿、风险收益和时间价值三个部分。

投资收益率 = 货币的时间价值 + 通货膨胀补偿率 + 风险收益率

风险收益指由于承担了收回货币的不确定性的风险而取得的收益。通货膨胀表现为货币购买力的下降，虽然通货膨胀实质上也是一种风险，但却是一个较为特殊的风险因素，因此人们总是将它从诸多风险因素中分离出来单独考虑，将这一部分风险收益称为通货膨胀补偿。显然，货币的时间价值实际上是没有通货膨胀、不存在风险情况下的投资报酬率。

如果用利息率表示收益率，也可以对利率进行分解：

利率＝纯粹利率＋通货膨胀附加率＋变现力附加率＋违约风险附加率＋到期风险附加率

其中，变现力附加率、违约风险附加率和到期风险附加率统称为风险收益，表现为对于未来收回货币的不确定性的补偿，纯粹利率是无通货膨胀和风险下的平均利率，反映了货币的时间价值。

二、货币的将来值与现值

1. 复利与复利的间隔期

复利是金融学中的核心概念，它是指贷款或投资利息附加到本金之上，即本期产生的利息在下期也要加入到本金中一起计算利息，就是通常所说的"利滚利，息生息"。由于利息也是可用的资金，所以复利的概念充分体现了资金时间价值的意义。因此，在计算资金的时间价值时，都是采用复利的方法计算。

根据利息支付的间隔时间，利率有年利率、季利率和月利率等。一般情况下，当人们说到利率时多是指年利率，即利息每年支付一次。然而在现实中经常遇到这种情况，给定年利率，但计息期是半年、季或月。例如，我国与法国、德国等一些国家的公司债券多是每年付息一次，但美国和英国的公司债券更多的是半年付息一次。再如，我们在汽车或住房的贷款中通常要求以年利率按月偿还。由于计息期不同，实际的年利率与给定的年利率（称为名义利率或报价利率）必然不同。

例如，企业向银行贷款 100 万元，按 12% 的利率支付利息。我们以 FV_n 代表资金在第 n 年末的价值，即资金的将来值。若每年支付一次利息，则在第一年末的本利和为：

$$FV_1 = 100(1+0.12)^1 = 112（万元）$$

若每半年付息一次，则银行要求半年偿还年利率的 1/2，即半年的利率为

12%/2=6%，则在一年后的本利和为：

$$FV_1=100（1+0.12/2）^2=112.36（万元）$$

若每月付息一次，则有：

$$FV_1=100（1+0.12/12）^{12}=112.68（万元）$$

同样是 12% 的名义利率，按半年付息实际的利率是 12.36%，而按月付息的实际利率是 12.68%。推而广之，一年中按复利计息 m 次的实际利率为：

$$r_e=(1+\frac{r}{m})^m-1$$

式中，r_e 为实际利率，指考虑了复利间隔期后的年利率；

r 为给定的年利率，称为名义年利率，指不考虑年内复利计息间隔期的利率。

实际利率公式表明，当一年中的计息次数 m 大于 1 时，实际年利率将大于名义年利率。名义利率只有在给出计息间隔期的情况下才是有意义的，相反，实际利率本身就有很明确的意义。

既然复利计息一年可能不止一次，人们可以半年、每季、每天、每小时甚至每分钟复利计息，那么最极端的情况就是对无穷短的时间间隔进行复利计息，即连续复利计息（continuous compounding）。

由于当 m 趋于无穷时，$(1+\frac{r}{m})^m$ 趋于 e^r，因此，以利率 r 连续复利，实际利率为：

$$r_e=e^{rN}-1$$

据此，可以得到 1 元钱在一年后的本利和为：

$$FV_1=e^r$$

例如，100 万元贷款，若按 12% 的利率连续计息，则一年后的本利和为：

$$FV_1=100\times e^{0.12}=1127497（元）$$

虽然实际上连续付息是难以做到的，但讨论这个问题却是十分有意义的。因为这样可以简化计算，况且由此取得的结果与经常性的付息所得的结果也十分接近[①]。

有一个故事可以说明复利的威力。很久以前，一个农夫在国王举办的象棋比赛中获胜。国王打算根据农夫的要求赐予他奖品。农民则希望得到一些谷子。国王说，那好办，并问农夫要多少？农夫回答说，只要在象棋棋盘的第 1 格放

---

① 20 世纪 60 年代到 70 年代，美国的贷款储蓄协会为了避免支付对最高年利率的限制，转而通过增加利息支付频率提高对投资者的吸引力。渐渐地有公司推出连续复利利率，将利息的支付想象成是全年等额连续进行。

入 1 粒谷子，第 2 格放入 2 粒，第 3 格放入 4 粒，第 4 格放入 8 粒……依此类推，装满棋盘即可。国王满口答应。让他没想到的是，若按此规律——即谷粒在 64 个棋格中以 100% 的复利增长，则要将象棋棋盘的 64 个格子全部装满的话，一共需要 1.85×10^{18} 粒谷子。如果每个谷粒长 0.25 英寸，那么将所有的谷粒一粒粒排列起来后，可以从地球到太阳来回 391320 次。

2. 单期现金流的将来值与现值

单期现金流量指某个时点上的单笔现金流入或流出，将来值又称终值，指单期现金流量经过若干期后包括其本金和利息在内的未来价值，以 FV_n 表示，现值指其在当前的价值，以 PV 表示。

例如，年初有一笔投资，年利率是 10%，三年末时该笔投资的终值为：

$$FV_3 = PV(1+r)^3 = 5000(1+10\%)^3 = 6655（元）$$

专业人士编制了复利终值系数表（见附录一），根据相应的复利间隔期和复利率，从表中查到终值系数，就可以很方便地计算出资金的终值了。

假如为了能在一年后消费 100 元，在一年期定期存款利率为 10% 的情况下，你现在应该往一年期定期存款内存入多少钱？容易计算得到：

$$PV = \frac{100}{(1+10\%)} = 90.91 \text{元}$$

而这 90.91 就是一年期定期存款利率为 10% 时，一年后的 100 元的现值。

因此，所谓现值就是未来的一笔资金在现在的价值。由复利终值的计算公式，容易导出现值的计算公式如下：

$$PV = \frac{FV_n}{(1+r)^n}$$

其中，$\frac{1}{(1+r)^n}$ 称为折现系数，r 称为折现率。

与复利终值系数类似，专业人士也编制了复利现值系数表（见附录二）供人们查询。

3. 年金的将来值与现值

假如你在第一年至第四年每年年末往按年利率 10% 复利计算的银行户头上存入等额的 6000 元，那么，在第四年末，你的户头上有多少存款？显然，这个例子与前面的例子不同，前面的例子中现金流量只有一笔，而这个例子中是一系列等额的现金流。实际上在公司的经营中往往会遇到在不同时刻多次产生现金流量的情况，形成一收入或支付序列。如等额的折旧、利息、租金、保险费等收付款项通常表现为此类现金流。我们将在一定时期内每期都产生相等金额的收付款项，即等额现金流，称为年金（annuity）。

按照不同的标准，年金可以分为不同的种类。从年金收付的次数和支付的时间看，可以分为普通年金、先付年金、永续年金等。如果每期现金流发生在期末，我们称此类年金为普通年金，也叫后付年金。如果每期现金流发生在期初，我们则称此类年金为先付年金。永久存续的年金即为永续年金。在日常生活中我们所看到的折旧、利息、租金、保险费等收付款项通常表现为年金的形式。

（1）普通年金

假设普通年金共持续 n 年，每年的现金流量为 A，年折现率为 r，则普通年金的现值为：

$$PV = A\sum_{t=1}^{n}\frac{1}{(1+r)^t}$$

通过数学归纳，我们可以得到普通年金现值的另一种表达式：

$$PV = A\left[\frac{1}{r} - \frac{1}{r-(1+r)^n}\right]$$

其中，$\frac{1}{r} - \frac{1}{r-(1+r)^n}$ 是普通年金为 1 元、利率为 r，经过 n 期的年金现值，称为年金现值系数。根据上述公式，可编制年金现值系数表（见附录三）。

容易推出，普通年金的终值为：

$$FV_n = A\sum_{t=1}^{n}(1+r)^{t-1}$$

通过数学归纳，我们同样可以得到普通年金终值的另一种表达式：

$$FV_n = A\frac{(1+r)^n - 1}{r}$$

其中，$\frac{(1+r)^n - 1}{r}$ 为年金终值系数。根据上述公式，可编制年金终值系数表（见附录四）。

从年金现值的计算公式我们不难发现，折现率越高，现值系数就越小。随着折现率的提高，现值系数的减少变得越来越慢，这一结论也不难从数学上得到证明。也就是说，随着折现率的提高，年金的现值以递减的速率减小。图 4.1

表明了现值与折现率的关系。

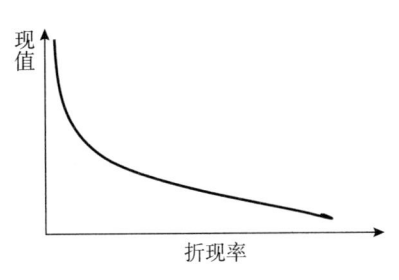

图 4.1　现值与折现率的关系

（2）先付年金

先付年金与普通年金唯一的区别是，它的现金流发生在每期期初，而不是每期期末。

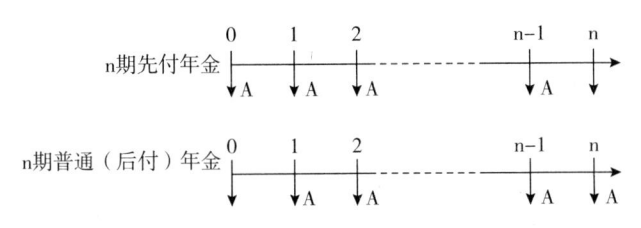

图 4.2　先付年金与普通年金比较图

如图 4.2 所示，n 期先付年金与普通年金现金流发生次数相同，但其年金将来值比普通年金多计算一期利息，其年金现值则比普通年金少贴现一期。据此，我们可以利用（1+r）对普通年金将来值和现值的计算公式进行调整就可以得到先付年金的现值和终值计算公式[①]：

$$PV = A\left[\frac{1}{r} - \frac{1}{r-(1+r)^n}\right](1+r)$$

$$FV_n = A\frac{(1+r)^n - 1}{r}(1+r)$$

假如你需要一种设备，若购买，买价是 1600 元，可用 10 年，10 年后报废

[①] 根据先付年金与普通年金的关系，我们还可以推导出另一种计算先付年金将来值和现值的公式。由于 n 期先付年金与（n+1）期普通年金的计息期相同，但比（n+1）期普通年金少一期现金流，因此，只要将（n+1）期普通年金的将来值减去一期现金流 A，便可得到先付年金的将来值。而 n 期先付年金现值与 n-1 期普通年金贴现期相同，但比 n-1 普通年金多一期不用贴现的现金流量 A，所以，只要将 n-1 普通年金的现值加上一期现金流量 A，便可求出 n 期先付年金的现值。

无残值。若租用，则每年年初需付租金 200 元。假如除此之外，买与租的情况完全相同，假设利率为 6%，那么，你会选择哪一种方式呢？这是一个求解先付年金现值的问题。即有：

$$PV = A\left[\frac{1}{r} - \frac{1}{r-(1+r)^n}\right](1+r) = 200 \times 7.360 \times 1.06 = 1560.32（元）$$

由于租金的现值小于购买的买价，所以应该选择租赁。

（3）永续年金

大多数年金支付或收入都是在有限时期内发生的，若年金支付或收入是无限期的，则称为永续年金。西方有些债券为无期限的债券，这些债券的利息可看作为永续年金。

$$PV = A \cdot \lim_{n \to \infty}\left\{\frac{1-[1/(1+r)^n]}{r}\right\} = A \cdot \frac{1}{r}$$

例如，某永久性公债每年年底的利息为 800 元，利息率为 8%，则可求出该公债的现值为：$PV = \frac{A}{r} = \frac{800}{0.08} = 10000$（元）

永续年金的概念和其现值的计算方法十分重要。现代股份制公司的经营具有连续性，在一定条件下可看成有无限寿命，优先股因为有固定股利而又无到期日，在一定条件下也可视作永续年金，运用永续年金的概念和方法，我们可以解决许多公司价值及现金流分析中的复杂问题。

（4）永续增长年金

假如有一无限期现金流序列，第 1 期现金流量为 1000 元，此后各期的现金流量预计以每年 5% 的速度增长，利息率是 11%。显然，这是一种特殊的永续年金，其各期现金流都按照一个固定的比例增长，我们称之为永续增长年金。

设各期现金流量的增长率为 g，且 $g<r$，则可按下式求解永续增长年金现值。

$$PV = \frac{A}{r-g} \qquad r > g$$

公司由于实际增长或通货膨胀等原因，往往会使得现金流量随着时间而增长，具有增长年金的性质，永续增长年金的计算能够解决增长年金现值的计算问题。

4.时间价值计算的应用举例

例 1：王先生为购买住房，向银行申请了总额为 60 万元的住房抵押贷款，准备在 25 年内按月分期等额偿还，若年利率为 12%，按半年复利计息，问王先生每月的等额偿还额是多少？

解：房屋、耐用消费品抵押贷款的分期支付一般都是按月等额偿还，由于是半年计复利，因此首先要将名义利率转换为实际月利率，然后，再通过实际月利率求解每月的等额支付额。

因为：$(1+r_{em})^{12} = (1+\frac{r}{2})^2$

式中 r_{em} 为实际月利率，将名义利率 12% 代入上式整理后得：

$$r_{em} = (1+\frac{0.12}{2})^{2/12} - 1 = \sqrt[6]{(1+0.06)} - 1 = 0.0097588$$

又因为：$PV = A\{\frac{1-[1/(1+r_{em})^{12n}]}{r_{em}}\}$

式中 A 为每月等额支付额，n 为抵押贷款偿还年数，PV 为贷款额。

代入数据得到：

$$600000 = A\{\frac{1-[1/(1.0097588)^{12 \times 25}]}{0.0097588}\} = A(96.9087)$$

$$A = 6191.39（元）$$

例 2：欣欣公司向银行借了利率为 8% 的一笔款，按照合约规定，前 10 年不用还本付息，从第 11 年至第 20 年每年年末偿还本息 1000 元，问：这笔借款的金额应该是多少？

解：如果交易是公平的，那么这笔借款的金额就是未来等额还款额的现值。根据还款支付的特征，首先计算还款额在第 10 年末时的现值，然后再将其第 10 年末的现值贴现到现在。

$$PV = 1000(PVIFA_{8\%,10})(PVIF_{8\%,10}) = 1000 \times 6.71 \times 0.463 = 3107（元）$$

例 3：某公司的一则广告说："如果你在未来的 10 年每年付给我们 100 元，我们将在 10 年后起每年付给你 100 元，直至永远。"如果这笔交易是公平的，它的利率是多少？

解：如果这笔交易是公平的，则 10 年后所获得的给付的现值应等于前 10 年投资额的现值。即：

$$100[\frac{1}{r} - \frac{1}{r(1+r)^{10}}] = \frac{100}{r} \times \frac{1}{(1+r)^{10}}$$

解上式得到：$r = 7.18\%$。

例 4：李达的哥哥将其积蓄 10000 元以连续计息的方式投资两年，利率为

10%，那么他的投资到了两年后将等于多少？假如李达在四年后将得到一笔 10000 元的收入，如果按 8% 的利率连续计息，这笔钱的现值是多少？

解：① $10000 \times e^{0.1 \times 2} = 12214$（元）

即李达哥哥的投资在两年后等于 12214 元。

② $10000 \times \dfrac{1}{e^{0.08 \times 4}} = 7261.5$（元）

即李达 4 年后的 10000 元收入，按 8% 利率连续计息的现值为 7261.5 元。

例 5：爱女心切的孙先生夫妇在女儿姗姗出生时就制定了一个计划，准备在未来 17 年间每年在姗姗过生日的那天存入等额的资金，以便在女儿 18 岁上大学时支付女儿的大学教育费用，根据测算，女儿未来大学 4 年期间每年的费用为 20000 元。假如在未来的几十年中利率都是 10%，问：①照此计划，孙先生夫妇每年应存入多少钱？②如果他们每年的存款额以 4% 的速度增长，那么，他们第一年的存款应是多少？

解：①假设姗姗是在 18 周岁生日那天上大学，则 4 年学费的现值为：

$$20000 \left[\dfrac{1}{0.1} - \dfrac{1}{0.1(1+0.1)^4}\right]\left[\dfrac{1}{(1+0.1)^{17}}\right] = 20000 \times 3.1699 \times 0.1978 = 12540（元）$$

由于每年存款的现值应等于 12540 元，则每年的存款额为：

$$A = \dfrac{12540}{PVIFA_{0.1,17}} = \dfrac{12540}{8.0216} = 1563.28（元）$$

即在今后的 17 年中每年存入 1563.28 元，按照 10% 的利率，就恰好能够在姗姗上大学那年支付姗姗在大学 4 年间每年 20000 元的学费。

②如果每年的存款额以 4% 的速度增长，可以用增长年金的计算公式计算其现值，且其现值应恰好等于 4 年学费现值 12540 元。即有：

$$\dfrac{A}{r-g}\left[1-\left(\dfrac{1+g}{1+r}\right)^n\right] = \dfrac{A}{0.1-0.04}\left[1-\left(\dfrac{1+0.04}{1+0.1}\right)^{17}\right] = 12540（元）$$

解得：$A = 1224.18$（元）

即孙先生夫妇在女儿的第一个生日时的存款应为 1224.18 元。

第二节　风险与收益

在资本市场上，人们进行投资要求必要的投资回报率，平均来看，风险资产的收益率高于无风险资产的收益率。这说明收益与风险之间存在着某种内在的联系。身兼投资者和筹资者双重角色的企业,无论是在资本市场上进行投资还是融资决策,都面临着风险,都需要在风险和收益之间进行权衡。

一、风险与收益的衡量

1. 风险与风险收益的概念

为了更好地理解什么是风险,我们先看下面这两个例子。

①假设投资者花 1 万元购买了利率为 2% 的国债,那么在这一投资上所实现的收益率基本上就是国债的利率 2%;

②假设投资者花 1 万元购买了 500 股某公司的股票,并打算持有一年,该股票预期的红利是每股 0.8 元,那么在这一投资上实现收益率则是不确定的,因为一年后实际的红利可能高于 0.8 元,也可能低于 0.8 元,而一年后的股价与购买时价格的差异也会有各种可能,即实际的资本利得与预期的可能完全不同。

对比上述两种投资,显然购买公司股票的风险大于购买国债。当我们不能确定将来会发生什么结果时,就存在不确定性,风险正是这种不确定性,或者说是未来实际与预期之间的偏离的可能性,这种不确定性越大,实际与预期偏离的可能性就越大,风险也就越大。但不确定性之所以会成为风险,是因为这种不确定性会影响人们的福利或利益的实现。如投资于股票,股价上扬则为收益,股价下跌则为损失,而在期货交易中无论商品价格朝预期的哪个方向偏离都令人不快,都可能增加代价或减少福利。因此,风险实质上是指未来实际与预期的偏离朝着不利方向变化的可能性。

既然风险意味着损失或福利的减少,那么人们为什么还要进行有风险的投资呢?这里的主要原因有两个:其一,风险客观存在,无法完全避免。没有任何因素能保证未来的收益是确定的。即便是最安全的国债投资也存在因通货膨胀率的不确定性所带来的收益的不确定性。既然风险几乎无处不在,无法完全避免,在进行投资时,就不是要绝对回避有风险的投资,而是要通过风险管理以达到降低风险的目的。其二,风险同时意味着危险和机会。当未来实际与预期的偏离朝着不利方向变化时意味着危险,当未来实际与预期的偏离朝着有利方向变化时则意味着机会,而机会带来的收益或福利的增加就是承担风险的风险收益,即投资收益中超过时间价值的那部分收益。对于投资者而言,其真正的收益只能来源于资金的时间价值和风险报酬。由此可知，所谓风险报酬即承担风险而获得的超过时间价值的那部分收益。

2. 期望收益率与风险的衡量

对于收益率我们并不陌生，最常见的有实际收益率和平均收益率。实际收益率是投资活动中扣除初始投资额后增值部分与初始投资额的比率。平均收益率则是在一段期间内平均每期（通常指每年）的实际报酬率。

以股票投资为例，其实际收益率就是股利加资本利得之和与期初股价之比率。若用公式表示则有：

$$R_t = \frac{D_t + (P_t - P_{t-1})}{P_{t-1}}$$

式中：R_t为第t期的收益率；D_t为t期的股利收益；P_t为t期股价，P_{t-1}为期初股价。在已知各期实际收益率的基础上，则可用下式计算平均收益率：

$$\overline{R} = \frac{R_1 + R_2 + \cdots + R_n}{n}$$

由于在进行投资决策时需要对未来的投资回报做出预测，而未来则是不确定的，为了在衡量投资收益率时体现出这种对不确定的考虑，人们通常用期望收益率来衡量预期收益率。期望收益率是统计上的概念，是以未来各种收益可能出现的概率为权数对各收益率加权平均的结果。其公式为：

$$E(R_i) = \sum_{j=1}^{m} P_j \widetilde{R}_{i,j}$$

式中：$E(R_i)$为i资产的期望收益率；P_j为第j种情况发生的概率；$\widetilde{R}_{i,j}$是i资产在第j种情况出现时的可能收益率。

例如，A公司与B公司股票的收益率及其概率分布情况如表4.1所示，假设你要对这两家公司的股票进行投资，那么你将如何估计两家公司股票的投资收益率呢？

表4.1　　　　A公司与B公司股票的收益率和概率分布

经济情况	发生的概率	A公司股票报酬率	B公司股票报酬率
繁荣	0.3	30	70
一般	0.4	20	20
衰退	0.3	10	−30

由于两公司股票未来可能的投资收益率取决于未来的经济状况，并且已知

各种经济状况发生的概率，于是我们可以计算这两只股票的期望收益率。有：

A 公司的期望收益率：$E(R_A)=0.3×0.3+0.2×0.4+0.1×0.3=20\%$

B 公司的期望收益率：$E(R_B)=0.7×0.3+0.2×0.4-0.3×0.3=20\%$

由于风险意味着未来实际收益与预期偏离的可能性，因此，通常利用某一收益率的概率分布描述不确定性，并通过计算概率分布的标准差或方差来衡量风险的大小。所谓标准差是以概率对各种可能收益率与期望收益之间的离差进行加权后得到平均离差，而方差则是标准差的平方。其计算公式为：

$$\sigma_i = \sqrt{\sum_j [R_i - E(R_i)]^2 P_j}$$

$$\sigma_i^2 = \sum_j [R_i - E(R_i)]^2$$

从标准差和方差的计算公式可以看出，标准差或方差越小，各种可能收益率与期望收益的平均离差越小，其概率分布的形状就越狭窄，风险也就越小。

下面我们应用表 4.1 中的数据，来计算 A 公司和 B 公司股票收益率的标准差。

已知两个公司的期望收益率都是 20%，将期望收益率和表 4.1 中的数据代入标准差计算公式，我们得到 A、B 两公司的标准差分别为：

$$\sigma_A = \sqrt{(0.3-0.2)^2 \times 0.3 + (0.2-0.2)^2 \times 0.4 + (0.1-0.2)^2 \times 0.3} = 7.75\%$$

$$\sigma_B = \sqrt{(0.7-0.2)^2 \times 0.3 + (0.2-0.2)^2 \times 0.4 + (-0.3-0.2)^2 \times 0.3} = 38.73\%$$

由于 A 公司收益的标准差小于 B 公司，所以我们可以认为投资 A 公司股票的风险要小于 B 公司。

需要指出的是，由于标准差是一个有量纲的量，因此利用标准差比较不同投资机会的风险大小的前提是所比较的投资机会具有相等的或接近的期望收益率。如果各投资机会间的期望收益率具有较大的差异，则需要将标准差转换为无量纲的相对量——标准差率（也称为离散系数）方可说明风险的程度。以 V 代表标准差率，其计算公式为：

$$V = \frac{\sigma}{E(R)}$$

例如，有两只股票 X 和 Y，股票 X 的期望收益率为 15%，标准差为 12.65%，股票 Y 的期望收益率为 40%，标准差为 31.62%。由于股票 X 和 Y 的期望收益率差别很大，所以我们不能简单断言股票 X 的风险小于股票 Y，需要计算标准差率后方可做出判断。

$$V_X = \frac{12.65\%}{15\%} = 0.84, \quad V_Y = \frac{31.62\%}{40\%} = 0.79$$

计算结果表明，在考虑到两只股票的期望收益率水平后，股票 X 的风险要大于股票 Y。

如前述，人们之所以愿意承担风险的原因之一在于承担风险有可能赢得机会，获得风险收益，高风险必然伴随着高收益。设想如果投资者承担了风险却不能获得必要的风险报酬，那么所有的资金都会流向低风险的行业，而无人问津高风险行业。市场竞争的结果必然导致高风险投资的收益率增加。

表 4.2　美国 1926~2000 年间证券资产的年平均收益率与标准差（%）

投资组合	年平均收益率 名义	年平均收益率 实际	风险收益率（相对于国库券的额外收益）	标准差[1]
小公司股票	17.3	13.8	13.4	33.4
普通股（S&P500）	13.07	9.7	9.1	20.2
公司债券	6.0	3.0	2.1	8.7
政府债券	5.7	2.7	1.8	9.4
国库券	3.9	0.8	0	3.2

注：[1]从风险收益看，公司债券高于政府债券，但从收益的变动性看，公司债券的标准差却低于政府债券。这主要是由于统计上不能完全满足样本同质性所导致的。如大多数公司债券是可回购的，而政府债券却不可回购，公司债券一般支付更高的利息等，这些原因都可能导致公司债券的投资者更快收回投资，从而减少了其收益的变动性。

数据来源：根据 Richard A. Brealey, Stewart C. Myers, "Principles of Corporate Finance", 7th Edition, 表 7-1 和第 120 页标准差数据整理得到。

表 4.2 数据显示，国库券的风险最小，其平均收益率最低，收益率的变动程度最小。普通股风险大，其平均收益率也高，风险溢酬率达到 9.1%，而小公司股票收益的变动程度最大，所以其风险溢酬率也最高。

二、风险与风险偏好

假如在经过多年的勤奋工作后，你总算攒下了一笔钱，准备拿出 50 万元进行证券投资，现在你可以在表 4-2 所提供的五种投资组合中选择其一进行投资，那么你会作何选择呢？如果你希望得到普通股的高收益，你就必须承担高风险，如果你不愿意承担风险而选择国库券，则你只能得到 0.8% 的实际平均年收益率。这个例子说明，在投资决策中不能脱离投资者的风险偏好而单凭预期收益率和标准差做出最优的选择,需要将人们的风险偏好纳入分析。而将风险偏好纳入风险分析的一个很好的方法就是效用分析方法。根据效用理论,我们可以根据人们对风险的态度建立起相应的效用函数。

1. 风险偏好与效用函数

效用函数是经济学中描述财富或收益与由此带来的效用之间关系的分析方法。根据财富增加与效用增加之间的关系,投资者的效用函数有凹性效用函数、凸性效用函数和线性效用函数三种类型,这三种效用函数分别代表投资者对风险持回避态度、追求态度和中性态度。

(1) 风险回避者与凹性效用函数(concave utility function)

此种效用函数代表风险回避者的风险偏好。它表示投资者希望财富或收益越多越好,但财富的增加为投资者带来的是边际效用递减。这种效用函数对财富的一阶导数为正(表示财富或收益越多越好),二阶导数为负(表示边际效用递减),其图形如图 4.3 所示。

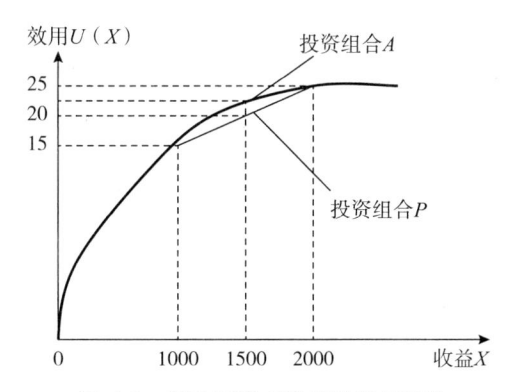

图 4.3　风险回避者的凹性效用函数

图 4.3 中,某投资组合 P,有 50% 的概率在期末获得 2000 元收益,带给某投资者甲的效用值为 25 个单位,有 50% 的概率获得 1000 元收益,带给某甲的效用值为 15 个单位,则此投资的期望收益为 1500 元,期望效用值为 20 个单位。而另一投资组合 A 在期末可以得到确定的 1500 元收益,其效用值为 23 个单位。它说明,对于投资者甲而言,有 $U(A)=23>U(P)=20$,即虽然投资组合 A 的预期收益与投资组合 P 的预期收益完全相同,但由于投资组合 A 的预期收益是确定的,而投资组合 P 的收益是不确定的,所以投资组合 A 的收益所带来的效用要大于投资组合 P。

（2）风险爱好者与凸性效用函数（convex utility function）

此种效用函数代表风险爱好者的风险偏好。它表示投资者希望财富或收益越多越好，且财富或收益增加为投资者带来的是边际效用递增。这种效用函数对财富或收益的一阶导数和二阶导数都是大于零的，其图形如图 4.4 所示。

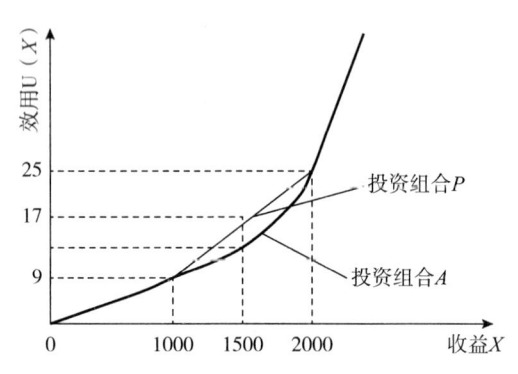

图 4.4　风险爱好者的凸性效用函数

图 4.4 中，投资组合 P 有 50% 的概率在期末获得 2000 元收益，带给某投资者乙的效用值为 25 个单位，有 50% 的概率获得 1000 元收益，带给某乙的效用值为 9 个单位。则此投资的期望收益为 1500 元，期望效用值为 17 个单位。而投资组合 A 在期末的确定性收益为 1500 元，带给某乙的效用值为 14 个单位。由于 $U(P)=17>U(A)=14$，所以，投资者乙将会选择投资组合 P。对于风险爱好者，同样的期望收益下，风险大的收益带给他们更大的效用，他们喜欢收益的动荡大于喜欢收益的稳定。

（3）风险中立者与线性效用函数（linear utility function）

风险中立者的效用函数是一线性函数。它表示投资者希望财富或收益越多越好，但财富或收益的增加为投资者带来的边际效用是一常数。这种效用函数对财富的一阶导数为正，二阶导数为零，其图形如图 4.5 所示。

图 4.5 中说明，对于风险中立者，收益不确定的投资组合 P 与确定性的投资组合 A 所带来的效用是一样的。在对待风险的态度方面，风险中立者的特点是既不回避风险，也不主动追求风险，同样的期望收益带来同样的效用，他们进行投资决策时只考虑期望收益，而不考虑风险的状况。

以上我们讨论三种效用函数时都假定效用是期末财富或收益的函数，但在投资分析中，由于期末收益的大小直接受到期初投资额大小的影响，所以分析中往往采用收益率，即假定效用是收益率的函数。

效用 $U(X)$

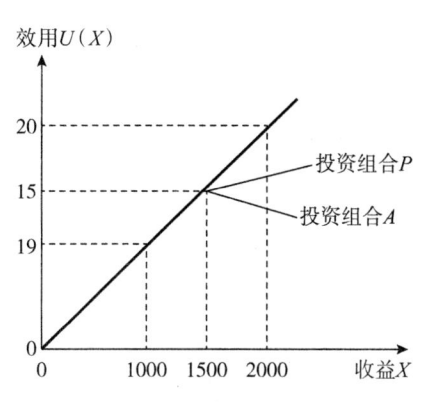

```
20 ┤- - - - - - - - - - - ┐
              投资组合 P
15 ┤- - - - - -        投资组合 A
19 ┤- - ┐
   0  1000 1500 2000  收益 X
```

图 4.5　风险中立者的线性效用函数

2. 按期望收益的确定性等值划分风险偏好类型

在效用函数的讨论中，我们看到对于期望收益和确定性收益的不同态度决定了投资者的风险偏好类型。于是一种近似的划分风险偏好的方法被开发出来，这就是按照期望收益的确定性等值来划分风险偏好的类型的方法。下面我们用一个游戏来说明确定性等值的概念以及如何按确定性等值划分风险偏好的类型。

假设你在参加一个游戏，游戏中有两扇一模一样的门，主持人告诉你一扇门后放着 1 万元现金，另一扇门后什么也没有，你走进哪一扇门，那扇门后的东西就属于你。当你正犹豫着不知该走进哪一扇门时，主持人又告诉你，他将给你提供一笔现金，你可以选择接受这笔现金，但你必须退出这个游戏。

如果你决定，若主持人给你的现金小于或等于 3000 元，就选择继续参加游戏；若主持人给你的现金大于 3000 元就选择放弃游戏。假设主持人答应给你 3500 元，于是你选择了放弃游戏。你的上述选择说明你是一个风险回避者，宁愿要一笔确定的现金 3500 元，而不要有风险的 5000 元现金。如果你决定只有当主持人给你的现金等于或大于 7000 元时才选择放弃游戏，那么，你就是一个风险爱好者，在你的眼里，只有当确定的收入大于有风险的期望收入时才给你带来同等的效用。如果你决定只有当主持人给 5000 元时才放弃游戏，那么你就是一个风险中立者，在你看来有风险的收入额与无风险的收入额只有在金额相等时其效用才相等。

显然，每一个人都会有一种选择，即认为某一数额的确定收入与有风险的期望收入无差别。这个与有风险的期望收入无差别的确定性收入就称为确定性等值。

按照确定性等值我们可以划分风险偏好的三种类型：

若确定性等值 < 期望值，则属风险回避者；

若确定性等值 = 期望值，则属风险中立者；

若确定性等值 > 期望值，则属风险爱好者。

3. 风险回避者的无差异曲线

尽管根据风险与效用的关系，人们的风险偏好表现为三种不同的类型，但在公司金融理论中通常假定大部分投资者都属于风险回避者，只是不同的人对风险厌恶的程度不同而已[①]。由于投资者的效用既取决于收益率也取决于风险，所以投资者的效用函数也可以用期望收益和标准差的平面图上的无差异曲线来表示。无差异曲线用期望收益和标准差来表现收益与风险互相替换的情况，某个投资者的无差异曲线表示在曲线上的各点进行风险和收益的相互替换对投资者的效用是无差异的。

图4.6描述的是一个风险回避者的无差异曲线的图形。例如，对于拥有图4.6无差异曲线的投资者而言，A 组合与 B 组合带来的满意程度是相同的。虽然这两个组合有不同的期望收益率和标准差，但它们落在同一条无差异曲线 I_2 上。组合 B 的标准差（30%）高于组合 A 的标准差（10%），在风险维度上，组合 B 所给予的满足程度较低，但这方面的不足正好被组合 B 较高的期望收益（20%）弥补。这个例子说明无差异曲线的第一条主要性质：一条给定的无差异曲线上所有的投资组合对拥有它的投资者来说，具有相同的效用。无差异曲线的另一条性质是，一个投资者有无数条互不相交的无差异曲线，这些无差异曲线构成一无差异曲线族，位于上方无差异曲线上的组合比位于下方的无差异曲线上的组合给予投资者更多的效用。例如，虽然图4.6所示的投资者发现组合 A 与组合 B 效用相同，但他会觉得组合 C 比组合 A 与组合 B 都好。

---

① 关于投资者是回避风险的假设有大量的证据支持。首先经济学家发现，投资者通常持有多样化的投资组合。如果投资者不是回避风险的，其合乎逻辑的行动应是只持有预期回报率最高的那个证券。另一个证明是大多数人都通过购买各种类型的保险来回避未来不确定性可能造成的损失。

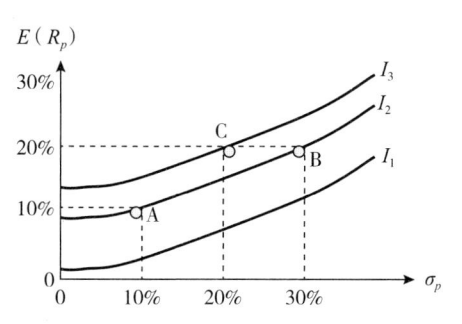

图 4.6　风险回避者的无差异曲线图

第三节　利率风险和期限结构理论

一、到期收益率

利率作为经济中最受关注的一个经济变量，与我们的日常生活息息相关，对于公司融资而言，利率更是至关重要。市场上利率种类繁多，实践中计算利率的方法千差万别，但其中对利率最精确也是最重要的描述是到期收益率（maturity to yield 或 redemption yield）的概念。所谓到期收益率是指从债务工具上获得的回报的现值与其今天价值相等的利率。

一般来说，对于任何附息债券[①]，有

$$p_b = \sum_{t=1}^{n} \frac{C}{(1+i)^t} + \frac{F}{(1+i)^n}$$

其中，$C=$ 每次付息额；

　　　$F=$ 附息债券的面值；

　　　$n=$ 付息的次数；

　　　$p_b=$ 附息债券的价格。

上式中，每次付息额、面值、付息次数和价格都是已知量，解出的未知数 i 就是到期收益率。到期收益率的求解较烦琐，但小型的商务计算器，以及 EXCEL 程序可以很方便地帮助我们求解上述问题。

---

① 付息债券的定义详见第五章。

到期收益率的这一定义,揭示了一个重要的事实:债券的价格与利率反向相关。利率下降,债券价格上升,反之亦然。

二、利率的风险

金融实践告诉我们,对于期限相同的不同债券而言,利率变化具有这样的特征:不同种类的债券其利率各不相同,利率之间的差幅随时间的变动而变动。是什么因素造成这一现象呢?

(1)违约风险

违约风险,也就是债券到期不能偿还的风险。债券持有人不仅在利息支付上受到损失,而且面临着本金可能得不到完全偿付的风险。美国联邦政府债券由于其良好的资信(基本无违约风险),而受到投资者的追捧,这种债券被称为无违约风险债券。相比之下,公司债券都面临着一定的违约风险。

(2)流动性风险

流动性是影响债券利率的又一重要因素。在其他因素不变的情况下,资产的流动性越强,就越容易出手且交易费用低廉,从而越容易受到投资者的欢迎。比如,美国国债的交易非常广泛,故其流动性很强。

(3)所得税

在美国,市政债券曾经发生过违约现象,但其利率仍然在在绝大多数时期内低于联邦政府债券,是什么因素造成这种差异呢?原因就在于美国的税法:市政债券的利息支付免交联邦政府所得税,从而购买市政债券提高了税后收益。

以上三种因素,解释了利率的风险结构,即期限相同的各种债券利率之间的关系。债券的违约风险越低,流动性越强,利率的税负越轻,则它的利率就越低。

三、利率的期限结构

我们已经分析了利率的风险结构,影响债券利率的另一重要因素是它的期限。把期限不同,但违约风险、流动性、和税收因素相同的债券(通常是美国联邦政府债券)的到期收益率连成一条线,称为利率的期限结构或收益率曲线。虽然并不存在所有期限的联邦政府债券,但由于利率期限结构在公司融资中十分重要,因此有必要通过在已有期限之间应用差补法计算到期收益率。

到期收益率和即期收益率具有广泛的应用,在财经媒体上随处可见。即期收益率是用来度量今天的 1 元钱和未来一确定时期的 1 元钱的交换比率，其大小取决于市场参与者的时间偏好、对未来收益的预期以及其风险厌恶程度等，是其在市场上均衡协调一致的结果。

1. 利率期限结构的种类及其形状

平价期限结构：描述不同到期日付息国债的到期收益率。
年金期限结构：描述平均偿还本息的无风险债券的到期收益率。
即期期限结构：描述不同到期日的零息国债的到期收益率。
LIBOR 期限结构：通过国债利率期限结构和利率互换市场上的互换利率可以推导出来。如美国联邦政府债券的平价收益率曲线加上互换利差就可以导出评价 LIBOR 收益率曲线。

利率期限结构有不同的形状，它有时向上倾斜，有时向下倾斜，有时趋于水平，有时又上下起伏。

2. 利率期限结构间的关系

金融经济学家通常认为，附息债券相当于一系列零息债券的组合。同理，只要利息流稳定，我们可以把一个 n 期的附息债券看成是一个 n 期的年金（利息流）和一个零息债券（本金）的组合。例如，3 年期、票面利率 10%、面值为 100 美元的附息债券可以看成是一个 3 年期、每年支付 10 美元的年金和一个到期日支付 100 美元的零息债券构成的组合。

由于 n 年期年金的价格仅仅取决于即期利率 R_1, R_2, ...R_n，因此，年金债券的收益率曲线，即年金期限结构也取决于即期利率期限结构。因此，对应于即期期限结构，就存在相应的年金期限结构。

由于 n 年期附息债券的到期收益率位于一个 n 年期年金的到期收益率和 n 年期零息债券之间，因此，n 年期附息债券的到期收益率可以看成是 n 年期年金的到期收益率和 n 年期零息债券到期收益率的某种平均值。图 4.7 描述了 3 种期限结构之间的关系。

由于年金的到期收益率是即期利率曲线的某种平均值，因此，当即期利率曲线上升时，年金债券的到期收益率曲线位于即期利率曲线的下方；当即期利率曲线下降时，年金债券的到期收益率曲线位于即期利率曲线的上方。

如图 4.7 所示，在点 X，年金收益率曲线和即期利率曲线相交，此时，到期日相同的所有附息债券具有相同的到期收益率。

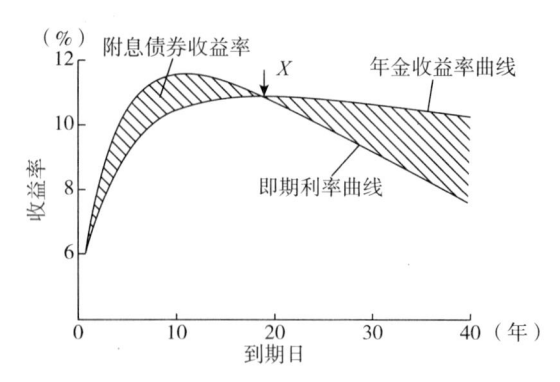

图 4.7 即期利率曲线、年金利率曲线和附息债券的到期收益率曲线之间的关系

接下来，我们考虑当到期日固定时，息票利率的大小对到期收益率的影响。

由于折现债券通常认为是零息债券，即票面利率为 0 的债券；同理，年金债券可以看成是息票利率无穷大的债券。

因此，随着息票利率的增大，附息债券的到期收益率逐渐偏离即期利率曲线，趋向年金利率曲线。

总之，当即期利率大于对应的年金的到期收益率时，附息债券的到期收益率与息票利率成反向变动关系。即

$$\frac{dy_n}{dc} < 0, 当 R_n > A_n$$

其中，y_n：n 年期息票利率为 c 的附息债券的到期收益率；

c：附息债券的息票利率；

R_n：n 年期的即期利率；

A_n：n 年期年金的到期收益率。

图 4.8 描述了上述关系。

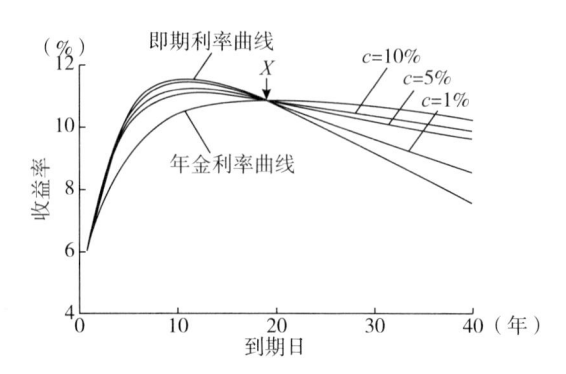

图 4.8 附息债券的到期收益率与息票利率的关系

第五章

债券、股票和期权的价值

债券和股票是公司最重要的资金来源，公司决策者必须对债券和股票的定价有清晰的认识。可转换债券和认股权证等融资方式具有期权的性质，因此了解期权的定价原理也十分必要。在本章，我们首先介绍债券的价值和回报率的度量，并引入久期和凸性的概念；接着讨论股票的定价原理，最后讨论期权的基本知识和定价模型。

第一节 债券的价值

一、债券的基本特征

对债券进行估价首先要了解债券的基本特征。债券最主要的特征包括：债券面值、票面利率、期限、等级、债券契约和对债券发行公司收益和资产的追偿权等等。

债券面值是指债券的票面价值，通常表示债券到期时债券持有人从发行者处应得到的金额。

票面利率是按契约规定每年应付给债券持有人的利息率，不管市场上债券的价格或市场利率如何变化，债券持有人都按照票面利率乘债券面值获得其应得的利息金额。

债券期限是指从债券发行到偿还本金或提前赎回时的时间长度，在下面的分析中我们都暂不考虑提前赎回的问题。

债券等级是债券的信用评级。债券的信用等级标志着债券违约风险的大小，等级越低违约风险越大。债券的信用等级决定了投资者对其收益率的要求，从而影响公司融资成本的高低。

债券契约是债券发行人与代表债券投资者利益的债券托管人之间所签订的具有法律效力的协议，契约中包括了许多具体条款，规定了债券持有人、发行者和托管人的各种权利、义务、责任等等，其中大多数都是保护债券持有人利益的条款。

对债券发行公司收益和资产的追偿权指债权人对公司资产拥有优先于股东的追偿权，不同的债务对公司资产的追偿权也有先后顺序。

关于债券的信用评级、契约和追偿权等问题我们将在后面关于债务融资的相关章节中详细讨论。

二、债券的价值和到期收益率

1. 纯贴现债券

纯贴现债券又称零息债券，指发行人承诺在到期日一次支付确定金额的货币给其持有人的债券，该一次性偿还金额一般等于债券的面值。

纯贴现债券的价格为：

$$P = \frac{F}{(1+r)^n}$$

其中，F 为债券面值，r 为债券的到期收益率，n 为到期期间。

在美国习惯上按半年计算复利，而不是一年。如面值 100 元，按半年计算复利的零息债券价格为：

$$P = \frac{100}{\left(1 + \dfrac{r}{2}\right)^{2n}}$$

假设 IBM 发行面值为 100 美元的零息债券，15 年到期，到期收益率为 10%，则其市场价格为：

$$P = \frac{100}{(1 + \dfrac{10\%}{2})^{2 \times 15}} = 28.10 \text{（美元）}$$

通过上述模型我们能够确定零息债券的价值，但在现实中我们可能还希望解决另一个问题：债券的收益率。这个问题我们可以通过计算债券的到期收益率解决。

假设一张面值为 100 美元的债券，15 年到期，其价格为 20 美元，则其到期收益率 r 应满足下列方程：

$$20 = \frac{100}{(1 + \dfrac{r}{2})^{2 \times 15}}$$

解上式可以得到：$r = 11.02\%$

2. 附息债券

金融市场上的大多数债券都是按期支付利息、到期偿还本金的附息债券。附息债券的价格为：

$$P = \sum_{t=1}^{n} \frac{I}{(1+r)^t} + \frac{F}{(1+r)^n}$$

式中：I 为每期支付的利息，等于债券面值乘票面利息率；r 为债券的到期收益率；n 为付息总期数；F 为债券面值。

1984年，美国阿拉斯加航空公司发行了一笔期限为30年（2014年到期），面值1000美元，半年付息，票面利率为6.875%的债券。1995年初，离债券到期还有20年时，市场上同风险等级债券的到期收益率为7.5%。则根据上述公式，可以计算出该债券在此时的价格为：

$$V_0 = \sum_{t=1}^{2n} \frac{68.75/2}{(1+7.5\%/2)^t} + \frac{1000}{(1+7.5\%/2)^{2n}}$$

$$= 34.375 \{\frac{1}{0.0375} - \frac{1}{0.0375(1+0.0375)^{40}}\} + \frac{1000}{(1+0.0375)^{40}}$$

$$=935.8（美元）$$

同样地，我们也可以利用上述债券定价公式求出附息债券的到期收益率。

假设某人以每张1384元的价格卖给你一张票面利率为12%，19年后到期，面值为1000元的债券，你买下后，就一直持有至到期日，那么，在这一期间内，你每年平均的收益率是多少呢？

根据债券定价模型有：

$$1384 = \left[\sum_{t=1}^{19} \frac{120}{(1+x)^t}\right] + \frac{1000}{(1+x)^{19}}$$

解上式得到：$x=8\%$[①]。

债券到期收益率的高低与债券的票面利率和市价有关。若债券市价等于面值，其到期收益率等于票面利率，若债券市价不等于面值，则到期收益率将包括利息收益和资本利得（或利失）。由于市场利率不断变动，故不同购买日的到期收益率也就不同。换一个角度看，也就是说如果债券溢价交易，则债券的到期收益率要大于息票利息；如果债券折价交易，则债券的到期收益率要小于息票利息；如果债券平价交易，则债券的到期收益率正好等于息票利息。

到目前为止，我们已经多次地谈到债券的到期收益率，却还一直未曾对这

---

① 求解债券的到期收益率可以用电脑中配备的专门程序或财务软件，也可以用试误-插值法，即通过反复测试，找出能够使得债券现金流量的现值等于购买价的贴现率。如，由于债券的售价高于面值，所以到期收益率必低于票面利率12%。以低于12%的利率代入试之直至公式的两边相等。

一概念作进一步的解释。到期收益率实质上指的是使期望的现金流入的现值等于期望的现金流出的现值时的贴现率。即：

$$\sum_{t=1}^{n}\left[\frac{A_t}{(1+r)^t}\right]=0$$

其中，A_t 表示第 t 期的现金流，可以为净现金流入或流出，r 表示折现率。

以附息债券为例，期初发生净现净流出，即购买该债券的货币支出，每期获得利息收入，期末按面值收回本金，即有：

$$A_0=\frac{A_1}{(1+r)}+\frac{A_2}{(1+r)^2}+\ldots+\frac{A_n}{(1+r)^n}$$

需要注意的是：在上述计算中，我们隐含的假设是利息收入又以相同的收益率进行投资，即各期的再投资收益率相等。这一假设与经验事实不太吻合，但在即期收益率曲线水平不发生移动时，我们就可以放心地使用它，这也是公司融资中一个常见的基本假设。

如果债券在到期前出售，根据以上模型计算的到期收益率可能不等于该债券的持有期收益率。债券的持有期收益率是指债券持有期间实际现金流入的现值等于现金流出现值时的折现率。

假设投资者楠茜（Nancy）以 105 美元购入 Microsoft 公司发行的票面利率为 10%，面值为 88.53 美元，10 年到期的附息债券，但随后利率发生变化，一年后，楠茜以 109.92 美元的价格出售该债券，则她的持有期回报率满足以下等式：

$$105=\frac{100\times 5\%}{\left(1+\frac{r}{2}\right)}+\frac{100\times 5\%}{\left(1+\frac{r}{2}\right)^2}+\frac{109.92}{\left(1+\frac{r}{2}\right)^2}$$

容易解得其持有期收益率为 $r=14\%$。

三、债券的久期和凸性

久期和凸性是用来刻画债券的价格变化对利率变化的敏感程度，在控制债券价格变化的利率风险时，发挥着重要的作用。

1. 债券的久期

债券久期又称为持续期（duration）的计算公式为：

$$D = \frac{\sum_{t=1}^{n}\frac{tC_t}{(1+r)^t}+\frac{nM_n}{(1+r)^n}}{\sum_{t=1}^{n}\frac{C_t}{(1+r)^t}+\frac{M_n}{(1+r)^n}}$$

在上式中，D 表示久期；t 为债券现金流入的时期，$t=1$，2，$\cdots n$；n 为债券的期限或至到期日的剩余时间；C_t 为第 t 期的利息；r 为市场利率；M_n 为债券的到期日价格。

久期的计算公式中的分母是债券的现值，分子与分母很相似，但各期利息被乘以期数，到期日价格被乘以到期日期数。因此，从债券久期的计算公式看，所谓债券的久期是以各期现金流现值占总现金流现值比重为权数计算得到的债券的加权平均年数。

假设一种债券的面值为 1000 元，票面利率为 9%，至偿还期还有 5 年，市场上同类债券的收益率为 14%，则我们可以按以下方法求出债券的久期。

首先求出持续期计算中的权数，计算过程如下表所示。

表 5.1　　　　　　　　某债券现金流的权数计算表

年	现金流（元）	现值系数	现金流的现值（元）	每一现金流现值占总现金流现值比重
1	90	0.8772	78.95	0.0953
2	90	0.7695	69.25	0.0836
3	90	0.6750	60.75	0.0733
4	90	0.5921	53.29	0.0643
5	1090	0.5194	566.15	0.6835
合计			828.39	1.000

其次，对现金流流入时间加权平均求出久期。

D=0.0953×1+0.0836×2+0.0733×3+0.0643×4+0.6835×5=4.1571（年）

上述债券的久期为 4.1571 年，小于其五年的偿还期限。一般而言，定期支付利息的债券的久期总是小于其期限，零息债券或一次还本付息的债券，久期与其偿还期期限相同。

久期是偿还期、票面利息率、到期价格、市场利率的函数，与偿还期正相关，而与票面利息率和市场利率负相关。如果债券的票面利率较低，偿还期又长，其久期要比那些票面利率高、偿还期短的债券的久期长。在其他条件不变的情况下，随着市场利率的上升，久期将下降。相对于市场利率的变动，久期较长的债券其价格的波动也较大。关于久期的上述这些特征通过以下的推导结果能够得到说明。

已知，债券的价格可以用以下公式确定：

$$P = \sum_{t=1}^{n} \frac{C_t}{(1+r)^t} + \frac{M_n}{(1+r)^n}$$

式中，C_t 为第 t 期的利息；r 为市场利率；M_n 为债券的到期日价格。

对上式求导，得到债券价格相对于市场利率的变动率：

$$\frac{dP}{dr} = -\frac{1}{1+r}[\sum_{t=1}^{n} \frac{tC_t}{(1+r)^t} + \frac{nM_n}{(1+r)^n}]$$

由于债券价格与市场利率反方向变动，显然有：$\frac{dP}{dr} < 0$。

又因为：$\frac{dP}{P} = \frac{dP}{dr} \times \frac{1}{P} \times dr$，

于是有：$\dfrac{dP}{P} = -\dfrac{1}{1+r} \times \dfrac{\sum_{t=1}^{n} \dfrac{tC_t}{(1+r)^t} + \dfrac{nM_n}{(1+r)^n}}{\sum_{t=1}^{n} \dfrac{C_t}{(1+r)^t} + \dfrac{M_n}{(1+r)^n}} \times dr$

等式右边第二项为久期，上式可写为：$\frac{dP}{P} = -\frac{1}{1+r} \times D \times dr$

整理后可得：$(\frac{dP}{P})/(\frac{dr}{(1+r)}) = -D$

这说明久期本质上是一个反映债券价格变动相对于市场利率变动的敏感性指标，即市场利率每变化一个百分比，债券价格将变化多少个百分比。给定市场利率波动幅度，债券的久期越长，其价格波动的幅度也就越大。

如上例中，债券的持续期为 4.16 年，现价为 828.39 元。假设市场收益率从 14% 下降至 12%，下降了 2%，那么债券的价格将上升 7.3%，至 888.86 元。有：

$$-4.16 \times \frac{-2\%}{1.14} = 7.30\%$$

828.39（1+0.0730）=888.86（元）

需要提醒注意的是，用久期去估计债券价格波动是有误差的，特别是当市场收益率发生较大波动时，误差会比较大。如上例中，如果按照债券定价模型计算，当市场利率从 14% 降到 12% 时，价格将上升至 891.83 元，价格上升了 7.7%（891.83/828.39）。而按照久期的方法计算得到的是价格上升了 7.3%。

出现上述误差的原因在于：债券与市场收益率之间的关系具有两个重要特

征，一是两者之间呈反方向变动，二是市场收益率下降引起的债券价格上升幅度比市场收益率上升同样幅度引起的债券价格下降的幅度要大，这说明收益率变化对债券价格的关系是非线性的，而是具有凸性特征的曲线，如图 5.1 所示。这种凸性的程度依赖于债券票面利息率的大小、偿还期的长短及其他诸多因素。而 $\frac{dP}{dr}$ 是债券价格在市场收益率为 r 时的导数，即在 Q 点的切线斜率。通过久期可以将债券价格和市场收益率以一种线性关系联系起来，但这种关系给出的只是债券价格变化的近似值。特别是在市场利率变化很小的条件下的近似值。然而当利率变化比较大时，这种线性关系将失去精确性。即随着市场利率偏离 r，用切线估计的债券价格与用债券价格理论公式估计的价格间的距离就会逐渐扩大。

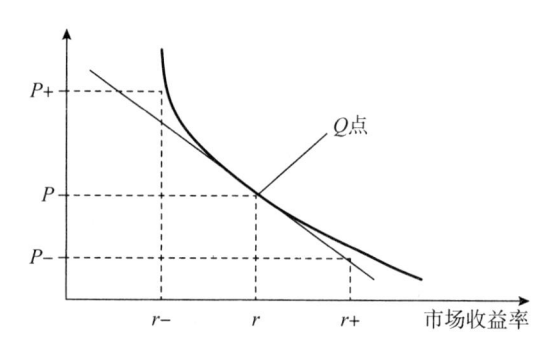

图 5.1 债券价格变动与市场收益率变动的关系

债券的久期是债券投资中回避利率风险的有效工具。根据投资者理想的投资期来选择久期与投资期相同的债券或债券组合，只要市场利率的变化不是太大，就可以保证投资者在投资期结束时得到基本确定的收益。

假设投资者理想的投资期是 3 年，某债券现价为 900 元，面值为 1000 元，每年付息一次，票面利率为 12%，偿还期为 4 年。容易算出其到期收益率为 15.54%（即市场同类债券的收益率为 15.54%），其久期为 3.378 年。

$$D = \frac{120/1.1554 + 240/1.1554^2 + 360/1.1554^3 + 4480/1.1554^4}{120 * PVIFA_{15.4\%,4} + 1000 PVIF_{15.4\%,4}} = \frac{3030.94}{900}$$

$$= 3.378（年）$$

假如该债券购买一年后，市场利率下降至 13%。此后，利息再投资收益下降，但债券价格上升。到投资期结束时，持有该债券的投资者所拥有的价值如下：

第一次利息的期末价值：120（1+0.13）^{2}=153.23（元）

第二次利息的期末价值：120（1+0.13）=135.60（元）

第三次利息的期末价值：120（1+1.13）⁰=120（元）
市场利率为13%时期末的债券价格为：

$$P_0 = \frac{120}{1+0.13} + \frac{1000}{1+0.13} = 991.15（元）$$

全部期末价值合计为：153.23+135.60+120+991.15=1399.98（元）
年度的持有期收益率为：1399.98=900（1+x）³，x=15.87%
而在市场利率不发生变化情况下，其年度持有期收益率为：
120（1+0.1554）²+120（1.1554）+120+1120/1.1554=160.19+138.65+120+969.36=1388.2（元）1388.2=900（1+x）³　　x=15.54%

也就是说，尽管市场利率变化了，但债券提供给投资者的实际收益率并没有变化。

2. 债券的凸性

如前述，通过持续期可以将债券价格和市场利率以一种线性关系联系起来，但这种关系给出的只是债券价格变化的近似值，因此，必须通过更精确的度量来获得价格和收益之间的非线性关系。凸性较好地描述了这种非线性变化关系。

根据泰勒扩展序列公式，债券价格变化能够近似地表示为：

$\Delta P = \frac{dP}{di} \cdot di + \frac{1}{2} \frac{d^2P}{di^2}(di)^2 + e$，这里 e 为（di）³及其以上的各高阶小量的和。

因此：$\frac{dP}{P} = \frac{dP}{di} \cdot \frac{1}{P} \cdot di + \frac{1}{2} \cdot \frac{d^2P}{di^2} \cdot \frac{1}{P} \cdot (di)^2 + \frac{e}{P}$

公式等号右边第一项就是前面讨论过的由久期决定的债券价格变化，而等号右边第二项包含了债券价格在利率为 i 时的二阶导数，凸性定义为：

$$Conv = \frac{d^2P}{di^2} \cdot \frac{1}{P}$$

凸性其实就是债券久期对于市场利率的一阶导数（债券价格关于到期收益率二阶导数），反映了久期对于利率变化的敏感性。

于是由利率造成的价格变化就可以由久期和凸性两者相结合，从而更好地表达出利率波动造成的债券价格变化。

$$\frac{dP}{P} = -D \cdot \frac{di}{(1+i)} + Conv(di)^2$$

从价格—收益率曲线看（见图5.1），二次方项恰好是曲线弯曲部分变动的近似。对于具有相同价格、相同久期而不同凸性的债券或债券组合，投资者应该选择凸性大的债券进行投资，因为无论市场利率是上升还是下降，二次方项对价格的影响都是趋好的一面。但是这样的机会不多见，因为一旦机会出现，市场会抬高凸性大的债券价格，或压低凸性小的债券价格，使得凸性大的债券到期收益率相对变低。换个角度看，在久期和利率水平都相同的情况下，凸性大的债券利率风险较低。因为，利率上升时，凸性大的债券下降幅度小，而当利率上升时，凸性大的债券价值又上升较大。

综上，久期和凸性从不同方面描述了利率风险的存在。久期描述了债券价值和利率在线性关系上的相互影响，而凸性则描述了在非线性关系上的相互关系。需要注意的是，上述解释都是在一定的假设前提下进行的。其中，条件之一是利率变化幅度较小且利率变化在第一次付息前即刻发生。即便凸性的引入已经扩大了利率波动范围的适用性，但仍然局限于一定程度的波动。

第二节　股票的价值

股票，是投资者投资入股并具有资本所有权的证书，即股东身份的证明。投资者持有股票的目的千差万别。有些希望永久持有，以获得对公司的控制权及取得红利收入；有些仅仅希望持有几天，以从股市上获取适当资本利得收益。不论投资者持有股票的目的是什么，他们都需要了解股票这种资产的价值。

一、股票定价的基本模型

与其他金融资产一样，股票的价值应等于其对应的预期现金流量的现值。对于股票而言，所能产生的预期现金流量是预期未来所有现金股利及可能的清算股利的现值。因此，用 r 表示贴现率，它代表投资者所要求的投资收益率，对于一个持有股票，并准备在未来第 n 年出售的投资者，股票的价值应为：

$$V = \sum_{t=1}^{n} \frac{D_t}{(1+r)^t} + \frac{P_n}{(1+r)^n}$$

股票没有到期日，假如投资者选择一直持有股票，则投资者的收益就是股利收益，在公司持续经营的前提下，股利收益表现为持续的没有到期日的现金流，因此，股票的价值应为：

$$V = \sum_{t=1}^{\infty} \frac{D_t}{(1+r)^t}$$

应用上述股价模型需要预测未来各期的股息和市场价格，然而一般情况下，未来股息和股价很难准确预测，因此，实际中往往针对股利特征概括出以下两种简单易于应用的估价模型。

1. 固定股利额股票的估价

如果公司的股利每年保持固定不变，股票的红利现金流就是一永续年金，于是股票定价模型可以简化为如下形式：

$$V = \frac{D}{r}$$

2. 股利增长率固定股票的估价

一些公司在一定时期内经营状况蒸蒸日上，盈利能力稳步提高，支付的股息也稳步增长。如果股利以固定的比率 g 增长，则可以用永续增长年金现值的计算方法来估计这种类型股票的价值。即有：

$$V = \frac{D_1}{r-g}$$

例如，某公司的股票将在一年后每股支付4元股利，分析家认为在可预见的未来，股利每年增长3%，基于对公司风险的考虑，该股票的投资回报率应为12%，那么，该公司股票价值为：

$$V = \frac{4}{12\% - 3\%} = 44.44（元）$$

这种情况下，股价非常依赖于 g，假如 g 为6%，则 U 公司的股价变为66.67元。特别地，当 $g=r$ 时，股价变为无穷大，显然股票价格不可能无穷大，所以 g 的估计可能是错误的。这也再一次提醒我们，应用固定股利增长率模型的前提是 $g<r$。

公司股价是股利增长率 g 和投资回报率 r 共同作用的结果，那么又该如何来估计这两个参数呢？

首先讨论股利增长率 g 的估计。一般而言，除非净投资（总投资减去折旧）大于零，否则公司下年度的盈利是不会增长的，如果总投资等于折旧，公司维持现有的生产状况，盈利不会增长。只有当一些盈利没有被当作股利支付，而被保留在公司用于再投资时，公司的盈利才会增长。也就是说，由于存在留存收益的再投资，盈利才会增长，而从长期来看，只有盈利增长了股利才能够稳定增长。有关系式如下：

下年度的盈利 = 本年度的盈利 + 本年度的留存收益 × 留存收益的回报率

下年度盈利 / 本年度盈利 =1+（本年度留存收益 / 本年度盈利）× 留存收益的回报率

由于留存收益回报率的预测存在一定的困难，通常假定当年留存收益回报率与其他年度一样，而留存收益就是公司的股东权益，所以往往用公司历史的股东权益回报率ROE（每股收益 / 每股股东权益账面价值）来估计留存收益预期回报率。对以上关系式略加整理，我们就可以得到盈利增长率g的计算公式为：

$$g = 留存收益率 \times ROE$$

例如，西尔斯公司的股利支付率为45%，股东权益账面价值收益率为12%，预计今年的股利发放为每股2美元。若资本市场投资者对其股票要求的投资收益率为11.5%，我们可以通过以下两个步骤估计出西尔斯公司股票价值。

首先估计其股利的固定增长率，有：g=0.55（0.12）=0.066。其次用固定股利增长率模型估计其股价，有：

$$V = \frac{2}{(11.5\% - 6.6\%)} = 40.8（美元）$$

需要提醒注意的是，由于对g是建立在一系列的假设之上的，所以我们强调上述方法是估计而不是精确的确定，并且在估计时要特别慎重。例如，当出现超常高的增长率时，就不能简单地代入固定增长模型估计股价。这是因为当企业正处于其生命周期中的高速成长期时，会将大部分盈利用于再投资，从而导致很高的增长率，在有限的几年内这是可能的，但公司不可能永远维持超常的增长状态。所以要根据企业成长的特点，谨慎地分阶段考虑。

3. 多阶段增长模型

公司具有一定的生命周期，在生命周期的不同阶段通常呈现不同的特征。假设股利增长率在一定时期内维持在一个异常低或者异常高的水平上，记为g_1，此后恢复到正常增长水平g_2上，则股票价格为：

$$P_0 = \sum_{t=1}^{n} \frac{DIV_0(1+g_1)^t}{(1+r)^t} + \frac{1}{(1+r)^n} \sum_{t=n+1}^{\infty} \frac{DIV_n(1+g_2)^{m-n}}{(1+r)^{m-n}}$$

$$= \sum_{t=1}^{n} \frac{DIV_0(1+g_1)^t}{(1+r)^t} + \frac{1}{(1+r)^n} \cdot \frac{DIV_{n+1}}{(r-g_2)}$$

二、市场有效性与股票定价

我们在前面讨论了股票定价模型，它分析的是股票的基本面价值，也被称为内在价值。经验告诉我们，股票的市场交易价格经常和基本面价值相背离，这就涉及到资本市场的效率问题。市场是否有效？若不然，则无效性又来自哪里？这一命题在金融学实务和理论界引起了广泛争议。

有效市场假说（the efficient markets hypothesis，EMH）是新古典金融经济学理论中的一个核心命题。如果说金融经济学研究的中心问题是金融产品的定价问题，那么有效市场假说则是金融产品定价理论研究的前提。根据有效市场假说，有效资本市场是指证券价格总可以充分解释一切可获得的信息变化所带来的影响。

无论是对于公司融资还是对于证券投资，有效市场假说都具有重要的意义。对于公司融资而言，如果市场是有效的，公司只能期望从它发行的证券中获得公允的价值，而不可能期望通过愚弄投资者而获得净现值。对于投资者而言，如果市场是有效的，同样难以获得超常的收益。因为价格及时反映了新的信息，投资者只能期望获得正常的收益。

1. 有效资本市场的三种类型

为了分析市场价格对于不同类别的信息的反映情况，在将信息分为过去的信息，当前公开发表的信息和尚未公开发表的信息的前提下，根据对这三类信息的反映情况，市场分为弱有效率、半强有效率和强有效率三种形式。

（1）弱有效率市场（weak form）

在弱有效率市场上，证券价格已完全反映了所有历史信息，如过去价格、交易量的变化、短期利率的变化等，因此，价格未来的走向与其历史变化之间已没有关系。也就是说在弱有效率市场上，证券价格的过去变化趋势对判断价格的未来变化毫无用处。

弱有效率市场上的证券价格可以用下面的数学公式表示：

$$P_t = P_{t-1} + 期望收益 + 随机误差$$

随机误差是关于证券的最新信息的反应，与历史毫无关系，称之为"随机游走"（random walk）。由于历史信息极易获取，所以弱有效率是一种最低形式的效率市场。如果我们能从股价变化的历史信息中发现某种超常收益，那么人人都能做到，结果超常收益就在竞争中消失。精明的投资者在低点买入，推动价格上涨，反之，高点卖出，推动价格下跌。竞争的结果使规律性消失，留下的只是随机波动。显然,如果市场是弱有效率的,那就意味着技术分析无助于了解价格的未来变化。

(2)半强有效率市场(semi-strong form)

在中有效率市场上,证券价格不仅反映了所有历史信息,而且反映了当前所有公开发表的信息。即证券价格不仅包含了证券交易的历史数据,而且包含了诸如公司的财务报告、管理水平、产品特点、盈利预期、国家经济政策等信息。如果人们可以公开地得到这些信息,那么这些信息也就不具备什么价值了,因此,所有公开发表的最新消息也对判断证券价格未来的变化毫无作用。证券价格对各种最新消息的反应速度是衡量市场是否是中有效率的关键。

(3)强有效率市场(strong form)

如果某一资本市场上的证券价格充分地反映了所有的信息,包括历史的、公开的和内幕的信息,那么该资本市场就达到了"强式有效型"。显然,强有效率市场是一个极端的假说。如果某些投资者能够拥有内幕消息,他们是有可能利用这一消息获取超额利润的。强有效率市场只是强调这种消息不会对证券价格产生很大的影响,尽管这些消息一开始是秘密的,但很快会透露出来并迅速反映在证券价格的变化上。

2. 有效市场假说的形成与发展

研究市场有效性问题是从研究随机游走行为开始的,最早进行这一方面研究的著述是法国经济学家巴舍利耶(Bachelier,1900)的博士论文《投机理论》[1],巴舍利耶认为价格行为的基本原则是"公平游戏"(fair game),投机者的期望利润为零。虽然他的研究成果在很长时间都被理论界忽视,但他的研究推动了后来将股票市场价格运动作为维纳过程进行研究的发展。

20世纪50年代,对于股票市场价格的研究开始蓬勃发展。英国统计学家肯德尔(Kendall,1953)[2]对英国工业股票价格指数和商品即期价格进行实证分析,发现价格的变化遵循随机游走假设。奥斯本(Osborne,1959)[3]运用统计学原理对美国股票市场价格的运动进行分析,得出股票价格遵循布朗运动的

---

[1] Bachelier, L.(1900). "Thèorie de la spéculation". Annales de l'Ecole Normale Superieure, Series 3, 17: 21-86.

[2] Kendall, Maurice(1953). "The analysis of economic time series", Journal of the royal statistical society, Series A, 96: 11-25.

[3] Osborne, M.F.M.(1959). "Brownian motion in the stock market". Operations Research 7: 145-173.

结论。还有许多其他学者的研究成果得出了基本类似的结论，于是，证券价格的运动遵循随机游走假设这一特征逐渐被当作股票市场有效率的标志，经济学家们开始寻求这种现象的经济学解释。萨缪尔森（Samuelson，1965）和曼德尔布罗特（Mandelbrot，1966）在这一方面做出了很大贡献[①]，他们较为严密地揭示了有效市场假说期望收益模型中的"公平游戏"原则。但是，效率市场理论成熟的标志是法玛在1970年发表的经典论文《有效资本市场：理论和实证研究回顾》[②]。法玛的这篇文章不仅对此前有关效率市场假说的研究作了系统的总结，还提出了研究有效市场假说的一个完整的理论框架。此后，该理论内涵不断加深、外延不断扩大，最终成为现代金融经济学的支柱理论之一。

3. 有效市场假说的理论基础

有效市场假说建立在三个逐渐放宽的假定基础上：首先，投资者是理性的，他们能够对证券作出合理的价值评估；其次，即使在某种程度上投资者是非理性的，但由于他们的交易行为具有随机性，所以他们的非理性会相互抵消，所以证券价格并不会受到影响；最后，在某些情况下，即使投资者会犯类似的错误，但他们在市场上会遇到理性套利者，后者的行为会消除前者对价格的影响。

当投资者是理性时，他们能够确定出每种证券的基本面价值：证券的未来现金流，经风险调整后的净现值。当投资者获得证券基本面价值的最新信息后，他们会对新信息迅速作出反应。利好时，他们会抬高价格；利空时，他们又会压低价格，结果，证券价格会迅速吸收这些新的信息，并调整到与新的净现值相对应的价位上。

萨缪尔森（Samuelson，1965）和曼德尔布罗特（Mandelbrot，1966）证明了上述第一条假定中的一些内容，指出在一个由风险中立的理性投资者构成的竞争市场中，证券的基本面价值和价格是随机游走的，所以预期收益是不可测的。此后，经济学家们研究了风险厌恶型投资者在风险水平随时间和风险承受能力变化时，有效证券价格的特征。在较为复杂的模型中，证券价格不再服从

[①] Samuelson, P.（1965）. "Proof that properly anticipated prices fluctuate randomly". Industrial Management Review, 6: 41-49.

Mandelbrot, B.（1966）. "Forecasts of future prices, unbiased markets, and martingale models". Journal of Business, 39: 242-255.

[②] Fama, E.（1970）. "Efficient capital markets: A review of theory and empirical work". Journal of Finance, 25: 383-417.

随机游走，但投资者的理性仍然意味着，要获得风险调整后的超额收益是不可能的。所以，在一个由完全理性投资者组成的市场中，有效市场假说是竞争性市场均衡的结果。

有效市场假说并不依赖于投资者的理性。在很多情况下，投资者并非完全理性，但市场仍被认为是有效的。经常提到的一种情形是，非理性投资者在市场中的交易是随机进行的，当这种投资者大量存在并且交易策略互不相关时，他们之间的交易很可能会相互抵消掉他们的认知错误。尽管非理性投资者的交易量非常大，但证券价格能够保持在基本面价格附近。在某些情况下，即使非理性的投资者会犯下同样的错误，但由于市场上存在着大量的理性投资者，他们理性的套利活动终会消除非理性行为的系统性影响。比如有一种证券，由于非理性投资者的共同错误导致抢购或者哄抬，使价格超过基本价值，但是市场上存在着的理性投资者一旦察觉到这种价格高估，就会卖出甚至卖空这种高价证券，同时买进本质相似的其他证券对冲风险。只要能够找到这种可替换的证券，这种套利活动就会有利可图，其结果使证券价格回归到基本价值。而且，由于非理性投资者所获得的收益要低于理性投资者，相对说来总处于亏损状况，其结果是他们要么变得理性，要么被市场淘汰。因此即使套利者不能及时消除非理性投资者对证券价格的影响，市场力量也会减少非理性投资者的财富。长期看，竞争的选择和套利的存在使得市场的有效性会一直持续下去。

现在，效率市场假说理论大厦只剩下隐含在第三个假设中的最后一个问题，那就是套利活动能否发挥作用，而这里隐含着另一个假设，即：套利者能否找到可替换证券。Scholes（1972）[1]的实证研究发现股价对于公司内大股东之间的大宗股票交易反应平淡。Scholes给出的解释是：当近似的某种证券的替代品存在时，对于一组给定的风险集合，无论持有哪一种（或几种）股票，对投资者来说都是一样的。如果卖出大宗股票，特别是由没有特别信息的投资者卖出，对股价不会有实质性的影响，因为股票的价格取决于其近似替代品的相对价值而不是供给量。这种解释与效率市场理论第三个假设的套利观点是一致的。

4. 支持有效市场假说的实证检验

（1）对弱有效率市场的实证检验

根据效率市场假说，在弱有效市场上，证券的价格已经完全反映了影响价

---

[1] Scholes, M.（1972）. "The market for securities: Substitution versus price pressure and effects of information on share prices". Journal of Business, 45: 179-211.

格变动的历史信息，投资者不可能从证券的历史信息（包括过去的成交价、成交量及收益信息等）中获得经过风险调整后的超额利润。通常对这种假说的检验是验证证券价格是否遵循随机游走假说。在效率市场假说提出之前，肯德尔（Kendall，1953）等人对股票收益率序列所进行的实证研究就已经证明了股价基本符合随机游走规律。在效率市场假说提出之后，费雪（Fisher，1966）[1]通过系列数据的相关检验和趋势检验，也说明了随机游走假说的正确性。其他类似的研究也支持了弱有效市场假说。

（2）对半强有效市场的假设检验

按照最一般的做法，对半强有效市场假说的实证检验可按两种思路进行：第一种思路是，当关于证券基本面价值的信息传播到市场上时，证券的价格是否会迅速准确地做出反应，并将这些信息的影响体现于价格中。"迅速"是指较晚得到信息的人，比如通过阅读报纸获取该信息的人，将不可能从该消息中获利；"准确"是指价格对这些信息的反应是否恰到好处，既不会反应过度，也不会反应不足。"事件研究法"成为这类实证检验的主导方法。基翁和平克顿（Keown and Pinkerton，1981）[2]考察了当有收购公告发布时，持有目标公司股票所获收益的情况。他们的研究发现，在消息公布之前，目标公司的股价开始上升，这表示信息已经开始进入价格；在消息公布的当天，股价发生向上跳跃，反映出目标公司股票持有人获得了并购带来的超额收益；在消息公布之后，股价并没有继续延续上升趋势也未出现向下回调现象，说明股票价格对收购信息的反应是正确的，这个结论与半强有效市场假说一致。事实上，早期的大量事件研究文献，包括股票分拆、盈利声明、兼并收购以及新证券发行等，大多接受证券市场是半强有效的结论。第二种思路是检验无基本价值信息时价格是否无反应，如果没有关于证券基本价值的信息，对这种证券的供给和需求量的改变本身不会改变价格。

（3）对强有效市场的假设检验

按照效率市场理论，在强有效率市场上证券价格不仅包括了历史的、公开发表的信息，而且反映了尚未发表的内幕信息。这种假设如果成立，则投资者即使拥有内幕消息也无法获得超额利润。这类研究主要是检验专业投资者或内幕人士是否能够利用内部信息来获取超额收益。一般认为这是一个非常强的

---

[1] Fisher, L.（1966）."Some new stock-market indices". Journal of Business, 39: 191-225.

[2] Keown, A. and Pinkerton, J.（1981）. "Merger announcements and insider trading activity: An empirical investigation". Journal of Finance, 36: 855-869.

假设，现实中很难得到满足。事实上，许多研究（比如 Neiderhoffer，1966；Jaffe，1974）[①]表明证券交易所的专营经纪人利用控制指令的条件获取了额外的收益。

（4）对中国股票市场效率性的实证检验

由于中国证券市场的主体是股票市场，因此关于证券市场有效性的实证研究主要是针对股票市场进行检验。从股票市场成立伊始至今，随着股票市场的不断发展和数据的逐渐积累，研究也在不断持续深入地进行。

国内学者关于弱有效市场的实证研究很多，大体上，使用1993年以前的数据得出的结论是否定弱有效市场的，此后的数据则较多支持弱有效，多数研究认为中国股市存在明显的阶段性变化。例如，宋颂兴和金伟根（1995）[②]的分阶段研究表明沪市1991～1992年为无效，1993年1月～1994年10月为弱有效；周爱民（1997）[③]利用游程检验统计量来验证沪市的弱有效性，也得出沪市不具备弱有效，但有效性正逐步增强的结论。不过，也有一些研究表明中国内地的股票市场仍不具备弱有效市场条件。如，俞乔（1994）[④]的研究表明沪深股市变动存在很强的序列相关性，因此是非弱有效的；吴世农（1996）[⑤]的分析也表明深沪两市股价时间序列呈现显著的自相关，同时还发现前两天的价差对当天的价格有一定影响。利用事件研究法对于我国股市的实证检验多数得到中国股市尚不具备半强有效的特性[⑥]。

5. 有效市场假说面临的挑战

从20世纪80年代初开始，有效市场假说在理论与实证检验两个方面同时受到了挑战。实证检验方面的冲击表现在，涌现了大量的效率市场理论无法做

[①] Neiderhoffer, V. and Osborne, M.F.M.（1966）. "Market making and reversal on the stock exchange". Journal of the American Statistical Association, 61: 897-916; Jaffe Jeffrey（1974）. "Special information and insider trading". Journal of Business, 47(3): 410-428.

[②] 宋颂兴、金伟根："上海股市市场有效性实证研究"，《经济学家》，1995年第4期。

[③] 周爱民："证券市场有效性、可预测性与技术指标的协整性"，《南开经济研究》，1997年第1期。

[④] 俞乔："市场有效、周期异常与股价波动"，《经济研究》，1994年第9期。

[⑤] 吴世农："我国证券市场效率的分析"，《经济研究》，1996年第4期。

[⑥] 陈晓、陈小悦、刘钊："A股盈余报告的有用性研究——来自上海、深圳股市的实证证据"，《经济研究》，1999年第6期；陈晓、陈小悦、倪凡："我国上市公司首次股利信号传递效应的实证研究"，《经济科学》，1998年第5期。

出解释的所谓"异象",如公司规模效应、一月效应、周末效应等等。而随着实验经济学的引入和行为金融学的出现,在理论方面,效率市场假说的三个假设也遭到了质疑。

(1)理论上的挑战

对投资者理性的质疑是效率市场理论中受到质疑最多的部分。完全理性意味着在对不确定性后果进行预期时,个人的行事原则常常遵循贝叶斯原则,然而,行为金融学的研究表明,实际上人们常常违背这种原则,人们的行为往往是厌恶损失、过于自信、易于产生认知偏差的。

有效市场假说的第二个理论前提认为如果存在非理性的投资者,他们之间的交易将会随机进行,所以他们的错误会相互抵消,但是席勒(Shiller, 1984)[①]的研究说明,由于受到传言的影响或者大家都相互模仿,非理性的投资行为就具有一定的社会性。施莱佛和维什尼(Barberis Shleifer and Vishny, 1998)[②]对于投资者心态的研究也证实了大量投资者会犯同样的判断失误错误而且他们的行为具有相关性的现象。虽然效率市场理论的支持者认为非理性的投资者在经历几次相同的错误经验后,将会慢慢地学会正确进行判断和决策,但是由于学习的机会成本可能高过投资者所能容忍的成本,或者可能学习所需时间太长,或者有些决策不具备足够多的学习机会,因此学习作用在理论上缺乏支持(Mullainathan & Thaler, 2000)[③]。

最后是对套利假说的质疑。行为金融理论认为,现实中的套利充满风险、成本高昂,而且作用有限。很多研究都表明[④],在大多数情况下,证券并没有明显合适的替代品,从而套利者不能从总体上对股票和债券设定一个价格水平,所以常常无法进行无风险的对冲交易。即使能找到完全的替代品,套利者也会面临噪音交易者风险,即使两种基本价值完全相同的证券,在噪音交易者的影响下,价高者可能持续走高,而价低者也可能持续走低。尽管两种证券的价格最终会走向一致,但这个时间可能很长,套利者在交易过程中不得不承受暂时

[①] Shiller, R. (1984). "Stock prices and social dynamics". Brookings Papers on Economic Activity, 2: 457-498.

[②] Barberis, N., Shleifer, A. and Vishny, R. (1998). "A model of investor sentiment". Journal of Financial Economics, 108: 291-311.

[③] Mullainathan, Sendhil and Richard H. Thaler (2000). "Behavioral economics". NBER Working Paper No. 7948.

[④] 例如,Campbell, J.Y. and Kyle, A. (1993). "Smart money, noise trading, and stock price behavior". Review of Economic Studies, 60: 1-34.

的亏损，如果套利者不能熬过亏损期，比如对机构管理者来说，业绩评估是定期的；对个人投资者来说，能够亏损的资金规模是有限的，那么他们的套利就将面临很大约束。

（2）实证检验对效率市场假说的挑战

在实证检验方面，最具有历史意义的挑战是席勒（Shiller，1981）[①]对股市波动的研究，他发现，股价波动的幅度远远超出"价格由未来红利的预期净现值来决定"的解释范围，这种现实状况并不符合有效市场假说。席勒的工作开拓了一个全新的领域，从此不断有实证检验结果冲击着效率市场理论。

对弱有效市场假说的批评主要是实证中发现了一些基于历史信息可以找到预测证券收益的现象。如，投资于最差公司组合的收益率非常高，而投资于最好公司组合的收益率则相对差一些，而且这种差距无法用风险调整标准来解释（De Bondt and Thaler，1985）[②]；单只股票过去6~12个月的股价走势有助于预测未来的价格走势（Jegadeesh and Titman，1993）[③]。这些根据过去的收益状况预测未来收益的方法，显然是与弱有效市场理论相违背的。

对半强有效市场假说的批评主要来自于金融市场中大量的所谓异常现象。如，"小公司效应"和"一月效应"。从历史数据来看，投资于小公司股票的收益要高于大公司股票，而且小公司股票的超额收益主要集中在一月份。因为公司的规模和日期的更替是公开信息，市场预先知道，按照半强有效市场假说，这两种现象是不可能发生的。又如，公司规模与市值/账面值比率相关的现象。研究发现，投资者可以采用市值/账面值比率来选择证券组合。该比率高的公司一般是价格相对较高的成长性公司，而比率低的公司则是价格较低的具有投资价值的公司。法玛和弗伦奇（Fama and French，1992）[④]发现，从历史数据来看，该比率高的公司与该比率低的公司相比，不仅收益要低，而且风险要高。

[①] Shiller, R.（1981）. "Do stock prices move too much to be justified by subsequent changes in dividends". American Economic Review, 71：421-436.

[②] De Bondt, W.F.M., and Thaler, R.（1985）. "Does the stock market overreact?" Journal of Finance, 40：793-805.

[③] gadeesh, N. and Titman, S.（1993）. "Returns to buying winners and selling losers: implications for stock market efficiency". Journal of Finance, 48：65-91.

[④] Fama, E. and French, K.（1992）. "The cross-section of expected stock returns". Journal of Finance, 47：427-465.

6. 效率市场假说的启示

尽管效率市场假说在实证和理论上都遇到了严峻的挑战，但是，一方面实证研究至今无法完全否定效率市场假说，另一方面新学说也无法对金融现象做出比效率市场假说更全面更合理的解释，因此，虽然金融经济学家们围绕效率市场假说进行的争论至今尚未达成共识，但效率市场理论在金融经济学理论中仍然占据着主流地位，对于金融实践重大意义始终都是不可低估的。从效率市场理论的精髓中我们可以发现和挖掘出对公司投资决策和融资决策具有重要指导意义的启示。

启示一：市场没有记忆。

弱有效市场理论指出，过去价格变化的时间序列中不包含任何有关未来价格变化的信息。也就是说市场是没有记忆的。因此，与证券价格的历史纪录相比较，并不能帮助人们判断当前的证券价格是否合理。而人们经常看到的一个现象是，公司在融资时，当市场出现了一个非正常的价格攀升后，通常倾向于发行普通股融资，而不愿债务融资；当市场出现了价格下跌时，通常不愿意发行股票，而宁愿坐等价格反弹。但是如果市场是弱有效率的，那么市场是没有记忆的，证券价格是不存在周期的。即使你只能以上月一半的价格销售公司股票，这样的定价依然有可能高估了公司的股价；反之，即便现在的股价是上月的两倍，也仍有可能低估了公司股价。

启示二：相信市场价格。

在一个有效的资本市场中，价格已经包含了所有影响证券价值的信息，因此证券的价格是可以信赖的投资信号或融资的价格。市场价格反映了大多数投资者对各种信息综合分析判断的均衡值，因此可能是最可以相信的信息，人们可能在某几次投资中获得超额收益，但从长期看，只能获得平均利润。这说明公司在融资中，既不必费尽苦心地选择发行时机，也不必担心出售证券的数额会造成股价下降，更不要自以为能够把握市场走势，试图通过交易谋利。对于有效市场中的投机来说，获利与亏损的机会是均等的。

启示三：信息是财富。

有效市场假说理论中最重要的思想就是所有信息都将在价格中得到反映，因此，只要学会读取信息就可以得到超额利润。有效市场三种类型的划分意味着证券市场在某种程度上是有效的，这说明掌握某种信息优势的投资者能够获取超常的利润。例如在弱有效市场上，及时获取并分析公布的宏观经济数据和上市公司的经营及财务信息就能够在证券价格变化前做出准确的判断，从而能够及时采取策略，获得超额利润。

信息是装载着数据、资料、消息、新闻、情报的特定信号，对于既是投资者又是筹资者的上市公司而言，不仅要搜集和研究市场上的各种信息，以做出正确的投资选择，而且还要及时公允地向市场传递关于公司生产、经营及效益等各方面的信息，避免信息不对称所引起的各种损失；而对于证券市场而言，高效率的现代化信息传递、信息共享系统和公开、公平和公正的信息制度建设则是保证市场效率的基本条件。

启示四：市场没有幻觉。

在有效市场上，证券价格取决于其实际价值，靠造假是无法真正影响证券价格的。在实践中，会计方法为会计报告提供了一定的灵活性，留有显著的余地，但如果会计报表能够提供足够的信息，市场又是半强有效率的，那么会计方法的改变不会影响股票的价格。

启示五：竞争是市场效率的根源。

效率市场假说强调的是证券的市场价格充分反映所有相关信息。如果证券价格不能充分反映信息，则市场是无效的，那么通过对相关信息的分析找出价格变化的规律就可以获取超额利润；如果市场是有效的，试图获得超额利润的任何努力都将是徒劳的。但如果人人都认为市场是有效率的而不进行信息搜集和分析，证券价格就不可能反映所有的信息，市场呈现的只能是无效状态。许多人花费毕生的精力去寻找超过市场平均收益率的股票，他们孜孜不倦地搜集和分析关于上市公司的各种信息，然而正是这种研究和使用信息的行为最终导致了超常利润的消失。市场的效率性正是由那些认为市场无效率或效率不高的人的努力工作和竞争所促成的，这些人工作越多越努力，竞争越充分，市场就越有效率。

专栏5-1　　　　　市场并非有效的例子

（1）3COM分拆Palm

2000年3月美国3COM公司分拆旗下的Palm公司，将所持Palm公司的5%股份公开出售，并将Palm在股票市场公开上市。Palm成为独立公司后，3COM仍然拥有Palm公司95%的控股权。当时协议中还承诺，半年以后，3COM公司的股东每股可以享受1.48股Palm的股票股利，也就是说，现在拥有1股3COM公司股票的股东，半年后可以拥有1股3COM公司的股票，加上1.48股的Palm股票。由于Palm公司的股权掌握在3COM公司手里，因此，3COM公司的股东间接拥有Palm公司的股票。3COM公司现在不将这些股票分给它的股东，但是半年后会把这些股票分到股东手里。Palm上市以后，从理论上说，3COM公司的总市值应该等于它拥有的Palm的总市值，再加上其他资产的市值。但实际上Palm上市后，3COM的总市值，却大大低于3COM所拥有的股权市值。

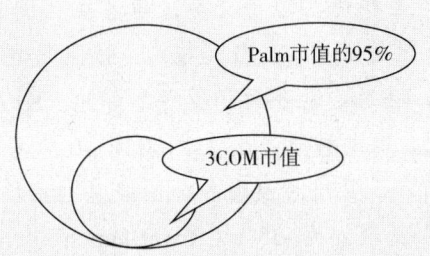

Palm市值的95%

3COM市值

在上图中，以整个大圆圈表示Palm的市值，其中的95%是属于3COM的，在Palm的市值给定的情况下，3COM的市值就等于Palm95%的市值，再加上3COM其他资产的市值，但是实际上3COM公司的市值只相当于里面的那个小圆圈，也就是说，3COM还不及它拥有的Palm的95%的股权市值，而3COM的其他资产的市值也不可能是负的。

按照3COM的承诺，如果购买1股3COM的股票，就相当于拥有了1.5股Palm再加上别的资产，在市场有效定价的情况下，如果Palm的股价是100美元，3COM的股价就应该是150美元，这样的定价才是基本合理的。

奇怪的是，Palm上市首日收盘价格站在95美元，按这个价格，每股3Com股票至少应当是140.6美元；但当天3Com的股价仅为81美元。而且在相当长的时间内，Palm的股票价格维持在150美元左右，而3COM的股价从来没有达到过100美元。

（2）"E-toys"和"R-toys"

E-toys是1997年成立的在互联网上销售玩具的电子玩具公司。1999年该公司首次公开发行股票时的市值是80亿美元，大大超过了老字号的积木玩具公司R-toys60亿美元的市值。然而，R-toys在1998财政年度的销售额（112亿美元）几乎是E-toys销售额（3000万美元）的400倍。该年度E-toys公司亏损了2860万美元，而R-toys却赚了3.76亿美元。事实上，R-toys也建立了自己的网站，而且做得非常好。在大多数市场观测者看来，E-toys 的股票市值显得很荒谬。

（3）"孪生股票"

"孪生股票"（twin shares）是指同一公司其在不同市场（特别是不同国家市场）交易的股票。人们发现，有些"孪生股票"的价格长期不一致，最著名的例子是关于壳牌石油公司。壳牌石油公司是 1907 年由 Royal Dutch 和 Shell Transport 两家公司以 60：40 的比例合并而成，但两家公司股票并没有合并，前者在美国和荷兰市场交易，后者在英国市场交易。由于两家公司的资产和利润分配是以 60：40 实施的，按照基本价值原则，前者的股票价格应当是后者的 1.5 倍，但实际情况并非如此。K. A. Froot 和 E. Dabora（1999）的研究发现，以两种股票比值为 60：40 为基准，这两种股票的实际价格之比一直波动，而且这种波动并非围绕基准价值。1980～1982 年间大体偏离基准值 -25%，最大为 -35%（Royal Dutch 与 Shell 股价之比与 60：40 的差）；1982～1984 年间则为 -15%；1984～1991 年则大体围绕在基准值波动；1991 年以后又逐步向上偏离基准值，如 1995 年大约偏离 10%。

（4）编入指数成分股现象

在金融市场上发现的一个较普遍的现象是当一只股票被包含进指数的计算中时，即成为指数成分股票时，这个股票的价格会上升；而当被指数剔除时该股票的价格就会下降。Harris 和 Gurel（1986）发现当一只股票被纳入标准普尔 500 指数的计算中时，其价格平均上升 3.5%，而且这个上升是永久的。

1998 年 12 月，美国在线（America online）被纳入 S&P 的消息发布后，股价上升了 18%。按照有效市场的理论，这种现象是无法解释的，因为纳入指数的计算与股票的基本因素毫无关系，纳入指数并不意味着公司基本因素会发生根本变化。

资料来源：Lamont and Thaler（2003）、Schill and Zhou（2001）、Edgecliffe（1999）、Shiller（2000）、K. A. Froot and E. Dabora（1999）、Harris and Gurel（1986）、周春生（2005）等。

第三节　期权的价值

在金融创新层出不穷的现代经济中，期权已不再是一个陌生、充满"神秘"

色彩的词语。它不仅频繁地出现在交易所大厅中，而且渗透到公司理财活动的各个方面。可以说，几乎所有的公司理财活动都可以用期权的观点来审视。不仅公司发行的股票和债券具有期权的特征，公司的风险管理需要运用商品期权、货币期权、利率期权以及汇率期权来进行套期保值以降低风险，而且很多项目投资都隐含着期权。例如，公司往往会投资某项专利以获得一项新技术的开发权利，或在城市的新开发区购买一块楼盘，以便将来有权根据开发区的发展状况决定其用途，这些投资都是为公司获得未来的发展机会，这就是该项目所隐含的扩张机会的期权。投资项目本身所具有的各种期权统称为实物期权，显然这些期权都会增加项目的价值，在项目投资决策中需要正确地评估这些期权的价值。

一、期权的基本概念

期权（option）是一种赋予持有人在某给定日期或该日期之前的任何时间以固定价格购进或售出一种资产的权利的合约。例如一座建筑物的期权可以赋予持有者在 2012 年 1 月 1 日或之前的任何时间，以 100 万元的价格购买该建筑，而不论购买时该建筑物实际的市场价格是多少。

期权是一种独特类型的金融合约，它赋予持有人的是进行某项交易或处置某项事务的权利而非义务。例如上例持有某建筑物期权的人只有在执行期权对他有利时才会行使这个权，否则将被弃置不顾。

作为一种衍生证券，期权的价值依赖于其基础资产（underlying assets），通常称之为标的资产。基础资产或标的资产就是合约中规定的可以按固定价格购买或出售的资产，如上例中的建筑物。

期权合约规定的购买或出售标的资产的固定价格称为执行价格或敲定价格（striking or exercise price），如上例中的 100 万元购买价格。

期权到期的那一天称为到期日（maturing date or expiration date），在那一天后，期权失效。

通过期权合约购进或出售标的资产的行为称为执行期权（exercising the option）。

期权有美式期权和欧式期权之别。美式期权允许持有者在到期日之前的任何一天行使权利，而欧式期权只允许持有者在到期日当天或到期日之前的某一非常有限的时间内行使其权利。在交易所中交易的大多数期权为美式期权。但是欧式期权比美式期权更容易分析,并且美式期权的很多性质都可以由欧式期权性质推导出来。

人们购买或出售期权的价格称为期权费(option premium)或期权价格(option price),这是人们为了获得期权所付出的成本。任何一个期权都同时存在买者和售者。期权的购买者称作多头(huyer),付出期权费,获得了权利,但他可以放弃这种权利,并没有义务必须执行期权。而期权的出售者又称作空头(writer),接受了期权费,就必须按合约规定执行期权,他没有权利选择执行或是不执行期权,只有义务在期权持有者执行期权时按合约处置。

为了更好地理解期权的概念,首先来看下面这个例子。

假设2010年1月20日,此时思科公司股票的市场价格为19美元,而你同时拥有一项权利,可以按20美元的价格在2010年7月20日从王先生手中购买1股思科公司的股票,当然你也可以不购买,这取决于你自己。因此,你就是这个期权的买方,即多头,拥有购买思科公司股票的权利但是并没有必须购买的义务。王先生就是这个期权的卖方,即空头,他只有执行期权的义务而没有权利。也就是说如果你购买,他就必须把股票卖给你;如果你不购买,他没有权利要求你购买。假如在2010年7月20日到期日这一天思科公司的股票价格为25美元,虽然你预计股价还会继续上升,但过了这一天,期权将失效。因此,你执行了期权,即按20美元的价格从王先生手中买了一股思科公司的股票。当然,你也不会白白得到这个权利,当初为得到这个权利,你向王先生支付2美元。这2美元就是期权费或期权价格。思科公司的股票则为标的资产。

1. 看涨期权

最普通的一类期权是看涨期权(call option),又称为买权。看涨期权赋予持有人在一个特定时期以某一固定价格购进标的资产的权利。看涨期权在到期日的价值究竟是多少呢?为了简单起见,分析中暂不考虑货币的时间价值和交易成本,并假定标的股票在持有期间不发放股票红利。

看涨期权在到期日的价值取决于标的资产在到期日的价值。定义以 S_T 为标的资产普通股到期日的市场价格,当然在到期日之前可能不是这个价格;以 K 为标的资产普通股的执行价格。若该普通股在到期日的市场价格高于执行价格,即有 $S_T>K$,则该期权的价值是二者之差,即 S_T-K,此时,这个差额是大于零的,称该期权为实值期权(in-the-money option)。当然,在到期日,普通股的股价可能低于执行价格,即有 $S_T<K$,此时标的资产的价格与执行价之差小于零,

则称看涨期权为虚值期权（out-of-money option）。显然，此时看涨期权持有人没有理由也不会执行该期权，这时期权的价值为零。如果在到期日普通股的股价等于执行价，则称看涨期权为平价期权（at-the-money option）。

例如，到期日标的资产普通股的股价是60元，执行价格是50元，则看涨期权的持有人有权以50元买进股票。然后他可以在市场上按60元的价格卖出股票，这样他就可以获得10元钱的收益。因此，该期权的价值就是10元。如果到期日普通股的股价是40元，显然，持有人没有理由要用50元买一只值40元的股票，其他的人当然也不会花钱买入这样一个期权，此时看涨期权的价值为零。

定义 P_c 为看涨期权在到期日的价值，它可以表示为：$P_c = \max(0, S_T - K)$，如图5.2所示。

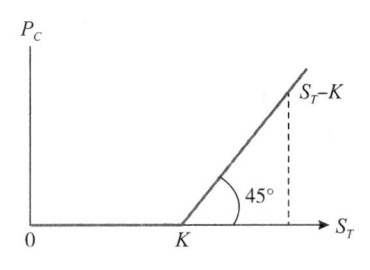

图5.2 看涨期权到期日价值

2. 看跌期权

看跌期权（put option）又称为卖权，它赋予持有者在一个特定时期以某一固定价格卖出标的资产的权利。

看跌期权的价值与看涨期权相反。若在到期日标的资产的价格高于执行价格，即 $S_T > K$，那么持有人没有理由也不会按照低于市价的执行价格出售资产，这种情况下，看跌期权为虚值期权，其价值为零。反之，若标的资产市价低于执行价，即 $S_T < K$，持有人就会按执行价格卖出资产，其价值等于 $K - S_T$，有实值。

例如，到期日标的资产普通股的股价是60元，执行价格是50元，看跌期权的持有人有权以50元的价格出售股票，当然他不会这样做，也没有人愿意花钱买入这样一个看跌期权，因此，该看跌期权的价值为零。若在到期日标的资产普通股股价为40元，看跌期权的持有人就会执行其权利，他可以从市场上按40元的价格买入普通股，然后按50元的价格卖出普通股，这样他就可以获得10元钱的收益。因此，该期权的价值就是10元。

定义 P_P 为看跌期权在到期日的价值，它可以表示为：$P_P=\max(0, K-S_T)$，如图 5.3 所示。

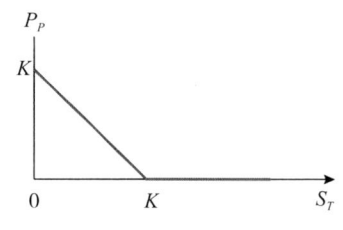

图 5.3　看跌期权到期日价值

二、期权的基本损益状态

每一期权合约都有两方，一方是持有期权的多头，即购买期权的一方；另一方是期权的空头，即出售期权或承约期权的一方。同时，期权又分为看涨期权和看跌期权，因此就有 4 种基本的期权头寸（position），即：

看涨期权的多头 vs 看涨期权的空头。

看跌期权的多头 vs 看跌期权的空头。

1. 看涨期权的多头和空头

仍以股票为标的资产欧式期权为例来分析看涨期权多头和空头的基本损益状态。

持有看涨期权多头头寸的投资者，意味着曾以一定的价格买入该期权，若当初以 C 的价格买进期权，则在到期日，看涨期权的多头最大的净损失为 C，只有当 $S_T-K>C$ 时，才开始盈利。从理论上讲，其盈利水平没有上限。看涨期权多头在到期日的损益状态如图 5.4（a）所示。

而对于持有看涨期权空头头寸的投资者而言，获得了期权费同时拥有了出售标的资产的义务。在到期日，若标的资产股票的价格低于执行价格时，由于多头不会执行期权，持有空头头寸的投资者所获得的期权费就是其净收益。但若到期日股价高于执行价，就可能产生损失，其净损失为 S_T+C-K，同样，从理论上看其亏损也是没有下限的。看涨期权空头在到期日的损益状态如图 5.4（b）所示。

仍假设你持有思科公司股票的看涨期权。若当初这个期权是你花费 2 美元买来的，只有当股票价格和执行价格之差大于 2 美元时，你才开始获利。若执行日股价是 25 美元，则该看涨期权的价值为 5 美元，你的净收益是 3 美元，这正好是空头方的净损失。假设股价的上涨空间是无穷的[①]，则你的获利空间是无穷大的，而空头方的亏损也无穷大的。但若执行日股价低于20美元，这个期权一文不值，你的最大损失是2美元，空头方的最大收益也就是2美元。显然，在期权买卖中，多头和空头之间是一种零和博弈。

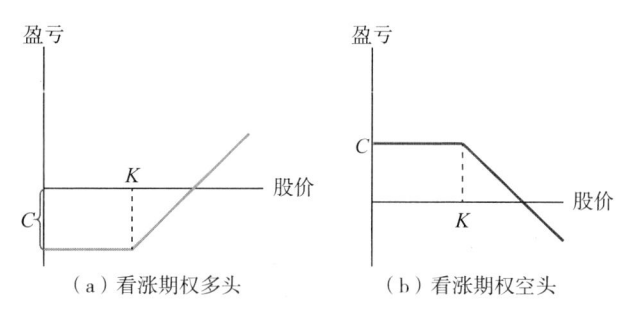

图 5.4　看涨期权到期日多、空头寸损益状态

2. 看跌期权的多头和空头

购买并持有看跌期权的多头，曾经付出了价值为 P 的期权费购买了看跌期权，得到了按固定价格卖出标的资产的权利。当标的资产股票的价格小于执行价格时，他将执行期权。当 $|S_T-K|>P$ 时，才开始盈利。从理论上看，股票价格最低为零，所以看跌期权多头盈利的最大值为 $K-P$。如果标的资产股票的价格高于执行价格，看跌期权的多头将选择不执行期权，这时他最大的损失就是购买期权的费用 P。看跌期权多头在到期日的损益状态如图 5.5（a）所示。

而看跌期权的空头，有义务在多头执行期权时，按执行价格买入股票。看跌期权多头的盈利就是空头方的亏损。看跌期权空头在到期日的损益状态如图。5.5（b）所示。

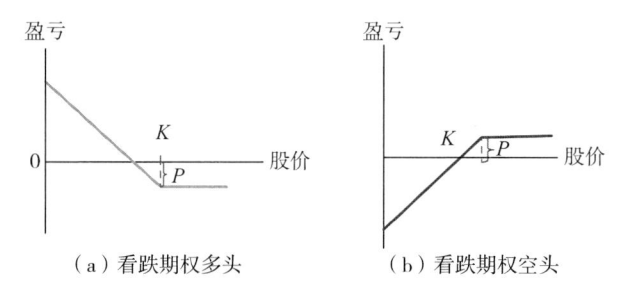

图 5.5　看跌期权多、空头寸到期日损益状态

---

① 这是一种极端的纯理论的假设。

三、期权组合与买卖权平价

1. 期权组合

看涨期权和看跌期权可以与其标的资产或其他金融资产组合以实现风险规避。

投资组合 I——买入看跌期权的同时购进股票。

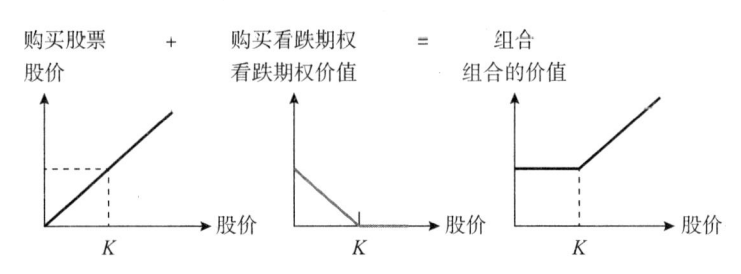

图 5.6 买入看跌期权与购进股票的组合在到期日的价值

图 5.6 描述了购买看跌期权的同时购入标的资产普通股的投资组合在到期日的价值。若到期日的股价高于执行价格,看跌期权毫无价值,此时投资组合的价值等于到期日股票的市场价值。若到期日股价低于执行价格,股价的下降恰好被看跌期权价值的增加所抵消。显然,无论到期日普通股市价多么低,股票总是可以按执行价格卖出,组合就好像为股票购买了一份保险。这种买进看跌期权的同时购买股票的策略被称为保护性看跌期权。

投资组合 II——买入看涨期权的同时购进零息债券,组合中的零息债券的到期日与看涨期权的到期日相同,其面值也与看涨期权的执行价格相同。

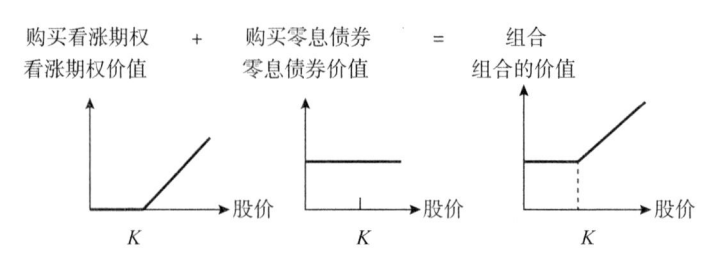

图 5.7 买入看涨期权与购入零息债券的组合在到期日的价值

图 5.7 描述了购买看涨期权与购买金融资产零息债券的投资组合在到期日的价值。在到期日,若股价低于看涨期权的执行价格,看涨期权将毫无价值,

组合的价值等于零息债券的价值。若到期日股价高于看涨期权，期权将被执行，组合的价值等于期权的价值与零息债券的价值之和。

看涨期权或看跌期权与普通股或其他金融资产还可以组成其他组合，例如，可以在购进普通股的同时卖出看涨期权。总之，通过组合很好地达到了风险规避的目的。

假设某公司股票的看涨期权和看跌期权的执行价格都是55元（欧式，不能在到期日前执行）。从现在起满一年为到期日。目前该股票的市场价格是44元。假定在到期日该股票的价格将是58元或者34元。市场上无风险证券的收益率为10%。我们可以采用对抵策略构造组合：购进股票，购进看跌期权；售出看涨期权。则该组合到期日的价值如表5.2所示。

表5.2　　　　　　　　　　组合到期日的价值

投资策略	组合的未来价值（未扣除购买成本）	
	股价升至58元	股价跌至34元
购入普通股	58	34
购入看跌期权	0（不执行期权）	21
售出看涨期权	−3	0（持有人不执行期权）
合计	55	55

由于当股票价格下跌时，看跌期权是实值的，而看涨期权因持有人不执行而终止；当股票上涨时，看涨期权是实值的，看跌期权终止，这样在任何一种情况下都实现55元的到期日价值。

2. 买权卖权平价

对比图5.6和图5.7中投资组合Ⅰ和投资组合Ⅱ在到期日的价值，不难看出，两种投资策略完全一样。根据无套利原理，它们的成本也应该完全相同，否则投资者就会追求低成本的投资策略而放弃高成本的组合。组合Ⅰ和投资组合Ⅱ的成本及其关系可用以下公式表示：

标的股票的价格 + 看跌期权的价格 = 看涨期权的价格 + 执行价的现值[①]

（组合Ⅰ的成本）　　　　　　　　（组合Ⅱ的成本）

买权卖权平价，又称为看涨期权 – 看跌期权平价（call-put parity）。这是非常精确的期权关系等式，但它有严格的限制条件：首先，它讲的是具有相同

---

① 在上例中，行权价的现值恰好等于零息债券的现值，也就是零息债券的购买成本。

到期日、相同执行价格的欧式期权；其次，它要求零息债券的面值等于期权的执行价格。

例如上例投资组合中，若当初花 44 元买股票，7 元买看跌期权，而售出看涨期权得到 1 元，市场的无风险利率为 10%。由于你支付了 50 元买到了一年后收入 55 元的保证，你将正好赚得 10% 的利息。相反，若你能以 6 元买入看跌期权，你的组合成本是 49 元，用 49 元换来了 55 元的保证，那么你获得了 12.2% 的收益。只要有套利的存在，这种收益不会持久。在没有套利存在的情况下，你的初始头寸必须符合以下基本关系：

$$44+7 = 1 + 55/1.1$$

定义：P 为卖权的价格；C 为买权的价格；S 为标的股票现价；K 为无风险资产在到期日的价值（它等于执行价），则买权卖权平价关系式可以表示为如下形式：

$$P+S=C+K/(1+r_f)^t$$

买权卖权平价关系是最基础的期权关系，它还可以有多种表达形式。每一种表达方式都隐含着两个具有相同投资结果的投资策略。例如，如果想了解看跌期权的价值，只需将上式变换成：

$$P=C+K/(1+r_f)^t-S$$

此表达式所对应的具有同等结果的两个策略是：

①买入看跌期权；

②买入看涨期权同时买入到期日价值为执行价现值的无风险资产，卖出标的股票。

换句话说，如果市场上没有看跌期权，则可以通过策略②实现同样的目的。

四、期权的价值

1. 影响期权价值的因素

有两类基本因素影响期权的价值，一类是期权合约本身的特征，包括到期日和执行价格；另一类是股票价格和市场的因素。

（1）执行价格

当其他条件不变时，执行价格越高，看涨期权的价值就越低。但只要标的资产的价格在到期日之前能够超过执行价格，期权就有价值。

假设价格为 30 美元的 IBM 股票有两个看涨期权，第一个看涨期权的执行价格为 25 美元，第二个看涨期权的执行价格为 20 美元，你会选择哪一个呢？毫无疑问，第二个期权对你更有吸引力。那么，第二个看涨期权的价格就要高一些。因此，执行价格的降低会提高看涨期权的价值。

由于当其他条件不变时，执行价格越高，股价低于执行价的可能性就越大，看跌期权的持有者就有更有可能按高于股票市场价格的执行价出售股票。因此，与看涨期权相反，看跌期权价值随着执行价格的增加而增加。

（2）到期日

对于同类的美式期权，距到期日长的价值至少与到期日短的一样。这是因为距到期日越长，标的资产发生有利于期权持有者的变化的机会越多。考虑其他条件一样的两个美式期权，一个 3 个月到期，另一个 6 个月到期。显然 6 个月到期的美式期权不仅有与 3 个月到期的美式期权相同的权利，它还有另外 3 个月获取价值的权利。因此，6 个月到期的美式期权更有价值[①]。另外，离到期日越长，未来支付执行价格的现值就越低。

（3）股票价格

对于看涨期权而言，如果股票一文不值，期权到时肯定不会被执行。因此，今天的期权价值也必然为零[②]。如果股价涨得很高，说明股价比执行价高得多，期权最终被执行的可能性就越大，同时股价在到期日前跌至执行价之下的可能性也就越小。股价涨得足够大，则期权肯定在到期日行权，因此看涨期权的价值就等于股价与执行价格现值的差额。例如，股票价格是 50 美元，执行价格是 100 美元的期权，显然值不了几个钱。但若股票价格狂升到 150 美元，则该期权就有很高的价值了。

图 5.8 的虚线描述了到期日前看涨期权价值与股价之间的关系，股价越高，看涨期权的价值也就越高，但他们之间的关系并不是线性的，而是一条"凸曲线"，也就是说，对应于给定的股票价格增加值，看涨期权的价格在股票价格高时的增加幅度比在股票价格低时的增加幅度大。

[①] 对于欧式看涨期权，这个关系不一定必然成立。例如一家公司有两种等同的欧式期权，一种在五月底到期，另一种在十月份到期。再假定六月初有大量的股利支付。若第一种期权在五月底执行，其持有人将收到标的股票，此后不久他就会得到大量股利。然而，第二种看涨期权的持有人将在股利支付之后通过执行期权得到股票。由于市场知道这种看涨期权的持有人将失去股利，因此第二种看涨期权的价值可能小于第一种看涨期权的价值。

[②] 如果一只股票未来还可能有价值，投资者今天就会愿意为之有所付出，虽然数目可能很小。

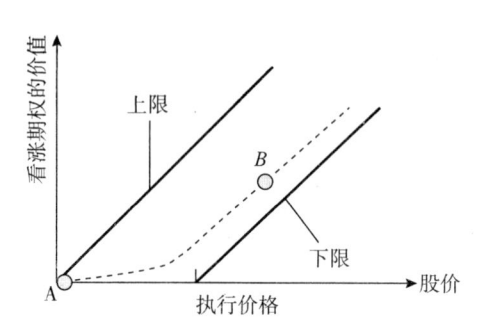

图 5.8　到期前看涨期权的价值

由于当股票以低于执行价格的价格出售时看跌期权是实值的，因此，当其他条件不变时，股价越高，看跌期权的价值越低。看跌期权的市场价随股价的增加而减少。

（4）股价的波动性

股价的波动性越大，期权的价值也越大。

以看涨期权为例，决定图 5.8 中虚线高度（即期权的实际价值与下限价值之间的差额）的最重要因素就是标的资产价格的变异性。倘若一种股票的价格变化不超过 1%，这种股票对应的期权价值就很低。倘若一种股票价格可能翻倍也可能折半，这种股票对应的期权价值就极高。

例如，A、B 两只股票价格的概率分布如表 5.3 所示，假定股票 A 和 B 的期权的执行价格都为 45 元。

表 5.3　到期日股票 A 与股票 B 价格的概率分布

概率	0.07	0.10	0.18	0.30	0.18	0.10	0.07
股票 A 的价格（元）	35	40	45	50	55	60	65
股票 B 的价格（元）	20	30	40	50	60	70	80

容易算得，两种股票在到期日的期望价格都是 50 元，而期权在到期日的预期价值为：

期权 A=0×0.07+0×0.01+0×0.18+5×0.30+10×0.18+15×0.10+20×0.07=6.2（元）

期权 B=0×0.07+0×0.01+0×0.18+5×0.30+15×0.18+25×0.10+35×0.07=9.15（元）

由于股票 B 的价格比股票 A 价格变动的幅度大，即股价的波动率较大，使得股票 B 的期权的预期价值高于股票 A 的期权。这是因为，股票价格波动率越大，期权持有者的收入为正的可能性就越大，从而使得期权的价值就越大。在这一问题上，持有标的资产与持有标的资产的期权有着根本的区别。若市场上的投资者都是风险厌恶型的，股票波动率的增加只会使股票的市场价值减少，然而期权的持有人却从股票的波动中获取收益,因此股票波动率的增加反而会使期权的价值增加。

(5)市场利率

期权价格也是利率水平的函数。

如果你拥有一份已经确定将被执行的看涨期权,可以认为你已经持有股票,唯一的差别是你只需首先以看涨期权的价格支付一笔定金,而在执行时才以执行价格付款。如果距到期日很远,市场利率又很高,延迟付款就越有价值。因此看涨期权的价值与利率正相关。

看跌期权的持有者只有在执行期权时才收到按执行价出售股票的收入,因此,在其他条件不变的前提下,较高的市场利率将降低延迟售出股票的价值。

将以上影响因素总结后,得到表5.4。

表5.4　　　　　　　　影响美式期权价值的因素

影响因素及其变化	看涨期权价值	看跌期权价值
股票价格增加	增加	减少
执行价格增加	减少	增加
股票波动率增加	增加	增加
市场利率增加	增加	减少
距到期日的时间增加	增加	增加
美式期权同时具有以下四种关系: ① 看涨期权的价格决不能高于股价(上限); ② 看涨期权的价格决不能小于0,也不能小于股价与执行价格之差(下限); ③ 如果股票价格等于0,那么看涨期权的价值为0; ④ 当股价远远大于执行价时,看涨期权的价格接近等于股价与执行价现值之差。		

2. 期权定价的基本原理

人们最早也曾试图用现金流贴现的方法评价期权的价值。遗憾的是,很难找到一个合适的贴现率。期权的风险取决于标的资产价格与执行价格之间的差额大小,而标的资产的价格在不断变化,因此虽然可以知道期权的风险要比标的资产大,但却不能确切地判断期权的风险究竟是多少。显然,为了求出期权价格,需要另辟蹊径。

设想在一个绝无套利可能的市场上,如果能够构造出一个收益状况与期权相同但由其他金融资产构成的组合,那么就可以由该组合来找出期权的价格。

假设股票Z当前的市场价格是100元，预计在6个月后的价格可能是120元或者80元。目前市场上出售一种以股票Z为标的资产的看涨期权，期限也是6个月，执行价格是100元。再假设，投资者可以按10%的半年期无风险利率借款。那么该如何估计该期权的价格呢？

首先，需要找出与期权到期日价值相同的但由其他金融资产构成的组合。考虑以下两种策略。第一个策略是购进股票Z的看涨期权；第二个策略是买进0.5份股票，同时借入36.36元。两种策略在期权到期日时的价值如表所示。

表5.5　　　　　　　　两种投资策略在到期日的价值　　　　　　　　单位：元

初始交易	到期日收益	
	若股票价格是120元	若股票价格是80元
1. 购进看涨期权	120-100=20	0
合计：	20	0
2. 购进0.5股股票	120×0.5=60	80×0.5=40
借贷36.36元	-36.36×1.1=-40	-36.36×1.1=-40
合计：	20	0

上述购进看涨期权的盈利结构被策略二所复制，也就是说，从投资者所关心的盈利方面看两种投资策略是等价的。在无套利的市场上，这两种策略一定有相同的成本。策略二的成本很容易估计：100×0.5-36.36=13.64（元）；

由此得到看涨期权的价格为13.64元。也就是说，上述看涨期权必须按13.64元定价，否则就会出现无风险套利。

为了更好地理解和应用上述方法，进一步讨论以下两个问题：

①如何得知在复制策略中应该购入多少股票数量？如在上例中购入0.5股股票而不是其他的任何数量。

由于已经预计到股价在到期日的价值可能是120元或者是80元，潜在的波动幅度是40元；据此，推算出期权在期末的价值可能是20元或者是0元，相应的波动幅度为20元，刚好是股价波动幅度的1/2。这也就是说，股价涨落1元会带来看涨期权0.5元的涨落。将以上关系一般化，可以得到以下比率：

$$期权的 Delta = \frac{看涨期权变化范围}{股价变化范围}$$

这个被称为期权Delta的比率，提供了在复制策略中应该购入的股票数量的信息。

②如何得知在复制策略中应该借贷多少数量的资金？如上例中借入36.36

元，而不是其他的任何数量。

已知买 0.5 股股票的期末价值为 60 元或者 40 元，比看涨期权的两种可能期末价值分别多 40 元。为了能够保证复制组合与看涨期权有相同的期末价值，就应该借入数量为期末能够恰好偿还 40 元借款本息的资金，因此，借款数量就应为 36.36 元（等于 40 元 /1.1）。也就是说借款额应该等于复制组合中股票的期末价值与看涨期权价值的差额的现值。

在已知复制策略所需购入的股票数量和借款量的基础上，通过以下公式就可以容易地估计出看涨期权的价值：

看涨期权的价值 = 当前股价 × Delta – 借款量

看跌期权的价值可以通过看涨期权 – 看跌期权平价关系计算。

3. 期权定价的二叉树模型

上述方法要求我们在评估期权价值时，每次都要构造一个复制组合。能否有一个更简单的方法？建立在上述方法基础之上的二叉树模型就是一个简便的方法。

设股票当前的市场价格为 S_0，一年后可能上升为 S_H，或下降为 S_L，相应地，一个与此股票对应的看涨期权在到期日可能价值为 C_H 和 C_L；画出它们价格变化的二叉树图如图 5.9 所示。

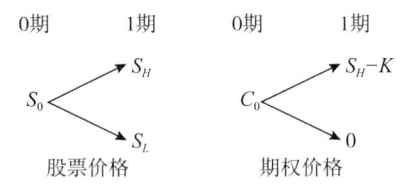

```
      0期    1期              0期    1期
            ↗ S_H                   ↗ S_H−K
      S_0                     C_0
            ↘ S_L                   ↘ 0
         股票价格                期权价格
```

图 5.9 期权价格变化的单期二叉树图

对于风险中立者判断效用的唯一标准是期望值，因此股票当前价格由下式决定：

$$S_0 = \frac{1}{(1+r_f)}[w_H S_H + (1-w_H)S_L]$$

式中：w_H 为股票上升的概率，当然他并非真正意义上的概率，只是其特征和作用类似于概率，称为等价概率测度，也称为等价鞅测度率[①]。根据上式

[①] 等价鞅测度的内涵请参阅金融经济学相关教材。在二项树模型中，股票和无风险证券之间不存在套利机会的充分必要条件是存在唯一的等价鞅测度。

可以得到：

$$w_H = \frac{S_0(1+r_f) - S_L}{S_H - S_L}$$

相应地，一个与此股票对应的看涨期权在零期的价值则为：

$$C_0 = \frac{1}{(1+r_f)}[w_H C_H + (1-w_H)C_L]$$

假如已知某股票当前价格为70元，6个月后价格可能为100元或者50元，市场无风险年利率为8%，根据二叉树模型，我们可以得到以这一股票为标的股票，执行价格为75，期限6个月的看涨期权的价格。

首先求解 w_H：

$$w_H = \frac{S_0(1+r_f) - S_L}{S_H - S_L} = \frac{70 \times 1.04 - 50}{100 - 50} = 0.456$$

然后将计算结果代入期权定价模型，有：

$$C_0 = \frac{1}{(1+r_f)}[w_H C_H + (1-w_H)C_L] = \frac{1}{1.04}[0.456 \times 25 + (1-0.456) \times 0] = 10.96（元）$$

得到上例中期权的价格为10.96元。

以上是单期投资的情况，即期初投资期末收回。如果要考虑多期的投资，则需要应用多期二叉树模型对期权进行估值。在一个多期的二叉树估价过程中，估价必须交互进行，即从最后的时点开始向前追溯，直到当前时点。每一步都要估计标的资产的价格，从而得到各时点期权的价格。

例如，考虑一个两期的资产价格运动，其股票价格和期权价格变化的二叉树如图5.10所示。

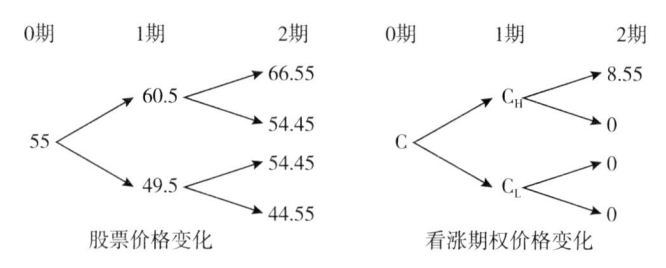

图 5.10 看涨期权价格变化的二期二叉树图

定义：1期至2期股价变化的概率为 w_{HH}（1期上升，2期也上升），w_{HL}（1期上升，2期下降），w_{LH}（1期下降，2期上升），w_{LL}（1期下降，2期也下降）。

首先求解各期股价变化的概率测度。

$$w_{HH} = \frac{S_H(1+r_f) - S_{HL}}{S_{HH} - S_{HL}} = \frac{60.5 \times 1.01 - 54.45}{66.55 - 54.45} = \frac{6.655}{12.1} = 0.55$$

$$w_{LH} = \frac{S_L(1+r_f) - S_{LL}}{S_{LH} - S_{LL}} = \frac{49.5 \times 1.01 - 44.55}{54.45 - 44.55} = \frac{5.445}{9.9} = 0.55$$

$$w_{LL} = 0.45$$

$$w_H = w_{HH} = 0.55$$

将上述计算结果代入期权估值模型，有：

$$C_H = \frac{1}{(1+r_f)}[w_{HH}C_{HH} + (1-w_{HH})C_{HL}] = \frac{1}{1.01}(0.55 \times 8.55 + 0.45 \times 0) = 4.66（元）$$

$$C_L = \frac{1}{(1+r_f)}[w_{LH}C_{LH} + (1-w_{LH})C_{LL}] = 0$$

$$C_0 = \frac{1}{(1+r_f)}[w_H C_H + (1-w_H)C_L] = \frac{1}{1.01}(0.55 \times 4.66 + 0.45 \times 0) = 2.54（元）$$

计算结果表明，该看涨期权在当前的价值为 2.54 元。

4.Black-Scholes 期权定价模型

显然，二叉树模型是有缺陷的，模型假定股票在期末的价格仅取两个值，这不符合现实。事实上，股票在到期日的价格是有多种可能的。不过，价格的可能数目会随着时间的缩短而减少，因此，对于无限短的瞬间来说，二叉树的假设是合理的。换句话说，二叉树模型虽然是一个描述股票价格运动的离散时间模型，但随着期权有效期被拆细成越来越多的时段，即当时间间隔 t 趋于无穷小时，股票价格将服从对数正态分布。B-S 期权定价模型的创立者 Black 和 Scholes 运用期权定价的基本原理，在假定股票价格连续变化等前提下，推导出的期权定价模型如下[①]：

$$C = SN(d_1) - Ke^{-rt}N(d_2)$$

---

① Black-Scholes 期权定价公式的推导方法很多，也有点复杂。基本思路是，复制与期权具有同样到期价值的股票与债券的组合，将时间间隔缩小，在每一时点上，都假定资产价格的变化只有两种状态，从最后的时点追溯至初始时期期权的价格。当时间间隔 t 趋于无穷时，股票价格运动的二叉树模型转变为几何布朗运动模型。有兴趣的读者可以参考相关书籍，本书不进行详细推导。但如何理解 B-S 定价公式背后的涵义呢？不妨对比期权定价基本方法中，通过复制的购买股票和借款的策略来确定期权的价值的公式：看涨期权的价值 = 股价 ×delta － 借款量。可以证明，Delta 就是 B-S 定价模型中的 N（d1），而 Ke-rtN（d2）则是投资者为了复制看涨期权所需要的借款量。

其中：$d_1 = \dfrac{\ln(S/K)+(r_f+\sigma^2/2)t}{\sigma\sqrt{t}}$；

$d_2 = d_1 - \sqrt{\sigma^2 t}$；

S 是股票的当前价格；

K 是欧式看涨期权的执行价格；

r 是无风险利率，年连续复利；

t 是距到期日的时间，一年为单位；

σ^2 是股票连续收益率变动的方差；

$N(d)$ 表示标准正态分布随机变量小于或者等于 d 的概率。

B-S 定价模型推导起来较难，但应用起来却不难。

考虑 PEC 公司，假设在 1990 年 10 月 4 日，其股票的收盘价为 50 美元，其以股票为标的资产的看涨期权距到期日还有 199 天，执行价格为 49 美元。市场的无风险利率是 7%（按连续复利计算的年利率），该公司股票收益的方差为 0.09。应用 B-L 定价模型我们计算该公司看涨期权的价值如下：

首先，求出正态分布的临界值：

$$d_1 = \frac{\ln(S/K)+(r_f+\sigma^2/2)t}{\sigma\sqrt{t}} = \frac{\ln(50/49)+(0.07+0.5\times0.09)\times199/365}{\sqrt{0.09(199/365)}} = 0.3742$$

$$d_2 = d_1 - \sigma\sqrt{t} = 0.1527$$

其次，查标准正态分布表，得到：

$$N(d_1) = N(0.3742) = 0.6459$$
$$N(d_2) = N(0.1527) = 0.5607$$

最后，计算看涨期权的价值：

$$C = SN(d_1) - Ke^{-rt}N(d_2) = 50 \times 0.6459 - 49 \times e^{-0.07\times199/365} \times 0.5607 = 5.85 \text{（美元）}$$

Black-Scholes 期权定价模型所确定的是看涨期权的价值，看跌期权的价值可以通过买权卖权平价推出。

与假设可能结果有限的二叉树方法相比，B-S 定价方法考虑到可能结果的连续分布，从而更加现实。不仅如此，它所得到的结果也比二叉树方法更加准确、更加方便。只要给定若干参数就可以计算期权的价值[①]。

---

① 关于 B-S 模型有些假设是很重要的：（1）对卖空不存在障碍和限制；（2）交易成本与税收是零；（3）期权是欧式的；（4）不支付股票红利；（5）股票价格是连续的，即没有跳跃；（6）市场连续运作；（7）短期利率已知且固定；（8）股票价格服从对数正态分布。这些假设是保证模型正确的充分条件，当这些条件不成立时，需要对公式进行一些微调后才能得到精确的结果。

第六章

资本成本

　　无论公司采用何种筹资方式，都不可能无偿使用所筹集到的资金。从投资者的角度，提供资本需要获得必要的报酬，公司必须提供给投资者期望的报酬率。从作为筹资方的公司的角度，资本成本是使用资金的代价。由于不同融资方式所筹集的资金的成本不同，因此资本成本是公司选择筹资方式和投资项目的重要依据。例如，对于投资项目决策而言，任何一项投资只有当它的投资收益率高于其融资的资本成本时，才是有利可图的，才能够实现正的净现值。如果公司某一项目所赚取的投资收益率等于资本成本，那么，公司价值将不会因此而提高；如果该投资收益率超过了资本成本，就取得了超额收益，这些具有超额收益的项目即净现值为正的项目将提高公司价值。

第一节　个别资本成本

个别资本成本指各种不同类别长期资本的成本，如长期借款的成本，普通股的资本成本等等。在估算个别资本成本时，通常以资本使用费占资本使用额比率的形式表示，资本使用费包括筹资费和付给资金提供者的报酬，而且所有的费用都折算为税后的费用，这是因为不同的筹资方式对公司的税收意义是不同的，我们需要在考虑了税收效应的基础上来确定和分析公司的资本成本。这与资本预算的现金流量分析中所有现金流量都按税后表示是一致的。

根据最新修订的《中华人民共和国企业所得税法》（2017年修订版），除了在中国境内未设立机构、场所的，或者虽设立机构、场所但取得的所得与其所设机构、场所没有实际联系的非居民企业适用于20%的所得税率外，居民企业和不适用20%税率的非居民企业均按25%的所得税率缴纳企业所得税。因此，25%税率适用于绝大多数企业，通常说企业所得税税率为25%。

一、估算负债成本

1. 长期债券成本

由于发行债券时可能按高于、低于或等于面值的价格发行，所以公司债券融资所获得的资本的成本不是由债券的票面利率决定，而是由债券的到期收益率决定的。当债券按面值发行时，其资本成本等于票面利率；当债券发行价格高于面值时，实际资本成本下降，折价发行时，实际资本成本上升。考虑到债券的筹资费用较高，还应从发行收入中扣除发行费用，因此，资本成本会有所上升；但由于债券的利息支付是在税前列支的，能够降低企业应税收入，带来节税利益，因此，需要从利息支出中扣除节税收入，使资本成本有所下降。因此，根据债券定价模型可以得到债券成本的计算公式为：

$$P_d(1-f_d) = \sum_{t=1}^{n} \frac{I_t(1-T)}{(1+K_d)^t} + \frac{B}{(1+K_d)^n}$$

式中：K_d 代表债券的成本；P_d 为债券的发行价格；f_d 为债券的筹资费率；I_t 为第 t 期的利息支付；n 为债券的期限；B 为债券的面值。

也可以按先计算税前的资本成本，即：

$$P_d(1-f_d) = \sum_{t=1}^{n} \frac{I_t}{(1+K_d)^t} + \frac{B}{(1+K_d)^n}$$

然后按 $K_d(1-T)$ 将税前成本调整为税后的成本。

为使计算进一步简化，当 n 很大时，可以忽略等式右边的第 2 项，将债券的偿付现金流看作是利息支付的永续现金流，于是可以得到简化的计算公式为：

$$P_d(1-f_d) = I(1-T)/K_d$$

整理后即可得到简化的债券资本成本估值模型如下：

$$K_d = \frac{I(1-T)}{P_d(1-f_d)}$$

假设公司按 940 元折价发行面值为 1000 元，票面利息率为 10%，20 年到期的债券。发行费为发行收入的 2%，公司的所得税率为 25%。由于该债券的期限较长，我们可以考虑用简化的债权成本估计其资本成本。将债券引起的现金流量代入上式，有：

$$k_d = \frac{100(1-0.25)}{940(1-0.02)} = 8.14\%$$

2. 长期借款成本

与债券一样，长期借款也是一种长期负债，在会计上利息支出也是税前列支，所以在不考虑借款的信用条件约束情况下，其利息费用就是其税前的资本成本，考虑税后的实际费用支出，其税后资本成本为：

$$K_L = \frac{I_L(1-T)}{L(1-f_L)}$$

式中：K_L 为长期借款的资本成本；I_L 是长期借款的利息支出；f_L 是长期借款的筹资费率；L 是长期借款的有效借款额；T 是公司的所得税率。

但由于长期借款的筹资费用很低，通常可忽略不计，因此，不考虑筹资费用时，长期借款的税后资本成本为：

$$K_L = r_L(1-T)$$

式中，r_L 为借款的利息率。

例如，某公司向银行取得 400 万元的长期借款，年利息率为 8%，期限 5 年，每年付息一次，到期一次还本。假定筹资费用率为 0.2%（主要是借款手续费）。公司的所得税率为 25%，则如果考虑筹资费用，公司长期借款的资本成本为：

$$k_L = \frac{400 \times 8\%(1-25\%)}{400(1-0.02)} = 5.88\%$$

如果不考虑筹资费用，则公司长期借款的资本成本为：

$$K_L = 8\%（1-25\%）= 6\%$$

由于贷款机构在签订贷款合同时，往往要规定一年内付息的次数、时间以及一些特定的信用条件，因此，公司在估算资本成本时，应综合考虑这些因素的影响。

考虑公司一笔 3 年期的长期贷款，其年名义利息为 12%，每半年度结息 1 次，到期一次还本，若公司所得税率为 25%，其资本成本是多少？

首先计算借款的实际年利率 R_L，然后再估算税后资本成本 K_L。

$$R_L = (1+12\%/2)^2 - 1 = 12.36\%$$

考虑下面这种情况，假设某公司从某银行取得一笔贷款，借款额为 1000 万元，年利率为 5%，期限 3 年，每年结息一次，到期一次还本。借款合同规定公司需保持 20% 的补偿性余额。若公司所得税率为 33%，那么这笔借款的资本成本会是多少？

由于公司必须将借款额的 20% 留在银行的账户中，不得动用，因此，公司的有效借款额降低，资本成本上升。于是，在不考虑补偿性余额所可能带来的利息收入影响时，该公司借款的资本成本为：

$$K_L = \frac{1000 \times 5\% \div (1-33\%)}{1000(1-20\%)} = 4.19\%$$

专栏6-1　　中小企业融资难　隐性成本不容小觑

尽管监管机构三令五申要支持小微企业信贷，信贷政策也一直在向小微企业倾斜，但现实中小微企业在贷款方面不仅要面对银行给出的苛刻条件，而且几乎没有议价能力，不得不承担高昂的隐性成本。尤其是夹在中间的担保公司贷款中介等机构，以为小微企业提供担保以及各种帮助为交换条件，不仅会在银行贷款基准利率之上再"抽水" 3 个点左右，还要扣留贷款额度的 10%~20% 作为保证金（原本应由担保公司向银行提供），而截留的担保金被担保公司用于放高利贷，获取高额的利息。一旦担保公司出现债务纠纷，贷款企业垫付的保证金一夜之间就被划走了。

企业主戴先生 2011 年 9 月申请 1000 万元贷款，贷款期限为三年，贷款利率是基准上浮 15%。而 1000 万元贷款中，40 万元给银行作为理财顾问费用；300 万元成为担保公司的截留资金；50 万元作为担保公司担保费；105 万元作为担保公司保证金；25 万元用于疏通各种关系；最后仅剩下 480 万元。

资料来源：《小微企业贷款担保乱象：贷款千万到手仅 480 万》，新浪网，http://finance.sina.com.cn/chanjing/cyxw/20140728/151619839431.shtml。

二、估算股权资本成本

1. 优先股成本

与债券定期付息类似，优先股每股的股利通常是固定的，所不同的是优先股的股利是从税后利润中支付的，没有抵税的作用。根据优先股定价模型可以推导出优先股成本的计算公式为：

$$K_p = \frac{d_p}{P_p(1-f_p)}$$

式中：K_p 为优先股成本；d_p 为优先股每年股利；P_p 为优先股发行价格；f_p 为优先股筹资费率。

假设某公司按面值发行每股面值为 1000 元，年股利率为 12%，筹资费用率为 2% 的优先股。将数据代入上式，得到优先股的成本为：

$$K_p = \frac{1000 \times 12\%}{1000 \times (1 - 0.02)} = 12.24\%$$

一般来说，优先股股东所承受的风险大于债权人，并且股利不能节税，相同的情况下，其成本通常高于债务融资，而且由于筹资费用较大，考虑了筹资费用后，资本成本通常高于年股利率。如上例，优先股的年股利率为 12%，而成本为 12.24%。

2. 普通股成本

尽管由于普通股的报酬率不确定，每年支付的股利也不固定，使得相对于其他的融资工具而言，普通股的成本最难估算，但从理论上说，仍然可以根据普通股的定价模型推导出其成本的计算公式。因此，常用的确定普通股成本的计算方法有两大类，即股利贴现模型和资本资产定价模型。

（1）股利贴现模型

这种方法是根据公司股利支付模式，通过相对应的股票定价模型推导得到估算资本成本的计算公式。例如，若公司采用固定股利支付额的股利政策，已知相应的股票定价模型为：

$$P_c = \frac{D_c}{r}$$

由此可推出，普通股成本的计算公式为：

$$K_c = \frac{D_c}{P_c(1-f_c)}$$

式中：K_c 为普通股成本；P_c 为普通股发行价格；f_c 为普通股筹资费率；D_c 为固定股利支付额。

假如公司采用固定股利增长率的分配政策，则根据相应的股票定价模型可以得到估算其成本的计算公式为：

$$K_c = \frac{D_1}{P_c(1-f_d)} + g$$

式中：g 为固定的股利增长率。

假设某公司发行普通股，面值1000元，发行价格为2000元，发行费用率为3%，预计第一年股利为150元，今后股利以8%的速率固定增长。由于该公司股利是按照固定增长率的模式发放的，因此，这批普通股的成本为：

$$K_c = \frac{150}{2000(1-0.03)} + 8\% = 15.73\%$$

由于普通股股东享有的剩余求偿权，承受的风险大，所要求的报酬高，并且股利必须从税后利润中支付，所以普通股的成本也最高。

对于公司股利发放情况的大量观察表明，多数情况下，股利既不是保持不变，也不是按固定比率增长，甚至有些公司在有些时期根本不发放股利。应用股利折现模型估算普通股的成本，需要对公司未来发放的股利额、支付股利的时间做出预测和假设，因此，这是一件极富挑战性的工作。

（2）资本资产定价模型

由于公司的资本成本实质上就是投资者所要求的必要报酬率，因此可以用资本资产定价模型来估算普通股的成本。根据资本资产定价模型，公司普通股的成本等于无风险利率加上适当的风险溢价，而适当的风险溢价等于按公司 Beta 值调整后的市场风险溢价。即：

$$K_c=R_f+\beta(R_M-R_f)$$

假设根据过去 5 年每月超额收益（超过无风险利率部分），Schlosky`s 油漆公司的 β 值被认为是 1.2。公司高管人员认为这一过去的关系在未来仍然成立。此外，假定股票市场的一般收益率为 13%，无风险利率预期为 8%。因为：$R_M=13\%$；$R_f=8\%$；$\beta=1.2$，将这些数据代入资本资产定价模型，可以得到该公司普通股的成本为：

$$K_c=8\%+1.2(13\%-8\%)=14\%$$

（3）公司长期债券收益率加风险溢价

估算普通股成本还可以考虑采用一种比较主观的方法，就是在公司长期债券收益率的基础上加上一定的风险溢价作为普通股成本。

例如，某公司的长期债券成本为 12%，根据经验，公司权益资本高于债券的风险溢价为 4.5%，因此该公司普通股成本为：$K_c=12\%+4.5\%=16.5\%$。

显然这种方法带有主观判断，所估算的普通股成本不是一个精确的结果，但它也确实提供了一个参考值。

为了得到比较合理的普通股的资本成本，可以同时运用以上几种方法来估计，如果几种方法得出的结果比较接近，则估计结果就可能比较合理；如果几种方法得出的结果相差太大，就需要作进一步的分析修正。

3. 留存收益成本

留存收益是公司税后利润中被留在公司内部用于未来发展而未作为股利发给股东的那部分收益。留存收益作为股东权益的一部分，虽然没有筹资费用，但并不是公司无偿使用的资金。因为这部分利润如果用于发放股利，股东可将它们进行投资以赚取收益，由公司保留作为留存收益后，可以当作是股东对公司的新投入，因此，留存收益的成本应相当于没有筹资费用的普通股的成本。

第二节 加权平均资本成本

一、加权平均资本成本的概念和计算

公司融资时,由于受多种因素的约束和影响,不会只从一种渠道取得所需资金。各种资金来源的成本不同,公司整体的最低资本成本只有从多种资金的有效组合中实现。加权平均资本成本通常用来表明公司整体的资本成本。

加权平均资本成本是以各类来源的资本额占总资本额的比重为权数,对个别成本进行加权平均而得到的。其计算公式为:

$$WACC = K_w = \sum_{i=1}^{m} w_i K_i$$

式中:$WACC$ 代表加权平均资本成本;w_i 代表第 i 类资本额的市场价值比重;K_i 代表第 i 类个别资本成本。

二、影响加权平均资本成本的因素

从加权平均资本成本的计算公式可以看出,公司的综合资本成本由两个因素决定:一是个别资本成本;二是各类资本占总资本的比重。

在市场经济环境中,多方面的因素综合决定着公司个别资本成本的高低,如总体经济环境、证券市场条件、市场利率水平、筹资费用、税率和相关政策法规等等。

总体经济环境决定着整个经济中资本的供给和需求,以及利率和预期通货膨胀水平,这些都反映在无风险报酬率上。利率作为经济中最受关注的一个经济变量,对于公司融资至关重要。市场利率决定了资本的报酬率水平和投资者所要求的必要报酬率,它构成了公司融资成本的主要部分,而风险溢价则体现了公司融资中与风险对应的成本。公司内部的经营风险和财务风险大,投资者就会要求较高的风险补偿,公司融资的成本也就大。为什么同样是发行债券融资,一个从事公用事业的公司与一个从事高风险的远洋航运事业的公司所发行的债券具有不同的利率?这是因为两个公司各自的风险不同,从而各自的风险溢价也就不同。为什么同一公司,采用普通股、债券、长期借款等不同的融资工具会导致不同的个别资本成本?这是因为不同的资金提供者在分享公司经营

成果时承担的风险不同。筹资费用同样会影响公司的资本成本。发行普通股的筹资费用高，而留存收益没有筹资费用，所以普通股权益资本成本高于留存收益的权益资本成本。证券市场条件影响证券投资的风险，进而影响证券的价格，再进一步就影响到公司的筹资成本。政府税收政策和法律法规也对公司资本成本产生直接或间接的影响。由于负债具有税收屏蔽的作用，在其他条件相同的情况下，公司所得税率越高的企业，其债务的税后资本成本就越低，选择债务融资就越有利。政府对资本利得征收较低的税率，就会鼓励投资者购买股票或更愿意将投资收益留在公司进行再投资，从而在一定程度上降低权益资本成本。

上述因素同样会直接间接地影响公司资本结构的选择，从而影响加权平均资本成本计算中的权重。此外，选择以不同价值基础计算的权重也会影响加权平均资本成本计算结果。通常在计算加权平均资本成本时，有以下三种可供选择的权重。

（1）以账面价值为基础的资本权重

以账面价值为基础是指根据各类长期资金的会计账面金额来确定各自占总金额的比重。这种方法的优点是可以直接利用会计数据，资料容易获得；缺点是由于账面价值反映的是资本过去的价值，不能代表公司资本当前的市场价值，只有当公司资本的市场价值与账面价值接近时，采用账面价值计算的权重计算加权平均资本成本才是合理的。另外账面价值比重还容易受到会计核算方法的影响。

（2）以市场价值为基础的资本权重

市场价值基础是指以各类长期资金当前市场价值占全部资金的市场价值比重计算得到各类资本的权重。这种方法计算的权重是计算加权平均资本成本比较适合的权重。因为公司无论是发行债券、股票还是借款，都是按照市场价值进行融资的。但是，一方面由于公司资本的市场价值不断变化，另一方面由于市场价值的数据不易取得，使得这种方法应用起来有一定局限性。

（3）以目标价值为基础的资本权重

公司根据自身特点和发展预期确定出的适合公司一定时期内努力保持的资本结构称为目标资本结构。以目标价值为基础是指以公司目标资本结构为计算加权平均资本成本的权重。这种方法体现了公司期望保持的资本结构的要求，能够较好地体现公司目前和未来融资要求，因此，是较为理想的权重选择。但由于目标资本结构很难客观确定，使得这种方法应用起来也有一定的局限性。

我们通过下面的例子进一步说明不同权重对公司加权平均资本成本的影响。假设长海公司各种长期资本的账面价值、市场价值和目标价值以及个别资本成本的资料如表 6.1 所示。

表 6.1　　　　　　　　长海公司的资本成本及资本结构

资本种类	账面价值（万元）	市场价值（万元）	目标价值（万元）	个别资本成本（%）
长期借款	800	800	2000	5.0
长期债券	1500	2000	4000	6.5
普通股	2500	4800	5000	12.0
留存收益	1500	3600	4000	11.5
合计	6300	11200	15000	—

分别计算以账面价值比重、市场价值比重和目标价值比重计算的该公司的加权平均资本成本分别如下。

① 按账面价值计算的加权平均资本成本为：

$$WACC = 5\% \times \frac{800}{6300} + 6.5\% \times \frac{1500}{6300} + 12\% \times \frac{2500}{6300} + 11.5\% \times \frac{1500}{6300}$$

$=5\% \times 12.7\% + 6.5\% \times 23.8\% + 12\% \times 39.7\% + 11.5\% \times 23.8\% = 9.7\%$

② 按市场价值计算的加权平均资本成本为：

$$WACC = 5\% \times \frac{800}{11200} + 6.5\% \times \frac{2000}{11200} + 12\% \times \frac{4800}{11200} + 11.5\% \times \frac{3600}{11200}$$

$=5\% \times 7.1\% + 6.5\% \times 17.9\% + 12\% \times 42.9\% + 11.5\% \times 32.1\% = 10.4\%$

③ 按目标价值计算的加权平均资本成本为：

$$WACC = 5\% \times \frac{2000}{15000} + 6.5\% \times \frac{4000}{15000} + 12\% \times \frac{5000}{15000} + 11.5\% \times \frac{4000}{15000}$$

$=5\% \times 13.3\% + 6.5\% \times 26.7\% + 12\% \times 33.3\% + 11.5\% \times 26.7\% = 9.5\%$

计算结果表明，按照不同的价值权重计算所得到的长海公司的加权平均资本成本是不同的。

三、对于资本成本的进一步讨论

1. 如何看待折旧资金

折旧与留存收益一样，都是公司的内部资金来源。关于留存收益有成本，并且应该采用估算权益资本成本的方法来估算的观点，比较容易让人理解并接受，因为留存收益直接地增加了公司的权益资本。而对于折旧，似乎就没有这么简单。要解决这个问题，首先需要弄清楚折旧是否是一种资金来源，如果是，它是一种什么性质的资金来源?

折旧被列入公司的经营成本,表面上看,它并没有引起公司权益或负债价值的任何变动。但正如在投资决策分析中已反复强调过的,折旧并没有引起现金流出,也就是说折旧并不是公司实质性的现金支出,通过销售收入收回的折旧资金留在了公司内部,成为公司可以应用的资金。因此,与留存收益一样,折旧作为一种公司内部资金来源,是有成本的。

那么,折旧是一种什么性质的资金呢?设想,如果公司预期的经营年限与其固定资产的使用年限相同,公司不需要考虑维持简单再生产或扩大再生产,于是折旧资金也就不需要用于补充和更新固定资产。那么,公司要做的事情就是把折旧资金返还给为公司的固定资产投入资本的投资者。而公司返还折旧资金时,显然应该按照公司资本结构的比例分别返还给股东和债权人,因为股东和债权人对公司资产的投入比例是与公司资本结构一致的。但如果公司是持续经营的,折旧资金被留下来用于公司的固定资产更新或其他的生产经营活动,那么就相当于公司股东和债权人将资金按资本结构的比例再次投入公司。理解了折旧资金的性质后,如何估算折旧资金成本的问题也就迎刃而解了,显然,折旧资金的成本就是公司股东和债权人所要求的必要投资报酬,即公司的加权平均资本成本。

2. 如何看待短期负债的成本

公司的短期负债包括各种应付款、短期借款和公司发行的短期融资券。在正常的付款期内,应付款是公司一项无偿的资金来源,没有成本。而银行借款和短期融资券需要支付利息,是有成本的。但通常估算公司加权平均资本成本时并不考虑这部分成本。原因在于:首先,短期负债数量、时间和利息率都不确定,而且通常都是暂时性的,或者可以由公司所持有的短期投资相抵,因此忽略短期负债成本对于公司整体的资本成本的影响不会很大。其次,在融资分析中,关于资本结构的概念通常有广义和狭义之别。广义的资本结构指公司所有资本的构成及其比例关系,既包括长期资本,也包括短期资本。狭义的资本结构仅指长期资本的构成及其比例关系。由于在公司金融学体系中,短期融资通常放在营运资金管理中讨论,所以理论上通常采用狭义的资本结构的概念。相应的,在计算公司加权平均资本成本时一般也就不考虑短期负债的成本问题。但是如果公司长期持有大量的短期负债,特别是当短期负债比例占公司资本比例很高时,短期负债实质上已成为公司的一种长期性资金来源,这种情况下,就不能不考虑短期负债成本对公司整体资本成本的影响。此时，在计算加权平均资本成本时必须加入短期负债的成本和相应的权重因子。

3. 为什么选择目标市场价值比重为权重

前面在讨论影响公司加权平均资本成本的因素时，我们已经说明了选择市场价值比重的理由。需要指出的是，估算权益和负债的市场价值比重，需要测算公司权益和负债的市场价值。如果公司的股票和债券是公开交易的，则比较容易获得市场价值的数据，否则就必须利用相关的估价模型求出其市场价值。因此，在实践中为了简化计算和分析过程，往往用账面价值比重代替市场价值比重，尽管从理论上来说这样处理是不合理的。

至于为什么要选择目标资本结构，正如前述分析所指出的，公司的加权平均资本成本必须反映公司权益和负债市场价值的相对比例。可是我们在某一时点观察到的公司权益和负债市场价值的相对比例可能并不是公司的目标资本结构，因为有许多原因都会造成公司偏离其目标资本结构。例如，筹资费用的影响。在给定总筹资额的前提下，如果每次筹资都按照目标资本结构的比例筹集一定数量的权益资本和债务资本，就会降低每一类资本的筹资规模，相应增加筹资费用所占比例。现实的情况是，如果公司在近期发行了普通股，使其资本结构中权益比重高于目标资本结构中的权益比重，为了重新达到目标资本结构，公司在一段时间后就会发行债券。再如，公司在筹资时还会根据资本市场的情况选择筹资方式。通常当债券利率较低时，公司倾向于发行债券或贷款来取得所需资金，而在股票市场繁荣时，热衷于发行普通股融资。出于上述种种原因，公司在融资时往往会交替使用权益和债务筹资，从而导致对公司目标资本结构的暂时性偏离。在这种情况下，我们不能简单地以某一时点的资本结构作为权重来反映公司的综合资本成本，否则就有可能导致错误的决策。

假设 X 公司的目标资本结构是普通股与债券各占 50%。公司债券的税后成本为 8%，普通股的成本为 15%，以目标资本结构为权重，可以得到公司的加权平均资本成本为 11.5%（WACC=8%×50%+15%×50%=11.5%）。

假如公司现有一个投资项目 A，初始投资额为 1 亿元，其内部收益率为 11%。根据净现值准则，由于其内部收益率低于公司的综合资本成本，显然不应该接受 A 项目。但是，如果公司目前采用发行债券的方式为此项目融资，从而使公司目前权益债务比下降为 40∶60。若债券的税后成本仍然为 8%，以此时的权益债务比为权重所得到公司的加权平均资本成本为 10.8%

（WACC=8%×60%+15%×40%=10.8%）。如果以此时的加权平均资本成本为依据，却可以接受 A 项目。

假设半年后公司又有一个投资项目 B，初始投资额也是 1 亿元，其内部收益率也是 11%。为了重新达到目标资本结构，这次公司决定采用发行普通股的方式融资，普通股的资本成本还是 15%。发行普通股后，公司的加权平均资本成本重新回复到 11.5%。显然，根据净现值准则，应该拒绝 B 项目。

在公司经营风险等其他情况都没有重大变化的情况下，仅仅由于选择了不同的权重，导致了内部收益率同样是 11% 的两个项目，一个被接受，一个却遭到拒绝，这样的决策结果显然是不合理的。既然公司是一个长期存在的经济实体，其综合资本成本就应该体现其长期保持的目标资本结构，而不是某一次筹资的资本成本。

第三节　边际资本成本

一、边际资本成本的概念

边际资本成本是与筹资规模相联系的资本成本，它指每新增加一个单位资本而增加的成本。

用一般商品的供给曲线解释资本的供给，资本供给的增加通常伴随着资本价格的上升。对筹资公司而言，意味随着筹资规模的扩大，需要付出更高的价格。因此，从资本供给方面看，公司的资本成本（不论是个别的还是综合的）会随着筹资规模的变化而发生变化；从资本需求方看，已经拥有一定数量资本的企业在筹措新增资本时，偿债风险也会发生相应的变动。因此，公司新筹资本的成本往往会与已筹资本的成本不同，特别是在某些融资点上，资本成本会突破原有成本，这些突破点就是边际资本成本。

例如，某公司希望通过向银行借款筹集 1000 万元的资金，经与贷款银行协商，贷款银行提出，如果借款额在 500 万元以下，利息率为 8%，若借款额在 500 万元与 1000 万元之间，由于公司财务风险加大，需按 9% 的利率支付利息。在这里，500 万元规模的借款额是边际资本成本的突破点。假如公司的所得税率为 33%，容易算出，该公司的长期借款的边际资本成本分别为 5.36%（8%×（1-33%）=5.36%）和 6.03%（9%×（1-33%）=6.03%）。

二、边际资本成本的测算

由于公司资本成本会随着筹资规模而变动，因此就需要测算不同筹资范围内的边际资本成本。下面的例子说明了如何测算公司的边际资本成本。

假设，瑞安公司目前的资本总额为 1000 万元，其中公司债券 200 万元，优先股 50 万元，股东权益 750 万元。公司下一年度准备筹措新的资本，财务人员分析了资本市场的状况和公司的筹资能力，得到以下数据：①公司若发行债券，规模在 100 万元以下，税前利息率为 10%；规模在 100 万元以上 500 万元以下，税前利息率为 12%；规模在 500 万元以上，税前利息率为 15%。②公司若发行优先股筹资，其成本始终都是 13%；③预计可新增留存收益 300 万元。留存收益的成本为 15%。若发行新股，发行费用为发行收入的 8%。公司的所得税率为 33%。

可按下列步骤求出不同筹资额范围内的加权平均资本成本。

第一步，确定公司的目标资本结构。假设经财务人员分析后认为，瑞安公司目前的资本结构可作为目标资本结构。于是可以得到公司的目标资本结构为长期债务 20%，优先股 5%，普通股权益 75%。

第二步，计算个别边际资本成本。测算结果如表 6.2 所示。

表 6.2　　　　　　　瑞安公司的个别边际资本成本测算表

资本种类	筹资额	资本成本
公司债券	100 万元以下	k=10%（1–0.33）=6.7%
	100 万 ~ 500 万元	k=12%（1–0.33）=8.04%
	500 万元以上	k=15%（1–0.33）=10.05%
优先股	任意	k=13%
普通股权益	300 万元以下（留存收益）	k=15%
	300 万元以上（发行新股）	k=15%/（1–0.08）=16.3%

第三步，计算筹资总额的分界点。根据公司目标资本结构和个别边际资本成本计算公司筹资总额的分界点，测算结果如表 6.3 所示，所采用的计算公式为：

$$筹资总额分界点 = \frac{某类资本在一定成本下的筹资额}{该类资本在总资本中所占比重}$$

表 6.3　　　　　　　瑞安公司筹资总额分界点测算表

资本种类	个别资本成本	筹资额的分界点	筹资总额范围
公司债券	6.7%	100 万元 /0.2=500 万元	0 ~ 500 万元
	8.04%	500 万元 /0.2=2500 万元	500 万 ~ 2500 万元
	10.05%	—	2500 万元以上

续表

资本种类	个别资本成本	筹资额的分界点	筹资总额范围
优先股	13%	—	—
普通股权益	15%	300万元/0.75=400万元	400万元
	16.3%	—	400万元以上

第四步,测算加权平均边际资本成本。根据上述筹资总额分界点的测算,划分具有不同资本成本的筹资范围,并计算出相应各筹资范围内的加权平均资本成本。具体计算过程如表6.4所示。

表6.4　　　　　　　瑞安公司边际加权平均资本成本测算表

筹资总额范围	个别资本成本		权重	加权平均资本成本
0～400万元	公司债券	6.7%	20%	6.7%×0.2=1.34%
	优先股	13%	5%	13%×0.05=0.65%
	普通股权益	15%	75%	15%×0.75=11.25%
				WACC=13.24%
400万～500万元	公司债券	6.7%	20%	6.7%×0.2=1.34%
	优先股	13%	5%	13%×0.05=0.65%
	普通股权益	16.3%	75%	16.3%×0.75=12.23%
				WACC=14.22%
500万～2500万元	公司债券	8.04%	20%	8.04%×0.2=1.61%
	优先股	13%	5%	13%×0.05=0.65%
	普通股权益	16.3%	75%	16.3%×0.75=12.23%
				WACC=14.49%
2500万元以上	公司债券	10.05%	20%	10.05%×0.2=2.01%
	优先股	13%	5%	13%×0.05=0.65%
	普通股权益	16.3%	75%	16.3%×0.75=12.23%
				WACC=14.89%

也可以将边际资本成本绘制成图来反映,如图6.1所示。

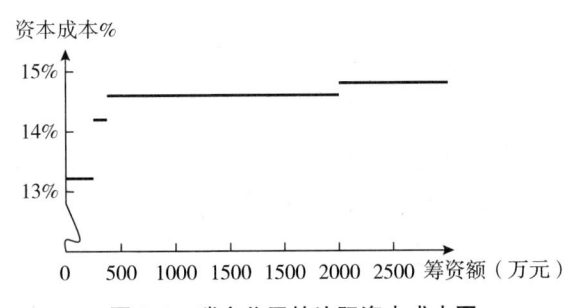

图6.1　瑞安公司的边际资本成本图

第四节　投资项目的资本成本

资本成本不仅是公司筹资决策时需要考虑的重要问题，而且与公司投资决策紧密相关。在资本预算中，资本成本作为计算投资项目净现值的贴现率和选择投资项目的依据，一旦在应用中出现错误就会导致错误的决策和公司资金的不合理分配，并最终影响公司的价值。虽然本书在讨论资本预算问题时，曾经简单地提到以税后资本成本为贴现率，但并未展开深入的讨论，本节将对项目资本成本的估算及其在资本预算中的应用等问题展开讨论。

一、项目资本成本的涵义

项目资本成本是指能够反映投资项目风险的融资成本，通常用加权平均资本成本代表项目的融资成本，并以此作为资本预算中计算项目现值或净现值的贴现率，以及评估项目的门坎利率（hurdle rate）。

在资本预算中，估计项目税后净现金流时，通常并没有扣除负债融资所引起的利息支出，也没有考虑利息的节税作用。如果项目完全依靠权益融资，那么资本的机会成本就是项目资本成本[1]，是计算项目现值的正确的贴现率。但是如果除了权益资本外，项目还投入了债务资本，那么债务融资的融资成本和节税效应就不应该忽略。由于在加权平均资本成本的计算中，已经反映了利息及其税盾的价值，以及融资因素的影响，因此，用加权平均资本成本代表项目的资本成本对项目的税后净现金流贴现就可以正确地反映项目的价值，而不需要对项目的现金流量进行调整。

二、资本预算中采用公司加权平均资本成本的前提

在资本预算中，采用实施项目的公司的加权平均资本成本来代替项目的资本成本计算项目的价值需要满足以下前提：
① 项目的经营风险与实施项目的公司的其他资产的风险相同。
② 项目并不影响实施项目的公司的整体资本结构，项目保持相同的融资比例。

---

[1]　指资本市场上风险等同的资产的期望收益率。从投资者的角度来解释，也就是股权投资者所要求的必要回报率。

假如项目的经营风险大于公司现有资产的平均风险，投资者对项目期望的回报率就会相应提高，公司的加权平均资本成本也就不能够代表项目的资本成本。虽然股东和债权人的回报是从实施项目的企业所创造的总现金流中得到的，而不是从项目创造的现金流中得到的，但这并不能改变项目的期望回报率应当等于投资者从其他风险等价的项目中所得到的回报率这个事实。

例如，为了简便起见，假设 M 公司没有负债，其权益的 β 值为 1.0，市场无风险收益率为 7%，市场风险补偿为 6%，则可根据资本资产定价模型估计 M 公司的权益资本成本为 13.0%（7%+1.0×6%=13.0%），由于 M 公司没有负债，所以其权益资本成本就是其加权平均资本成本。进一步假设，M 公司打算按照公司的资本成本决定项目的取舍。因此，它将接受任何回报率高于 13.0% 的项目，拒绝所有回报率低于 13.0% 的项目。现在，公司有两个待决策的项目，一个是低风险的 A 项目，其 β 值为 0.6，内部收益率为 12%；另一个是高风险的 B 项目，其 β 值为 1.5，内部收益率为 15%。以公司的资本成本为门坎利率，应接受 B 项目，拒绝 A 项目。但是，根据项目的风险状况，用资本资产定价模型估计得到的投资者所期望的报酬率分别是：A 项目为 10.6%（7%+0.6×6%=10.6%），B 项目为 16%（7%+1.5×6%=16%）。由于 A 项目的回报率高于投资者期望的回报率，显然应该接受而不是拒绝 A 项目；而 B 项目的回报率低于投资者期望的回报率，显然应该拒绝而不是接受。可见，不考虑项目的风险情况，仅以公司资本成本为资本预算的判断标准，可能会错误地接受一些高风险的项目，放弃一些低风险的项目。如图 6.2 所示。

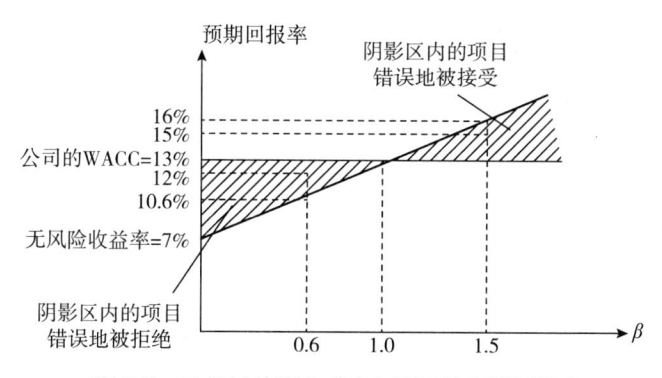

图 6.2　M 公司的资本成本和项目的预期回报率

由于资本结构的变化不仅会影响加权平均资本成本计算中的权重，而且通过影响财务风险，进而影响个别资本成本，因此，如果项目的目标资本结构与公司的总体资本结构具有本质的差异，公司的加权平均资本成本也就不能够代表项目的资本成本。注意：这里强调的是本质的差异，认识这一点很重要，否则将很容易出现错误。

例如，上例中 A 项目需要 200 万元的投资额，正好有家银行主动表示愿意贷款给 M 公司，所以 M 公司决定向银行贷款 200 万元，借款利息率为 7.5%，公司的所得税率为 33%。那么是否可以认为 A 项目的资本结构就是 100% 的负债，因此项目的资本成本就是 5.03%（7.5%×0.67）呢？不能这样认为。因为投资项目的融资一般不会超然独立，公司之所以能够以 7.5% 的利率借到 200 万元的长期借款，并不是由于项目而是由于公司有足够的权益和其他有价值的资产作为担保。如果公司并不打算改变其融资政策，那么公司归还贷款后又将回复到其百分之百股权资本的目标资本结构。但是，如果公司负债政策因此而发生了变化，比如 M 公司决定从此改变其百分之百权益资本的资本结构，则需要根据变化后的目标资本结构调整其加权平均资本成本。再就是如果项目的负债能力确实与公司现有资产存在着本质差异，例如，A 项目经营业务和经营风险与 M 公司现有业务完全不同，因此，具有完全不同的目标资本结构，这时需要根据项目自身的目标资本结构估算项目的加权平均资本成本。

三、估算项目的资本成本

当项目风险和资本结构与实施项目的公司不同时，需要估算项目的资本成本。下面将通过一个例子来说明估算项目资本成本的基本方法和步骤。

欣欣家电公司目前打算进入风险较大的计算机行业。由于新项目业务与公司原有业务完全不同，需要估计新项目的资本成本。

第一步：选择代表公司。

当项目的风险与公司不同时，常用的方法是通过选择与项目风险相似的代表公司，以代表公司的资本成本数据为依据调整得到项目的资本成本。所选公司应该与项目具有相似的资产、运营方式、经营风险和成长机会等。如果能够得到同一行业中几个很相似的公司，可以对这些公司的数据进行综合平均。

假设欣欣公司的分析人员搜集了若干家计算机生产厂商的数据，经整理后得到的平均值及相关的市场数据如表 6.5 所示。

表 6.5　　　　　　　　　　欣欣公司新项目的相关市场数据

代表公司负债比率	代表公司 β 的平均值	代表公司平均债务利息率	市场无风险利率	市场风险报酬率
0.5	1.5	10.5%	7%	6%

第二步：估计项目的目标资本结构。

假设欣欣公司的目标资本结构为：负债占 30%，权益占 70%。考虑到计算机制造业的特殊性，公司分析人员认为采用代表企业的资本结构作为新项目的资本结构要比采用公司的目标资本结构更适合，即新项目的资本结构按债务和权益各占 50% 估计。

第三步：估计项目的个别资本成本。

假设新项目的所得税率为 33%，容易得到新项目的债务资本成本为：

$$K_D=10.5\%(1-0.33)=7.04\%$$

新项目的权益资本成本可以通过资本资产定价模型求出：

$$K_E=7\%+1.5\times6\%=16\%$$

这里，由于假定新项目采用与代表企业相同的资本结构，所以可以直接用代表企业的 β 值代入资本资产定价模型以求出新项目的权益资本成本。如果新项目的目标资本结构与代表企业不同，就必须首先估计新项目目标资本结构下的 β 值，然后估计权益资本成本。这主要是因为权益的 β 值不仅反映公司的经营风险而且反映财务风险。欣欣公司财务分析人员所搜集并整理后得到的计算机厂商的 β 值代表的是当平均负债率为 50% 时的财务风险，如果项目的负债率与此不同，则其权益的 β 值也要相应调整。

以 $\beta_{无杠杆}$ 代表完全权益融资时权益的 β 值，此时公司所有者面临的只是经营风险，没有负债，因此不存在财务风险；以 $\beta_{杠杆}$ 代表负债时权益的 β 值，两者之间存在以下关系：

$$\beta_{杠杆}=\beta_{无杠杆}[1+(1-税率)\frac{负债}{权益}]$$

也可以将上式表示为如下形式：

$$\beta_{无杠杆}=\frac{\beta_{杠杆}}{[1+(1-税率)\frac{负债}{权益}]}$$

利用上述公式就可以方便地根据项目的目标资本结构计算项目权益的 β 值。

假如，欣欣公司的新项目仍然保持公司的目标资本结构，则可以通过以下方法估计出新项目权益的 β 值。

首先计算无负债计算机厂商的权益 β 值：

$$\beta_{\text{无杠杆}} = \frac{1.5}{[1+(1-0.33)\times 1]} = 0.898$$

有了无杠杆时权益的 β 值，根据公司目标负债率，计算负债率为30%时的 β 值，可得到：

$$\beta_{30\%\text{负债}} = 0.898[1+(1-0.33)\frac{30}{70}] = 1.156$$

第四步：计算新项目的加权平均资本成本。

按照加权平均资本成本的计算公式，可以得到欣欣公司新项目的资本成本为：

$$WACC_{\text{新项目}} = 7.04\% \times 0.5 + 16\% \times 0.5 = 11.52\%$$

根据上述计算结果，只有当新项目的内部收益率大于11.52%，欣欣公司才应该接受。

四、利用边际资本成本进行投资决策

边际资本成本反映了不同筹资规模下的资本成本，而加权平均资本成本则反映了在不同筹资规模下，资金提供者所要求的综合回报率。因此，随着公司投资规模的不断扩张，公司的筹资规模也在增加，这时，应根据变化的边际资本成本来进行投资决策。

假设望京公司需要在下述几个并不相斥的投资项目中进行选择，这些项目投资风险与目标资本结构均与公司现有资产相同。公司分析人员已经测算出各项目的投资额和内部收益率，以及公司的目标资本结构和边际资金成本，如表6.6和表6.7所示。

表6.6　　　　　　　　望京公司所面临的投资项目

项目	投资额（元）	年现金流量（元）	项目寿命（年）	内部收益率（%）
A	200000	55757	5	12.2
B	150000	33917	7	13.0
C	250000	43344	10	11.5
D	350000	90005	6	14.0
E	200000	41250	8	12.7
F	250000	106781	3	13.5

表 6.7　　　　　　　　　　望京公司的边际资本成本

筹资总额范围	个别资本成本		比重	加权平均资本成本
0~700000	负债	6%	0.3	12%
	优先股	12%	0.1	
	普通股	15.0%	0.6	
700000~1000000	负债	6%	0.3	12.5%
	优先股	12%	0.1	
	普通股	15.9%	0.6	
1000000 以上	负债	7.2%	0.3	12.9%
	优先股	12%	0.1	
	普通股	15.9%	0.6	

为了更直观地进行比较,可以将上述投资项目的内部收益率和公司的边际资本成本绘在同一个图中,见图 6.3。图中,虚线表示公司的边际资本成本,实线表示项目的内部收益率,线段的宽度则表示投资额或筹资额。

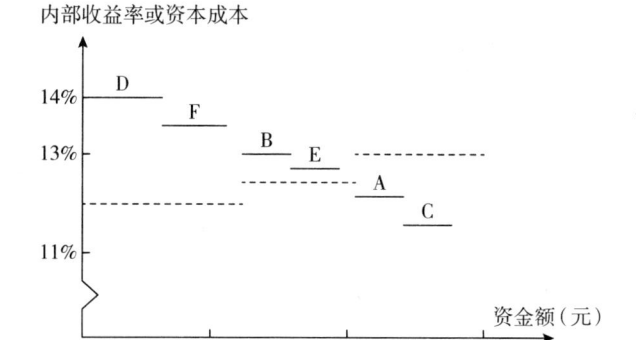

图 6.3　望京公司的边际资本成本与项目的内部收益率图

在图 6.3 中,项目按照收益率由高到低排列,边际资本成本由低到高排列,容易看出,公司应该选择内部收益率高于同一筹资范围的边际资本成本的项目。因此,望京公司应该选择 D,F,B 和 E 项目,放弃 A 和 C 项目。

第七章

公司价值评估

20世纪80年代活跃的公司控制权市场的出现，使得公司价值评估的重要性日益突显。而适当的评估方法是公司价值准确评估的前提。目前，有多种公司价值评估的方法，本章主要介绍应用较为广泛的基于现金流的价值评估方法和比较价值法，并通过这些方法在公司购并活动中的应用以加深读者的理解。

第一节 公司价值评估的方法

最常用的公司价值评估的方法是贴现现金流估价法和比较价值法。贴现现金流估价法认为公司的价值应该等于预期公司在未来可能产生的全部现金流的现值总和。比较价值法认为同类的具有"可比性"的公司之间的某些财务指标与公司价值的比率是大致相同的，因此，以通过"可比"公司的某一财务指标与公司价值的比率估计被评估的公司的价值。当然，评估公司价值的方法并不只这两种，还有期权估价法、清算价值法和重置价值法等。期权估价法应用期权定价模型来估计具有期权特性的公司资产以得到公司的价值，清算价值法通过测算公司资产的清算价值并加总得到公司价值从期权特性的角度，而重置价值法则按照公司资产的重置价值估计公司价值。下面，将介绍贴现现金流估价法和比较价值法这两种最常用的公司估价法。

一、比较价值法

1. 基本原理

比较价值法的基本原理是在参考"可比"公司价值与某一财务指标的比率的基础上，通过该比率与被评估公司的这一财务指标的乘积而计算得到被评估公司的价值。经常采用的财务指标有营业收入、利润、现金流、资产账面价值等，常用的比率有：市价/收入比率、市盈率、市价/现金流比率、市价/账面价值比率等。例如，已知A公司股东权益账面价值为5000万元，其"可比"公司B的股东权益的市场价值为8000万元，账面价值为4000万元，则可计算得到B公司股东权益的市价/账面价值比率为2。根据B公司的这一比率和A公司股东权益的账面价值可以得到A公司股东权益的市场价值为：5000万元×2=10000万元。

比较价值法主要用于估计权益资本的价值，如果要得到公司的整体价值可以加上债务的账面价值。

应用比较价值法需要满足两个基本前提：一是所选择的用于计算比率的公司与被评估公司必须具有可比性，二是市场对"可比"公司的定价必须是正确的。例如，行业平均市盈率是常用的一个比率，但应用该比率时要求该行业中其他公司与被评估的公司之间具有可比性，并且市场对这些可比公司的定价是正确的。市场价格与账面价值比率也是被广泛应用的一个财务比率，如果可比公司的市场价格低于账面价值，应用该比率估价就意味着被评估公司也应该折价出售。

比较价值法的魅力在于简单且易于使用，尤其是当金融市场上有大量"可比"公司在进行交易时，应用起来比较方便。但是可比价值法也很容易被操纵和误用。因为事实上很难找到在风险和成长性等方面完全相同的两个公司，"可比"公司的定义只是一个主观的概念。

2. 常用的比率

（1）市盈率

市盈率在估价中被广泛应用的原因很多，最主要原因有三个：①市盈率易于计算，且容易得到；②它是直接将股票价格与公司盈利联系在一起的统计比率；③它反映了市场对公司未来盈利的预期，比较好地反映了公司的特征。

市盈率估价法也存在一定的局限性，主要表现在以下几个方面：①市场并不总是正确的，如果市场对某个公司或行业的前景过于乐观或过于悲观，则该公司或该行业内公司的股价必然被高估，从而导致对公司估价的错误。②公司收益的波动往往会导致市盈率在不同时期出现戏剧性的变动。例如，由于周期性公司的盈利通常与宏观经济周期变动一致，而价格反映的是投资者对未来盈利的预期，因此，对于周期性公司而言，其市盈率在经济衰退期会处于高峰，而在经济繁荣期则会处于谷底。③会计利润容易受到人为因素的影响，在会计利润失真的情况下，市盈率也不可靠。④当每股收益为负值时，市盈率是没有意义的。

预期增长率、红利支付率和风险这些决定价值的基础因素同样是决定公司市盈率高低的基本因素。

已知 $DPS_1=EPS_0×$（红利支付率）$×（1+g）$，所以稳定增长公司的股权资本的价值可以表示为：

$$P_0 = \frac{DPS_1}{r-g} = \frac{EPS_0 \times 红利支付率 \times (1+g)}{r-g}$$

则有其市盈率为：$\dfrac{P_0}{EPS_0} = \dfrac{红利支付率 \times (1+g)}{r-g}$

可见，市盈率与红利支付率和增长率为正相关关系。而由于风险越高，其贴现率 r 也越高，因此，市盈率与公司风险程度为负相关关系。

在投资决策中，有经验的机构投资者或分析人员常常会通过简单比较公司的市盈率与预期增长率来确定公司的价值是被高估还是低估。一般认为市盈率低于增长率的公司的价值是被低估了的。更多情况下，是使用市盈率与增长率的比率度量公司价值，与其他公司相比，这一比率较小的公司则被认为其价值被低估了。

国与国之间、不同市场之间、不同行业之间、不同公司之间以及不同时期的市盈率，由于红利支付水平、增长率、市场利率、风险水平等基本因素不同而呈现出很大的区别，因此，不应该简单地将它们之间进行比较。

在用可比价值法评估公司价值时，为了避免误用市盈率，可以考虑选择一组可比公司而不是一家可比公司，计算这一组公司的平均市盈率，然后根据被评估公司与可比公司之间的差别再对平均市盈率进行适当的主观调整。不过这种方法仍然无法避免被评估公司与所选择的一组公司在基本因素方面的差异，也仍然很难避免选择可比公司时主观因素的作用。因此，也可以利用公司的全部截面数据进行多元回归分析来估计市盈率。当然回归分析也有不足。例如以市盈率为被解释变量，以影响市盈率的基本财务指标为解释变量时，解释变量之间的相关性往往使得回归系数很不可靠。此外基本财务指标与市盈率之间的线性关系也不稳定。这些都可能使得从回归模型得出的预测结果不可靠。

（2）价格/账面价值比率

价格/账面价值比率也是被广泛应用的比率之一，其优点主要是：①账面价值是资产价值的一种相对稳定和直观的度量，特别是对那些不相信现金流贴现方法的投资者而言，市价与账面价值比提供了一个非常简单的比较标准；②该比率提供了一种合理的跨企业的比较标准，投资者可以通过比较同行业不同公司的比率来发现价值被低估或高估的公司；③即使是那些盈利为负，从而无法用市盈率估价的公司也可以用这个比率估价。

应用价格/账面价值比评估公司价值的主要弊端在于：①与计算公司利润一样，公司资产的账面价值也会受到折旧方法和其他会计政策的影响；②对于那些固定资产很少的行业，如服务行业采用该比率意义不大；③对于多年负利润的公司，其净资产的账面价值可能为负，则无法应用该比率。

与市盈率一样，一家公司价格/账面价值比率的高低取决于公司净资产收益率、红利支付率、增长率和风险等基本因素。以稳定增长的公司为例，已知其股东权益的价值如下式所示：

$$P_0 = \frac{DPS_1}{r-g} = \frac{EPS_0 \times 红利支付率 \times (1+g)}{r-g}$$

现令：净资产收益率（ROE）=EPS/股东权益账面价值（BV），并将其代入上式，可以得到以下关系式：

$$P_0 = \frac{DPS_1}{r-g} = \frac{EPS_0 \times 红利支付率 \times (1+g)}{r-g}$$

将上式改写为价格/账面价值比率，则有：

$$\frac{P_0}{BV_0} = \frac{ROE \times 红利支付率 \times (1+g)}{r-g}$$

可见，价格/账面价值比率与净资产收益率、红利支付率和增值率之间为正相关关系，与公司的风险程度为负相关关系。其中净资产收益率不仅直接影响该比率的高低，而且通过影响增长率和红利支付率间接地影响该比率。了解了净资产收益率与价格/账面价值比率的这种关系，我们就不难理解为什么净资产收益率高的公司的市场价格高于账面价值，净资产收益率低的公司的市场价格低于账面价值。更重要的是，考察净资产收益率与价格/账面价值比率之间是否匹配，可以帮助投资者寻找到价值被低估的公司——具有低价格/账面价值比率但高净资产收益率的公司。

应用比较价值法选择可比公司估计价格/账面价值比率时，最常用的方法是选择一组可比公司计算其平均的价格/账面价值比率，然后再根据被评估公司与可比公司之间在基本因素方面的差异，特别是净资产收益率方面的差异进行调整。当然也可以利用截面数据进行回归分析来估计价格/账面价值比率。

托宾 Q 值（资产的市场价值/资产的重置成本）常被用来替代价格/账面价值比率。当通货膨胀导致资产价格上升或技术进步导致资产价格下降的时候，托宾 Q 值能够提供资产价值较好的判断标准。托宾 Q 值的缺陷在于有些资产具有很强的独特性，使得其重置成本很难估计。而且即便可以得到资产的重置成本，通常也不容易计算，往往需要很多的信息。

（3）价格/销售收入比率

价格/销售收入比率在很多方面吸引着投资者和分析师。首先，它不会变为负数，在任何情况下，即使经营十分困难的公司也可以应用它进行估价；其次，与账面价值和利润不同，它不受折旧、存货等会计政策的影响，对于采用不同会计政策的公司也可以进行比较；再有，它比较稳定，不似利润那样对经济周期敏感，因此不会像市盈率那样易变。这是价格/销售收入比率最大的优点。

价格/销售收入比率最大的问题在于：当公司的成本控制出现问题时，尽管利润和账面价值会出现显著下降，但是销售收入不会大幅度下降。其结果可能使得人们对一个有着负利润和负资产账面价值的公司估价时，因无法识别各公司的成本、利润方面的差别而导致错误的评判。

决定价格/销售收入比率高低的基本因素是公司净利润率、红利支付率和公司的风险程度。仍以稳定增长的公司为例。定义净利润率等于每股净利润除以每股销售收入，即：$PM=EPS/SPS$，则一个稳定增长公司的权益资本价值可以表示为：

$$P_0 = \frac{PM_0 \times SPS_0 \times 红利支付率 \times (1+g)}{r-g}$$

改写为价格/销售收入的形式，有：

$$\frac{P_0}{SPS_0} = \frac{PM_0 \times 红利支付率 \times (1+g)}{r-g}$$

价格/销售收入比率在很大程度上受到净利润率的影响，一方面净利润率的减少直接降低该比率，另一方面较低的净利润率导致较低的增长率，进而降低该比率。正因为如此，处于高净利润率行业中的公司通常具有较高的价格/销售收入比率，而处于低净利润率行业中的公司通常具有较低的价格/销售收入比率。通过考察净利润率与价格/销售收入比率之间是否匹配可以帮助投资者寻找被错误定价的公司。如果一个公司具有较高的价格/销售收入比同时拥有较低的净利润率，则说明该公司股东权益的价格可能被高估了。相反，如果一个公司具有较低的价格/销售收入比率却同时拥有较高的利润率则意味着该公司股东权益的价格很可能被低估了。

估计价格/销售收入比率的主要方法是选择同行业中一组可比公司计算其平均的价格/销售收入比率，也可以将价格/销售收入比率看作是一些基本变量的函数，用截面数据来进行回归分析。

3. 应用举例

在第三章中，我们已经介绍了嘉嘉公司的一些财务状况，已知嘉嘉公司是一家经营办公设备和用品的分销商，表3.1和表3.2列示了嘉嘉公司2011~2013年资产负债和经营放入数据。由于嘉嘉公司股票尚未上市，所以我们并不知道其股权的市场价值。现在有另一家公司迅达，该公司也是经营办公设备和用品的分销商，而且其成本结构与嘉嘉公司十分相似，但迅达公司的规模较大，并且其股票已公开上市。表7.1是两家公司2013年的会计数据和金融市场数据。

表7.1　迅达公司与嘉嘉公司2013年的会计数据与金融市场数据

	迅达公司	嘉嘉公司
税后利润（万元）	6350	1020
销售收入（万元）	310000	48000
权益账面价值（万元）	52600	7700
股票数量（万股）	5000	1000
每股收益（元）	1.27	1.02
每股销售收入（元）	62	48
每股账面价值（元）	10.52	7.70
股票价格（元）	20	—
市盈率	15.7	—
股价与销售收入比	0.32	—
股价与账面价值比	1.9	—

假如我们需要估计嘉嘉公司的价值，根据此案例的背景介绍，可以认为迅达公司可以作为嘉嘉公司的可比公司。并且，根据上表资料，有三个财务比率可作为估值标准，即市盈率，（股价/账面价值）比率和（股价/销售收入）比率。

①按市盈率嘉嘉公司股东权益的价值。

嘉嘉公司股权价值＝嘉嘉公司税后收益×迅达公司市盈率＝1020×15.7＝16 000（万元）

②按股价/账面价值比率估计嘉嘉公司股东权益的价值。

嘉嘉公司股权价值＝嘉嘉公司权益账面价值×（迅达公司股价/账面价值）
＝7.7×1 000×1.9＝14600（万元）

③按股价/销售收入比率估计嘉嘉公司股东权益的价值。

嘉嘉公司股权价值＝嘉嘉公司销售收入×（迅达公司股价/销售收入）
＝48000×0.32＝15360（万元）

采用不同的比率估价难免会得出不同的结果，但只要所得的结果相差不是很大就可以采纳，毕竟估价本身并不要求十分精确。当然，如果结果相差太多，就需要检查各种估价方法的前提假设是否满足以及财务数据是否真实等。这里虽然采用三种不同的比率得出了三种不同的股权价值，但差别不大，因此，取个折中值按15000万元估计嘉嘉公司股权的价值应该是合理的。由于公司价值等于权益资本价值与债务价值之和，已知嘉嘉公司拥有6100万元的债务，因此有嘉嘉公司的价值为21100万元。

二、现金流贴现法

1. 基本原理

现金流贴现估价法的基本理论基础是"现值"原则，即任何资产的价值都是由资产未来创造现金流的能力所决定的，因此，资产的价值就是其预期未来全部现金流量的现值之和。其基本估价模型为：

$$V = \sum_{t=1}^{n} \frac{CF_t}{(1+r)^t}$$

式中：V代表资产的价值；n代表资产的寿命；CF_t为资产在t期产生的现金流；r为贴现率。

应用以上基本估价模型时，现金流因所估价的资产不同而异，贴现率则因现金流风险不同而异。例如，估计公司股权价值时，现金流是红利等属于股东的现金流，贴现率就是股东要求的回报率；估计公司债券价值时，现金流是利息和本金，贴现率则是债权人要求的回报率，即利息率。应用现金流量贴现法最关键的问题是现金流量和贴现率的确定。

利用现金流贴现估价法可以仅对公司的股权资本进行估价，也可以对公司整体价值进行评估。

2. 股权自由现金流贴现模型（FCFE）

股权自由现金流贴现模型是评估公司股权资本价值的主要方法之一。

公司股权资本投资者拥有的是对公司现金流的剩余要求权，因此，股权自由现金流就是公司在履行了包括偿债义务在内的所有财务义务和满足了再投资需要之后的全部现金流，即扣除了经营费用、本息偿还和各种资本性支出后的剩余现金流。股权自由现金流（FCFE）的计算公式为：

FCFE=净利润+折旧−资本性支出−增加的营运资本支出−债务本金偿还+新发行债务

对公司未来股权自由现金流贴现就可以得到公司股权的价值,其基本模型为:

$$E_0 = \sum_{t=1}^{n} \frac{FCFE_t}{(1+r_e)^t}$$

式中:E_0表示股权资本价值;r_e表示股权资本投资者要求的回报率。

例如,对于处于长期稳定增长的公司而言,可用以下股权自由现金流模型估计其股权资本价值:

$$E_0 = \frac{FCFE_1}{r_e - g}$$

由于股权自由现金流是股利支付的基础,因此,股权自由现金流模型可以看作是另一种形式的股利贴现模型。但是这两种模型所得到的结果有时相同有时却不同。在以下两种情况下,股权自由现金流贴现模型与股利贴现模型计算出的股权价值是相等的:一是股权自由现金流等于股利额。有些公司奉行将所有的股权自由现金流全部作为红利发放的红利政策,这类公司的股权自由现金流就等于股利额。但出于保持红利稳定性、满足未来投资需求、充分利用税收屏蔽作用等考虑,大多数公司都或多或少地保留部分股权自由现金流。二是公司把保留的股权自由现金流投到了净现值为零的项目中。在以下两种情况下则会导致两种模型计算的结果不一致:一是当股权自由现金流大于股利额,而保留的股权自由现金流都被投资到净现值为负的项目中。例如,一些公司通过支付小于股权自由现金流的股利而积累起大量现金,然后将这些现金用于并不明智的兼并收购活动。二是股利发放额大于股权自由现金流。这时公司不得不依靠发行新股或债务来支付过高的股利,这会对公司价值产生负面影响。

3. 公司自由现金流贴现模型(FCFF)

公司自由现金流贴现模型是评价公司整体价值的方法。

公司的全部价值属于公司各种权利要求者,这些权利要求者包括股权资本投资者和债券持有者以及优先股股东,因此,所有这些权利要求者的现金流总和就是公司自由现金流。由于所有权利要求者的现金流总和就是由公司资产创造的净现金流,即在一段时期内以资产为基础的营业活动或投资活动创造的现金流,因此估计公司自由现金流可以从公司资产创造的息税前净收益(EBIT)出发计算,其计算公式为:

FCFF=EBIT×(1−T)+折旧−净资本支出−追加的营运资本

用公司的加权平均资本成本（wacc）对公司未来的自由现金流贴现就可以得到公司的价值 V_0，其基本模型为：

$$V_0 = \sum_{t=1}^{n} \frac{FCFF_t}{(1+wacc)^t}$$

由于公司自由现金流也可以通过加总公司所有权利要求者的现金流而得到，因此公司价值也可以通过加总公司股权资本价值、债务价值和非普通股权益价值而得到[①]。

在用公司自由现金流贴现法估计公司价值时，需要对公司未来的自由现金流进行预测。通常的预测期为5年，因为不可能预测所有的未来现金流，因此必须考虑在一个时期截止。至于截止期后的自由现金流可以按照合理的假设来估计，并根据"现值"理论——任一期期末的价值都等于未来各期现金流贴现到期末的现值之和来估价预测截止期的公司价值。下面通过嘉嘉公司的例子来说明公司自由现金流贴现模型的应用。

在前面我们已经通过比较价值法对嘉嘉公司的价值进行了评估，但嘉嘉公司董事会似乎更加相信现金流贴现的方法，因此，公司财务人员决定采用公司自由现金流贴现模型来估计公司价值，表7.2所列是他们对公司未来自由现金流量的预测依据以及预测结果。

表7.2　　　　　　　　　嘉嘉公司预期现金流　　　　　　　单位：百万元

	2012	2013	2014	2015	2016	2017	2018	2019
销售额增长率（%）	7.7	14.3	10	8	7	5	4	3
销售成本占销售额的比例(%)	84.05	83.33	83.33	83.33	83.33	83.33	83.33	83.33
销售及管理费用占销售额比例（%）	10.40	10.0	10	10	10	10	10	10
营运资本需求占销售额比例(%)	15.0	16.04	16.04	16.04	16.04	16.04	16.04	16.04
销售额	420	480	528	570.2	610.1	640.7	666.3	686.3
减：销售成本	−353	−400	−440	−475.2	−508.4	−533.9	−555.2	−571.9
销售及管理费用	−43.7	−48	−52.8	−57.0	−61.0	−64.0	−66.6	−68.6
折旧费	−5	−8	−8	−8	−7	−6	−6	−6
EBIT	18.3	24.0	27.2	30	33.7	36.7	38.5	39.8
EBIT（1−40%）	11	14.4	16.3	18.0	20.2	22.0	23.1	23.9
加：折旧费	5.0	8.0	8.0	8.0	7.0	6.0	6.0	6.0
减：每年增加的营运资本需求	−4.0	−14.0	−7.7	−6.8	−6.4	−4.9	−4.1	−3.2
净资本支出	0	−10.0	−8.0	−8.0	−7.0	−6.0	−6.0	−6.0

① FCFF=FCFE+利息费用×（1−T）+本金偿还−发行的新债+优先股股利。

续表

	2012	2013	2014	2015	2016	2017	2018	2019
公司自由现金流量		−1.6	8.6	11.2	13.8	17.1	19.0	20.7
2008年末的资产残值							250.9	
加权平均资本成本		11.25%						
公司价值		196						
负债的账面价值		61						
权益价值		135						

（1）预测的逻辑性

销售额的预测十分重要，因为其他的财务数据都是在此基础上推算出来的。根据2012年和2013年实际的销售额预测未来五年的销售额。假设销售额增长率在2013年达到顶点后开始平稳下降，各年的销售额增长率如表中所列，到2019年销售额增长率降至3%，假设今后将永远保持这个速度。之所以按这样的假设进行预测，是因为高速度的长期增长是不真实的，如果长期经济增长速度为2%~3%，加上2%~3%的通货膨胀率，那么按照3%的增长率长期增长是完全可以达到的。在销售额的基础上，根据最新的历史数据估算其他的费用占销售额的比例。假设公司除维持现有资产外，没有其他的投资活动，因此每年的净资本支出就等于每年的资产维持费用，即等于每年的折旧费。

在上述假设下，容易可以得到2014~2018年公司自由现金流的预测值，如表7.2所示。

（2）估计2018年末（现金流预测截止期）公司价值

根据"现值"理论，嘉嘉公司在2018年末的价值等于此后预期自由现金流量的现值。而在上述合理假设，公司自由现金流量在2018年之后处于稳定增长状态，每年增长3%，则可按照以下模型计算公司期末价值：

$$V_{2018} = \frac{FCFF_{2019}}{wacc - g}$$

（3）估计公司加权平均资本成本

假设嘉嘉可以按平均9%的利息借债，公司所得税率为40%，则公司债务的税后成本为5.4%。嘉嘉公司权益资本成本可以通过资本资产定价模型估算。假设政府债券的利率为6.06%，市场风险补偿为7%，虽然嘉嘉公司股票尚未上市，没有相应的β值，但已知其可比公司迅达的β值已知为1.1，于是可以得到嘉嘉公司权益资本成本为：

嘉嘉公司权益资本成本 =6.06%+7%×1.1=13.76%

计算权益资本比重可以用账面价值，但最好要用市场价值。假设可比公司迅达的资本结构与嘉嘉公司的目标资本结构一致，因此，可以采用迅达公司的资本结构。已知迅达公司权益市场价值比重为70%。根据上述分析结果，可用得到嘉嘉公司的加权平均资本成本为：

$$wacc=70\% \times 13.76\%+30\% \times 5.4\%=11.25\%$$

（4）估计2013年底公司价值

首先，根据以上公司价值估算模型计算得到2018年末的公司价值为：

$$V_{2018}=\frac{2070}{11.25\%-3\%}=25090（万元）$$

然后，计算各年度预期现金流现值及2018年末公司价值的现值，加总后得到嘉嘉公司整体价值为：

$$V_{2013}=\frac{860}{(1+0.1125)^1}+\frac{1120}{(1+0.1125)^2}+\frac{1380}{(1+0.1125)^3}+\frac{1710}{(1+0.1125)^4}+$$

$$\frac{1900}{(1+0.1125)^5}+\frac{25090}{(1+0.1125)^5}=773+905+1002+1116+1115+14723=19600（万元）$$

扣除嘉嘉公司负债的价值6100万元，则可进一步得到嘉嘉公司股东权益的市场价值为：

嘉嘉公司股东权益价值＝公司价值－债务价值＝19600 000–6100＝13500（万元）

第二节 公司购并中的价值评估

所谓公司购并是指公司兼并与收购，包括吸收合并、新设合并和收购。其实公司购并不过是公司大规模的投资行为，其最终目的与其他投资行为一样，都是为了提高公司的价值。因此，公司购并中的核心问题之一是对公司价值进行评估。对目标公司而言，要考虑自己公司的价值是多少，被兼并是否对自己有利，收购方出价是否合理。对收购公司而言，要考虑的问题就更多了，不仅要分析自身的价值，还要分析不同的收购方案将如何影响本公司的价值，收购方案包括对目标公司的出价金额和出价方式等。

一、公司购并为什么可能创造价值

如果公司购并能够为股东创造价值，那么它必须能为股东提供分别拥有两

个公司股票时所无法得到的利益,包括:

①获得规模经济效益。通常两公司合并会减少重复的设备,市场营销、原材料购买以及其他许多作业都可以合并起来,因此在产量增加的同时,单位平均成本下降,产生规模经济效益。横向购并即同一行业的两个公司合并,通常能够最好地实现规模经济。纵向购并,即向前到最终消费者,向后到原料采购方的购并,使公司能更好地控制产品销售和原料购买,同样可产生规模经济。相对而言,混合兼并所带来的规模经济效益少些。总之,在公司尚未达到合理规模使各种资源得到充分利用时,或购并双方存在互补优势时,购并能够产生1+1>2的经营协同效应,从而为股东创造财富。

②获得财务协同效应。例如,购并一个借贷能力未充分利用的公司就会增加债务融资能力,并获得财务杠杆提高所带来的利益;若一家盈利公司购并了一家亏损公司,可以使公司获得额外的税收减免,并且购并时需重新估价那些已折旧的资产,如果折旧额增加则应税收入减少,从而减少纳税;一个现金充足的公司和一个现金短缺的公司合并就可以实现财务互补,从而给公司股东创造新的财富。

③提高管理效率。具有较高管理效率的公司收购管理效率低下的公司,可以通过提高低效公司的管理效率而提高公司价值。

④增加市场能力。通过购并能够很快地扩大经营规模,增加市场份额或进入新的投资领域,占领新的市场,增加市场能力或垄断能力,从而提高公司价值。

然而,许多公司购并活动实际并没有为股东创造价值。按照自负假说,购并是受到相信自己不会做错,过于相信自己眼光的竞价者所推动起来的。因此,由自负心理主导的公司购并不可避免地导致过高竞价的非理性行为,结果通常是目标公司的股东受益,而使收购公司的股东财产减少。代理理论则认为,管理者出于个人利益最大化动机,往往会通过购并活动扩大公司规模,以增加个人收入,保障个人职位。出于这种动机的公司购并活动通常会忽视股东利益,并不能够为股东创造价值。

二、公司购并中的价值评估方法

现金流贴现法和比较价值法是最主要的两种公司购并中公司价值评估的方法。应用比较价值法的关键在于正确选择"可比"公司和适当的比率,而应用现金流贴现法的关键在于正确地估计自由现金流量和适当的贴现率。具体的分析过程和计算方法如前所述。下面以公司自由现金流量贴现法的应用为例说明公司购并中对目标公司价值的分析和评估过程。

仍然考虑嘉嘉公司的例子。假定迅达公司目前正在考虑收购嘉嘉公司。迅达公司认为收购不仅能够提高嘉嘉公司的管理效率，而且还能够在市场营销等方面产生较大的规模经济效益。经过仔细分析，收购对嘉嘉公司未来的绩效将产生的如下改进：

①嘉嘉公司的销售成本将比目前降低一个百分点，从占销售额83.33%降到82.33%。

②嘉嘉公司的销售费用、一般费用和行政管理费用等降低0.5个百分点，从占销售额的10%降低到9.5%；

③嘉嘉公司的营运资本需求从目前占销售额的16.04%的水平降到13%；

④嘉嘉公司从2014～2018年销售额的增长率比原来预计的数字高2%，2008年以后保持3%的固定增长。

除了上述变化以外，嘉嘉公司未来其他方面的情况仍将维持未被收购时的预测假设。

解：根据上述假设和表7.2所提供的资料可以估计嘉嘉公司被收购后的预计自由现金流量，估计结果如表7.3所示。

表7.3　考虑收购所产生的协同效应后嘉嘉公司的预计现金流　单位：百万元

	2014	2015	2016	2017	2018	2019
销售额增长率（%）	12	10	9	7	6	3
销售成本占销售额比重（%）	82.33	82.33	82.33	82.33	82.33	82.33
销售及管理费用等占销售额比重（%）	9.5	9.5	9.5	9.5	9.5	9.5
营运资本需求占销售额比重（%）	13	13	13	13	13	13
销售额	537.6	591.4	644.6	689.7	731.1	753.0
减：销售成本	−442.6	−486.9	−530.7	−567.8	−601.9	−619.9
销售及管理费用	−51.07	−56.18	−61.24	−65.52	−69.45	−71.54
折旧费	−8	−8	−7	−6	−6	−6
EBIT	35.93	40.32	45.66	50.38	53.75	55.56
EBIT（1−40%）	21.56	24.19	27.40	30.23	32.25	33.34
加：折旧费	8	8	7	6	6	6
减：每年增加的营运资本需求	7.11	−6.99	−6.92	−5.86	−5.38	−2.85
净资本支出	−8	−8	−7	−6	−6	−6
公司自由现金流量	28.67	17.20	20.48	24.37	26.87	30.49

根据表7.3的公司预计自由现金流量，进一步计算嘉嘉公司的价值。

首先，按照固定增长的假设估计2018年末公司价值。

由于资本结构和借款利率等假设与前面未被收购时公司价值分析相同，因此可直接利用前面对嘉嘉公司估值中加权平均资本成本的计算结果，有wacc=11.25%。则2018年末嘉嘉公司价值为：

$$V_{2018} = \frac{FCFF_{2019}}{wacc - g} = \frac{3049}{11.25\% - 3\%} = 36960（万元）$$

其次，估计嘉嘉公司收购价值。

$$V_{2013} = \frac{2867}{(1+0.1125)^1} + \frac{1720}{(1+0.1125)^2} + \frac{2048}{(1+0.1125)^3} + \frac{2437}{(1+0.1125)^4} + \frac{2687}{(1+0.1125)^5} + \frac{36960}{(1+0.1125)^5} = 30310（万元）$$

扣除负债价值6100万元，嘉嘉公司股东权益价值为：

E2013=30310-6100=24210（万元）

对比同样是现金流估值，但没有考虑并购效应时所估计的嘉嘉公司股东权益的价值13500万元，收购可能创造的价值为：24210-13500=10710（万元）。

杠杆收购是一种十分常见并且颇具特色的公司购并形式，是以目标公司的资产为抵押来获取贷款进行收购的活动。收购方通过筹集相对于权益资本而言不寻常的大量债务来购买一家经营不够好的公司。杠杆收购所采用的战略是在收购后迅速改变经营绩效，提高公司资产创造的现金流，以便在一个合理的期限内（3到5年）偿还大部分债务，使资本结构调整到合理水平。在资本结构调整阶段，新股东往往不能正常收到现金股利，因为经营收入或出售资产所得的现金首先被用于清偿巨额债务本金和利息。杠杆收购的最终目标一般是将部分或全部股票出售给公众或另一家公司而获得这项投资的收益。所以，只有当公司在被收购后的前几年能够获得足够的现金偿还债务，并在若干年后有人愿意购买该公司，收购才能成功。由于收购前投资者总要安排好清偿债务的时间表，所以，债务比率会不断下降，资本结构一直在变动，在这种情况下，对目标公司进行价值评估，应用调整现值法显然要比应用WACC对公司自由现金流贴现的方法更好。下面我们仍然以嘉嘉公司的案例来介绍杠杆收购中公司价值评估的方法。

假设嘉嘉公司的几个资深管理人员联合了一家风险投资公司，考虑以2亿元买下嘉嘉公司。这笔收购资金以1.6亿元的债务资本和4000万元的权益资本组成。这笔债务资本是以11%的固定利率的贷款组成，并从2014年开始每年偿还1500万元的贷款本金，2018年底时负债水平将降低到当前水平，故2018年后大笔的债务偿还将停止，此后的债务偿还通过新借入的贷款实现。嘉嘉公司的收购者经过仔细分析后认为，通过更有效的管理能够对嘉嘉公司未来的绩效产生如下改进：

①嘉嘉公司的销售成本将比目前降低一个百分点，从占销售额83.33%降到82.33%。

②嘉嘉公司的销售费用、一般费用和行政管理费用等降低0.5个百分点，从占销售额的10%降低到9.5%；

③嘉嘉公司的营运资本需求从目前占销售额的16.04%的水平降到13%；

④嘉嘉公司从2014～2018年销售额的增长率比原来预计的数字高2%，2018年以后保持3%的固定增长。

除了上述变化以外，未来其他方面的情况仍将维持嘉嘉公司未被收购时的预测假设。

首先，与现金流贴现法一样，采用调整现值法评估公司价值时同样首先需要预测公司自由现金流量。由于预测的基础与迅达公司考虑收购嘉嘉公司时一样，所以未来公司的自由现金流量也一样，所以可以直接利用表7.3所计算的公司自由现金流量。需要指出的是，虽然两种情况下公司自由现金流量的数额是相同的，但在迅达公司的收购案中，公司自由现金流除了包括管理改进增加的现金流外，还包括协同效应引起的现金流增加。而在这个杠杆收购案中公司自由现金流的增加全部是由于管理效率的提高所致，并没有协同效应的作用。

其次，我们计算收购后嘉嘉公司的资本成本。应用调整现值法需要计算无负债时权益资本的成本。假如2014年初预期的无风险利率为6.06%，市场风险补偿的历史数据为7%，并且已知可比公司迅达公司当负债率为30%时的权益资本的β值是1.1。因此，可以用资本资产定价模型确定权益资本成本，但需要将迅达公司现在的β值调整为无负债状态下的β值。根据前面章节中介绍的调整负债与无负债时β值之间的调整方法，有：

$$\beta_{无杠杆} = \frac{\beta_{杠杆}}{[1+(1-税率)\frac{负债}{权益}]} = \frac{1.1}{1+(1-40\%)\times\frac{0.3}{0.7}} = 0.875$$

则收购后嘉嘉公司无负债时的权益资本成本=6.06%+0.875×7%=12.2%。

接下来，考虑杠杆收购可能引起的税收节约。嘉嘉公司收购者认为杠杆收购的税收节约主要来自于两个方面：一是每年折旧费增加引起的税收节约。固定资产经重新评估后将由原来的 0.53 亿元增加为 1.15 亿元，因此，今后 10 年每年将增加折旧费 1000 万元。二是杠杆收购后由于大量的债务偿还而带来的税收节约。根据估计，2018 年之后，公司的负债额和利息费用将以与销售额增长率同样比率上升。折旧和债务所引起的税收节约一律按 11% 负债利息率贴现[①]。

最后，计算杠杆收购后公司的权益资本价值。计算结果如表 7.4 所示。

表 7.4　　嘉嘉公司 2014 年 1 月杠杆收购的价值　　单位：百万元

	2014 年初	2014	2015	2016	2017	2018	2019
1. 公司自由现金流量（见表 7.3）		28.7	17.2	20.5	24.3	26.9	30.5
无负债时（按 12.2% 资本成本贴现）							
2. 2018 年末残值						331.5	
3. 2014 年初公司价值	270.5						
增加的折旧费的节税额							
4. 增加的折旧费（10 年）		10	10	10	10	10	10
5. 折旧费的节税额（40% 税率）		4	4	4	4	4	4
6. 折旧节税额的现值	23.6						
负债的节税额							
7. 年初未偿还债务		160	145	130	115	100	85
8. 年末未偿还债务		145	130	115	100	85	87.6
9. 利息费用		17.6	16.0	14.3	12.7	11.0	9.6
10. 利息节税额		7.0	6.4	5.7	5.1	4.4	3.8
11. 未来利息节税的价值						47.5	
12. 利息节税额的总价值	49.4						
负债时公司的总价值（无负债时的公司价值 + 折旧节税现值 + 利息节税现值）							
13. 2004 年初公司价值	343.5						
14. 权益资本的价值	282.5						

表中数据解释：

$$\text{无负债时公司在 2018 年末的价值} = \frac{30.50}{12.2\% - 3\%} = 331.5（百万元）$$

---

① 折旧引起的税前利润减少，从而导致税收节约现金流的风险低于权益资本现金流，一般的方法是与债务节税额一样都按债务利息率贴现。

无负债时公司在2014年初的价值:

$$V = \frac{28.7}{(1+0.122)^1} + \frac{17.2}{(1+0.122)^2} + \frac{20.5}{(1+0.122)^3} + \frac{24.3}{(1+0.122)^4} + \frac{26.9}{(1+0.122)^5} +$$

$$\frac{331.5}{(1+0.122)^5} = 270.5（百万元）$$

折旧税收节约在2014年初的价值 $=4 \times PVIFA_{11\%,10} = 4 \times 5.889 = 23.6$（百万元）

2018年末未来利息节税的价值 $= \frac{3.8}{11\% - 3\%} = 47.5$（百万元）

利息节税在2014年初的总价值:

$$V = \frac{7.0}{(1+0.11)^1} + \frac{6.4}{(1+0.11)^2} + \frac{5.7}{(1+0.11)^3} + \frac{5.1}{(1+0.11)^4} + \frac{4.4}{(1+0.11)^5} +$$

$$\frac{47.5}{(1+0.11)^5} = 49.4（百万元）$$

2014年初公司总价值 =270.5+23.6+49.4=343.5（百万元）

计算结果表明，杠杆收购后嘉嘉公司的价值为3.435亿元，远远大于2亿元的收购价。扣除嘉嘉公司目前的债务额6100万元，权益资本的价值为2.825亿元。与前例中公司自由现金流贴现法估计的嘉嘉公司的价值1.96亿元相比，杠杆收购创造的价值为1.475亿元。不过，这个收购案是否成功的关键问题是能否在收购后的前5年产生足够的现金以支付高额的债务负担。

对于杠杆收购而言，最重要的是收购刚完成后的前几年如何应对较高的财务杠杆所引起的自由现金流短缺。对收购后的前5年现金流的分析如表7.5所示。

表7.5　　　　嘉嘉公司杠杆收购后的现金流分析　　　　单位：百万元

	2014	2015	2016	2017	2018	2019
公司自由现金流	28.7	17.2	20.5	24.3	26.9	30.5
增加的折旧及其税负节约	14.0	14.0	14.0	14.0	14.0	14.0
公司总的自由现金流	42.7	31.2	34.5	38.3	40.9	44.5
税后利息费用	10.6	9.6	8.6	7.6	6.6	5.8
债务本金偿还	15.0	15.0	15.0	15.0	15.0	15.0
债权人总的税后现金流	25.6	24.6	23.6	22.6	21.6	5.8
权益持有人的现金流	17.1	6.6	10.9	15.7	19.3	38.7
权益持有人的现金流（不包括折旧）	7.1	(3.4)	0.9	5.7	9.3	28.7

表中数据表明，收购后该公司有足够的现金流支付债务本息。但是如果新

增的 1000 万折旧资金需留做资本性支出，则除了 2015 年以外，其他年份都有足够的现金流支付债务。不难看出，收购后的前 3 年是关键，如果能够保证这 3 年按预定目标经营，那么即便增加的折旧都留做资本性支出，只要第一年不分股利累积下来就可以满足 2015 年的偿债需求。所以，为了保证偿债需求，最好是前 3～5 年不分股利，以备需要，至 2018 年后债务负担下降至正常水平，公司自由现金流又很充足，分红是不成问题的。

第三篇

资本结构和股利政策

资本结构和股利政策是公司融资决策中必须考虑的重要问题。公司经常需要筹集资金以支持自身的发展，每次都必须选择获取这些资金的某种权益和债务的组合。公司通常需要向股东支付股利，这就减少了公司的留存收益，从而增加了必须的外部筹资额以支持公司的经营计划。资本结构决策、股利决策和融资决策往往交织在一起。融资决策中不得不考虑的问题是：公司应该保持何种权益负债比？由融资决策决定的公司资本结构和股利政策是否影响到公司的价值？在这一部分我们将讨论这些问题。本篇的组织结构如下：

第八章：主要介绍资本结构理论与实务，包括 MM 定理、均衡理论和信号模型等，使读者了解理论上和实务中对于资本结构与公司价值之间的关系是如何分析解释的，在进行资本结构决策时都需要考虑哪些因素。

第九章：介绍主要的股利政策理论，包括投资者偏好和信号理论。此外，我们还对股票回购、股票股利和股票分割等股利分配的方式进行了讨论。股利分配政策直接影响公司对外的融资需求，因此从某种意义上看，股利如何分配也是公司融资决策的重要影响因素。综合这些因素，能够更好地制定公司的股利政策。

第八章

资本结构理论与实务

在公司融资理论和实务中,资本结构通常指公司长期资本中负债资本与权益资本的比例。公司可以采取多种方式进行融资,无论何种融资方式都是两种基本资本类型的组合:债务资本和权益资本。负债融资对公司有十分重要的意义,但如果负债太多以至于难以偿还债务的本息,公司管理层将不得不采取一些对股东不利的决策,如被迫变卖能够创造价值的资产等。但如果负债太少,就不能充分利用债务利息税收的屏蔽作用以节约利息支出,也不能充分利用债务的杠杆作用以增加股东收益,从而不能有效地利用负债提高公司价值。因此,公司在进行融资决策时,不仅要考虑资本成本,而且还要从理论上和具体操作方法上解决如何选择一个合适的能够有利于实现公司价值最大化的资本结构的问题。

资本结构理论主要阐述公司负债、资本成本与公司价值之间的关系。通常称资本结构问题的研究方法为"馅饼模型"。从公司金融理论的角度看,公司资产就是一块巨大的馅饼,股东和债权人都对公司资产所创造的现金流享有一定的要求权。如果公司管理层的目标是尽可能地使公司资产价值增加,那么公司就应该选择使馅饼——公司价值尽可能大的资本结构。

本章将介绍主要的资本结构理论,包括 MM 资本结构理论、权衡理论和优序融资理论等重要的理论模型。此外,还将讨论公司融资实务中常用的确定资本结构的方法。

第一节 早期资本结构理论

围绕最佳资本结构这一核心问题，理论界和实务界一直争论不休。

我们先从早期的资本结构理论谈起。早期的资本结构理论都比较零散，不系统，从文献上看，1952年大卫·杜兰特（David Durand）的一篇题为"企业债务和权益成本计量方法和发展问题"的文章是对传统资本结构观点最为系统全面的概述。在此文中，大卫·杜兰特（David.Durand）把当时人们对资本结构理论的认识概括为三种：净收益理论、净营业收益理论和折衷理论。

一、净营业收益理论

净营业收益理论的核心思想是：无论公司负债多少，其加权平均资本成本都不变，因此公司的总价值也不变，即公司的资本成本和公司价值都与公司资本结构无关。

该理论认为，当公司增加债务比例时，即使债务成本不发生变化，由于负债增加了公司权益的风险，权益资本所要求的回报率就会上升，从而导致公司的加权平均资本成本保持不变。市场总是将公司的价值作为一个整体进行资本化，因此，权益和债务的比例关系并不重要。

$$\because \quad K_w = K_d \frac{D}{D+E} + K_e \frac{E}{D+E} \qquad (8-1)$$

$$\therefore \quad K_e = (K_w - \frac{D}{V} K_d) \frac{V}{E} = K_w + (K_w - K_d) \frac{D}{E} \qquad (8-2)$$

上述关系可以用图8.1来表示。

假设RC公司的资本全部由普通股组成，共有发行在外的普通股2000000股，每股市价为10美元。预期本年度的息税前收益为2000000美元，公司的红利支付率为100%。现在，公司决定以6%的利率发行了价值8000000美元的债务，并用发债所得资金回购40%的公司股票。发债后，公司总资本为20000000美元，

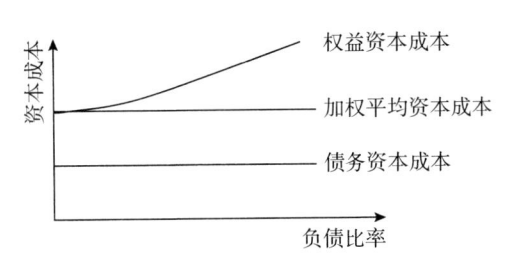

图 8.1 净营业收益理论对资本成本与资本结构关系的解释

其中普通股为 12000000 美元，债务为 8000000 美元。假设没有所得税。则公司发债前每股收益和每股红利都等于 1 美元，并且股权资本成本就是公司的加权资本成本，即有：

$$K_e = D_1/P_0 = 1/10 = 10\%$$

发债后，资本结构变动使得每股收益和每股红利增加为：

$$DPS_1 = EPS_1 = \frac{2000000 - 480000}{1200000} = 1.267（美元）$$

资本结构变动的结果使得每股收益提高了 26.7%，这是否会降低公司加权资本成本和提高股票价值呢？根据净营业收益理论，改变结构后公司的权益资本成本、加权平均资本成本以及公司价值可分别计算如下：

$$K_e = 1520000/12000000 = 12.67\%；$$

$$K_w = 6\%(8/20) + 12.67\%(12/20) = 10\%$$

$$V = 2000000/0.1 = 20000000（美元）$$

虽然在总资本中增加了成本较低的债务资本，但由于负债增加引起权益资本成本上升，从而使得加权平均资本成本保持不变，因此，企业总价值不受资本结构影响。

二、净收益理论

净收益理论的核心思想是：公司增加负债，债务资本成本与权益资本成本都将保持不变，而随着成本较低的债务资本在总资本中的比例的增加，公司加权平均资本成本降低，因此增加负债会增加公司价值。上述关系如图 8.2 所示。

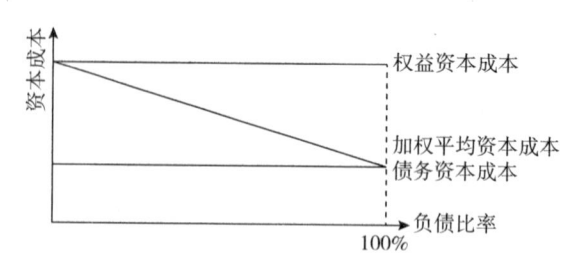

图 8.2　净收益理论对资本成本与资本结构关系的解释

如上例中，当 RC 公司资本结构改变后，需要从公司息税前收益中扣除利息后才是属于公司权益资本的收益，因此，属于权益资本的收益变为 1520000 美元（2000000-480000）。根据净收益理论，公司增加负债并不会改变公司权益资本的成本，即公司的权益资本成本仍保持没有负债时的 10%，从而公司负债后普通股的市场价值变为：

$$E=1520000/10\%=15200000（美元）$$

而公司价值则上升为：

$$V=D+E=15200000+800000=23200000（美元）$$

此时，公司的加权平均资本成本为：

$$K_w=6\%(80/232)+10\%(150/232)$$

由于权益资本成本和债务资本成本都保持不变，且债务资本成本低于权益资本成本，因此，随着负债的增加，加权平均资本成本降低，公司价值上升。

三、传统理论

净营业收益理论和净收益理论两种理论都是通过对收益进行资本化来分析资本结构对企业价值的影响，但却得到了完全不同的结论。差别产生的根本原因在于资本化率的确定。净营业收益理论是用企业的加权平均资本成本对企业的净营业收益进行资本化，由于该理论认为资本结构的改变只是改变了企业总风险在股东和债权人之间的分布，并不改变风险总量，因此，不论负债多少，加权平均资本成本都保持不变，由此得到的企业总价值也是不变的。净收益理论是用权益资本成本对净收益进行资本化，由于该理论认为谨慎地增加债务不会增加股东的风险，从而利用债务会使公司加权平均资本成本下降，企业价值增加。显然，这两种理论与现实都相差甚远。传统的资本结构理论则是介于上述两种理论之间的较为符合现实的一种简单理论。

传统理论认为，公司增加债务会增大权益资本风险，从而导致权益融资成本的上升，但在负债比率较低的阶段内，权益资本成本的上升并不会完全抵消债务增加带来的好处，因此，公司的加权平均资本成本呈现下降趋势，公司价值因此而增加。但是，当负债比率超过一定限度后，权益资本成本的上升就不能被低成本债务比例增加所带来的好处抵消，此时，加权平均资本成本开始上升，公司价值开始下降。加权平均成本由下降变为上升的转折点，就是加权平均成本的最低点，此时的负债比例代表了公司的最佳资本结构。传统资本结构理论可以用图 8.3 来表示。

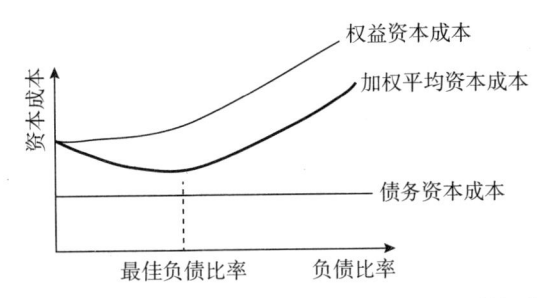

图 8.3　传统理论对资本成本与资本结构关系的解释

第二节　MM 资本结构理论

早期资本结构理论过于简单，我们对它们的讨论也仅限于纯粹定义性质的讨论，下面我们将重点介绍著名的 MM 理论。

MM 资本结构理论是最著名的资本结构理论，由当时在美国麻省理工学院任教的诺贝尔奖获得者 Franco Modigliani 和 Merton Miller 两位教授创立。因此，从资本结构理论史来看，MM 资本结构理论可作为分界线。在 MM 资本结构理论创立之前，传统的资本结构理论建立在经验和判断的基础上，缺乏严格的推理和证明。1958 年，Franco Modigliani 和 Merton Miller 两位教授在一系列假设条件下建立并证明的资本结构理论[①]，首次以严格的理论推导得出了资本结构与企业价值的关系，推动了财务管理理论的发展。后来的资本结构理论研究先是建立在 MM 理论基础上，集中在对 MM 理论假设条件放松的讨论，主要考虑

---

① Franco Modigliani，Merton Miller，The Cost of Capital，Corporation Finance and the Theory of Investment，American Economics Review，June 1958, pp. 261-297

公司外部因素对资本结构的影响。70年代末，随着信息理论研究的兴起，信息理论中一些主要的概念如委托、代理、信号、契约和激励等，开始被引入公司金融学中，成为公司资本结构理论研究的分析工具。此后，资本结构理论不再仅从税收、破产成本等外部的因素分析由此产生的对公司资本结构及市场价值产生的影响，而是试图从公司的内部因素来分析资本结构的问题，从而给资本结构理论问题开辟了新的研究方向，提供了新的思路。

一、MM 理论的基本假设条件[①]

在阐述 MM 的观点前，我们首先需要弄明白其前提假设。

①公司的经营风险由其息税前收益（EBIT）的标准差衡量，具有相同经营风险的公司处于同类风险等级。

②投资者对于公司未来收益和这些收益的风险的预期是相同的。

③公司的股票和债券在完善的资本市场上交易，也就是说不存在交易成本、信息不对称和税收[②]。

④不论是个人投资者还是机构投资者都可以同公司一样按相同的利率借款，而且不论借债多少，公司和个人的负债均无风险，即公司和个人都可以发行无风险债券或按无风险利率借入资金。

⑤公司每年产生的预期现金流是固定不变而且无限期的，即公司的息税前收益是一种永续年金，公司处于零增长状态。

二、无公司所得税时的 MM 模型

在上述假设前提下，Franco Modigliani 和 Merton Miller（1958）证明了，若两家公司除资本结构外，其他各方面的情况完全相同，则两家公司的价值也完全相同。如果两家公司的价值不同，就会存在套利机会。换句话说，公司价值与资本结构无关。

MM 资本结构无关论的基本观点是：企业的总价值取决于它的基本获利能

[①] 参见 Franco Modigliani，Merton Miller："The Cost of Capital, Corporation Finance and the Theory of Investment"，American Economic Review, June 1958, pp. 261-297；"Corporate Income Taxes and the Cost of Capital：A correction"，American Economic Review, June 1963,pp.433-443.

[②] 后来，MM 定理去掉了无税收的假定。

力和风险程度，只要这两条不变，无论将公司的资本在债务、权益和其他部分之间如何划分，公司的总价值总是恒定的。公司的总价值就相当于一块馅饼的价值，不管这张馅饼被如何切割，整张饼的价值是不会改变的，资本结构只是改变了饼的切法。

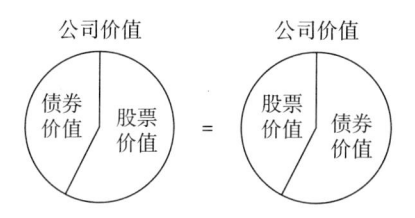

图 8.4 资本结构与公司价值无关

1.MM 定理 1：企业价值模型

如果两个公司处于相同的风险等级，且具有相同的息税前收益，则负债公司的价值等于无负债公司的价值。

$$V_U = V_L = \frac{EBIT}{K_{eu}} = \frac{EBIT}{WACC} \quad （8-3）$$

式中，V_U 表示无负债公司的价值；V_L 表示负债公司的价值；K_{eu} 表示投资者对无负债公司要求的回报率，也就是其股权资本成本；WACC 表示负债公司的加权平均资本成本；EBIT 表示公司的息税前收益。

对 MM 定理 1 的证明如下。

假设有 U 和 L 两家公司，除了资本结构以外，各方面的情况完全相同。公司 U 为无负债公司，其公司价值就等于其权益资本的价值，即有 $V_U=E_U$。L 为负债公司，其公司价值是权益资本价值与债务价值之和，即有 $V_L=D_L+E_L$。设两公司拥有永续的息税前收益（EBIT），负债利率为 K_d。显然，投资者可以选择表 8.1 中的任一方案进行投资，其投资的价值与投资收益如表中所示。

表 8.1　　　　　　　　投资者的投资选择

投资方案	投资的价值	投资收益
购买 α 比例 U 公司的股票	$αE_U=αV_U$	$αEBIT$
（2）分别购买 α 比例 L 公司的普通股和债券	$αE_L+αD_L=αV_L$	$α(EBIT−K_dD_L)+αK_dD_L=αEBIT$

两个投资方案的投资收益和风险相同,在理想的资本市场上,其投资价值必然相等,即:

$$\alpha V_U = \alpha V_L$$

由于公司价值可以通过对收益资本化来得到,所以 U 公司和 L 公司的价值又可以表示为:

$$V_U = \frac{EBIT}{K_{eu}} = V_L = \frac{EBIT}{WACC}$$

如果违反了上述命题,就会出现无风险套利。下面的例子说明了无风险套利的情况。

设 L 和 U 公司的 EBIT=1000000 美元,L 公司资本结构中的含有 5000000 美元利率为 8% 的负债。根据 MM 的假设条件,公司普通股的价值可由下式计算得到:

$$E = \frac{EBIT - K_d D}{K_e}$$

假如 U 公司与 L 公司普通股的报酬率都等于 10%,以 K_{eu} 表示 U 公司的权益报酬率,以 K_{eL} 表示 L 公司权益报酬率,则可计算得到这两个公司各自的权益价值和公司价值如下:

$$E_u = \frac{EBIT - K_d D_u}{K_{eu}} = \frac{1000000 - 0}{0.1} = 10000000 \text{(美元)}$$

$$V_u = E_u + D_u = 10000000 + 0 = 10000000 \text{(美元)}$$

$$E_L = \frac{EBIT - K_d D_L}{K_{eL}} = \frac{1000000 - 0.08(5000000)}{0.1} = 6000000 \text{(美元)}$$

$$V_L = E_L + D_L = 6000000 + 5000000 = 11000000 \text{(美元)}$$

上述结果意味着,在套利行为未发生前,负债公司的市场价值大于无负债公司。假如你持有 20% 的 L 公司股票,此项投资的市场价值等于 1200000 美元(6000000 美元 ×0.2),则你就可以按下述方法进行无风险套利。

首先,按 1200000 美元的市场价值卖出所持有的 L 公司的股票;同时,向银行借入利率为 8% 的资金 1000000 美元(相当于 20% 的 L 公司的负债额);然后,购买 U 公司 20% 股票,共付出 2000000 美元(10000000 美元 ×0.2)。在采取了上述行动之后,你的总收入为 2200000 美元(其中 1200000 美元来自卖出 L 公司股票的收入,1000000 美元来自于银行借款),但你的总支出只有 2000000 美元,所以可将 200000 美元的净收入用于购买 8% 的无风险证券上,这样每年可得利息 16000 美元。新、旧投资的收益如下表所示。

表 8.2　　　　　　　　无风险套利前后投资收益的比较　　　　　　　单位：美元

旧投资收益：L 公司股票所提供的报酬	120000
新投资收益：U 公司股票所提供的报酬	200000
减：银行负债利息	80000
加：无风险投资利息收入	16000
得：新投资总收益	136000

通过无风险套利，你轻松地获得了 16000 美元的额外利息收入，而你不过是用个人负债取代了公司负债，在没有增加任何风险的情况下，提高了投资收益。所有的投资者都会采取类似的套利行动，即抛售 L 公司股票，购买 U 公司股票的行动，其结果必然使得 L 公司股票价格下跌，U 公司股票价格上涨，直至 L 公司 U 公司的市场价值趋于一致，此时，市场处于均衡状态。在一个理想的资本市场上，任何套利机会都会很快消失，因此，公司 L 和公司 U 的价值保持一致。

MM 定理 1 实质上论证了公司价值的守恒定律，即公司的价值由公司净现金流量决定，无论该现金流如何划分，都不会影响现金流的价值。公司的债权人和股东对公司的净现金流拥有不同的权利，公司负债率不同，净现金流的划分方式也不同，而净现金流的划分方式并不影响公司的价值。

2. MM 定理 2：公司股本成本模型

负债企业的权益资本成本等于同风险等级的无负债公司的权益成本加上一笔风险溢酬，而这笔风险溢酬的大小则由负债的比重决定。

$$K_{eL} = K_{eu} + (K_{eu} - K_d)\left(D_L / E_L\right) \quad (8-4)$$

式中：K_{eL} 表示负债公司的权益资本成本；K_{eu} 表示无负债公司的权益资本成本。

MM 定理 2 的证明如下。

已知在无税收情况下，负债公司普通股的报酬率可由以下计算公式求出：

$$K_{eL} = \frac{EBIT - K_d D_L}{E_L}$$

由 MM 定理 1 可以得到：

$$V_L = E_L + D_L = V_u = \frac{EBIT}{K_{eu}}$$

$$EBIT = K_{eu}(E_L + D_L)$$

将上式代入负债公司普通股报酬率的计算公式中可得：

$$K_{eL} = \frac{K_{eu}(E_L + D_L) - K_d D_L}{E_L}$$

$$= \frac{K_{eu}E_L}{E_L} + \frac{K_{eu}D_L}{E_L} - \frac{K_d D_L}{E_L} = K_{eu} + (K_{eu} - K_d)(\frac{D_L}{E_L})$$

据此，可以得到负债公司的加权平均资金成本为：

$$WACC_L = K_d(\frac{D_L}{V_L}) + K_{eL}(\frac{E_L}{V_L})$$

$$= K_d(\frac{D_L}{V_L}) + [K_{eu} + (K_{eu} - K_d)(\frac{D_L}{E_L})](\frac{E_L}{V_L})$$

$$= K_d(\frac{D_L}{V_L}) + K_{eu}(\frac{E_L}{V_L}) + K_{eu}(\frac{D_L}{V_L}) - K_d(\frac{D_L}{V_L})$$

$$= \frac{D_L + E_L}{V_L}(K_{eu}) = K_{eu}$$

MM 定理 2 说明，当公司的债务增加时，其股权成本也会随之增加，并且满足公式（8-4）所描述的数学关系。

MM 的两个定理揭示这样一个理论：在无公司所得税的情况下，增加公司的债务并不能降低公司的资本成本，也不能提高公司的价值，负债带来的利益完全被它同时带来的风险给抵消了。

图 8.5 描述了 MM 定理 1 和定理 2。

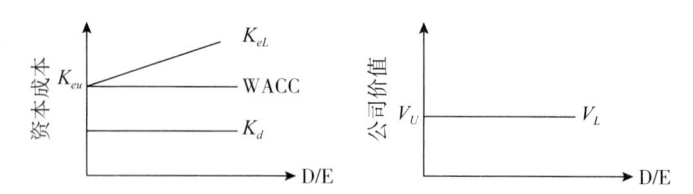

图 8.5　MM 定理 1 和定理 2 所描述的资本结构、公司价值和资本成本

三、有公司所得税时的 MM 模型

资本结构与公司价值不相关这一结论建立在理想的资本市场基础上，一个明显与现实不符的假定就是不存在税收。为了考虑所得税的影响，Franco Modigliani 和 Merton Miller 两位教授于 1963 又提出了有公司所得税时的 MM 模

型[①]。其基本观点是：将公司所得税纳入考虑后，公司的息税前收益将由债权人、政府和股东三方分享，但公司的价值仅仅是属于债权人收益的现值与属于股东收益的现值之和。如果不同的资本结构可以导致不同的公司所得税支出，则能使所得税支出最小的资本结构将导致公司价值最大。由于负债的利息可以抵税，因此，公司的价值会随着负债融资程度的提高而增加。

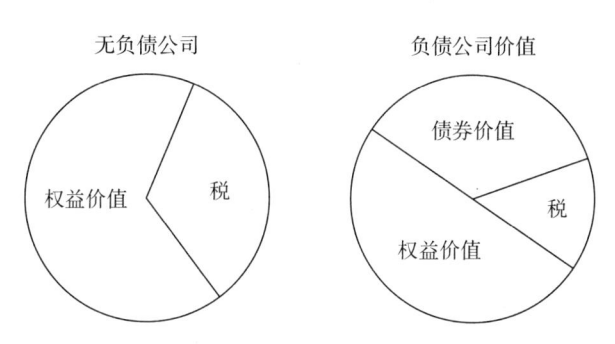

图 8.6 存在公司税时资本结构馅饼图

存在公司所得税时的 MM 模型也有两个定理。

1.MM 定理 1：公司价值模型

负债公司的价值等于具有同等风险等级但未使用负债的公司的价值加上负债的节税利益。

$$V_L = V_u + TD \tag{8-5}$$

式中：V_L 为负债公司价值；V_u 为无负债公司价值；T 为公司所得税税率；D 为负债公司债务资本总额。

MM 定理 1 的证明如下。

设有 U 和 L 两家公司，除了资本结构以外，两公司各方面的情况完全相同。公司 U 为无负债公司，其公司价值就等于其权益资本的价值，即有 $V_u = E_u$。L 为负债公司，其公司价值是其权益资本价值与债务价值之和，即有 $V_L = E_L + D$。设两公司拥有永续的息税前收益（EBIT），负债利率为 K_d。显然，投资者可以选择表 8.3 中的任一方案进行投资，其投资的价值与投资收益如表 8.3 所示。

---

① 参见：Franco Modigliani，Merton Miller，"Corporate Income Taxes and the Cost of Capital : A correction"，American Economic Review, June 1963,pp.433-443.

表 8.3　　　　　　　　　　投资者的投资选择

投资方案	投资的价值	投资收益
（1）购买 α 比例 L 公司的股票	αE_L	$\alpha(EBIT-K_dD)(1-T)$
（2）购买 α 比例 U 公司的普通股，并借入数量为 $\alpha D(1-T)$ 的资金	$\alpha E_u - \alpha D(1-T)$	$\alpha EBIT(1-T) - \alpha K_d D(1-T)$ $= \alpha(EBIT-K_dD)(1-T)$

两项投资的收益相等，在理想的资本市场上，其投资价值必然相等，即：
$\alpha E_L = \alpha E_u - \alpha D(1-T)$ 整理上式后得：$E_L + D(1-T) = E_u$

因为：$E_u = V_U$；$E_L + D = V_L$

所以：$V_L = V_U + TD$

MM 定理 1 意味着，在考虑了公司所得税以后，负债公司的价值会超过无负债公司的价值，负债越多，这个差异就越大，因此，公司的资本结构中应包含尽可能多的债务以减轻公司的所得税负担，从而增加公司的价值。

2. MM 定理 2：公司股本成本模型

负债公司的股本成本等于无负债公司股本成本加上一笔风险溢酬。

$$K_{eL} = K_{eu} + (K_{eu} - K_d)(1-T)D/E \quad (8-6)$$

式中：K_{eL} 表示负债公司的权益资本成本；K_{eu} 表示无负债公司的权益资本成本。

MM 定理 2 的证明如下。

已知公司税后净利为：

$$NI = (EBIT - K_d D)(1-T) = EBIT(1-T) - K_d D(1-T)$$

由于公司价值等于 EBIT（1–T）的折现值，根据存在公司所得税时 MM 定理 1 所揭示的负债公司和无负债公司价值之间的关系，可得：

$$EBIT(1-T) = K_{eu} V_u = K_{eu}(V_L - DT)$$

将上式代入公司净利的公式中，有：

$$NI = K_{eu}(V_L - DT) - K_d D(1-T) = K_{eu} V_L - K_{eu} TD - K_d D(1-T)$$

则负债公司权益资本成本可由下式得到：

$$K_{eL} = \frac{NI}{E_L} = \frac{K_{eu} V_L - K_{eu} TD - K_d D(1-T)}{E_L}$$

$$= \frac{K_{eu}(E_L + D) - K_{eu} TD - K_d D(1-T)}{E_L}$$

$$= K_{eu} + K_{eu}(1-T)\frac{D}{E_L} - K_d(1-T)\frac{D}{E_L} = K_{eu} + (K_{eu} - K_d)(1-T)D\big/E_L$$

MM 定理 2 模型中的风险溢酬的大小视负债融资的程度及公司所得税税率高低而定。由于因子（1–T）总是小于 1，所以，尽管负债公司的权益资本成本会随着负债融资程度的提高而上升，但上升的速率却较未考虑公司所得税时 MM 定理 2 模型所描述的负债公司权益资本成本上升速率慢。这一特性，加上债息可以抵税，导致公司所使用负债越多，加权平均资金成本就越低，从而公司的价值就越大。

存在公司所得税时的 MM 定理 1 和 MM 定理 2 所揭示的公司价值、资本成本和资本结构之间的关系可以用图 8.7 表示如下。

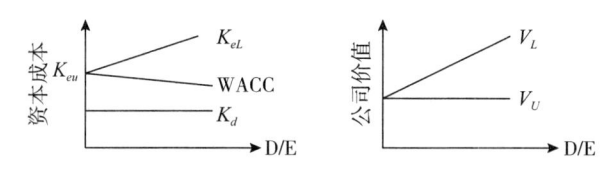

图 8.7　存在所得税时的 MM 定理 1 和定理 2

3. 税收盾牌的不确定性

通过上面的分析，我们知道，在其他条件不变的情况下，税收盾牌越大，公司价值也就越大，这与公司的行为不太相符。

若公司的应税收入很低，甚至为 0，这时债务的税收盾牌就会减少甚至消失，而公司必须负担全部或者接近全部的利息，若公司破产清算，与债务相联系的未来的税收节余也将消失。显然，经营失败的风险越大，税收盾牌越不能有效发挥作用。此外，政府还可能通过立法改变税率。所有这些都使税收盾牌具有很大的不确定性。

De Angelo，Masulis（1980）提出了税收盾牌的冗余性观点：除债务利息外，公司还可以通过折旧、研发、租赁这些非债务项目来抵消税收的影响。这些非债务项目可能会完全抵消公司的收入，结果造成应税所得为 0，公司也就无法将利息作为抵扣项。同时随着公司举债的增加，某些年份收入不足抵消税收扣除的可能性也在增加。因此举债筹资就可能是多余的。尽管这一观点为我们提供了一个新的视角，但由于存在税收损失的接转和递延，这一主张的有效性在一定程度上大大减少了。

四、Miller 模型

许多国家的个人所得税制度往往具有这样的特点：资本利得税的税率一般低于普通收入税（比如利息的税率），并且延至收入实现时交纳。由于个人所得税的这一特点，往往要求债务的税前报酬 K_d 高于股权资本的税前报酬 K_e，而投资者关心的是，债务的税后收益 $K_d(1-T_{pd})$ 和股权资本的税后收益 $K_e(1-T_{pe})$ 孰大孰小。考虑到个人所得税因素，Miller 于 1977 年发表了论文《债务与税收》，探讨公司所得税与个人所得税同时存在时，负债对公司价值的影响[①]。

Miller 模型指出，在保持 MM 模型基本假设不变的前提下，将个人所得税纳入考虑后，对投资人而言，无负债公司的价值将等于：

$$V_u = \frac{EBIT(1-T_c)(1-T_{pe})}{K_{eu}} \quad (8-7)$$

其中：T_c 代表公司所得税税率；T_{pe} 代表适合个人普通股收入的个人所得税税率。由于普通股收入可能来自于股利，也可能来自于资本利得，当这两种收入的税率不同时，则为这两种税率的加权平均税率；K_{eu} 代表无负债公司股权资本的报酬率。

如果公司进行负债融资，从投资者的角度，可以将负债公司的现金流量分解为属于股东的净现金流量和属于债权人的净现金流量。以 CF_L 代表负债公司现金流量，有：

CF_L = 属于股东的净现金流量 + 属于债权人的净现金流量

$$= (EBIT - I)(1-T_c)(1-T_{pe}) + I(1-T_{pd})$$
$$= EBIT(1-T_c)(1-T_{pe}) - I(1-T_c)(1-T_{pe}) + I(1-T_{pd}) \quad (8-8)$$

式中：T_{pd} 代表利息收入的个人所得税税率。

式（8-8）等号右侧第 1 项是无负债公司股东的税后净收益，可以用无负债公司的股权资本成本贴现；第 2 和第 3 项是与利息有关的税后净现金流，与利息支付具有同等风险，应以债务成本 K_d 贴现，因此，负债公司的价值可以用以下公式表示为：

$$V_L = \frac{EBIT(1-T_c)(1-T_{pe})}{K_{eu}} - \frac{I(1-T_c)(1-T_{pe})}{K_d} + \frac{I(1-T_{pd})}{K_d}$$

---

① Merton Miller, "Debt and Taxes", Journal of Finance, May 1977, pp.261-275.

$$= V_u + \frac{I(1-T_{Pe})}{K_d}[1-\frac{(1-T_c)(1-T_{pe})}{(1-T_{pd})}] = V_u + D[1-\frac{(1-T_c)(1-T_{pd})}{(1-T_{pd})}] \quad (8-9)$$

上式右边第 2 项就是负债为股东带来的利益。对于公式（8-9）进一步讨论，可得如下结论：

①当 $T_c=T_{pe}=T_{pd}=0$ 时，即不存在税收时，该模型与 1958 年无税时的 MM 模型相同。

②当 $T_{pe}=T_{pd}$ 时，即个人资本利得收入税率与利息收入税率相等时，等式右边第 2 项为 DT_c，则该模型与 1963 年只有公司所得税时的 MM 模型相同。

③当 $1-T_{pd}<(1-T_c)(1-T_{pe})$ 时，等式右边第 2 项为负数，此时负债公司的价值小于无负债公司的价值。

④当 $1-T_{pd}>(1-T_c)(1-T_{pe})$ 时，等式右边第 2 项为正数，此时负债公司的价值大于无负债公司的价值。

⑤当 $1-T_{pd}=(1-T_c)(1-T_{pe})$ 时，等式右边第 2 项为零，模型再次回到无税收时的 MM 模型。

上述结论说明同时考虑公司和个人所得税后，公司负债的杠杆利益也并不总是大于零的。

Miller 模型还描述了债券市场的均衡状况。模型指出：当市场不均衡时，公司会通过改变资本结构来吸引具有不同税率的投资者。若市场上有大量的免税投资者，如养老基金等，当这部分投资者对债券的需求没有被满足时，则公司会发行债券来吸引他们。当市场上债券发行量逐渐增加时，免税投资者的购买能力逐渐下降，债券不得不卖给高边际税率的投资者。随着债券发行量的大量增加，债权人的边际税率上升，而公司不得不支付较高的利息以补偿债权人因所得税支付而减少的收入，但只要公司所得税税盾的价值仍高于为补偿个人所得税而支付的利息，负债经营就有利可图，公司仍然会继续发行债券。只有当增加负债而得到的公司所得税的税盾价值与公司所增加的对个人利息补偿相等时，即 $1-T_{pd}=(1-T_c)(1-T_{pe})$，公司才会停止债券发行，此时市场达到均衡。将市场上所有的企业当作一个整体看，市场上有一个最优的负债总量，但对每一个别公司而言，不存在最优的资本结构。

图 8.8 描述了 Miller 模型所揭示的债券市场的均衡。

市场上的投资者对债券的需求是一条向上弯的曲线，r_0 是利息完全免税的债券的均衡利率。从纵轴往右水平延伸的一段曲线表示完全免税的个人和机构对应税公司债券的需求。利息收入的个人所得税的边际税率为 T_{pd}，投资者对应税公司债券的需求利率是$\frac{r_0}{1-T_{pd}}$。由于个人所得税是累进的，所以债券的需求利率也必须不断提高，债券的需求曲线呈现了向上延伸的弯曲形状。债券的需求曲线与水平的债券供给曲线相交时，此时，市场债券总量达到D^*，债券市场达到均衡。当债券市场上要出售的债券数量大于D^*时，就会使公司为弥补个人利息所得税而支付给投资者额外的利息补贴超过公司负债税收屏蔽所带来的价值，即当债券需求利率高于供给利率时，负债就会给公司造成损失。当公司发现发行债券收益减少，就会减少发行量。反之，当债券发行量小于D^*时，债券需求利率会低于供给利率$\frac{r_0}{1-T_c}$，一些没有发行债券的公司会发现发行债券有利可图，于是便发行债券，这正是债券市场供需平衡的机制。

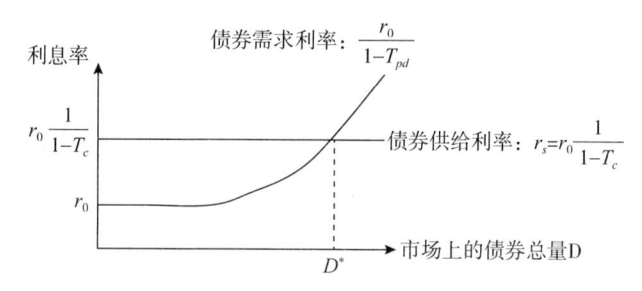

图 8.8 Miller 模型中的债券市场均衡

第三节 权衡理论

通过上一节的讨论，我们知道了 MM 定理允许公司破产，但不存在破产成本。在本节我们将放宽这个假定，考察公司破产尤其是存在财务危机时带来的成本，核心问题是财务危机造成股东和债权人之间的矛盾，并考察其对公司资本结构和融资选择所带来的影响。

一、财务危机成本

负债是一把双刃剑，它一方面减轻了公司的税收负担，另一方面却加大了公司发生财务危机的可能性。所谓财务危机是指公司不能履行对债权人的承诺或出现偿付困难。财务危机有时会导致公司破产，有时虽然并不会导致公司破产，但却会使公司因此而付出额外的代价。因此，财务危机的成本是高昂的。

与公司破产相关的直接成本指由破产事务本身所引起的资金消耗，包括昂贵的律师、会计师、咨询和法庭费用等处理破产事务的现金支出。间接的破产成本是那些由于破产所导致的费用或经济损失但却并非是破产事务本身所引起的资金消耗。如公司经理人在与债权人之间冗长繁琐的交涉过程和法律程序中所花费的大量时间和精力，破产过程中及破产之后销售收入的损失，因处理破产事务而受到制约的投资、被搁置的研究与开发，关键雇员的流失等等。由破产引起的直接成本和间接成本会降低公司的价值。债权人意识到公司破产的这种可能性和后果，会通过收取一定利息补偿以弥补公司违约的情况下债权人所承担的损失，股东则间接承担了预期破产成本。因此，公司决策者在考虑资本结构时，必须考虑到破产成本的影响。因为，在其他条件相同的情况下，公司负债越多，发生破产的可能性也就越大。

公司发生财务危机时，往往伴随着以下现象和相应的直接和间接成本：

①面临财务危机的公司往往急于出售公司的部分资产以清偿到期债务，这会导致公司资产大幅贬值。

②若公司无法渡过财务危机而导致破产，管理层可能失业，面临失业威胁的管理层为了避免公司倒闭，往往会在短期内采取一些有利于公司生存但同时会损害公司长期利益的行为，如降低产品质量，从而使公司的信誉在长期内受到影响。

③供应商和客户都可能注意到公司的财务危机，通常会采取一些尽可能少与处于财务危机中的公司打交道或做出对公司不利的行为。如供应商可能会停止供货，终止或降低原先提供的信用条件；客户可能会停止或减少对公司产品的购买量，或者要求公司提供更优惠的条件等等，这些都会给公司带来很大的间接成本。1979年，处于财务困境的克莱斯勒公司不得不采取折扣销售其轿车和货车产品来吸引顾客，按平均每辆车折扣为300美元计，克莱斯勒公司当年共出售了143.8万辆轿车和货车，财务危机给其带来了间接成本大约4.31亿美元。

④处于财务危机中的公司往往会被其竞争者抢去一定的市场份额，高负债公司特别容易遭到采取较为保守融资策略的低负债竞争者的掠夺。竞争者往往会采取各种手段，如故意降价等迫使高负债公司破产。

⑤当一家公司陷入财务危机后，面对巨额的偿债压力，公司往往倾向于选

择回报快但净现值低的投资项目而拒绝净现值高但回报慢的项目，这种被称为投资短视的行为显然会造成公司价值的降低。

上述各项破产成本和本不该发生的各项费用都是财务危机成本。虽然这个成本只有在财务危机或破产时才发生，但却不能忽视财务危机成本可能产生的影响。财务危机预期成本的大小取决于两个因素，即发生财务危机的概率和财务危机发生后所带来的成本。在其他条件相同的情况下，通常随着公司负债率的提高，发生财务危机的可能性也增大，财务危机的预期成本也相应增大，从而更多地抵消由于负债节税作用而带来的杠杆利益。因此，考虑到财务危机成本，公司负债就不再是越多越好，过度负债是不可取的。

二、代理成本

公司负债引起的风险不仅会给公司带来财务危机成本，而且还会增加公司的代理成本。代理问题产生于委托人和代理人之间利益的潜在冲突，契约的不完善和信息的不对称导致委托人可能无法完全监督和约束代理人，代理人可能为了自身利益最大化而损害委托人的利益。当债权人和公司股东之间的利益面临冲突时，尤其是当公司面临财务危机时，公司管理者往往会为了股东利益，而采取以下损害债权人利益的行动：

①资产替换。公司通过承诺谨慎运用资金获得低息贷款，但在实际运用时，却将借入资金投入高风险的资产，试图获取高收益。若成功，股东独享高收益，若失败，债权人则需分担损失。

②风险转移。高负债公司的管理者更有动机进行冒险投资以转移风险。假如正好有两个投资机会：一个是低风险但有正的净现值的项目，该项目会增加公司价值，但不能提供足够高的投资回报以帮助公司偿还债务；另一个是高风险但净现值为负的项目，该项目一旦成功，能够获取足够偿还债务的回报。若公司管理者意识到公司很可能在债务到期时无力偿债，则很可能会选择高风险但净现值为负的项目。

③投资不足。意识到可能面临破产清算的公司管理层出于股东利益的考虑，可能会拒绝具有正净现值的投资机会，而宁愿将现金保留下来作为股利发放，从而造成投资不足。无论是投资不足还是风险转移，这些极不正常的资本预算策略对公司来说成本很大。

④稀释债权。通过借入更多的债务解决财务危机，负债率的提高使得净资产对债权的保护削弱，公司的财务风险进一步加大。

⑤抽逃现金。意识到可能面临破产清算，公司股东会通过增发现金股利或其他分配方式转移公司资产。

从债权人的角度，当资金出借给公司后，为防止或减少上述代理问题的发生，必须采取种种措施限制公司可能损害其利益的行为，如提高贷款利率或通过订立更严格的契约条款等等。债权人的这些行为无疑会降低公司的经营效率，增加公司的成本。

无论是公司管理者为了股东利益所采取的损害债权人利益的非最优化公司行为，还是债权人为保护自身利益所采取的种种防范和监督措施，都是公司负债所引起的代理成本。在其他条件不变的情况下，公司负债率越高，通常代理成本也越大。因此，公司在进行融资决策时，必须考虑代理成本对公司价值的影响。

三、权衡理论（Trade-Off Theory）——考虑财务危机和代理成本后的资本结构理论

财务危机成本和代理成本的存在使得债务融资不再具有那么大的吸引力。考虑财务危机成本和代理成本后的资本结构理论称为权衡理论。权衡理论所揭示的资本结构与公司价值之间的关系可以用以下的模型表示：

$V_L = V_U + T_D -$ 预期财务危机成本的现值 − 代理成本的现值　　（8-10）

权衡模型所描述的资本结构与公司价值之间的关系如图 8.9 所示。

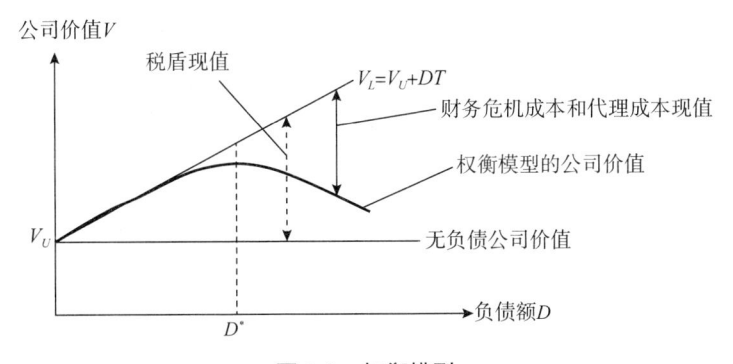

图 8.9　权衡模型

图 8.9 中两条直线分别代表 MM 模型所描述的无负债公司和负债公司的价值线，弯曲的曲线代表权衡模型所描述的公司价值线。当公司负债率较低时，财务危机成本和代理成本非常小，税盾的影响起主要作用，随着负债率增加，公司价值也增加。当公司负债率进一步增加后，财务危机成本和代理成本开始起明显作用，抵消了一些税收的优势，但其增加额仍然小于税盾的增加额，因此，公司价值仍然增加。直到 $D*$，此时增加债务的边际税收收益恰好被债务增加所引起的财务危机成本和代理成本所抵消，超过该点后，财务危机成本和代理成本影响起主要作用，公司价值开始呈现下降趋势。资本结构为 $D*$ 时，公司价值最大。

权衡模型在直观上很容易理解，它告诉我们，完全不负债和过多负债融资都是不可取的，在综合考虑了负债所带来的收益和成本后，企业应有一个最优的资本结构。不像 MM 理论，似乎应该尽可能地借债。

由于影响资本结构及其与企业价值关系的因素很多，再加上预期的财务危机成本和代理成本难以准确估计，使得权衡模型无法精确地进行计量。不过，我们还是能从中得到一些重要的启示。

①税盾利益、财务危机成本和代理成本分析为我们提供了分析问题的一种有益思路，并可以据此大致估算出相关成本和公司价值。

②考虑到财务危机成本和代理成本的存在，在其他条件相同时，高风险等级的公司应比低风险等级的公司较少使用负债。

③房地产行业等具有较多有形资产的公司可以比主要依赖无形资产的公司拥有较高的负债，因为即使发生破产，有形资产相对于无形资产通常具有较高的清算价值。

④由于税盾利益，目前以高税率纳税并且将来也继续以高税率纳税的公司可以拥有较高的负债，以便有效地利用税收带来的好处。

权衡理论成功地解释了很多行业资本结构差异存在的原因。如高科技成长性公司，风险较大而且大多是无形资产，因此负债率较低；而航空公司风险较低，并且拥有价值很多的有形资产通常承担着大量的债务。

权衡理论还可以解释为什么杠杆收购的目标公司通常是一些成熟的、现金流充裕但缺乏成长机会的公司。因为这些公司有能力承担高负债，而且能够充分利用负债的税盾利益。

专栏8-1　　　　　　　透视"大宇神话"

韩国第二大企业集团大宇集团1999年11月1日向新闻界正式宣布，该集团董事长金宇中以及14名下属公司的总经理决定辞职，以表示"对大宇的债务危机负责，并为推行结构调整创造条件"。韩国媒体认为，这意味着"大宇集团解体进程已经完成"，"大宇集团已经消失"。

一、大宇集团的基本情况

大宇集团于1967年开始奠基立厂，其创办人金宇中当时是一名纺织品推销员。通过政府的政策支持、银行的信贷支持和在海内外的大力购并，经过30年的发展，大宇成为直逼韩国最大企业——现代集团的庞大商业帝国。1998年底，总资产高达640亿美元，营业额占韩国GDP的5%；业务涉及贸易、汽车、电子、通用设备、重型机械、化纤、造船等众多行业；国内所属企业曾多达41家，海外公司数量创下过600家的记录，鼎盛时期，海外雇员多达几十万，大宇成为国际知名品牌。

大宇是"章鱼足式"扩张模式的积极推行者，一贯坚持企业规模越大就越能立于不败之地的观点，即所谓的"大马不死"。据报道，1993年金宇中提出"世界化经营"战略时，大宇在海外的企业只有15家，而到1998年底已增至600多家，相当于每3天增加一个企业。更让韩国人为大宇着迷的是：在韩国陷入金融危机的1997年，大宇不仅没有被危机困倒，反而在国内的集团排名中由第4位上升到第2位，金宇中本人也被美国《幸福》杂志评为亚洲风云人物。1997年底韩国发生金融危机后，其他企业集团都开始收缩，但大宇仍然我行我素，结果债务越背越重。尤其是1998年初，韩国政府提出"五大企业集团进行自律结构调整"方针后，其他集团把结构调整的重点放在改善财务结构方面，努力减轻债务负担。大宇却认为，只要提高开工率，增加销售额和出口就能躲过这场危机。因此，它继续大量发行债券，进行"借贷式经营"。1998年大宇发行的公司债券达7万亿韩元（约58.33亿美元）。1998年第4季度，大宇的债务危机已初露端倪，在各方援助下才避过债务灾难。此后，在严峻的债务压力下，大梦方醒的大宇虽作出了种种努力，但为时已晚。1999年7月中旬，大宇向韩国政府发出求救信号；7月27日，大宇因"延迟重组"，被韩国4家债权银行接管；8月11日，大宇在压力下屈服，折价出售两家财务出现问题的公司；8月16日，大宇与债权人达成协议，在

1999年底前，将出售盈利最佳的大宇证券公司，以及大宇电器、大宇造船、大宇建筑公司等。"8月16日协议"的达成，表明大宇已处于破产清算前夕，遭遇"存"或"亡"的险境。由于在此后的几个月中，经营依然不善，资产负债率仍然居高，大宇最终不得不走向本文开头所述的那一幕。

二、财务杠杆与举债经营

大宇集团为什么会倒下？在其轰然坍塌的背后，存在的问题固然是多方面的，但不可否认有财务杠杆的消极作用在作怪。所谓财务杠杆是指由于固定性财务费用的存在，使企业息税前利润（EBIT）的微量变化所引起的每股收益（EPS）大幅度变动的现象。也就是，银行借款规模和利率水平一旦确定，其负担的利息水平也就固定不变。因此，企业盈利水平越高，扣除债权人拿走某一固定利息之后，投资者（股东）得到的回报也就愈多。相反，企业盈利水平越低，债权人照样拿走某一固定的利息，剩余给股东的回报也就愈少。当盈利水平低于利率水平的情况下，投资者不但得不到回报，甚至可能倒贴给债权人。

由于利息是固定的，因此，举债具有财务杠杆效应。而财务杠杆效应是一把"双刃剑"，既可以给企业带来正面、积极的影响，也可以带来负面、消极的影响。财务杠杆发生效应的前提是：总资产利润率是否大于利率水平。当总资产利润率大于利率时，举债给企业带来的是积极的正面影响；相反，当总资产利润率小于利率时，举债给企业带来的是负面、消极的影响。

大宇集团在政府政策和银行信贷的支持下，走上了一条"举债经营"之路，试图表通过大规模举债，达到大规模扩张的目的，最后实现"市场占有率至上"的目标。如前所述，举债经营能否给企业带来积极效应，关键是两条：一是资金的利用效果如何，二是资金的收回速度快慢。资金得到充分利用，当总资产利润率大于利率时，举债可以提高企业的盈利水平。资金投入能得到充分有效利用，能够及早产生效益并收回所投资金，则到期债务本息的偿付就有保证。1997年亚洲金融危机爆发后，大宇集团已经显现出经营上的困难，其销售额和利润均不能达到预期目的，而与此同时，债权金融机构又开始收回短期贷款，政府也无力再给它更多支持。1998年初韩国政府提出"五大企业集团进行自律结构调整"方针后，其他集团把结构调整的重点放在改善财务结构方面，努力减轻债务负担。但大宇却坚持认为，只要提高开工率，增加销售额和出口就能躲过这场危机。因此，它继续大量发行债券，进行"借贷式经营"。正是由于经营指导思想上的错误和经营管理不善，加上资金周转上的困难，韩国政府于 7 月 26 日下令债权银行接手对大宇集团进行结构调整，以加快这个负债累累的集团的解散速度。显然，大宇集团的举债经营所产生的财务杠杆效应是消极的，不仅难于提高企业的盈利能力，反而因巨大的偿付压力使企业陷于难以自拔的财务困境。因此，从根本上说，大宇集团的解散，是其财务杠杆消极作用影响的结果。

三、从资本结构原理看"大马不死"神话

大宇是"章鱼足式"扩张模式的积极推行者，认为企业规模越大，就越能立于不败之地。从资本结构理论的角度看，有规模不一定有效益。资本结构理论的目的在于寻求一种能使股东价值达到最大的负债与权益结构。其基本思路有两条：①"做饼原理"，即在保持现有资本结构不变的条件下，尽可能通过提高企业 EBIT 水平来实现 EPS 的提高；②"分饼原理"，即在 EBIT 保持不变的条件下，如何通过改变资本结构来实现提高 EPS。

很显然，大宇集团试图通过扩大企业规模来实现提高企业盈利水平的目的。而要把饼做大就需要不断地投入资金。资金来源不同，其所决定的资本结构也不同，相应地，财务杠杆的作用程度也不同。要将企业规模做大容易，通过大规模举债即可实现，问题是所投入的资金能否产生效益。以债台高筑为基础的急剧扩张式企业，其所面临最大的问题是一旦资金没有得到有效利用而难于产生相应效益，就将产生消极的财务杠杆作用，并在这种负面的财务杠杆的作用下以几倍的速度将企业推向亏损甚至破产的境地。如前所说，有规模又要有效益，必须具备总资产利润率大于借款利率这一基本前提。而企业一旦具备这一前提，就更应考虑资本结构理论的另一条思路，即"分饼原理"。当企业投入某一数额的资金可以产生一定 EBIT 水平时，企业应及时合理调整其资本结构，据此提高企业的 EPS 水平。实现这一思路，在理财上，必须遵循以下基本步骤：首先必须对投资项目进行严格的可行性研究，通过可行性研究把握市场和把握项目的盈利能力；在此基础上，再根据项目的盈利能力谨慎选择相应的筹资模式，以充分、合理利用财务杠杆的积极作用效应，提高企业的 EPS 水平。

由此可见，不求最大，但求最好是比较正确的经营思路。将有限的财务资源投资到企业最具竞争能力的业务上，不仅可以提高企业的核心竞争能力，提高企业的竞争优势，而且可以避免不必要的债务负担和财务危机。

四、启示和思考

（1）举债经营对企业的影响是正负两方面的，其基本前提是总资产利润率能否大于借款利率。只有当总资产利润率大于借款利率时，借债才会给企业带来有利的积极的财务杠杆作用；反之，将会给企业带来负面、消极的影响。任何企业不能无条件地从事举债经营。

（2）不求最大，但求最好。有规模并不等于一定有效益。一个企业的大小应取决于企业核心竞争能力的要求。只有拥有核心竞争能力，才能将企业做得最好。没有核心竞争能力的企业，一味追求企业规模的扩大，其结果只能是无功而返，甚至陷入困境。

（3）我国资本市场上大批ST、PT上市公司以及大批靠国家政策和信贷支持发展起来而又债务累累的国有企业，应从"大宇神话"破灭中吸取教训：加强企业自身管理的改进，及时从多元化经营的幻梦中醒悟过来，清理与企业核心竞争能力无关的资产和业务，保留与企业核心竞争能力相关的业务，优化企业资本结构，进一步提高企业的核心竞争能力。

资料来源：中国公司治理网（http://www.cg.org.cn）。

第四节 信号模型

一、唐纳逊的融资选择顺序理论

高登·唐纳逊（Gordon.Donaldson，1961）对公司究竟应该怎样制定其资本结构问题进行了广泛的研究，得出了一些很有意义的成果。Brigham 和 Ehrhart（2002）把唐纳逊（Donaldson，1961）的研究成果总结如下：

①公司倾向于内部融资，也就是利用留存收益和折旧的现金流。

②公司以预期的投资机会和未来现金流量为基础来制定目标股利政策，股利的目标支付水平正好使留存收益加上折旧足以支付正常情况下的资本支出。

③股利在短期内是固定的，公司不会轻易增加股利，除非他们相信能一直保持支付高股利，他们尤其不愿意降低股利。除非情况太糟糕，公司通常不会减少股利发放。

④如果公司内部拥有的现金流超过了其所需的资本支出,就将其投资于资本市场,或用于还债、增加股利、回购股票、并购等。而当公司没有足够的内部现金流进行一个不能延迟的新项目时,它首先会出售自己投资的证券组合,而后转向外部资本市场,如果必须依靠外部资本市场,首先选择借债,然后是发行可转债,最后是发行普通股。Donaldson(1961)发现了公司存在着融资选择的顺序理论(pecking-order),而不是以一个平衡的方式,就像均衡模型所描述的那样融资。

大量的实证研究支持了Donaldson(1961)的描述。人们从很多角度对这一融资选择的顺序理论进行了解释,包括如下几点:

①税收和交易成本的存在有利于公司利用留存收益和负债而非发行股票来融资。

②发行成本在公司融资中也起着重要作用,债务的发行成本通常要小于股票。

③经理层通常在没有得到董事会批准的情况下就可以进行债务融资,而发行股票往往需要得到董事会的批准,从而需要更多的外部审查。尤其是业绩不佳时,经理层就更不愿意接受审查而发行股票。

④如果公司破产的成本主要由债权人承担,股东从新注入的股本中就得不到多少好处。当公司发行股票时,往往会引起股价下跌,因为降低负债水平就增加了现有负债的价值,并将财富从股东转移到债权人手中。因此公司不会首选股票融资。另外,股票发行对于负债过多的财务困难的公司来说也不太具有可行性。

二、梅尔茨的资本结构信号模型

梅尔茨 Myers(1984)注意到了唐纳逊(Donaldson,1961)的发现与权衡模型不一致,正是这个发现促使他在美国金融协会的演讲中提出了一个新的理论,并随后于1984年正式发表。

梅尔茨认为唐纳逊融资选择的顺序理论是偏离了而非趋近于一个明确的资本结构。权益的产生可以有两种形式——留存收益和新股票。根据融资选择顺序理论,留存收益处于融资选择的首位,而发行股票处于最后。因此,如果留存收益能够满足投资需求,公司的权益比例就会增加;而如果留存收益不能满足投资需求,公司就会借债而不是发行股票,则公司的负债率增加。这与权衡模型认为负债权益比例是保持不变的观点不一致。

梅尔茨（1984）认为权衡模型的一个关键假设是所有的市场参与者具有完全相同的预期，这也就意味着：①所有参与者具有相同的信息；②任何收益的变化都是随机的，而不是只有一部分人能够预测到。于是，梅尔茨（1984）从市场参与者具有不同的信息这一角度解释了唐纳逊（1961）的结论，梅尔茨的这一研究成果被称为资本结构的信息不对称或信号理论。

梅尔茨（1984）信号理论的基本思想是公司的融资行为会传递出公司经营状况的信息。如果投资者对公司不了解，则好公司的价值往往被低估，从而公司就不愿意对外发行股票融资。而内部融资和债务融资相对而言不会导致严重的价值低估，因此，公司偏好这两种融资方式。梅尔茨（1984）进一步指出，由于好公司的股票被市场低估，差公司的股票被市场高估，因此只有差公司才会进行新的股票融资。于是，当公司宣布进行新的股票融资时，往往会导致其股价下跌。当信息不对称存在时，唐纳逊（1961）的结论在逻辑上是合理的。公司留存大部分的收益并保持比较高的权益比例是值得的，这是为了保持一个储备借款的能力，以备当拥有非常多的净现值大于零的项目或因其他原因需要大量资金时，可以用来支持预算。

我们举例说明信息不对称时会发生什么现象。假设公司E发行在外的股票为1亿股，每股价格为45美元。经理层认为公司拥有优质的资产并具有美好的前景，因此公司股票可能被低估。E公司对其资产进行谨慎评估后，测算出现有资产的每股真实价值为50美元。因此E公司股票的市场价值为45亿美元，真实价值为50亿美元。同时我们假设公司有一个NPV=1亿美元的投资项目，所需资金为5亿美元。投资者并不了解这个项目的真实情况。这时存在以下几种可能性。

①信息对称。在这种条件下，股价会上升到50美元以反映其内在真实价值。公司可以每股50美元的价位发行1000万股新股，筹得所需的5亿美元。新项目实施后，股价将上升为：

$$P_1 = \frac{50+1+5}{1+0.1} = 50.91 美元$$

新股东和老股东都从新项目中收益0.91（=50.91–50）美元。

②新股发行前信息不对称。此时，若新股发行的信息引起股票价格下跌，新股只能以每股40美元的价格发行，则需要发行1250万股才能筹得所需的资金。若新股发行后不存在信息不对称，则新股发行后的股票价格为：

$$P_2 = \frac{50+1+5}{1+0.125} = 49.78 \text{美元}$$

新股发行后，信息不对称的消除使新股东获取每股 9.78（=49.78–40）元的收益。虽然新股发行使老股东的股价经历了 45 美元— 40 美元— 49.78 美元这一变化过程，但与不存在信息不对称相比，老股东还是损失了 0.22(=50–49.78) 美元。

若新项目的 *NPV*=3 亿美元，则新项目实施后公司股价为：

$$P_3 = \frac{50+3+5}{1+0.125} = 51.56 \text{美元}$$

新股东获利 11.56(=51.56–40) 美元，老股东仅从新项目的实施中获利 1.56(=51.56–50) 美元。

若新项目采用债务融资，则新项目实施、信息不对称问题消除后，公司股价为：

$$P_4 = \frac{50+1+5}{1} = 56 \text{美元}$$

老股东从这一新项目的实施中获利 6(=56–50) 美元。

显然，在融资前信息不对称，融资后信息不对称能够消除的情况下，相对于发行新股而言，公司必然偏好债务融资。

若公司的前景非常糟糕，评估后资产的每股真实价值仅为 35 美元。但由于信息不对称存在，新股同样以每股 40 美元的价位发行。则公司新股发行、信息不对称问题消除后，公司股票的价格为：

$$P_5 = \frac{35+1+5}{1+0.125} = 36.44 \text{美元}$$

这时，老股东获利 1.44=(36.44–35) 美元，新股东遭受 3.66=(40–36.44) 美元的损失。这就说明了为什么业绩差的公司喜欢发行股票筹资。注意：经理层要最大化的是老股东的利益。

上面的例子说明了梅尔茨的观点：当信息不对称存在时，经理层若认为现有股票市场价格过高，就会选择发行股票；反之，就不愿发行股票而发行债券。当然，投资者也不是傻瓜，因此，股票发行通常被认为是"坏消息"，而债券发行被认为是"好消息"。经理层（内部人）和投资者（外部人）之间的信息不对称越严重，股价对融资声明的反应就越强烈。

第五节 资本结构决策

尽管理论上对资本结构有不同的观点，但在现实中，公司在融资时并不是不需要考虑资本结构问题的。首先，资本结构在一定程度上会影响公司的价值；其次，为了充分利用财务杠杆，应适度借债。从实际中观察到的事实也证明，大多数经营良好的企业，都注意维持稳定而健康的资本结构，从而在投资者中建立良好的信誉。由于现实中许多因素都会影响到公司资本结构的选择，不同的公司，同一公司在发展的不同阶段，以及不同的宏观经济环境等，都使得公司对最优资本结构的要求不同，因此，公司总是希望根据各种条件和自身的目标选择一个最适宜的资产本结构。

一、根据资本成本选择资本结构

这是相对简单的进行资本结构决策时采用的方法。一般而言，在公司自由现金流量既定的前提下，加权平均资金成本越低，以此贴现得到的公司价值就越大。因此，在控制财务风险的前提下，模拟并计算具有不同资本结构的筹资方案的资本成本，并进行比较，从中选择使公司资本成本最低的融资方案，该资本成本对应的资本结构可以认为就是最优的资本结构。

例如，新源公司初创时拟定了三种融资方案，如表8.4所示。

表8.4　　　　　　　　　新源公司融资方案

筹资方式	筹资方案1 筹资额（万元）	筹资方案1 税后资本成本%	筹资方案2 筹资额（万元）	筹资方案2 税后资本成本%	筹资方案3 筹资额（万元）	筹资方案3 税后资本成本%
长期借款	40	6	50	6.5	80	7.0
债券	100	7	150	8.0	120	7.5
优先股	60	12	100	12.0	50	12.0
普通股	300	15	200	15.0	250	15.0
合计	500	—	500	—	500	—

根据表8.4计算得到三种融资方案下的综合资本成本为：

$$K_{w,1} = 6\%(\frac{40}{500}) + 7\%(\frac{100}{500}) + 12\%(\frac{60}{500}) + 15\%(\frac{300}{500}) = 12.32\%$$

$$K_{w,2} = 6.5\%(\frac{50}{500}) + 8\%(\frac{150}{500}) + 12\%(\frac{100}{500}) + 15\%(\frac{200}{500}) = 11.5\%$$

$$K_{w,3} = 7\%(\frac{80}{500}) + 7.5\%(\frac{120}{500}) + 12\%(\frac{50}{500}) + 15\%(\frac{250}{500}) = 11.1\%$$

由于三种筹资方案中,方案 2 的综合资金成本最低,因此新源公司可以选择方案 2 的融资结构为公司的资本结构。

二、息税前收益—每股收益分析

公司对于债务的偿还能力取决于未来创造收益的能力,这个能力可以通过息税前收益体现。而公司负债的最终目的是要通过债务的杠杆作用增加股东收益,因此,确定资本结构不能不考虑公司创造收益的能力以及对股东收益的影响。将以上两个方面结合起来,通过分析息税前收益与每股收益之间的关系,并比较不同的筹资方案或资本结构对它们的影响,是判断资本结构是否合理的一种方法。下面我们举例说明。

已知华特公司的财务资料如表 8.5 所示。

表 8.5　　　　　　　　华特公司的财务资料

（1）2015 年 12 月 31 日的资产负债数据（单位：元）			
流动资产	120000000	负债	0
净固定资产	120000000	普通股权益（1000 万股）	240000000
资产总计	240000000	负债与权益	240000000
（2）2015 年的损益数据（单位：元）			
销售收入		300000000	
固定成本	60000000		
变动成本	192000000		
总成本		252000000	
EBI		48000000	
利息		0	
税前净利		48000000	
所得税（25%）		12000000	
税后净利		36000000	
（3）其他财务数据			
每股盈余 EPS=36 000 000/10 000 000=3.6（元）			
每股股利 DPS=36 000 000/10 000 000=3.6（元）			
每股账面价值 = 240 000 000/10 000 000=24（元）			
每股市价 P=24（元）			

续表

本益比（市盈率）P/E=24/3.6=6.67
（说明：假定公司将全部收益都用于方法股利）
（4）不同负债比率下的负债成本

负债总额	负债比率	所有负债的利率 r_d
24000000	10%	7.5%
48000000	20%	8.0%
72000000	30%	8.5%
96000000	40%	9.0%
120000000	50%	12.0%
144000000	60%	15.0%
168000000	70%	19.0%

（说明：假定公司章程规定负债比率不超过70%）
（5）对下一年度销售额的预计

销售额（元）	200000000	300000000	400000000
概率	0.2	0.6	0.2

根据上述资料，可进行息税前收益－每股收益分析，其过程如下：

第一步：计算销售额与财务杠杆对每股收益的影响。

例如，根据下一年度销售额的预测值计算得到当负债率为50%时每股收益的期望值，如表8.6所示。

8.6　　　　　　　　华特公司预期每股收益　　　　　　　　单位：元

下一年销售额出现的概率	0.2	0.6	0.2
销售额（元）	200000000	300000000	400000000
固定成本	60000000	60000000	60000000
变动成本（销售额的64%）	128000000	192000000	256000000
EBIT	12000000	48000000	84000000
当负债率为50%时			
减：利息费用（120000000*0.12）	14400000	14400000	14400000
税前利润	-2400000	33600000	69600000
所得税	（600000）	8400000	17400000
税后净利	-1800000	25200000	52200000
每股收益（500万股流通在外）	-0.36	5.04	10.44
每股收益的期望值		5.04	
标准差		3.42	

* 注当使用50%的负债后，该公司流通在外的普通股股数已由原来的1000万股下降到500万股。

按照上述方法计算得到不同负债率下的每股收益的期望值，计算结果如表8.7所示。

表 8.7　　华特公司不同负债比率下的预期每股收益

负债比率（%）	预期每股收益（元）	每股收益的标准差（元）
0	3.6	1.71
10	3.85	1.90
20	4.14	2.13
30	4.49	2.43
40	4.92	2.85
50	5.04	3.42
60	4.95	4.27
70	4.02	5.69

计算结果表明预期的每股收益与和财务杠杆以及财务风险之间的关系。最初每股收益随负债比率的提高而增加，当公司负债比率提高到50%时，每股收益上升到最高点，过了这一点，由于利率急剧上升，利息费用负担沉重，使得每股收益下降。在未使用负债时，华特公司的总风险完全由营业风险构成。负债后，其总风险既包括营业风险又包含财务风险，以每股收益标准差衡量的总风险随着负债比率的提高而持续不断地增加，而且增加的速度也越来越快。

第二步：计算息税前利润—每股收益无差异点。即通过将一定负债比率下的每股收益与完全不使用负债时的每股收益进行比较，找到使得它们的每股收益相等时的息税前利润。

例如，已知：$EPS=(EBIT-I)(1-T)/N$，式中，N为普通股股数。

则令负债比率为零时的每股收益与负债比率为50%时，每股收益相等，可得以下方程式：

$$EPS_{D/A=0\%} = \frac{EBIT(0.75)}{10000000} = EPS_{D/A=50\%} = \frac{(EBIT-14400000)0.75}{5000000}$$

容易得到：EBIT=28800000 元

即当息税前利润等于28800000元时，无负债的每股收益与负债为50%时的每股收益相等，都是每股1.8元的收益。

需要指出的是，这里之所以用50%负债率与无负债求临界点，是因为在各种负债率下，50%负债率下的每股收益最大。当然，我们也可以用同样的方法求使其他负债率的每股收益无差异的息税前利润点。

将上述计算结果作图，可得到图8.10。

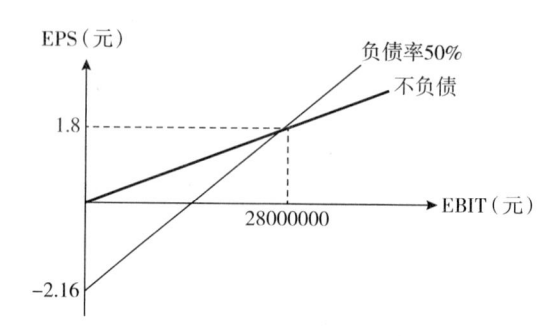

```
             EPS(元)
                ↑              负债率50%
                │           ╱     不负债
                │         ╱  ╱
           1.8  ┤- - - -╳
                │    ╱ ╱│
                │  ╱ ╱  │
         ───────┼╱─╱────┼──────→ EBIT(元)
                │╱      28000000
                │
         -2.16  ┤
```

图 8.10 华特公司两种融资方式下的 EBIT 与 EPS

最后，根据计算结果进行分析，做出资本结构决策。在本例中，假如预计未来的息税前利润高于 28000000 元以上的可能性较大，则可以考虑采用 50% 的负债率，不仅可以充分地发挥财务杠杆的正面效应，而且所承担财务风险也较小。由于根据销售额预测，下一年度的销售额高于分析所得的临界点 28000000 元的可能性为 60%，从期望的每股收益也能看出，当负债率为 50% 时，每股收益为 5.04 元，也高出临界点的每股收益 1.8 元很多，因此，可以考虑采用 50% 的负债率。

三、股票价值分析

既然资本结构决策的最终目的是为了实现公司价值最大化，则我们可以通过分析不同资本结构下公司的价值，从中选出能够使公司价值最大化所对应的资本结构。

仍以前面 EBIT 与 EPS 无差异分析中所举的华特公司为例。以华特公司的财务资料为基础，并假设未使用负债时，该公司的 β=1.5，市场的无风险报酬率 R_f=9%，市场投资组合的报酬率 R_m=13%，我们可以估计不同负债率水平下华特公司股票的价值。

首先，根据资本资产定价模型计算不同负债率水平下华特公司普通股的资本成本。例如，当公司负债 24000000 元时，华特公司普通股的资本成本的计算过程如下：

首先估计不同负债率下公司的权益资本成本。

根据 MM 模型估计得到公司市场价值为：

$$V_L = V_U + TD = 240000000 + 0.25 \times 24000000 = 246000000 （元）$$

即公司普通股的市场价值为 222000000 元，于是可以得到公司负债

24000000元时的值。

$$\beta_L = 1.5[1+(1-0.25)\frac{24000000}{222000000}]=1.62$$

然后，根据资本资产定价模型有：

$$R_{eL}=9\%+1.62(13\%-9\%=15.48\%$$

即当负债为24000000元时，华特公司普通股的资本成本为15.48%。同样的方法，可以求出不同负债额下华特公司普通股的β值和资本成本，详见表表8.8第4列和第5列。

然后，根据股票定价模型，估计不同负债率水平下华特公司股票的价值。

由于华特公司的盈余全部用于股利发放，公司处于零成长状态，因此股利现金流可视为永续年金。例如，已知当负债额为24000000元时华特公司每股收益为3.85元，于是其普通股的价值为：

$$S=\frac{3.85}{0.1548}=24.87（元）$$

同样的方法可以估计出在不同负债水平下华特公司普通股的价值，详见表8.8第6列。

表8.8　　华特公司不同负债水平下普通股价值的估计值

负债比率（%）	负债利率（%）	预期EPS（元）	β	普通股成本（%）	预估的股价（元）
0	—	3.60	1.50	15.00	24.00
10	7.5	3.85	1.62	15.48	24.87
20	8.0	4.14	1.76	16.04	25.81
30	8.5	4.49	1.94	16.74	26.82
40	9.0	4.92	2.14	17.57	28.00
50	12.0	5.04	2.40	18.60	27.10
60	15.0	4.95	2.73	19.92	24.85
70	19.0	4.02	3.16	21.64	18.58

计算结果表明，随着负债率上升，普通股的价值也逐渐上升。当公司负债率为40%，即负债额为96000000元时，普通股的价值达到最高点，此后，随着负债率的继续上升，普通股的价值逐渐下降。股价变动的趋势与每股收益变动的趋势基本相同，但股价达到最高点时的负债率与每股收益最高点的负债率不同。由于公司价值除了受每股收益的影响外，还受到权益资本成本的影响，因此只有当每股收益较高，权益资本成本又较低时，股东权益的价值才是最大的。上例中，当负债率为40%时，虽然每股收益不是最高的，但权益资本成本

最低，所以普通股的价值最大。可见，每股收益最大时，并不代表公司的价值最大。

四、影响资本结构决策的主要因素

某机构调查了170位高级财务经理，其中有120位坚信公司存在最优的资本结构，该机构提供的调查报告指出，大多数公司的财务经理为本公司设立了目标债务比率，但最优的资本结构因不同的公司、不同的行业而异，而且受宏观经济状况、金融市场、收入趋势等因素的制约[①]。正因为有很多的因素影响公司最优的资本结构，而其中又有许多因素较难量化，所以在实际中完全依靠定量分析准确地确定最优资本结构几乎是不可能的，还必须辅以定性分析，综合考虑影响资本结构的各种因素。

除了资本结构理论和资本结构决策定量分析方法中所涉及的税收、杠杆效应、财务风险、资本成本和融资优序等因素外，还有以下主要因素会影响公司的资本结构决策。

1. 公司的经营收入和风险状况

公司经营收入增长性和稳定性都会影响资本结构。如果公司经营收入比较稳定，则对偿还固定利息费用的保障程度较大。如果经营收入增长前景很好，使用财务杠杆则会扩大每股收益，增加股东财富。

公司的经营风险决定了公司的经营收入的稳定性，增加负债增加了公司的财务风险，从而使得公司的总风险加大，并进而影响公司的资本成本。因此，公司在确定资本结构时必须考虑公司经营收入的状况及其对风险的承受能力。

2. 公司的偿债能力和获利能力

在其他条件相同的情况下，偿债能力强的公司可以较多地使用债务融资。

公司的偿债能力受公司现有债务负担的状况和公司未来的获利能力影响。现有的负债越多、期限越短、债务负担越重，公司的偿债能力越弱。而公司未来的获利能力越强、现金收益越多、越稳定，则偿债能力就越强。例如，若利息保障倍数为6，意味着即使公司的息税前利润下降80%，还能够保证利息支付。

---

① 参见朱武祥译：《现代财务管理基础》第七版，清华大学出版社1997年10月版。

若债务偿付系数为 1.2，则意味着如果息税前利润下降超过了 17%，就不能保证履行还本付息的承诺[①]。公司在确定其资本结构时，一定要充分考虑偿债能力和获利能力。

3. 公司的筹资能力和未来的现金流量

公司在偿债方面所面临的真正问题并不完全取决于其偿债能力和获利能力，而是其实际无力偿还债务的可能性有多大。而这个可能性不仅受息税前收益的影响，而且受企业筹措资金的能力或折旧前收益即现金收益多少的影响。

公司在根据自身的筹资能力选择筹资方式时，还要考虑保留一定的筹资灵活性。这是因为公司从每一种筹资渠道能够筹措到的资金的数量是有限的，而且各种筹资方式互相影响。例如，公司当前发行大量的债券融资，使得公司的负债比例上升，可能导致公司在一定时间内（如在这些债务尚未偿还之前）无法再利用债务融资，或者只能以较高的利息率进行债务融资。因此，公司的资本结构应该为将来筹资留有余地，要做好长期的筹资规划。

4. 公司的资产结构

公司的资产结构对资本结构的影响表现在：①资产结构影响公司债务筹资的能力。拥有大量固定资产的公司较容易通过固定资产抵押而获得贷款。②资产结构影响公司债务结构。拥有较多流动资产的公司比较容易获得短期债务。③由于实物资产在清算变现时的价值损失小于无形资产，因此，无形资产比例高的公司负债率较低，如以技术研究开发为主的公司通常负债率较低。

5. 公司所处的生命周期及其成长性

处于生命周期不同阶段的公司对资金的需求不同，导致不同的资本结构。处于创业期的公司，由于经营前景不确定性大，借债不易且利息率较高，因此，主要依靠权益资本。处于成熟期的企业一方面具有充裕的现金流，另一方面投资机会减少，其负债率较低。处于成长期的公司通常对外部资金的需求和依赖性较强，不仅依靠权益融资还要大量地依靠债务融资，而由于信息不对称的原因，这类公司的股票价值容易被低估，往往会更多地利用债务融资，因此通常负债率高。

---

① 利息保障倍数 = 息税前利润 / 利息费用；债务偿付系数 = 息税前利润 /（利息费用 + 到期债务 /1- 所得税率）。

6. 行业差别

公司所处的行业不同，资本结构也会有较大的差异。例如，零售商业通常是为存货增加而筹资，而存货周转期短，变现能力强，所以较多采用短期债务融资的方式，使得负债比率较低。而钢铁行业固定资产比重高，债务筹资能力强，通常具有较高的负债率。

7. 公司的信用等级及债权人的态度

每个公司对如何根据自身的条件选择合理的资本结构都有自己的分析，但债权人和信用评级机构的态度往往成为决定资本结构的关键因素。如果公司的信用等级不高，贷款人将不愿意借款，这样的公司自然无法达到其所希望实现的负债水平。通常公司在进行债务融资前，都会与贷款人和信用评级机构商讨，并尊重他们的意见。此外，贷款合同也是制约公司资本结构的因素之一。

8. 公司所有者和管理者的态度

从公司所有者的角度看，负债具有以下好处：①能够减少由于管理权和经营权相分离所产生的代理成本。在偿债能力许可的范围内尽量发挥债务的杠杆作用，不仅能够增加股东收益，而且由于负债利息和本金的支付，减少了管理者可支配的现金流，从而能够在一定程度上降低代理成本。②能够保持现有股东对公司控制权。发行新股获得权益资本会减少现有股东的持股比例，减少他们对公司的控制权，而负债不会产生控制权稀释的作用。所以当公司需要外部融资时，现有股东为了维持自己的控制权，会更青睐于债务融资。③有利于减少公司管理层与外部投资者之间的信息不对称。公司管理层通常比外部投资者（股东和债权人）拥有更多公司未来发展前景的信息。如果投资者意识到公司只有在公司股价被高估时才会发行股票，那么当公司发行股票融资时，投资者就会降低对公司股价的评估，使得公司股价下降，从而提高了公司的融资成本。公司管理者出于对现有股东和公司利益的考虑，为了减少这种信息不对称，需要投入大量的时间和经费让外部投资者了解公司真实的状况，这必然加大了公司的融资成本。特别是当这些关于公司未来发展规划对于竞争对手也很有价值时，为降低信息不对称所付出的成本或代价就更大了。而负债融资所起的信号作用却是有利于公司的。因此，从降低代理成本和减少信息不对称的角度看，公司所有者倾向于在资本结构中保持较高的负债率。

但是，过度的负债也会带来一系列问题。如增加了财务风险，增加了股东和债权人之间产生纷争的可能性，进而增加了债务融资的成本，影响了公司股利支付的稳定性等等。负债所可能导致的这些问题会对公司所有者选择资本结构时产生一定的约束。

对于公司治理良好的公司，管理者的态度通常是与公司所有者的利益一致的，但是管理者对待风险的个人偏好也会影响公司的资本结构。喜欢冒险的管理者可能会安排较高的负债比例，而风险回避程度较高的管理者则会选择较低的负债率。

此外，市场利率水平，通货膨胀状况，经济周期和政府财政金融政策等宏观经济因素对公司资本结构决策的影响也是不容忽视的。

第九章

股利理论与政策

　　股利理论与公司股利政策的核心问题是:"股利分配是否影响公司股票价值?""如果公司股利分配会影响股票价值,那么是如何影响的?"关于这些问题,学术界始终存在着不同的观点。其中,比较有代表性的理论是:MM 股利无关论、"一鸟在手论"、税收偏好论、顾客效应假说和信号理论。现实中,影响公司股利分配的因素很多,公司在进行股利分配决策时需要综合各种因素选择有利于公司价值最大化的股利政策。公司经常采用的股利政策有:剩余股利政策、固定股利额政策、固定股利支付率政策、正常股利加额外股利政策等等。股票股利和股票回购都是公司经常用来取代现金股利发放的方式,但它们对公司股票价值所产生的影响是不同的。股票分割虽然并不是现金股利的替代形式,但它与股票股利的作用非常相似。

第一节 股利理论

从股票定价模型看,公司的股利政策会影响公司股票的市场价值。由于公司的股利政策总是与投资决策和融资决策交织在一起,从而使得这种影响表现得十分复杂。公司股利发放的多少或股利支付率的高低直接影响公司留存收益数额的大小。一些公司之所以股利较低,是因为公司希望将更多的盈余留下来以实现公司的扩张和发展,这种情况下,减少股利发放的公告反而引起股价上升;而一些公司之所以股利较高,是由于没有更好的投资机会,此时,增发股利的公告却可能引起股价下跌。上述情况下,公司的股利政策显然成为投资决策的副产品。我们如何才能区别股价的变动是受到股利政策的影响还是受到投资机会的影响?还有一些公司通过对外借债融资来满足资本预算对资金的需求,从而保证了股利发放的稳定性,这时,公司的股利政策又表现为融资决策的副产品,而我们又该如何区别股价的变动是由于融资决策的信号作用还是股利政策的影响?此外,公司既可以通过发放股利也可以通过股票回购给予股东现金回报,那么,它们是否有不同的机制以及对股价会产生什么样的影响?对于这些问题,理论上有不同的观点,各种观点针锋相对,而实践中则有不同的政策,各种政策见仁见智。

一、MM 股利无关论

提出资本结构理论的两位学者莫迪利亚尼和米勒(Modigliani, Miller, 1961)对股利的支付也进行了研究[1],明确地提出了股利无关论。

MM 股利无关论的基本观点是:在给定企业投资政策和资本结构的前提下,公司的价值完全由投资政策所决定的获利能力决定,而与盈利的分割方式无关,

---

[1] Merton. H. Miller, Franco Modigliani, "Dividend Policy, Growth, and the Valuation of Shares", Journal of Business 34 (October 1961), pp.411-433.

股利政策只影响公司的筹资方式。

MM 股利无关论建立在严格的假设基础之上：

①没有个人所得税和公司所得税；

②没有股票的发行成本与交易成本；

③投资者对股利收益与资本利得收益具有同样的偏好；

④没有信息不对称，投资者与公司管理人员对公司未来的投资机会具有同样的信息；

⑤公司的投资政策已知且不变，即投资政策与股利政策无关。

上述假设实质是完善资本市场、理性行为和信息对称以及完全确定性（未来的投资和利润情况是确定的）假设。

在上述假设前提下，MM 股利无关论的推导过程如下：

设：公司全部资金来源都是股东权益；NOI_t 为 t 期公司净营业收益，DIV_t 为 t 期股利发放额，I_t 为 t 期投资额，n_t 为 t 期发行在外的股票股数，S_t 为 t 期公司股东权益总价值，P_t 为 t 期股票价格，r 为公司所处风险等级的贴现率，也即权益资本要求的回报率。那么，第 t 期公司股东权益的总价值应该等于下一期的股利分配额和股票总市值的贴现值，可用以下公式表示为：

$$S_t = \frac{DIV_{t+1} + n_t P_{t+1}}{(1+r)} \tag{9-1}$$

以 m_{t+1} 表示第 $t+1$ 期新发行股票数量，根据公司的资金来源必须与资金运用相等的原理，可以得到以下等式：

$$NOI_{t+1} + m_{t+1} P_{t+1} = DIV_{t+1} + I_{t+1} \tag{9-2}$$

公式（9-2）表示公司通过发行新股和盈余获得满足红利支付和投资所需的资金。整理式（9-2），可以得到：

$$DIV_{t+1} = NOI_{t+1} + m_{t+1} P_{t+1} - I_{t+1} \tag{9-3}$$

将式（9-3）代入式（9-1），得到：

$$\begin{aligned} S_t &= \frac{NOI_{t+1} + m_{t+1} P_{t+1} - I_{t+1} + n_t P_{t+1}}{(1+r)} \\ &= \frac{NOI_{t+1} - I_{t+1} + P_{t+1}(m_{t+1} + n_t)}{(1+r)} \\ &= \frac{NOI_{t+1} - I_{t+1} + P_{t+1} n_{t+1}}{(1+r)} = \frac{NOI_{t+1} - I_{t+1} + S_{t+1}}{(1+r)} \end{aligned} \tag{9-4}$$

式（9-4）中没有股利分配额出现，这表明只要公司的投资政策不因股利发放数量的变化而变化，即投资额 I_{t+1} 不变，公司股票的价值就不变。在投资政策完全确定的假设下，在未来每一时期，股票的价值都可以由式（9-4）决定。因此，在将来的所有时期，股东对盈余是用于留存公司，还是通过股票融资来满足所需资金的问题是不关心的。可见，公司普通股的价值不受现在和将来股利政策的影响，而是完全取决于公司未来的收益状况。

对于股票定价模型所揭示的股价是所有未来预期股利现值这一本质特征，MM股利无关论认为，股利政策改变的只是股利的发放时间，但其现值却保持不变。该理论并非不支持发放股利[①]，只是认为对于股票价值而言，推迟股利的发放无关紧要。关于这一点，可以用下面的例子说明。

假设U公司无负债，2006年底时发行在外的普通股为50000股，股票总价值为4000000元。假设公司还将继续经营两年，两年后将关闭清算。公司股东权益收益率为25%，预计2007年净收益为1000000元，2008年的净收益为1200000元。公司有一项目，需要在2007年底时投资800000元，该项目在2008年底即可收回全部投资并获得25%的投资回报率。公司可以采取以下两种筹资方案：方案一，2007年的净收益首先用于满足投资，余下的再用于股利发放，即股东可得到200000元的现金股利；方案二，2007年的净收益中一半用于投资，一半用于发放股利，投资资金不足部分通过发行新股筹措。

根据上述资料，可以计算出不同筹资方案下，新老股东所得的收益，计算结果如表9.1所示。

表9.1　　　　　　　　　　U公司筹资方案　　　　　　　　　　单位：元

	方案一 总额	方案一 每股股利	方案二 总额	方案二 每股股利
2007年底现金股利	200000	4.00	500000	10.00
2008年底				
（1）初始投资额				
老股东	4000000		4000000	
新股东	0		300000	
（2）2007年留存收益	800000		500000	
（3）2008年净收益	1200000		1200000	
全部可分配现金	6000000		6000000	
减：分配给新股东的现金				
（1）初始投资	0		300000	
（2）投资收益	0		75000	
老股东可得现金	6000000	120.00	5625000	112.50

---

① 这里的股利包括清算股利。

如果公司采用方案一，则根据股票定价模型可得到公司在 2006 年底时的股票价值为：

$$P_0 = \frac{4.00}{(1+0.25)} + \frac{120}{(1+0.25)^2} = 80 （元）$$

如果公司采用方案二，公司在 2006 年底的股票价值为：

$$P_0 = \frac{10.00}{(1+0.25)} + \frac{112.5}{(1+0.25)^2} = 80 （元）$$

两种不同的融资方案，虽然影响了当年的股利发放数额，但却没有影响公司的股票价格。这说明股利政策改变的只是股利的发放时间，却不会影响其现值，因此，公司的股票价值与股利政策无关。

MM 股利无关论还说明了支付现金股利和股票回购这两种股利分配政策是无差异的。为了理解这一结论，考虑以下简单的例子。

设 C、D 为两家除了股利分配政策外完全相同的公司。期末分配股利时，C 公司打算回购 1000 万元的股份，D 公司打算分配 1000 万元的现金股利。两家公司在期末股利分配政策完成时的价值是相等的，都为 1.9 亿元，两家公司期初发行在外的股份数都为 100 万股。

首先考虑 C 公司，假设回购时的股价为 P_C，1000 万元可回购 M 股，则有 $P_C M = 1000$（万元）。由于回购结束时，C 公司的价值为 1.9 亿元，所以 C 公司的股价应满足：$P_C = \frac{190000000}{1000000 - M}$，联合以上两个关系式可以解出：$P_C = 200$ 元，$M = 50000$ 股，也就是说，C 公司以每股 200 元的价格回购 5 万股完成股利分配，此时流通在外的股份变为 95 万股。C 公司的股东所拥有的股票价格为 200 元。同时，股东在年底没有得到股利，所获得的现金股利为 0。

再来看 D 公司。D 公司的股东每股可获得 10 元的股利，同时，期末股票价格为：$P_D = \frac{190000000}{1000000} = 190$（元），D 公司股东拥有的股票价值加上所获得的股利价值等于 200 元，正好与 C 公司的股东从股票价值或者股票出售中所得到的现金收入是一样的。可见，只要公司的期末价值相等，股份回购与现金股利对股东而言并无差异，这两种分配现金的方式实质上是等价的。因此，仅仅股利分配政策不同的两家公司，应该具有相同的价值。违背了上述规律就可能出现无风险套利。

假定 C 公司和 D 公司期初的股票价格不一样，$P_C = 180$ 元，$P_D = 175$ 元，则投资者可以在期初买入 D 公司股票同时卖空 C 公司股票，可实现无风险收益 5

元。而期末持有 D 公司股票可获得每股价值 190 元再加上 10 元的股利，正好补偿卖空 C 公司的股票每股价值 200 元。投资者的这种无风险套利行为会导致股票的价格保持一致。

MM 股利无关理论成立的关键在于完善资本市场的假定。正如资本结构中有关公司财务杠杆的分析一样，如果两公司所有其他方面都相同，仅仅是股利支付率不同，那么投资者就能自制任何一种公司应该支付但当期没有支付的股利水平。例如，股利水平低于投资者预期的水平，投资者可以出售部分股票以获取期望现金收入，如果股利水平高于投资者预期，投资者可以利用股利购买一些该公司的股票。而所有这些交易以及其他的套利活动在完善资本市场上不需要支付任何交易费用。否则，MM 的理论就不能成立。

对于现实中股票价格会随股利发放额的增减而变动这一事实，MM 股利无关论的解释是，股利增减所引起的股价变动，并不能归因于股利政策，而应归因于股利发放所包含的有关公司未来盈利状况的信息内容。股利增发传递给市场的信息是公司未来的盈利会更高，而股利减发传递的信息是公司未来盈利能力下降。是这种信息效应影响了股票价格，而不是股利支付模式本身。另外，MM 股利无关论还指出，投资政策与股利政策相互交织，使人们很难分辨是因投资政策改变而引起的股票价格变动，还是股利政策引起的。如企业撤掉不盈利项目，将收回的资金用于发放股利，在这种情况下，股价上升，与其说是股利政策的影响，不如说是投资政策的影响。

二、股利更安全："一鸟在手论"

1973～1974 年能源危机期间，纽约城市电力公司（Consolidated Edison Company，CEC）打算取消红利支付。在 1974 年的股东大会上，有些小股东坚决不同意，甚至有人扬言要对公司董事采取暴力行为。这显然是 MM 理论无法解释的。

Shfrinand Statman（1984）尖锐地提出：CEC 的股东只会对能源危机带来的股价变动敏感，而决不会对公司暂停支付红利的决定如此过激。因为根据 MM 的框架，在不考虑税收和交易费用的条件下，1 美元的红利和 1 美元的资本利得并没有什么差异，股东可以很容易地"自制"红利。

为什么 CEC 的股东会作出如此过激的行为呢？为什么很多公司还要发放红利呢？或许"一鸟在手"理论可以解释这个问题。

MM 股利不相关理论的一个重要基础是股利政策不影响股东权益要求的回报率 r，然而约翰·林特纳（1962）[①]认为股东权益要求的回报率 r 会随股利支付率的增加而减少。由于资本利得取决于留存收益的经营状况和股票价格，而股票的价格起伏不定，留存收益的经营状况也很难预计，因此，资本利得不如股利收益确定。对于投资者来说，股利就像囊中之物，其风险要比资本利得的风险小得多，按风险与收益匹配的原则，投资者对资本利得应要求更高的收益，从而使得红利收益的现值高于等额的资本利得收益的现值。

对此观点，莫迪利亚尼和米勒的反驳是[②]，约翰·林特纳的观点属于"一鸟在手荒谬"（bird-in-the-hand fallacy），假如真是如此，为什么绝大多数投资者往往把到手的股利重新再投资于同一家或相似公司的股票？因此公司的现金流对投资者的长期风险取决于公司的经营风险等级，而不是公司的股利支付政策。

"一鸟在手"理论的缺陷在于，它无法推翻股利并不能减少股票的基本风险的事实。从长期来看，不论是股利收益还是资本利得收益都取决于公司的预期经营现金流量，如果公司的投资政策和融资政策不受股利政策的影响，股利政策也就不能影响公司的预期经营现金流量。既然股利政策对公司整体现金流量的变动没有影响，当然就不会影响公司的风险水平。

三、税收偏好理论

有三个税收方面的原因会造成投资者偏好较低的股利政策：①资本收益的个人所得税率一般来说要比股利低，因此对于富有的投资者来说，他们更偏好公司留存收益，留存收益的增加导致股价上升，能在一定程度上减轻他们的税收负担。②资本利得税的交纳是在股票被出售时，因此股东就有时间做出对自己有利的选择，同时由于资金时间价值的影响，还可享受延迟纳税的好处。③如果股票被赠送给慈善机构或者投资者死亡了，资本利得税也就被免除了。鉴于这些原因，投资者显然更偏好实行低股利支付率的公司的股票。

[①] John. Lintner, "Dividends, Earnings, Leverage, Stock Prices and the Supply of Capital to Corporations", The Review of Economics and Statistics, Aug 1962, pp. 243-269.

[②] Merton H. Miller & Franco Modigliani, "Dividend Policy and Market Valuation: A Reply", The Journal of Business, Jan. 1963, pp. 116-119.

由于 MM 的股利无关论、"一鸟在手论"和税收偏好理论这三种股利理论都建立在同样严格但却有所不同的前提假设之上，因此给出了相互矛盾的结论。MM 股利无关论假定股票价格和权益成本都不受股利分配政策的影响；"一鸟在手论"假定投资者偏爱股利，因此，公司分配的股利越多，股价就越高，相应地权益资本成本就越低；而税收偏好理论则假定投资者更偏好公司保留盈余，因此，股利分配率越高，股价就越低，相应地权益成本就越高。对三种理论实证检验的结果并未说明哪种理论的解释力度更强一些。因为人们很难找到除了股利分配政策外，几乎完全一样的大量公司作为样本，也无法准确地衡量公司的权益成本。

假设 F 公司符合上述固定股利增长模型。F 公司有三种股利分配政策：①不分配；②分配 50%；③ 100% 分配。假设留存收益率为 a，则分配比率为（1-a）。

我们假设 F 公司的每股收益率（ROE）为 10%，股票的每股账面价值为 20 元，因此无论公司采取什么样的股利分配政策，它的每股收益 $EPS=2$（$=20 \times 10\%$）元。那么在各种分配方式下，每股股利 $DPS=EPS \times (1-a) = 2(1-a)$。

已知股利增长率可以用留存收益率乘以股东权益报酬率得到，因此有：

$$g = a \times ROE = a \times 10\%$$

在 MM 股利不相关理论的情形下，股票价格和权益成本都不受股利分配政策的影响。

在"一鸟在手论"的情形下，由于投资者偏爱股利，因此，公司分配的股利越多，股价就越高，从而权益成本就越低。

在税收偏好理论的情形下，投资者更喜欢公司保留盈余，股利分配率越高，股价就越低，从而权益成本就越高。

将上述三种观点总结如表 9.2 和图 9.1 所示。

表 9.2

三种股利支付政策					三种情形							
^	^	^	^	MM 股利无关论			一鸟在手论			税收偏好		
支付率（%）	留存率（%）	DPS（元）	g（%）	P_0（元）	D/P_0（%）	r（%）	P_0（元）	D/P_0（%）	r（%）	P_0（元）	D/P_0（%）	r（%）
0	100	0	10	20	0	10	20	0	10	20	0	10
50	50	1	5	20	5	10	25	4	14	15	6.67	11.67
100	0	2	0	20	10	10	30	6.67	6.67	10	20	20

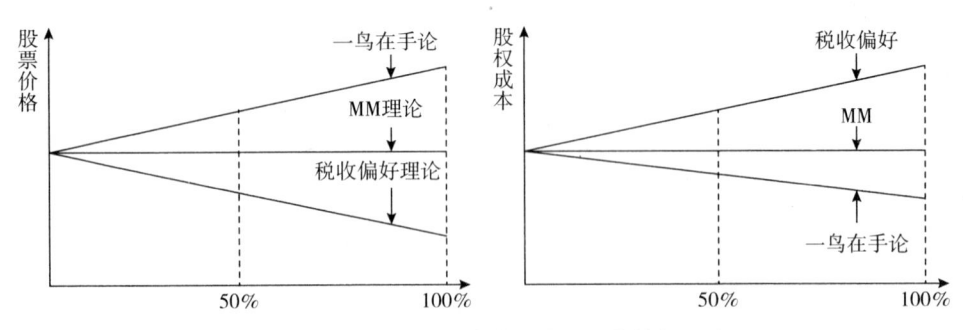

图 9.1 MM 理论、一鸟在手论和税收偏好理论

从表9.2、图9.1中容易看出，这三种理论给出了相互矛盾的结论。由于三种理论都是建立在同样苛刻的前提假设基础上，实证检验的结果似乎并未说明哪种理论的解释力度更强一些。

四、信号理论

MM 提出股利不相关理论是基于这样一个前提假设：每个人对公司未来盈利的潜在不确定性和股利支付水平的预期是完全相同的。这与实际有很大的出入，公司经理层往往比投资者具有更多的关于公司的信息。以信息为基础，人们提出了很多解释公司股利政策的理论。

我们经常看到股利增加伴随着股票价格的上涨，股利减少则股价下跌。

MM 对此的解释是：公司不愿轻易减少股利，除非公司预期未来会有更好的收益，否则他们是不愿意增加股利的。MM认为高于预期的股利增长是公司向投资者发出的信号：管理层认为公司未来有良好的前景。相反，股利减少或小于预期的增加则是未来盈利不好的信号。因此，投资者对股利支付变化的态度并不意味着投资者偏好股利，而是对盈利信号的反应。

米勒和洛克（Miller and Rock, 1961）也以信息为基础提出：投资者应从股利声明中推断公司内部现金流的情况。

罗丝（Ross, 1977）认为管理层可以通过股利和资本结构向外界传达公司未来前景的信息，盈利好的公司有能力比盈利差的公司支付更多的股利或承担更多的债务。不成功的公司由于没有足够多的现金去支付宣布的股利或利息，因此他们是不可能仿效优质公司以现金流量为信号的政策。

关于股利的发放蕴藏着信息的说法，通称为信号理论或信息理论，它们都建立在信息不对称的基础上。管理层对公司实际盈利情况的了解毕竟比外部投资者要多，一旦股利提供了会计报表和其他公开信息所不能提供的关于公司经营状况的信息，那么股价就会对此作出反应，也就是说，行动（股利）比言论（会计信息）更重要。这与资本结构理论中提到的信号作用原理相似，但通常认为股利的信息作用更重要。

Aharony 和 Swary（1980）发现公司宣告股利增加时，股价通常提高 2%。Asquith 和 Mullins（1983）、Healy 和 Palepu（1988）、Michaely、Thaler 和 Womack（1995）发现以前不发股利的公司宣告开始支付季度性股利时，通常会产生比股利增加更大的股利变化。Healy 和 Palepu（1988）发现当公司宣告股利减少或不发放股利时，股价通常会下跌，宣告不发放股利时的下跌平均为 9.5%。

为了清楚地了解信号的作用，我们考虑一个以现金流量为基础的简单模型：根据资金的运用等于资金的来源的原理，有：

股利 + 新投资 + 利息支付 = 税后现金流量 + 负债变化 + 权益变化

整理后，可得

税后现金流量 = 股利 + 新投资 + 利息支付 − 负债变化 − 权益变化

假设管理层不具有人为增加公司当前股价的动机，并且人们能够正确地测算出新的投资水平。在这种情况下，公司税后现金流量可以间接地通过公司的负债和权益融资额，发生的投资额和利息、股利支付测算出。当投资、负债和权益融资额、利息支付都不变时，股利增加便意味着公司税后现金流量的增加，也就意味着股东价值的增加。

假设 G 公司正在考虑如表 9.3 表所表示的三种股利政策，高投资会增加公司的内在价值但由于股利的信号作用却减少了公司的市场价值。

表 9.3　　　　　　　　　　G 公司的三种股利政策

	方案 1	方案 2	方案 3
股利和投资政策	分红 2000 万 投资 3000 万	分红 2600 万 投资 2400 万	分红 3000 万 投资 2000 万
公司内在价值	2.5 亿	2 亿	1.5 亿
公司市场价值	1.3 亿	2 亿	2.1 亿
公司（加权）平均价值	1.9 亿	2 亿	1.8 亿

如果管理层的目标是最大化 G 公司的市场价值（当前利益）和内在价值（长远利益）的（加权）平均值，则显然会选择方案 2。如果公司的市场价值和内在价值相等，则说明投资者正确地判断出公司只投资 2400 万，并正确为股票

定价,也就是说,这 2600 万股利体现了公司的真实价值。如果管理层提高当前股价的动机非常强,例如由于薪酬与当前股价挂钩、面临被收购的可能性、来自股东的压力等,但投资者却没有意识到这一点,在这种情况下,大量的资金被用于发放股利(方案 2、方案 3)以提高公司的市场价值,并因此不得不削减投资从而损害了公司的内在价值。尽管这是一个坏的政策,但股价却对股利增加产生良好的反应。这说明,股利增加传递有利信息但并不一定为股东创造财富。

削减股利的政策(方案 1)可能符合公司的最大化利益,市场却产生了不好的反应。

前面都假设投资者能正确判断出公司的投资水平,因此唯一观察不到的因素仅是税后现金流量。事实上,公司的投资水平很难预测。因此,股利的选择传递了公司关于投资的动机和税后现金流量的信息,这时突然的股利削减可能提供了一个混合的信号。

Woolridge 和 Ghosh(1985)认为如果公司能有效地让投资者知道股利削减是处于投资的需要,股价将会产生良好的反应。他们强调了 1975 年 4 月 11 日,福特(Ford)汽车公司宣告将季度股利由 0.8 美元降为 0.6 美元的同时,宣告这一削减是为了投资于未来能够盈利的项目,结果股价提高了 1.9%。但是事实上绝大多数公司很难做到这一点。

Lang 和 Litzenberger(1989)发现当公司具有较好的投资前景时,投资者对股利削减的看法更有利于股价,而当投资前景较坏时对股利增加更加支持。他们的研究成果如表 9.4 所示。

表 9.4　　　　投资机会、股利增减与股息公布日平均日收益

	股利增长	股利减少	增减绝对值之差
MV>BV	0.003[a] (0.016)	-0.003 (0.371)	-0.019[a] (0.500)
MV<BV	0.008[a] (0.000)	-0.0027[a] (0.000)	-0.019[a] (0.005)
差额	0.005[a] (0.008)	-0.024[a] (0.027)	-0.019[a]

说明:①时间区间为 1979~1984 年。②小括号中数据为 t—检验 p—值。③a 表示统计上显著有差异。④ MV 表示公司的市场价值,BV 表示公司的账面价值 MV>BV 被认为具有有利的投资机会;MV<BV 被认为具有不利的投资机会。

资料来源:Lang and Litzenberger(1989)。

表9.4说明，股利增加只对拥有有利投资机会的公司产生微小的股价上升作用，股利减少也只引起股价的微小下降。相反，股利变化对拥有不利投资机会的公司股价产生的影响要大得多。这说明，股利变化也可以被视为公司未来投资水平变化的信号。

从信息不对称的角度看，公司的股利政策可能包含着非常丰富的内容，股利政策也确实传递着信息。结论还不明朗，但公司在计划改变股利时一定要考虑到信息的作用。

五、股利政策理论讨论中的其他观点

根据税收偏好理论，不同的投资者由于税负不同，其对公司的股利政策会有不同的偏好。例如，类似养老金这样的机构投资者由于免税，所以很喜欢分发股利的股票；而富有的投资者则可能对不分发股利的股票情有独钟。如果公司不发放股利而利用留存收益进行投资，那么对那些希望获得股利进行消费的投资者来说，就很不利，虽然其持有的股票会增值，但需支出成本来卖掉股票并交纳资本利得税；但如果公司发放股利的话，对富有的投资者就较为不利，因为他们的股利收入需要支付很高的边际税率，并且它们不需要依靠股利收益进行消费。既然不同的投资者具有不同的股利偏好，公司在制定或调整股利政策时就应该注意到这一点。如果公司股利政策变动导致现有投资者卖掉手中的股票，就会引起股价下跌，如果公司股利政策只能吸引到非常少的投资者，股价就会一直在低位运行，当然，如果公司股利政策能吸引到更多更大的买家，股票价格就会上涨。上述观点就是所谓的股利分配的顾客效应（client effect）假说[1]，这种效应的存在是公司制定股利政策时一个不可忽视的因素。

Shfrin 和 Statman（1984）指出有些投资者不愿轻易卖掉手头的股票，是因为考虑到如果股价随后上涨他们将会后悔。尽管许多投资者乐于获得股利收入，但他们不愿意因此损失资本利得。对于他们来说，股利收入和股票销售所得不能很好地替代。由于这些心理因素，总有一些投资者偏好股利。发放股利可以消除这些人心头的某种疑虑，而且股利发放对分散投资风险也有益处。虽然投资者可以像MM股利不相关定理描述的那样"自制"股利，但由于心理的原因，他们并不愿意这样做。对这些投资者来说，股利具有一种正向作用。

---

[1] 参见：Pettit, R. Richardson, "Taxes, Transaction Costs and the Clientele Effect of Dividends", Journal of Financial Economics, 1977.

市场非理想化的因素对股利政策理论成立也会产生重要的影响。例如，交易费用和证券的可分割性。我们曾多次谈到股票买卖中交易费用的问题，交易费用的存在不仅增加了股票和现金之间转化的成本，而且会限制套利。单位股票出售所需的交易费用同交易额成反向变动关系，若交易额小，交易费用就要占很大的比例。由于交易成本的存在，股票和股利之间就不可能进行很好的替代。而流动性的降低又在一定程度上限制了套利。理想资本市场要求证券能够无限分割，股票最小单位为一股的事实违背了这一前提。交易费用和分割问题都会对股东产生不利影响。再如筹资成本，MM股利无关性定理假设公司支付股利所需的资金可以通过外部筹资加以替代，但现实中，筹资是需要花费成本的，筹资成本的存在促使公司倾向于留存收益。而机构限制也是不可忽视的因素。诸如基金这样的机构投资者在它们所能购买的股票类型或所持的比例上存在一定的限制。我国证券投资基金管理办法就规定了不同类型的基金投资于股票和债券的比例，以及持有某一家上市公司的股票的比例，这些规定都可能使投资行为在一定程度上偏离其有效行为。

第二节 股利政策的选择

为了了解公司财务主管对股利政策与股价之间相关性的看法，Baker，Farrelly和Edelman教授1983年对纽约股票交易所318家上市公司的财务主管进行了调研，调查报告的主要内容见表9.5[①]。

表9.5　　　　公司管理者对红利政策的看法（%）

有关红利政策的观点	同意	无所谓	不同意
1、现金红利支付率影响公司股票价格	67	31	2
2、红利支付水平是公司未来前景的信号	52	41	7
3、股票市场应利用红利公告来对股票估值	43	51	6
4、红利与留存收益对投资者有不同的风险	56	42	2
5、红利收益与资本收益对投资者无差异	6	30	64
6、投资者喜欢那些股利政策适合其纳税特征的公司股票	44	49	7
7、管理者应考虑股东的红利偏好	41	49	10

调研结果表明，多数公司主管还是认为股利政策是有影响的。因此，尽管

[①] 引自朱武祥译：《现代财务管理基础》（第七版），清华大学出版社1997年第1版。

关于公司股利政策的选择理论上有各种不同的观点，但公司在进行财务决策时，还是应该努力制定有利于公司股票价值最大化的股利政策。

一、影响公司股利政策的主要因素

通常稳定的股利政策比较受欢迎，因为它起码能给投资者一个比较稳定的预期，这里的稳定是指股利支付水平不应该与大多数投资者的预期相差甚远。但是，影响公司股利支付水平及其稳定性的因素错综复杂，公司需要在综合考虑种种约束因素的基础上制定其最优的股利政策。以下是影响公司股利政策制定的最主要的五个因素。

1. 公司的现金流

股利的发放需要资金，现金流成为决定股利政策的重要因素。制定股利政策时，公司一般都要对未来几年的现金流进行预测，以便能制定出比较稳定的股利政策。

公司的盈利能力是现金流的主要保证，长期亏损的公司很难制定出令投资者比较满意的股利政策，只有盈利，才是股利的根本保证。盈利能力较强的公司可以考虑采取较高的现金股利政策。

公司的偿债能力和筹资能力直接影响现金流。如果公司有较强的筹资能力，可随时筹集到所需资金，那么就有较强的支付股利的能力。规模较大、获利丰厚的企业一般有较强的筹资能力，可以采取高现金股利的政策，而规模小、新创办的公司，往往要限制现金股利的发放，而较多地保留盈余。借债同样会给公司带来现金流，在必要的条件下，借债能够在短期内缓解公司现金流不足的问题。但公司在借入长期债务时，债务合同对公司发放现金股利通常都有一定的限制，如对每股现金股利最高数额的限制，对发放现金股利时公司流动比率、速动比率的限制等，公司的股利政策必须受债务契约的约束。另外，由于大量的股利分配会影响公司的偿债能力，因此，具有较高债务负担，且偿债能力较弱的公司通常不能采取高股利支付的股利政策。

总之，影响公司现金流的因素都是公司在制定股利政策时需要考虑的因素。

2. 公司的投资机会

投资机会是公司制定股利政策时考虑的重要因素之一。如果公司有大量的可以获利的投资机会，它就应该把这种信息传达给投资者，适当地降低股利支付水平,以保证公司发展的需要。不过,有时公司为了保持比较稳定的股利政策,也需要变通地对待投资机会,如加速或推迟项目的投资。从企业的生命周期看,处于上升期的公司由于投资机会多,资金需求量大,因此其现金股利分配额通常较少。而处于成熟期或是衰退期的公司,由于投资机会减少,资金需求量降低,而利润又较为丰厚,因此股利发放额通常较高。

3. 法律法规的约束和限制

对于现金股利支付,各国都有法律法规约束。例如,对现金股利支付不能减少公司资本金的要求;对公司只有在支付了优先股股息的基础上,才能发放普通股股利的要求;对若公司因支付现金股利可能影响其正常的偿债能力时不准或限制支付现金股利的限制;对积累不足的限制以及惩罚性税收约束等等[①]。

4. 信号作用

如前述,公司的股利政策通常向市场传递着某种信息。在信息不对称的情况下,信号的作用不能忽视,公司在制定股利政策时需要充分考虑股利分配的信息效应,考虑外界对此可能产生的反应。

5. 公司的控制权

股东的意见对公司股利政策起关键的作用。有的公司由少数大股东控制,如果这些大股东较为看重对公司的控制权,则通常不愿意发行新股融资,而倾向于采用公司内部积累,这种情况下公司的股利支付水平就会较低。

二、常见的公司股利政策

从长期看,大部分公司在多数时间里总是在盈利,公司也通常对自己未来五年、十年甚至更长时间的发展前景进行展望,参考自己的历史经验,制定出

[①] 为了保护各方利益,各国法律都对公司的税后利润分配进行一定限制。如我国《公司法》规定,公司(税前)利润分配的顺序是:(1)弥补以前亏损(在不超过税法规定的弥补期限内);(2)交纳所得税;(3)提取法定公积金和法定公益金,公司应将(税后)利润的10%列入法定公积金,5%~10%列入法定公益金;(4)弥补在税前利润弥补亏损之后仍存在的亏损;(5)提取任意公积金;(6)分配股利。就惩罚性的税收而言,例如在美国,法律规定如果国内收入署(IRS)能够证明公司的股利支付被蓄意调低以帮助股东逃避个人所得税,公司将面临很严重的惩罚。

适合自身的股利政策。常见的公司股利政策主要有以下几种。

1. 剩余股利政策

顾名思义，剩余股利政策是指公司以自己的资金需要为出发点，满足公司资金需要后剩余的盈利才用于股利分配。得到市场认可的具有良好发展前景的高增长公司，更适合采用该政策。

采取剩余股利政策的公司，一般按以下步骤进行：
①制定公司最优的目标资本结构；
②根据投资机会确定下一年度所需的资金需求量；
③根据最优目标资本结构，确定满足资金需求所需增加的股东权益数额；
④将公司盈余首先用于满足公司下一年度的资金需求，剩余部分才用于分发股利。

考虑 SouHo 公司，该公司现有盈利 1800000 元，公司目标资本结构为 30% 负债和 70% 权益。目前公司面临三个互斥的投资机会可供选择，三个投资项目所需的投资支出分别为 1500000 元、2400000 元和 3200000 元。若执行剩余股利政策，则如表 9.6 所示，采纳不同的投资项目，将导致不同的股利支付率。

表 9.6　　　　SouHo 公司采纳不同投资项目的股利支付率

	项目 1	项目 2	项目 3
资本支出预算额（元）	1500000	2400000	3200000
现有留存盈利能力（元）	1800000	1800000	1800000
资本预算所需权益资金（元）	1050000	1680000	2240000
股利发放额（元）	750000	120000	0
股利支付率（%）	41.7	6.7	0

由于投资机会和盈利都是不确定的，所以严格遵守剩余股利政策可能导致股利变化非常不稳定。不稳定的股利支付将传递给市场不乐观的预期。为避免不利的信号作用，公司可以根据其长期发展战略，对未来若干年的盈利和投资机会进行分析预测，利用剩余股利模型计算出每年的股利支付额和支付率，然后根据平均数制定出未来若干年的目标股利支付率。它被用来指导公司的长期股利支付目标，而非具体某年的股利政策。

2. 固定股利额政策

执行该政策的公司每年发放的股利额保持不变，但考虑到通货膨胀等因素，通常保持适度的增长,只有当公司未来盈余会显著且不可逆转的大幅度增长时,公司才会提高股利发放额。也就是说,要以确定的股利分配额作为股利分配的首要目标优先予以考虑。固定股利额政策可用图9.2描述如下。

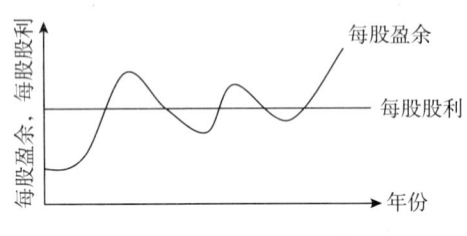

图9.2 固定股利额政策图

采取固定股利额政策的主要目的是给投资者一个稳定的预期。稳定的股利额传递公司经营稳定的信息,若公司盈利下降,但仍保持稳定的股利,向外界传递的信息是公司的状况并不像利润下降表现得那么严重。固定股利额政策还有利于吸引和稳定希望以股利收入为稳定收入来源的投资者。由于公司的盈余不是固定的,因此,这种股利政策的缺点是容易造成公司在具体某一年份的股利和盈余脱节。这就要求采取这一政策的公司对未来的支付能力做出较好的判断,在确定固定股利额水平时要留有余地,以免因执行此政策而使公司陷入被动的困境。

3. 固定股利支付率政策

固定股利支付率指按照固定的比例从盈余中提取股利。这一政策的支持者认为,对公司而言,这才是一种真正的"稳定"股利政策,体现了多盈多分的原则。但其缺点也显而易见,由于公司盈余是变化的,采取这种股利支付政策容易造成公司各年度实际支付的股利不稳定,如图9.3所示。

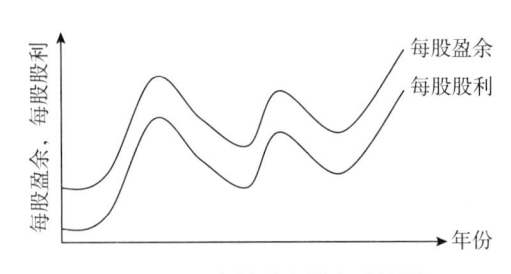

图9.3 固定股利支付率政策图

4. 正常股利加额外股利政策

采取这一政策的公司通常维持一个在任何情况下都有能力支付的较低的股利额，当公司盈余情况较好时，再支付额外的临时股利。由于投资者并未意识到未来可能得到这笔临时的额外股利，所以就不会把发放这笔额外的临时股利当成公司未来盈利上升的信号，也不会把没有得到额外股利当成不利的信号。这种股利政策为公司在决策中提供了一定的灵活性，特别是对那些盈利和资金需求浮动大的公司而言，能够提供较大的灵活性。福特、通用等汽车公司就曾长期采用这种股利支付政策。

5. 阶梯式股利政策

该政策实质上是一种分阶段的稳定股利额政策。采取该政策的公司在每个阶段内均保持稳定的现金股利水平，只有当盈余的增长趋势明显并稳定，而不是偶然波动时，才提高每股现金股利水平，从而进入到另一个稳定股利额阶段。阶梯式股利政策可以用图 9.4 描述如下。

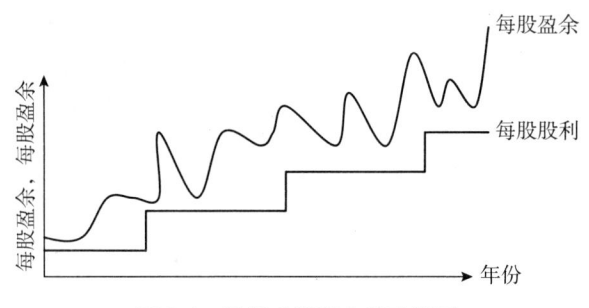

图 9.4 阶梯式股利支付政策图

6. Lintner 模型[①]

Lintner 曾提出一个关于公司股利分配的模型：公司若以某一确定的"股利/收益"比为目标股利支付率，则下一年度的股利分配数额应等于下一年度的每股收益的一个常数比例，用公式表示为：

$$DIV_1 = EPS_1 (\text{Dividend/Earnings}) \tag{9-5}$$

则据此确定的两年间的股利变化额即为目标股利变化额，可以表示为：

---

① John Lintner, "Distribution of Incomes of Corporations among Dividends, Retained Earnings, and Taxes", American Economic Review 46 (May 1956), pp. 97-113.

$$DIV_1-DIV_0=EPS_1(Dividend/Earnings)-DIV_0=\text{目标股利变化额} \quad (9-6)$$

既然公司出于各种考虑不愿意减少下一年度的股利发放额，那么在公司收益变化时，只需对其目标股利变化额做微小的调整就可以了，即只要在公式（9-6）中加上一个调整系数就可以了。因此，实际的股利支付额为：

$$\text{实际股利支付额} = \text{调整率} \times \text{目标股利变化额} \quad (9-7)$$

实际操作中，公司只需要在调整率上做文章。如果不想改变其股利发放额，调整率可定得接近于零，当调整率为零时，执行的实际上是固定股利支付额政策。如果公司希望完全按照目标股利支付率支付股利而不考虑其他的影响，则可将调整率定为1，这时实际上执行的是固定股利支付率政策。公司可任意在0和1之间选择调整系数以决定自己的股利政策。

7. 公司究竟应该采取什么样的股利政策

通过前面的学习，我们知道影响公司股利政策的因素很多，股利政策也并非仅仅是一个给股东分配多少钱的问题。公司的股利政策往往与资本结构和投资机会这些因素交织在一起，而把它们联系在一起的重要因素则是信息不对称。信息不对称意味着管理层在进行决策时一定要注意到该决策给市场传达的信息。发行新股往往意味着利空，股利的减少也会对股价产生负面影响，这在某种程度上似乎意味着管理层应该制定很低的股利政策从而降低未来股利下调的可能性，并尽可能避免发行新股。但管理层在制定股利政策时，不仅要结合内部的资金来源和投资机会，还要照顾到资本结构的问题。当然，股利政策是在实际中产生的，未来的现金流和投资机会也面临着很大的不确定性，股利政策制定需要管理层对未来做出判断，理论上所能给管理者提供的仅仅是一个方向，而不是一个精确的数学模型。

三、现金股利的支付程序

公司可以以多种形式向股东派发股利。现金股利是以现金形式向公司股东发放股利，是最普遍的一种股利分配形式。现金股利的发放次数，在不同国家，可能呈现很大的差异。我国股份公司通常一年发放一次股利，而在美国，股利通常是按季度支付的。

在股利支付的程序中有几个特别重要的日期，它们是公布日、登记日、除权日和支付日。下面先以美国 H 公司为例说明股利支付的流程和这几个重要日期，然后再讨论中国的情况。

公布日（declaration day）是公司宣布股利发放方案的日子。例如，在 2005 年 11 月 11 日，H 公司发布公告称"H 公司决定支付每股 0.6 美元的正常季度股利，并于 12 月 8 日对持有人进行登记，2006 年 1 月 5 日支付"，则 2005 年 11 月 11 日为公布日。

登记日（holder-of-record date）即股权登记日，凡在登记日之前（含登记日当天）列于公司股东名单上的股东，都将获得此次发放的股利，而在这一天之后才列于公司股东名单上的股东，将得不到此次发放的股利，股利仍归原股东所有。例如，根据 H 公司所公布的股利发放方案，当 2005 年 12 月 8 日登记工作结束时，公司将制作股东名单，这些人将有资格获得此次股利，而于 2005 年 12 月 9 日当天及以后得到 H 公司股票的投资者，无资格获得该次分发的股利。

除权日（ex-dividend date）。由于股票交易与过户之间需要一定的时间，因此，只有在登记日之前一段时间购买股票的投资者，才有可能在登记日之前列于公司股东名单上。因此，需要规定一个在登记日之前的工作日为除权日。在除权日之前（不含除权日）购买的股票可以得到将要发放的股利，在除权日之后及当天购买的股票则无权得到股利。在现代发达的交易系统下，股票买卖交易的当天就可办理完交割过户手续，在"T+0"这种交易制度下，股权登记日的前日即可为除权日。但美国证券业的惯例是登记日两个交易日之前，股利所有权是依附于股票上的，而在登记日之前的两天，股利所有权不再依附于股票。所以，根据 H 公司 2005 年 11 月 11 日公布的股利支付方案，2005 年 12 月 6 日为除权日。如果投资者玛丽于 2005 年 12 月 7 日从布朗处买了 1000 股 H 公司的股票，那么玛丽和布朗究竟谁能获得 H 公司此次分派的股利呢？由于除权日为 12 月 6 日，所以在 12 月 5 日及其之前股利所有权仍依附于股票，但从 12 月 6 日起，此次股利的所有权已脱离股票，所以玛丽无法获得每股 0.6 美元，共计 600 美元的现金股利，这 600 美元的现金股利应由布朗获得，因为布朗是正式登记的股票持有人。

除权日对股票价格有着非常明显的影响。在除权日之前进行的股票交易，股票价格中包含有该次发放的股利的价值，除权日之后进行的股票交易，股票价格中已不包含股利的价值，因此，除权日的股票价格一般要低于除权日之前的股票价格。在没有所得税的完善的资本市场上，股票价格下跌的幅度应与股利支付额相等。假如 2005 年 12 月 5 日 H 公司股票的收盘价为 55 美元,则 12 月 6 日(周二)股票的开盘价为 54.5 美元。但绝大多数投资者都要交纳所得税,所以股价的下降往往低于股利额。

支付日(payment day)。这一天,公司支付股利。

中国上市公司支付股利的流程以及几个重要日期的含义与美国基本相似,不同的是在我国除权交易日,是指股权登记日后的第二个交易日。

美国与中国股利分配的公布日、除权日、登记日和支付日的关系如图 9.5 所示。

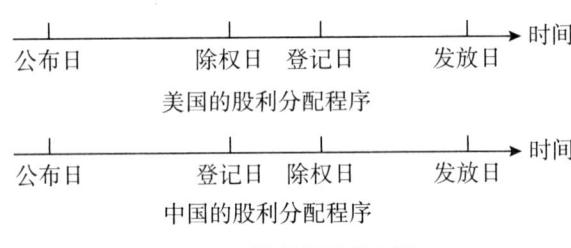

```
公布日        除权日  登记日        发放日    →时间
           美国的股利分配程序

公布日           登记日  除权日        发放日    →时间
           中国的股利分配程序
```

图 9.5 股利分配程序图

专栏9-1 中兴通讯股份有限公司2004年度分红派息公告

证券代码(A 股/H 股):000063/763 证券简称:中兴通讯 公告编号:200517

本公司及董事会全体成员保证信息披露的内容真实、准确、完整,没有虚假记载、误导性陈述或重大遗漏。

中兴通讯股份有限公司(以下简称"本公司")2004 年度利润分配方案已获 2005 年 5 月 31 日召开的 2004 年度股东大会审议通过,本公司现将 A 股以及 H 股的分红派息事宜公告如下:

一、分红派息方案

本公司 2004 年度分红派息方案为:以本公司 2004 年 12 月 31 日总股本 59521650 股为基数,每 10 股派发人民币 2.5 元现金(含税),总计人民币 239880 千元。

A 股股东中的个人股东(含高管股)、投资基金扣税后实际每 10 股派发 2.25 元现金;A 股中的法人股以及 H 股的股息不需扣税。本次分红前后,本公司的总股本不变。

二、A 股的分红派息事宜

1. 股权登记日与除息日

本次分红派息股权登记日为:2005 年 7 月 7 日;除息日为:2005 年

7月8日

2.分红派息对象

本次分红派息对象为：截止到2005年7月7日下午深圳证券交易所收市后，在中国证券登记结算有限责任公司深圳分公司登记在册的本公司全体A股股东。

3.分红派息方法

本次社会公众股的股息于2005年7月8日通过股东托管证券商直接划入其资金账户。国有法人股、境内法人股及高管持股股息由本公司派发。

三、H股的分红派息事宜

于2005年4月29日登记于本公司H股股东名册的本公司H股股东有权获得上述本公司末期股息。

本公司H股的股息以人民币计价和宣布，以港币支付，相关汇率按照本次末期股息宣布当日（2005年5月31日）之前一个公历星期中国人民银行公布的港币兑人民币的基准价的平均值折算，即港币100元兑人民币106.322元。本次每股港币0.2351元的末期股息将于2005年7月8日派发予本公司H股股东。

四、咨询机构

咨询地址：深圳市南山区高新技术产业园科技南路中兴通讯大厦A座6楼

咨询联系人：※※※

咨询电话：+86（755）※※※※※※※※

咨询传真：+86（755）※※※※※※※※

中兴通讯股份有限公司董事会
2005年7月4日

资料来源：http://www.cninfo.com.cn/finalpage/2005-07-04/15582699.html。

第三节 股票股利、拆股与股票回购

一、股票股利

股票股利是以赠送股票的形式向股东发放的股利，在我国通常被称为"送红股"。例如，"10送3"，就是指股东每持有10股股票将得到3股股票作为投资回报。"10送3派0.6",则是指在"10送3"的基础上,再分发每股0.6元人民币的现金股利。

股票股利实际上是将企业用于分配的利润转换成普通股,公司资产的价值和股东财富价值均未发生变化,每个股东所拥有的公司所有权也没有改变。从会计角度看,只是资金在股东权益账户之间进行了转移,并不导致公司现金的流出或流入。

假设盈讯公司发行在外的普通股数为100000股,每股面值为2元,每股市价为20元,现决定每10股股票送2股增发的股票,即增加20000股的普通股。公司现有保留盈余1000000。那么,发行股票股利前后的股东权益账面价值变化如表9.7所示。

表9.7　　　盈讯公司发放股票股利前后股东权益账面价值

	发放股票股利前	发放股票股利后
普通股股数	100000	120000
股本（面值）（元）	200000	240000
发行溢价（资本公积）（元）	400000	760000
保留盈余（元）	1000000	600000
权益资本总计	1600000	1600000
每股账面价值（元/股）	16	13.33

随着股票股利的发放,按照每股市价,保留盈余中有40000元资金转入普通股股本,360000元转入股票发行溢价（资本公积）账户,公司的资产净值并未发生变化。但由于流通在外的股数增加了20%,每股账面价值和每股盈余也将按比例减少。假设预计公司当年税后利润为120000元,则发放股票股利之前每股盈余为1.2元（120000/100000）,而在发放股票股利之后每股盈余降为1元（120000/120000）。因此,股票市价也会随之降低。严格地说,股价变化发生在除权日那天。由于市场对公司总价值的估计不会变,因此,若以D_S代表因股票股利而新增的股票比率,则发放股票股利前后的股价P_0、P_1应满足以下关系式:

$$P_0 N_0 = P_1 N_1 = P_1 N_0 (1+D_S) \tag{9-7}$$

$$P_1 = P_0 / (1+D_S) \tag{9-8}$$

根据式（9-8）计算得到盈讯公司在发放股票股利后的股价为:

$$P_1 = 20/(1+20\%) = 16.67（元）$$

假如某股东原有1000股普通股,那么在发放股票股利之前,其持有股票的总价值为 20000 元，发放股票股利后，其持有 1200 股，但持有的股票的总价值仍然是 20000 元（16.67×1200）。

从理论上说，发放股票股利所导致的股价下降的幅度应与账面价值下跌的幅度一致，但资本市场往往不是那么有效的，所以股价下降的幅度与账面价值下降的幅度的差别，主要取决于市场的反应程度。如果市场价格下跌幅度小于账面价值的下跌幅度，股东将获益；但若市场反应太强烈，市价跌幅大于账面价值，则股东受损。

对公司来说，发放股票股利既不需要支付现金，又可以满足股东获取投资回报的需求，因此，它经常代替现金股利或者在现金股利之外额外发放。特别是在公司资金紧张、无力支付现金股利时，采取发放股票股利的做法不失为一种权宜之计。另外，公司发股票股利还有一种出发点，即考虑到公司当前股价太高不利于交易，通过发放股票股利产生降低股价以利于交易的效应。

二、股票分割

股票分割（stock split）又叫拆股，指通过降低股票面值而增加发行在外普通股的股数。例如，2 对 1 股票分割是指股票面值减少 1/2，股数增加 1 倍。

股票分割对公司的资本结构、股东权益各账户的账面价值都不产生影响，但由于股票分割使公司发行在外股票总数增加，因此，会导致每股账面价值降低。除了会计处理不同外，股票分割与股票股利的作用非常相似，都是在不增加股东权益的基础上增加股票的数量，不过，股票分割所导致的股票数量的增加量可以大大超过发放股票股利。

现在假设盈讯公司决定进行每 1 股换 2 股新股的股票分割。那么，公司拆股前后的股东权益账面价值变化如表 9.8 所示。

表 9.8　　　　盈讯公司股票分割前后股东权益账面价值

	股票分割前	按 1 股分为 2 股拆股后
普通股股数	100000	200000
股本（面值）（元）	200000	200000
发行溢价（资本公积）（元）	400000	400000
保留盈余（元）	1000000	1000000
权益资本总计	1600000	1600000
每股账面价值（元/股）	16	8

显然，从会计上看，股票分割仅仅是对股票的数量和面值做了调整而已。那么对于公司来说为什么要进行股票分割呢？下面的资料里 Google 公司股票分割的案例或许能够回答这个问题。

专栏9-2　专家称Google不会分割股票 但压力越来越大

CNET 科技资讯网 2006 年 1 月 6 日国际报道：当 Google 的股票在本周四上冲到 450 美元时，对于普通投资者而言，它就更像是一颗昂贵的 Tiffany 钻石了。

最显而易见的一个解决办法可能只有通过股票分割压低 Google 的股价了。但财务专家认为 Google 不会这样做。简单地说，由于购买 Google 股票的意向非常强劲，Google 的官员没有理由要求这样做。乔治城大学的金融学副教授詹姆士说，尽管股价如此高，Google 股票不存在任何交易方面的困难。股票分割对 Google 没有太大的意义，因此它并非必须这样做。但在股价上升到 Google 股份的水平后，不分割股票的高科技公司实属凤毛麟角。在过去的数年中，雅虎、eBay、微软都因这一原因进行过股票分割。目前，购买 100 股 Google 股票需要 45000 美元，分割股票能够降低这一数字。

专家表示，分割股票对股东的资产以及公司的市值没有任何影响，但它可能导致分割后股价的迅速上涨，因为投资者总是认为股票分割是管理层对未来股价乐观的一个信号。

但至少在目前，Google 的管理层对股票分割没有兴趣。在去年 5 月份的股东会议上，Google 的首席执行官舒米特表示公司没有这样的计划。Google 没有披露可能改变这一政策的任何迹象。

尽管财务专家表示 Google 没有分割股票的迫切理由，但未来数月内分割股票的压力会越来越大。本周二，Piper Jaffray 的分析师将对 Google 股价的预期提高到了 600 美元。伊利诺伊大学金融系的教授大卫说，对于希望建立低风险投资组合的投资者来说，这一价格太高了。随着股价日益提高，越来越多的投资者将对股价更敏感，购买 Google 股票的投资者会越来越少。

资料来源：http://tech.sina.com.cn/i/2006-01-06/0938812629.shtml。

从 Google 公司的例子中，我们可以找到公司要进行股票分割的原由：人们认为股票有一个最优的价格范围。在这个范围内，市盈率将会最大化，从而股东价值最大化。如果 Google 进行 1 股拆 2 股的股票分割，从而发行在外的股票为 5.92 亿股，每股股价理论上为 250 美元，每个股东拥有更多的股票，但每股价值减少了。如果股票价格上涨为 300 美元，则所有股东将会受益。从 Google 中，可以找出公司进行股票分割的两个最主要的理由：一是通过股票分割降低股价，达到增强股票的流动性，有利于股票交易的效果；二是向股票市场和投资者传递公司增长潜力高和盈利前景良好的信息。

在很多情况下，公司都需要运用股票分割以迅速地增加流通中的股票数量，降低每股股价。例如，它是公司进行兼并收购时经常采取的策略。当一公司欲兼并另一公司时，首先将自己股票加以分割，以增加公司股票对目标公司股东的吸引力。如甲公司准备通过股票交换兼并乙公司。若甲、乙两公司目前的股票市价分别为 40 元和 4 元，根据对双方公司价值的分析，甲公司认为以 1∶10 的交换比率（即 1 股甲公司股票换 10 股乙公司的股票）对于双方股东是公平合理的。但 1∶10 的比例可能会使乙公司股东心理上难于接受。为此，甲公司可先按 1 拆 5 的比例对本公司的股票进行分割，然后再按 1∶2 的交换比率实施对乙公司的兼并。虽然这样做后并未发生实质上的改变，但从心理上比较容易被乙公司股东所接受，从而有助于兼并的顺利完成。再如，通过股票分割为新股发行做准备。股票价格太高使许多潜在投资者力不从心，在新股发行前利用股票分割降低股价，有助于增加投资者的兴趣，促进新股的畅销。

就股东而言，股票分割与股票股利相同，增加股东的持股数量但不改变其持股比例和所持有股票的总价值。关于现金股利的发放，很少公司会在股票分割后仍维持与分割前相同的现金股利额，但只要每股现金股利的下降幅度小于股票分割的幅度，股东实际得到的股利仍有可能增加。

与股票分割相反，当公司认为其股票价格过低时，为提高股票的每股市价则可能采取反向操作，即用 1 股新股换 1 股以上的旧股，这种行为被称为并股或合股。如果公司股票市价为 2 元，公司可以采用 5 股旧股换 1 股新股的反分割行动，反分割的结果，将使其股价由原来的 2 元提高到每股 10 元。

股票分割和股票股利究竟会对公司股价产生什么样的影响？这引起了理论界和实务界的广泛关注。大量的经验研究表明：

①平均而言，股价在宣布股票分割和股票股利后会上升一段时间。

②在随后的几个月内，公司若没有宣布盈利或红利，股价往往会下降。

我们将人们对这一现象所进行的研究和解释总结如下：

①与资本结构和现金股利的变化一样，由于信息不对称的存在，人们认为股票分割和股票股利是管理层对公司前景看好的表现。Fama、Fish、Jensen 和

Roll（1969）、Glinblatt、Masulis 和 Titman（1984）、Lamoreux 和 Poon（1987）、Brennan 和 Copeland（1988）、McNichols 和 Dravid（1990）的研究表明，股票分割或股票股利宣布日前后，股价在统计上有显著的正相关作用。股票市价增长的原因是被觉察到的未来收益，而不是股票分割或股票股利本身。

②股票分割和股票股利把股价置于一个更低的、更广泛的交易范围，在一定程度上增加了股票的流动性。但低股价也同时意味着交易佣金占的份额更高，这也可能降低股价的流动性。

③股票分割和股票股利对股东能够产生某种心理作用。例如股票股利对股东来说可能意味着一个意外收获。但在有效的市场上，这种解释似乎有些牵强。

三、股票回购

股票回购是指上市公司从股票市场上购回本公司已流通在外的股票。公司在回购完成后，既可以将所回购的股票注销，也可以将其作为库藏股保留，但库藏股不参与收益的分配和每股收益的计算，日后可移作他用，如作为职工持股计划的使用，用于可转换债券的兑换或再出售等。

近年来，资本市场上股票回购蔚然成风。为什么股票回购这么普遍呢？一个简单的答案就是它们增加了股东的价值。

专栏9-3　搜狐宣布完成股票回购计划 共回购总流通股的6%

2005年2月22日，搜狐（Nasdaq：SOHU），中国领先的互联网媒体、通信、电子商务及移动增值服务公司，宣布公司在2005年2月10日至2月17日期间以平均每股15.66美元的价格回购了885605股普通股股票，共计13873000美元，包括付给经纪人每股3美分的手续费，从而完成了本项由董事会于2004年4月26日批准并于2004年10月27日批准扩展的股票回购计划。公司曾在2004年11月回购了360500股普通股股票，共计6125000美元。更早些时候，公司曾在2004年5月回购了1000000股普通股股票，共计17752000美元。

搜狐公司首席执行官兼董事会主席张朝阳先生说，"在过去10个月的3次股票回购中，我们共回购了2246105股普通股股票，占总流通股的6%。连续的回购股票表明了搜狐董事会和管理层对公司长远发展前景的信心，并且也向我们的股东传递了一个积极正面的信息。搜狐连续的股票回购计划，来源于管理层对把搜狐建设成为中国互联网'百年老店'的理念，搜狐将致力于建设中文世界最大的网络媒体平台，并将进一步提升搜狗的技术，让搜狗成为中国最优秀的搜索引擎。"

据悉，同一时期，搜狐公司董事局主席兼首席执行官张朝阳先生也回购了相当数量的股票。

资料来源：雅虎财经频道（http://cn.finance.yahoo.com）。

1.股票回购的目的

替代股利发放是公司进行股票回购的主要目的之一。如果一个公司有足够多的现金，却没有有利可图的投资机会，就不应该采用高保留盈余、低现金股利支付的政策，而应该把现金分配给股东。除了直接发放现金股利外，也可以利用充裕的现金购回部分股票，使流通在外的股票减少，从而提高每股盈余和股价。这样，股东就可以通过出售股票而获得资本利得。如果没有所得税和交易成本的影响，显然发放现金股利还是股票回购对于股东而言并无差异。此外，股票回购还在公司收购中发挥着重要的作用。在搜狐股票回购事件中，由于搜狐回购股票与盛大互动娱乐公司入股新浪一事同步进行，有分析家认为这是搜狐为了避免走上新浪被收购的命运而采取的策略。

设想在一个完善的资本市场中，有一家公司拥有3000000元的剩余现金，打算将这笔现金作为股利发放。预计股利发放后公司年度的利润为4500000元，公司现有流通在外的普通股1000000股，市场中同类公司的市盈率为6倍。因此，可以推算出公司的股价为27元。当然，公司也可以选择用剩余的现金回购股票。假设回购价为30元，可回购100000股。由于股数减少，每股盈余升至5元。由于公司面临的经营风险和财务风险都没有变化，市盈率仍保持6倍，因此，股价上升为每股30元。忽视税收、交易费用等，则在公司发放现金股利情况下，每位股东将拥有每股价值27元的股票和3元的股利，总价值为30元。这一结果与股票回购下拥有价值30元的股票一样。显然，股东对是发放股利现金还是通过股票回购获得资本利得并无偏好。

表 9.9　　　　　　　　股票回购与现金股利的比较　　　　　　　　单位：元

项目	总额	每股
发放股利		
计划股利	3000000	3
预计发放股利后年度利润	4500000	4.5
发放股利后股票市场价值	27000000	27
回购		
预计回购后的年度利润	4500000	5
回购后的股票市场价值	27000000	30

然而，资本市场通常并不完善，存在着税收、信息不对称、交易成本等，若资本利得的所得税税率低于现金股利收益的所得税税率的话，通过股票回购要比支付现金股利给股东更为实惠。特别是当避税成为股东需要考虑的重要因素时，股票回购就成为股利发放很好的替代品。另外，股票回购还能产生延期纳税的好处。正因为股票回购能够产生避税的作用，许多国家都对股票回购进行一定的限制。如英国、德国和日本原则上禁止公司买回自己的股份；美国虽原则上允许公司回购股份，但需要有正当的理由。我国则规定不得回购股票，但为减少公司资本而注销股票及为持有本公司股票与其他公司合并等情况除外。

改变公司资本结构也是公司进行股票回购的目的。当公司管理层认为资本结构中股权的比例过大时，可以用充裕的现金或通过发行债券并用得到的资金回购股票，以改变公司的资本结构。

股票回购还可能出于公司购并或反购并等战略目的。按照购并计划，公司可提前购回部分股票，并用库藏股进行股票交换以减少公司的现金支出。在反收购活动中，通过回购股票提高股价，增加收购的难度和成本。

此外，公司出于稳定或提高股票的市场价格、改善公司形象、满足可转换证券或认股权证的行使等目的都可能进行股票回购。

2.股票回购的方式

股票回购常用的方法有：

①固定价位回购（fixed-price tender offer）。公司以高于目前市场价格的价位向股东提出正式的招标，股东可以选择卖还是继续持有股票。

②荷兰式招标（dutch-auction tender offer），也叫单一价格招标。每个股东都告诉公司愿意出售的股票数额和价位，公司也定出自己愿意购买的数额、最高价和最低价，最低价通常高于市场价格。公司将股东所提出的价位在所定

范围内进行由低到高的排序，然后定出可以回购既定股数的最低价位。所有不高于这个价位的股东将以该价位交易。固定价位回购和荷兰式招标统称为现金要约收购。

③公开市场回购（open-market purchases）。公司像普通股民一样通过经纪人购买自己的股票。这种方式一般在股票市场价格欠佳时小规模回购特殊用途（如股票期权）所需股票。

④公司与某一大股东进行协商购买，但要保证该股东没有比其他股东获得更多的优惠。

专栏9-4　　我国股份回购若干案例

我国《公司法》（2006年1月1日施行）第143条规定，允许股份公司在下面四种情况下回购公司股份：（一）减少公司注册资本；（二）与持有本公司股份的其他公司合并；（三）将股份奖励给本公司职工；（四）股东因对股东大会做出的公司合并、分立决议持异议，要求公司收购其股份的。针对第三种情况，修正案同时还规定，奖励给公司职工的回购股份，不得超过本公司已发行股份总额的百分之五；用于收购的资金应当从公司的税后利润中支出；所收购的股份应当在一年内转让给职工。

豫园股份合并回购案

1992年小豫园并入大豫园可以看作中国股市第一例为了合并而实施股份回购的成功个案。依据《公司法》并经股东大会批准，大豫园作为小豫园的大股东，采用协议回购方式把小豫园的所有股份（包括国家股、法人股、社会公众股）悉数回购并注销，合并后新公司再发行股票，小豫园股东享有优先认股权。这为我国国有企业的股份制改造提供了一条新的、可行的途径。

云天化和冰箱压缩的现金回购案

1999年4月1日，云天化发布公告，宣布回购云天化集团持有的2亿股国有法人股，并于2000年9月获准实施。云天化以每股2.83元的价格，向该公司第一大股东云天化集团协议回购该公司持有的国有法人股20000万股，此次回购完成后，云天化股份总额从56818.18万股减少至36818.18万股。整个回购支付资金总额为56600万元，资金来源主要有：①截至2000年8月31日的未分配利润430143509.05元；②2000年9至10月预计实现的未分配利润26800000元；③其他自有资金110050352.29元。全部股份回购资金为一次性支付。云天化实施股份回购，收缩股本，在现有经营规模的基础上，可以最大限度地发挥资金杠杆作用，遏制公司每股收益下滑的趋势。此次股份回购也可以看作公司将原本应向外投资的资金投向了自身现有的资产。

2000年5月29日，冰箱压缩公司获准以9590万元的自有资金向大股东上海轻工控股（集团）公司回购国家股4206.2753万股，占公司总股本的9.95%。回购后，公司总股本降至38052万股。上海轻工控股（集团）公司用回购股份所得款项受让冰箱压缩投资的上海森林电器有限公司31%的股权。上海森林电器公司自1997年成立以来连续亏损，1998年亏损额更高达8000多万元，给冰箱压缩带来4271万元的投资损失，该数字已超过了公司1998年的利润总额。回购后冰箱压缩对森林电器的持股比例降至19%，按成本法进行核算，冰箱压缩剔除了一个重大亏损因素。这意味着冰箱压缩在实施回购方案后，不仅可以降低国家股比例，减少总股本，更可以规避和控制股权投资的风险隐患，从而从两方面改善公司业绩。在这一回购方案中，冰箱压缩成功地运用财务手段，这无论对于国有股回购还是其他形式的资产重组都是一个有益的启示。

长春高新的资产回购案

长春高新公司于2000年7月26日经临时股东大会通过决议，决定以每股3.44元的价格向第一大股东长春高新技术产业发展总公司协议回购并注销国家股7000万股。回购价格是以公司1999年12月31日经审计确认的每股净资产3.40元为基础，同时考虑自2000年初至回购实施期间的公司经营收益而确定。回购后，公司总股本由20132.657万股降为13132.657万股，其中国家股占34.63%，募集法人股占4.61%，社会公众股占60.76%。回购资金为2.408亿元，资金来源于管委会（系长春高新技术产业发展总公司的母公司）归还长春高新的2.4亿元欠款。通过本次股份回购，不仅可以改善长春高新的资产结构，减少2.4亿元的应收款项，提高公司资产的营运质量，而且可以提升公司的经营业绩，2000年公司每股收益为0.23元，远高于1999年的0.069元。

资料来源：《上海证券报》2005年6月10日。

3. 股票回购的利与弊

从公司和股东的角度看，股票回购通常具有以下作用：

①当公司有多余现金需要分配，又不希望改变股利政策时，股票回购作为

股利分配的替代，其作用相当于一笔额外现金股利。

②通过股票回购，减少流通中的股票，公司能在不增加资金的情况下提高每股股利额。

③当公司进行回购时，股东可以选择卖与不卖，这样能够使需要现金和不需要现金的股东的意愿都能得到满足。

④可以迅速地改变公司的资本结构。

⑤信号作用。回购价反映了管理层对公司股价的评估，回购价超过市价的部分在一定程度上反映了股价被低估的程度。股票回购所产生的信号作用还表现在它所发出的公司现金流充裕、财务状况良好的信号。

股票回购也会产生一些负面的影响。例如，股票回购可能向市场发出公司没有好的投资机会，公司的增长机会不大的信号。另外，即便在股利和资本利得对股东收益的影响并无差异的情况下，现金股利毕竟比通过回购而获得资本利得更可靠，因此，现金股利可能更受欢迎。股票回购还会给公司操纵股价、进行内部交易、避税以可乘之机。股票回购实质上是一种减资行为，公司资本减少会削弱公司的资本基础以及对公司债权人的财产保障程度。股票回购使得公司持有自己的股票，公司与股东的法律关系发生混淆，容易导致上市公司利用内幕进行炒作，或对报表进行粉饰，增加了公司行为非规范化的可能。因此，股票回购在很多情况下都是受到限制的。

| 第四篇 |

融资策略

公司既可以通过发行股票、债券、可转换证券等金融工具从资本市场上募集资金，也可以通过租赁等途径获取所需要的机器等大型设备。无论采取何种融资策略，其主要目的都是获取所需资金进而实现价值最大化。在制定融资方案时，只有对各种融资策略的特点有所了解，才能更好地进行融资决策。本篇对主要融资工具的特点和融资策略展开讨论，组织结构如下：

第十章：介绍证券发行基础知识，它是利用股票、债券等金融工具融资的法律基础。了解证券发行的法律环境，能够使读者深入认识证券类金融工具的特点及融资决策。

第十一章：介绍股票融资的特点，对 IPO、SEO 都展开了比较深入的讨论，并介绍了我国 A 股、B 股发行及境外上市。

第十二章：介绍债券融资的特点，并对纷繁复杂的债券术语和债券分类体系进行了探讨。

第十三章：主要介绍优先股、认股权证和可转换证券这三种混合类金融工具的特征。

第十四章：重点介绍租赁融资的特征，并对租赁与购买做了对比分析。

第十五章：对项目融资[①]的原理、方法进行初步介绍。

---

① 项目融资不属于传统公司融资的范畴。在本书中介绍项目融资主要是由于它作为一种融资手段在我国现阶段得到了大量应用。

第十章

证券发行基础知识

　　公司不论是以发行股票还是债券的形式从资本市场上募集资金,都必须遵守发行所在地的法律规定。在融资渠道日益国际化的情况下,对现存的证券发行制度有所了解显得尤为必要。关于资本结构、股利政策、融资策略的各种理论也往往与证券发行制度有着千丝万缕的联系,了解证券发行制度有助于深入理解公司融资理论,更好地做出融资决策。

第一节　证券发行制度

从狭义上讲，证券发行是指发行人制作证券并交付相对人的法律行为。从广义上讲，证券发行包括证券发行决定、证券发行制度、证券发行活动和证券发行管理等。证券发行作为一项法律行为而言，其本质上应属私法上的民事行为，发行人应享有发行自由，主要表现为自主决定是否发行证券，自主决定发行证券的种类与数量，自主决定发行方式是公募还是私募、是直接发行还是间接发行等。但实际上由于证券发行尤其是公募，往往涉及数量众多的投资者，因而各国的监管当局都对证券发行进行监管，以防范证券发行中的欺诈行为，减轻其负面效应。

由于各国的监管哲学不同，证券发行审核制度又可分为两大类。一是注册制，即所谓的公开原则。以美国证券法为例，在这一制度下，某种证券只要按照发行注册的程序提供有关情况和统计资料，并且提供的信息完全属实，即可获准发行。另一类是核准制，即所谓的实质管理原则。以美国部分州的"蓝天法"和大陆法系国家的公司法为代表。在这一制度下，发行人除必须履行强制性披露义务外，还必须符合经营业绩和财务状况方面的一些实质要求方才可获准发行证券。另外，在许多经济转型国家或证券制度尚不发达的国家，还实行带有额度控制的审批制。

从发行制度的设计目的来看，无论是注册制，还是核准制或者审批制，都是为了保护投资者的利益安全，同时又兼顾发行人的筹资权利，进而实现资本市场的稳健发展，促进经济的繁荣发展。

一、美国的证券发行监管制度

美国是当今世界上证券市场最为发达的国家，也是当今世界上证券法律制度最为完备的国家。它的证券法律体系，不仅包括以《1933年证券法》《1934年证券交易法》《1939年信托契约法》《1940年投资公司法》《1940年投资顾问法》《1970年证券投资者保护法》等法律为核心的联邦证券法，还包括美国各州制定的内容迥异的"蓝天法"，美国证监会（Security and Exchange Commission，SEC）制定和发布的条例（Regulations）、规则（Rules）、意见（Releases）和不采取行动函（No-action letter）以及由各级法院作出的数以千计的判例。

1. 美国证券登记发行制度的流程

根据《1933年证券法》，证券发行注册分为三个阶段：①登记申报之前阶段。在此阶段，发行人和承销商可以签订意向书，但不得进行任何发行活动，不得发出任何要约，不得进行证券销售活动。②等待期。是指发行人登记申报说明后与登记申报说明生效前的一段时间，SEC通常需要6到8周的时间审查资料。在这段时间内，可以进行以下有效的推销行为：口头要约；介绍招股说明书的主要内容；墓碑公告①；红鲱鱼说明书②。③登记说明生效阶段。如果SEC不表示反对，就是核准了证券的发行。在此阶段，可以发出口头要约和书面要约，并发出招股说明书，进而出售证券。

2. 上架注册制度

按照上述程序，发行公司通常需要数月的审查才能发行上市。在此期间，市场可能发生出乎发行公司预料的变化，如果市场环境的变化对公司的发行不利，则有可能影响公司的筹资和未来的发展。因此，美国于1982年实行发行上架注册制度，以减轻发行审核期间公司面临的市场风险。

对于投资级证券，或者原已提交过证券投资说明书并且证券符合其最低发行要求的发行公司所发行的证券，上架注册制度允许发行人对于两年内预定发行的证券，预先到SEC注册登记证券的发行额、发行方式、承销商等事项，任何时候都可以在登记的范围内发行证券。在该规则中，证券就像搁置在货架上的物品一样，可以在将来的某时取下来卖给公众，而不再需要SEC的批准，因此被称为"上架制度"。该规定使发行人在获得预先批准的情况下，根据市场的情况调整发行计划，因而在一定程度上降低了市场风险。如果市场状况不好，发行人可以不发行已经注册上架的证券。申请注册上架的公司必须符合一定的标准：①公司普通股市值不得小于1.5亿美元；②在过去的3年间没有债务方

---

① 等待期的非正式广告，因其首页有道黑色边框，故称墓碑广告。

② 非正式招股说明书，因其封面以红色、粗体字印刷，故称"红鲱鱼"，红色粗体字主要起提醒作用。

面的违约；③公司债务必须是投资级（BBB 或 Baa 及以上）的；④过去三年内没有违反《1934 证券交易法》的规定。

3. 注册豁免制

美国的发行注册制要求发行公司必须事先向 SEC 递交发行申报材料，向投资人送发披露材料，但也有例外，这就是注册豁免制。该制度规定，符合法定条件的证券及其发行、交易可免于注册。美国的注册豁免大致可以分为证券豁免和交易豁免。

（1）豁免的证券[①]

根据《1933 年证券法》，但有几类证券[②]得到豁免，其发行和交易无需向 SEC 登记说明，这些证券包括：①短期商业票据；②住房信贷协会、农民合作组织及类似组织发行的证券；③非营利的宗教、教育、慈善团体、互助、捐赠或改良目的而发行的证券；④由联邦政府监管的某些客运、货运部门发行的某些证券；⑤法定机构发行的证券；⑥在《破产法下》，由破产管理人应债权人的要求或者就其权益发行的证券；⑦州政府监管的保险公司发行的保险单和年保险金[③]。

（2）豁免的交易[④]

《1933 年证券法》还规定了豁免的交易，这些交易主要包括：①小额发行。分为两种：一是 100 万美元以下的小额发行。根据规则 504，如果 12 个月内，非投资银行发行人的预发行金额在 100 万美元以下的，可得到豁免，但发行人出售证券须在 SEC 备案。二是 500 万美元以下的小额发行。根据规则 505，非投资银行发行人在 12 个月内发行的金额在 500 万美元以下的，不用登记，但此类证券在二级市场上的交易受到限制，必须要登记说明。②私募发行。私募

---

① 详细解释见美国《1933 年证券法》第 3 条 (a) 款 (2) ～ (8) 项，规定了 7 类可以豁免的债券。要说明的是，随着实践的发展，美国当局对某些豁免证券已有了部分修改或修改的动议。

② 美国的"证券"一词内容极其丰富，与我国和许多大陆法系国家的证券概念有一些差异。它不仅包括我们所熟悉的股票、债券、认股权证、可转换公司债券、投资基金券，还包含了担保品信托证书等。

③ 这项豁免，来自于美国对证券业、保险业和银行业的分业管理原则。在分业管理之下，保险产品只能由保险业监管机关负责，而不由 SEC 负责。

④ 美国证券交易有别于我们通常所说的证券交易的概念。美国法律的证券交易不仅包括我们平时所说的投资者之间的证券买卖，而且还包括了证券发行意义上的承销与分销等行为。所以，美国法律上的证券交易与证券发行几乎是同义词。

发行有三个条件：一是只能向认可的投资者和数量有限的投资者出售证券，认可的投资者包括银行、保险公司、投资公司、发行人的高级管理者或者董事、储蓄和贷款协会、登记的经纪人或经销商、总资产超过500万美元的某些员工福利计划、拥有100万美元以上净资产的任何人、连续两年收入在20万美元以上的任何人以及当年收入在20万美元以上的任何人。"数量有限"，一般指25人以下；二是不得大作广告；三是不得到处征集投资者。③州内发行。SEC对同一州做了严格意义上的解释：发行人必须设立在州内；主要业务（80%以上的业务）在州内；要约征集对象和购买者必须是州内居民。

区分证券豁免和交易豁免非常重要，如为证券豁免，在发售或二次发行时，无须依法注册，为永久豁免；如为交易豁免，只有本次发售豁免，其二次发行行为仍需登记注册。

二、我国的证券发行监管制度

我国是目前世界上证券发行制度最为严格的国家之一，证券发行制度大致经历了三个阶段。

1. 第一阶段：审批制

1998年《中华人民共和国证券法》（1999年7月1日实施）之前，我国根据1993年4月《股票发行与交易管理暂行条例的规定》，对股票发行一直采用审批制。任何打算发行股票的股份有限公司，不仅必须取得发行额度许可，而且在发行前还要取得行政管理机关和证券管理部门的批准；发行审批部门对于发行人的申请采取实质审查或内容审查制度；同时对于股票发行的审批规定了严格的程序。

在严格的审批制下，证券发行不仅要满足信息公开的各种条件，而且还要通过计划指标前提下更为严格的审查。审批制又可以大致分为两个阶段：一是额度分配制阶段，二是地方预选制阶段。额度分配制是指证券主管部门根据国家经济发展的总体和产业布局，确定每年的发行规模，并将此额度分配给各省及各部委，再将其额度分配给所辖企业。这种分配额度的办法，使得各省、市、部委为了平衡利益，照顾更多的企业，大多将发行额度尽可能地分配给中小企业，或者将大企业分拆上市，导致发行规模偏小，不利于规模大、实力强的国有支柱产业发展。于是1997年国务院证券委颁布新的股票发行规定，实施"总量控制，限报家数"的股票管理规定，即地方预选制。该制度是由证监会确定各部委、各省市发行企业的家数，数额确定后，由各部委，各省市根据企业的申请，结合本部门、本省市的实际情况，初步确定若干企业作为预选企业，并排出顺序，供证监会审核。地方预选制是股票发行两级审核制的产物，地方政府或者各部委的介入一方面分散了审核的权利，造成审核效率的低下和审核标准的不统一，另一方面把地方利益和部门利益带到股票市场中来，不利于股票发行审核的集中管理。

2. 第二阶段：审批制与核准制并行

针对上述情况，在1998年《证券法》的起草过程中，我国借鉴了国外证券发行审核制的有关经验，确立了审批制与核准制并行的证券发行制度。1998年12月29日《证券法》（1999年7月1日实施）出台，证券发行从此出现审批制与核准制共存的局面。《证券法》（1999年7月1日实施）第10条规定，公开发行证券，必须符合法律、行政法规规定的条件，并依法报经国务院证券监督管理机构或者国务院授权的部门核准或审批；未经依法审批或核准，任何单位和个人不得向社会公开发行证券。第11条又进一步规定，公开发行的股票，必须报国务院证券监督管理机构核准；发行公司债券，必须按照公司法规定的条件，报经国务院授权的部门批准。

这种审批制与核准制共存的局面，容易造成审批机关的操作不规范，不利于企业的公平竞争，这与我国市场经济的建设存在一定的矛盾。

3. 第三阶段：核准制

2005年10月27日，十届全国人大常委会第十八次会议通过了修订后的《公司法》和《证券法》（2006年1月1日实施），其中《证券法》（2006年1月1日实施）第10条规定，公开发行证券，必须符合法律、行政法规规定的条件，并依法报经国务院证券监督管理机构或者国务院授权的部门核准；未经依法核准，任何单位和个人不得公开发行证券。《证券法》（2006年1月1日实施）还规定了股票和公司债券发行需要经过的程序，第23条规定国务院证券监督管理机构依照法定条件负责核准股票发行申请。第17条规定申请公开发行公司债券，应当向国务院授权的部门或者国务院证券监督管理机构报送必须的文件，第23条还规定国务院授权的部门对公司债券发行申请的核准，参照股票发行核准的规定执行。这些规定意味着我国股票和公司债券的发行都采取核准制,但其核准要涉及到不同的监管机构。

目前,我国的公司债券发行和流通分别归属于不同监管部门。公司债券的发行,归发改委监管;而在交易所流通由证监会监管;在银行间市场流通,则由央行监管。

三、我国证券发行的一些中国特色规定

我国证券法意义上的"证券"一词,主要包括股票、债券、可转换公司债、认股权证和投资基金券。其中,只有股票、可转换公司债和投资基金券是由中国证监会负责监管,其他证券则分属于不同的部门监管,如国债由财政部归口管理,金融机构债券由中国人民银行负责,地方投资公司债券属于省级或计划单列市政府审批。

关于私募发行,根据我国《证券法》(2006年1月1日实施)第10条的相关规定,向特定对象发行证券累计不超过两百人的,应为私募发行。此前,私募发行在我国无法律依据,只要是发行,几乎就是指公开发行,也就必须向中国证监会报批。

需要特别提到的是境内上市外资股(B股)的私募发行。到目前为止,除外高桥B股有部分公募外,几乎所有的B股发行都选择了私募发行方式。但是,这种私募发行与世界上通常所说的私募发行有本质区别。传统意义上的私募发行,是指只向特定的一个或数个法人投资者定向发行,而不公开向其他投资者发行的一种证券发行方式。它具有直接性的特点,即发行者与证券的购买者直接交换意见,发行者直接向购买者提供其不愿向公众披露的有关信息。然而,中国的B股市场,就发行方式而言,仍然是间接发行。这种发行必须获得中国证监会的批准,必须在中国证监会指定的媒介上刊登《招股说明书》,并由承销商承销。

第二节 信息披露制度

信息是证券市场得以有效发挥作用的基础,信息披露制度是证券市场赖以生存、发展的基石,各国都致力于建立一套完善的信息披露制度。信息披露制度起源于1844年的英国《公司法》,日臻完善于美国《1933年证券法》《1934

年证券交易法》《2002年公众公司改革和投资者保护法》，是美国证券监督管理的王牌。由于国际证券市场均以 SEC 有关信息披露的要求为标准，加上美国公司在全球的影响力，使其他国家逐渐采取该制度，信息披露制度进一步国际化。但各国都根据自己的具体国情制定信息披露制度，在某些方面有别于美国。一般来说，信息披露的重点包括公开发行时的招股说明书，交易时的重要信息和预测性信息，同时还规定了相关的法律责任。本节重点介绍信息披露制度体系和招股说明书，关于重要性信息和预测性信息的披露问题，有兴趣的读者可参看有关法律条款。

一、中美信息披露制度体系及主要差异

1. 美国现行信息披露制度体系

美国证券发行信息披露制度体系主要分为三个层次：第一个层次是美国国会颁布的法律，包括《1933年证券法》《1964年证券法修正案》《1970年证券投资者保护法》《2002年公众公司改革和投资者保护法》等；第二个层次是 SEC 制定的各种规定和规则，主要有管理条例 S-K 和管理条例 S-X；第三个层次是交易所制定的有关市场规则。其中《1933年证券法》是公开发行证券公司信息披露的基本法律规范，管理条例 S-K 规定上市公司财务披露的有关事宜，载明了证券法所规定的所有详细信息披露的要求，而管理条例 S-X 载明了对财务报表的披露要求。

2. 我国现行信息披露制度

我国现行证券信息披露制度主要分为四个层次：一是法律，主要包括《公司法》《证券法》《基金法》以及《刑法》等法律中的有关规定；二是行政法规，主要有《股票发行与交易暂行条例》《国务院关于股份有限公司境内上市外资股的有关规定》《可转换公司债券管理暂行办法》等；三是中国证监会制定的《公开发行证券的公司信息披露内容与格式》《公开发行证券的公司信息批报规则》等法规；四是自律性规定，主要包括《上海证券交易所股票上市规则》和《深圳证券交易所股票上市规则》等。

3. 中美信息披露体系的主要差异

虽然中美两国的信息披露体系都以招股说明书为主要形式，招股说明书的内容也基本一致，但两者在具体的做法上存在一些细微差别。例如，我国要求发行公司在上市前发布上市公告，而美国无这一要求，美国上市公司在发布正式招股说明书前可发布初步招股说明书，即红鲱鱼说明书。

二、招股说明书

招股说明书是股票发行人向社会公开发行股票时，依照法律规定的格式、内容和程序向社会公众公开相关信息，并邀请公众认购股票的规范性文件。招股说明书是公司发行股票时需要披露的最重要文件，其主要内容是介绍公司的基本情况和经营业绩，以便投资者在充分了解公司信息的基础上做出购买公司股票的决定。

1. 美国招股说明书的主要内容

公司在公开发行股票前必须向 SEC 递交注册说明书，其中最主要的部分就是招股说明书，另一部分为补充信息。补充信息不须向公众披露，但须向 SEC 备案。招股说明书的主要内容包括：公司的详细资料信息、风险因素的说明、资金投向、分配政策、股权摊薄情况、资本化情况、财务数据摘要、管理层的讨论和分析、经营信息、不动产状况、法律诉讼状况、管理层信息、对所注册证券的介绍，还有 SEC 要求的其他信息。

2. 我国招股说明书的主要内容

根据《公开发行证券的公司信息披露内容与格式》，我国招股说明书需要披露的主要事项有：本次发行概况、风险因素、发行人基本情况、业务和技术、同业竞争和关联交易、董事、监事、高级管理人员与核心技术人员信息、公司治理结构、财务会计信息、业务发展目标、募股资金运用、发行定价及股利分配政策、其他重要事项、董事及有关中介机构声明、附录和备查文件等。

中美招股说明书的内容大致相同，但美国的规定更为完备。

第十一章

股票融资

股票融资是公司获取外部资金的重要手段，通过发行股票为公司筹集资金的管理层和购买股票的投资者都必须十分了解股票这种金融工具的特征以及公司上市的利弊、上市程序等，以便有效利用这一手段募集所需资金。

第一节　股票的基础知识

一、股票概述

在前面的章节中我们介绍了股票的定价方法，在这一章里，我们主要从融资工具的角度，介绍股票以及股票发行的一些基本特征。

股票，是投资者投资入股并具有所有权的证明，它的所有者被称为股东。股票实质上代表了股东对公司的所有权，股东凭借股票可以获得股息和红利，参加股东大会并行使自己的权力，同时也承担相应的责任和风险。

股票作为一种所有权凭证，具有一定的格式。从股票的发展历史来看，最初的股票票面格式既不统一，也不规范，由各发行公司自行决定。随着股份制度的发展和完善，许多国家都对股票的票面格式做了规定。例如，对于实物形式的股票，我国现行《公司法》第132条规定应当载明下列主要事项：公司名称、公司登记成立的日期、股票种类、票面金额及代表的股份数、股票的编号，并且股票必须有董事长签名，公司盖章。属于发起人认购的股票，还应当标明"发起人股票"字样。

随着电脑技术的应用，进入80年代以来，证券的无纸化逐渐发展起来，包括股票在内的无纸化证券，不再印制纸面形式的有价证券凭证，而是将有关事项输入电子计算机，以电子计算机所贮存的有关信息作为股权或债权的法律凭证。这种通过现代信息技术手段建立起来的证券的托管、登记以及交易清算系统，具有高效、保密、费用低等特点。

获得股票通常有以下几种途径：①作为股份公司发起人而获得股票，通常被称为发起人股。如我国许多上市公司都由国有独资企业转为股份制公司，原企业的部分财产就转为股份公司的股本，相应地原有企业就成为股份公司的发起人股东。②当股份公司向社会募集资金而发行股票时，法人或自然人出资购买，获得的股票通常被称为原始股。③在二级流通市场上购买，这是我们最常见的获取股票的形式。④由他人赠与或合法继承而获得。

专栏11-1　　　　　　我国各个时期的股票

我国的第一张股票诞生于1872年10月（清朝同治十一年九月），是由李鸿章创办的轮船招商局发行的（实物尚未发现），而迄今藏有实物的中国最早的股票则是1882年（光绪八年）山东烟台缫丝局发行的股份票。按照我国股票的发展历程，下图基本展示了我国各个时期的股票。

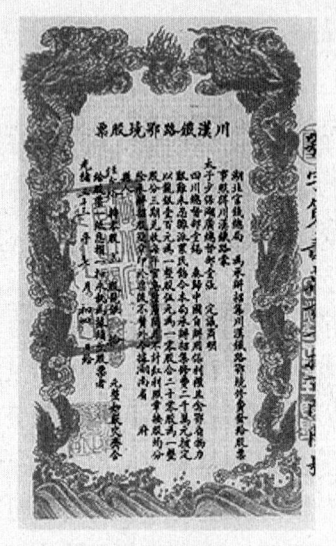

清朝时期

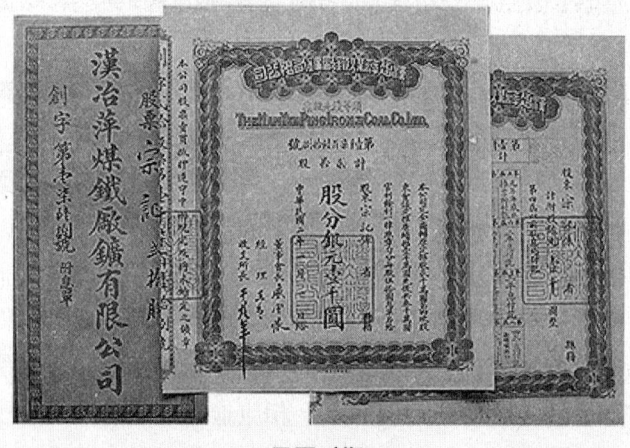

民国时期

（1949～1978 年）

（1978～1984 年）

（1984～1994 年）

资料来源：http://www.collect-china.net。

二、股票的分类

股票分类方法很多，常见的有以下几种。

1. 按股东享有的权利不同，分为普通股股票和优先股股票

（1）普通股股票

普通股股票（common stock）是最基本、最常见的股票，也是最重要的股票。普通股股票是标准的股票，构成了股份公司注册资本的基础，此类股票的持有者是股份公司的基本股东。按照公司法的规定，普通股股东在股份公司存续期间平等地享有下列权利。

①公司重大决策权。作为普通股股东，行使这一权利的途径是参加股东大会，行使表决权。股东大会是股份公司的最高权利机构，普通股股东有权出席股东大会，听取公司董事会关于公司经营和财务方面的报告，并行使表决权来对公司的重大事项作出决策，同时有选举和被选举为公司董事、监事的权利。

②公司盈余和剩余财产分配权。普通股股东拥有的公司盈余和剩余财产分配权主要体现在两个方面：一是普通股股东有权要求从股份公司的税后利润中分配股利；二是普通股股东在公司解散清算时，在满足债权人利益的基础上，有权要求取得公司的剩余财产。

③其他权利。除了上面的两种基本权利外，普通股股东还享有法律和公司章程规定的其他权利，如了解公司经营状况的权利、转让股票的权利、优先认股权等。优先认股权是一项比较特别的权利。它是指当股份公司为增加资本而决定增加发行新的股票（增资扩股、配股）时，普通股股东享有的按比例、通常以低于市价的价格优先认购一定数量新发行股票的权利。享有优先认股权主要是为了保持普通股股东在公司中原有的持股比例，从而保护原普通股股东的利益和持股价值。这是因为当公司发行新股时，每股净资产和每股税后利润会摊薄。当公司发行新股时，股东可以有三种选择：一是行使优先认股权；二是转让该权利，从中获得转让回报；三是既不行使该权利，又不转让，从而导致该权利过期失效。

普通股存在着风险，我们经常听到"股票有风险，投资须谨慎"。普通股的风险表现在：

①作为股票价格基石的公司经营情况受行业状况、管理团队、宏观经济、

自然灾害等多种因素的影响，从而导致公司的盈利情况每年都不一样；如果公司破产，普通股股东可能血本无归。

②普通股股东享有的公司盈余和剩余财产分配权在债权人和优先股股东的权利之后，在优先保障债权人和优先股股东的利益之后，普通股股东才享有要求权。

③股票价格受多种因素的影响，政治因素、心理因素都对股票价格产生很大影响。在不发达的股票市场上，流言也在很大程度上影响着股票的涨跌。

普通股一般不再进一步细分类，但也有特殊。例如，在美国股市上，尽管大多数公司仅有一种类型的普通股股票，但在某些情况下，分类股票（classified stock）可以用来满足公司的特殊用途。举例来说，2005年8月5日，百度在纳斯达克上市时，为防止被恶意收购，公司推出了"牛卡计划"（dual class structure）——"提供双重级别的普通股"。该计划将上市后的百度股份分为A类（class A）和B类（class B）股票。在美国股市新发行股票为A类股票，而所有原始股份为B类股票。每1股B类股票的表决权相当于10股A类股票表决权。事实上，"A类""B类"等等这些说法并没有标准的定义，一个公司可以制定它的B类股票为发起人股，A为向社会公众发行的股票，当然，也可以进行完全相反的定义。另外，公司也可以将股票的分类用于完全不同的目的。例如跟踪股票（tracking stock）指的是，一家大公司发行某种股票"跟踪"该公司某项业务的表现。这样的股票可以向该公司现有的股东发行，也可以作为首发股IPO在股票交易市场公开发行。跟踪股股票针对的是这样一类股东，他们对该公司跟踪股所反映的业务——通常是正在兴起的新行业——感兴趣，愿意冒高风险换得可能的高回报。1984年通用汽车在为收购电子数据系统公司（Electronic Data Systems）和休斯航天公司（Hughes Aircraft）而进行的筹资活动中，首次发行了这种股票。基因酶公司（Genzyme Corporation）是第一个发行该种股票的生物技术上市公司，它为其所属的分子肿瘤、外科产品和组织修复分公司分别发行了3种跟踪股票，从而有效地划分了资本市场的供给源，吸引到对公司各分部分别感兴趣的投资者。

在中国对于普通股也有分类，详见随后的介绍。

（2）优先股股票

优先股股票（preferred stock），与普通股股票相对应，是指股东享有诸如优先分配公司盈余和剩余财产等权利的股票。优先股股票的内涵可以从两个方面来认识：一是优先股股票作为股权证书，与普通股一样，代表着股东的所有权,但优先股股东又不具有普通股股东所享有的基本权利,它的有些权利是优先的,有些权利是要受到限制的,其具体的优先权利和限制权利必须由公司章程加以明确。二是优先股股票同时具有债券的某些特点,如它在发行时事先确定固定的股息率,正如债券的利息率一样,但优先股的股息发放比债券灵活。

具体来说,优先股股票一般具有以下特点。

①股息率固定。在分配利润时优于普通股且以固定的股息率发放。

②公司盈余和剩余财产分配优先。在公司盈利分配上,优先股排在普通股之前。各国的公司法一般都是这样规定分配顺序的:首先用来偿还债权人的利息,交纳税金,其次支付优先股股息,最后才分配普通股股利。

③一般无表决权。优先股股东受限制的,主要是表决权限制。优先股股东在一般情况下无表决权,不具有公司的决策参与权。只有在特许的情况下,如设计优先股股东权利的议案时,才享有表决权。

④优先股股票可由公司赎回。股份公司在发行优先股时,一般都附有赎回条款。优先股股东不能要求退股,但可以依照赎回条款,由公司加以赎回。

优先股依据所附加的不同条件,还可进一步细分类别。

①以优先股股息在当年未能足额发放时,能否在以后年度补发,分为累计优先股和非累计优先股。历年股息能够累计发放的就叫累计优先股。当年结清,以后不能累计发放的就叫非累计优先股。如果本年度公司的盈利不足以支付全部优先股股息,对其欠下的部分,公司将不予累计计算,非累计优先股股东也不得要求公司在以后的年度中予以补发。

②以优先股在公司盈利较多的年份里,除了获得固定的股息外,能否部分参与本期剩余盈利的发放,分为参与优先股和非参与优先股。参与优先股股东除了按规定分得本期固定股息外,还有权与普通股股东一起参与本期剩余利润的分配。非参与优先股是一般意义上的优先股,其优先权不是体现在股息上,而是体现在利润分配顺序上。

③以优先股在一定条件下能否转换成其他种类的证券,分为可转换优先股和不可转换优先股。可转换优先股可以在特定条件下,按优先股条款转换成普通股股票或公司债券。

④以优先股是否被公司赎回,分为可赎回优先股和不可赎回优先股。可赎回优先股,是指在公司发行后一定时期内,可按特定的赎回价格由发行公司赎回。一般而言,股票在某种意义上来说是永久的,它的有效期与公司并存,可

赎回优先股却不具有这样的性质，它可依照赎回条款，由公司赎回。

⑤依照优先股股息率是否允许变动，分为股息率可调整优先股股票和股息率不可调整优先股股票。股息率可调整优先股股票股息率的变化一般与公司经营情况无关，而是随市场上其他证券价格或者银行存款利率的变化而做调整。发行这种股票，有利于保护投资人的利益，同时也扩大了股票的发行量。一般意义上的优先股股票是指股息率固定优先股股票。

2. 记名股票和不记名股票

股票按是否记名，分为记名股票和不记名股票。我国《公司法》（2006年1月1日实施）130条规定，发行的股票，可以为记名股票，也可以为无记名股票。公司向发起人、法人发行的股票，应当为记名股票，并应当记载该发起人、法人的名称或者姓名，不得另立户名或者以代表人姓名记名。第131条规定，公司发行记名股票的，应当置备股东名册，记载下列事项：股东的姓名或者名称及住所；各股东所持股份数；各股东所持股票的编号；各股东取得股份的日期。发行无记名股票的，公司应当记载其股票数量、编号及发行日期。

3. 有面额股票和无面额股票

按是否在股票上表明金额，分为有面额股票和无面额股票。

有面额股票是指在股票票面上记载一定金额的股票，这一金额也叫票面金额、票面价值、股票面值。在很多国家，这一金额实际上是国家通过立法直接加以规定的，而且一般是限定了这类股票的最低金额，票面金额一般是以国家主币为单位。有面额股票通常具有以下特点：①可以明确表示每一股所代表的股权比例。例如，某股份有限公司发行1亿元人民币的股票，每股面值1元，则每股代表公司净资产的一亿分之一。②为股票发行价格的确定提供依据。我国《公司法》第128条规定，股票发行价格可以按票面金额，也可以超过票面金额，但不得低于票面金额。

无面额股票，是指股票票面上不记载股票面额，只注明它在公司股本中所占的比例，又称为比例股票或份额股票。无面额股票淡化了票面价值的概念，但仍有内在价值，它与有面额股票仅存在形式上的差异。20世纪早期，美国纽约州最先通过法律，允许发行无面额股票。但目前世界上包括中国在内的很多国家都不允许发行这种股票。

三、我国股票的分类

由于我国股市正经历着先发展、后规范的历程，我国股票的通俗分类和国外有所不同。在上市公司的股票中，一般可将其分为流通股及非流通股两大类。

1. 可流通股股票

可流通股股票是指在上海证券交易所、深圳证券交易所及北京两个法人股系统 STAQ、NET 上流通的股票。由于中国证监会在 1992 年 10 月成立，所以在此之前的股票上市都是由各证券交易系统自己审批的，而在此之后，所有股票的上市流通才统一归口由中国证券监督管理委员会管理。

在可流通的股票中，按市场属性的不同又可分为 A 股、B 股、法人股和境外上市股票。

A 股股票是指已在或获准在上海证券交易所、深圳证券交易所流通的且以人民币为计价币种的股票，这种股票按规定只能由我国居民或法人购买，所以我国股民通常所言的股票一般都是指 A 股股票。A 股股票又可以分为社会公众股和职工内部股两类，其中社会公众股是由股份有限公司向社会公开招募发行的股票，而内部职工股严格来说是由股份有限公司的职工按有关规定购买的股票，其购买方式、价格及上市流通条件都与社会公众股有所不同。

B 股股票是以人民币为标明面值、以外币为认购和交易币种的股票，它是境外投资者向我国的股份有限公司投资而形成的股份，在上海和深圳两个证券交易所上市流通。

法人股股票是指在北京的 STAQ 和 NET 两个证券交易系统内上市挂牌的股票。之所以称为法人股，是因为在这两个系统内流通的股票只能由法人参与认购及交易，而自然人是不能在这两个系统内买卖股票的。

境外上市股票是指我国的股份有限公司在境外发行并上市的股票，目前主要有在香港证券交易所流通的 H 股，还有在美国证券交易系统流通的 N 股。

2. 非流通股股票

在上市公司的股票中，非流通股股票主要是指暂时不能上市流通的国家股和法人股，其中国家股是在股份公司改制时由国有资产折成的股份，而法人股一部分是成立股份公司之初由公司的发起人出资认购的股份，另一部分是在股份有限公司向社会公开募集股份时专门向其他法人机构募集而成的。这一部分股票当时未上市流通的主要原因,其一是国家股的代表人尚未确定,其上市转让难以操作;其二是在发行股票时,部分法人股的募集和社会公众股条件有所不同;其三是国家股和法人股在上市公司的总股本中所占比例高达 2/3,其上市流通会对现在的二级市场形成较大的冲击。

为解决这三分之二的股权不能流通,同股不同权、同股不同利等"股权分置"存在的弊端,经国务院批准,中国证监会 2005 年 4 月 29 日发布《关于上市公司股权分置改革试点有关问题的通知》,宣布启动股权分置改革试点工作,这标志着国家开始着手解决股权分置这一困扰我国证券市场发展的重大制度问题。截至 2006 年底,沪深两市已完成或者进入改革程序的上市公司共 1301 家,占应改革上市公司的 97%,对应市值占比 98%,未进入改革程序的上市公司仅 40 家。

证券监督管理机构根据股权分置改革进程和市场整体情况择机实行"新老划断",即对首次公开发行公司不再区分流通股和非流通股。目前,我国绝大多数上市公司的股权分置改革已经完成。尚未完成股权分置改革的公司股票代码前加"S"标示。

第二节 股票初次公开发行

股票初次公开发行(initial public offering, IPO),是公司长期资本融资的一个重要方式。IPO 意味着把一部分股票卖给外部投资者,从而使一个非公众公司(closely held corporations)变成一个公众公司(publicly owned corporations)。IPO 过程通常被称为上市(going public)。IPO 推动了高新技术产业的发展,打造了众多的企业"明星"。1971 年英特尔公司、1980 年苹果公司到 1986 年微软和甲骨文上市,奠定了美国计算机行业在全世界的垄断地位;1990 年思科公司和 1996 年朗讯公司的上市,带动了美国通讯行业的迅猛发展;1996 年时代华纳公司、1996 年的雅虎公司、1997 年的亚马逊公司和 2004 年 Google 公司上市使得美国成为网络科技行业当仁不让的"超级弄潮儿"。2005 年,交通银行、百度、中国建设银行、中星微、珠海炬力等公司选择了海外上市,使一批中国企业提高了国际知名度。

一、公司上市的利弊

股票初次公开发行意味着使一个非公众公司转变成一个公众公司，公司为什么要选择上市呢？主要原因有以下几点：

①筹集资金。企业规模要做大，需要大量的资金，上市是企业筹措资金的重要途径。绝大多数公司上市的主要目的都是为了筹集资金。当然也有例外，即公司上市但并没有进行融资。如，福特汽车公司曾经是福特家族的独资公司，亨利·福特去世后，他把大部分股票留给了福特基金会，当福特基金会把一部分股票出售给公众时，就相当于福特公司上市了，但公司并没有获得任何资金。

②增加流动性。由于没有市场，非公众公司的股权流通起来很困难。公司一旦上市，创始人手中所持有的股票就会变成流动性很强的资产，可在公开市场出售套现。微软公司的上市就属于此类。微软公司上市时只发行了很少一点的股票，微软称它上市的目的是利用为公司的经理和其他内部人员提供流动性的便利，微软曾向这些人员分发股票作为报酬。

③分散创始人的风险。当公司发展壮大后，创始人的大部分财富都集中在公司中，而公司经营毕竟面临着不可预知的各种风险，从而使创始人的风险过于集中。公司上市，股权具有很强的流动性，使创始人具有能够迅速变现原有股权的能力，从而能够降低创始人投资组合的风险，做到"不把所有的鸡蛋放在同一个篮子里"。

④确定公司的价值。由于各种原因，非公众公司的价值评估起来很困难。公司上市后，由于公开交易市场的作用，上市公司就具有了市场价值。同时，股票价格在一定程度上能够反映公司经营的信息，股东"用脚投票"的股票买卖行为有助于公司更好地经营。尽管市场并非一贯正确，但它仍提供了一种有用的现实反映。

⑤便利进一步融资。公司上市后，随着进一步发展的需要，进行二次融资、三次融资要便利很多。

⑥扩大潜在的市场。上市有助于提高公司的知名度与市场影响力，公司上市后向潜在客户出售产品和服务变得容易了，同时也增加了已有顾客的忠诚度。

上市给公司带来好处的同时，也会给公司带来一些弊端，主要如下：

①股权分散。公司一旦上市，创始人的股权份额急剧下降，从而在一定程度上削弱了创始人对公司的控制权。

②信息公开。公司上市后,需要向投资者披露大量的信息,有些敏感信息也不得不披露。公开的信息同样可以被公司的竞争对手获取,这可能使其在商业竞争中处于不利的地位。

③接受更严格的监管。公司上市后,面临证监会等政府部门严格的监管,公司在很多方面都要受到严格的限制,同时需要支付一定的成本费用对付来自各方面的调查。

④维持上市地位需要支付一定的费用。公司信息披露,年报、季报的公布都要跟律师事务所、会计师事务所等中介机构打交道,每年要花费大量的精力和时间、费用和投资人打交道,向监管部门汇报,与分析师沟通。近年来,包括中国人寿、新浪、前程无忧公司在内的多家在美国上市的公司因信息披露问题接连被美国投资者提起集体诉讼,这就需要上市公司支付大量的法律成本。

⑤降低公司决策质量。公司的重大决策必须通过股东大会与股东沟通,这可能在某种程度上降低商业运营的效率,使公司失去宝贵的发展机会。同时,股价的短期随机扰动会给管理层带来很大的压力,很多时候,管理层为了股票的短期良好表现,往往会损害公司长期利益。

二、公司上市的过程

公司根据自身的情况进行分析后,一旦决定上市,就开始了复杂的上市过程。

1. 选择投资银行

公司决定上市后,就必须解决如何把股票出售给投资者的问题。在这个问题上,投资银行(investment bank),也叫承销商(underwriter)起着至关重要的作用。各国法律普遍规定,股票公开发行必须通过投资银行(在我国,又叫证券公司)进行,投资银行必须对发行人申请股票发行提供保荐意见。为了更好地理解公司公开发行过程,我们有必要对投资银行的作用做简单的介绍。

首先,投资银行帮助公司确定股票的初始发行价格或价格范围,以及计划出售的股票数量。在股票的发行过程中,投资银行利用自己的声望和经验,对于说服投资者以报出价格购买股票是非常重要的。投资银行保证股票价格没有被定高,使投资者放心,从而使股票顺利发行出去;同时为了未来业务的需要,避免价格定得过低,以免发行人遭受损失。其次,在股票发行期间,投资银行有义务维持股价的稳定,以免股价发行不久就跌破发行价,这对投资者而言,起到一定程度的保护作用。投资银行往往会找到令人尊重的分析师对股票进行分析，以维护公众对该股票的信息，从而增强了二级市场的流动性，使价格能真实地反映公司的价值。

2. 股票承销

发行人根据各方面的考虑，选择主承销商，它是股票公开发行的灵魂。投资银行获取主承销商资格后，就开始组建 IPO 小组。IPO 小组除主承销商外，还包括发行公司的高管、律师、会计师、行业专家等。投资银行、律师事务所、会计师事务所等中介机构根据行业标准和道德规范，对发行人进行尽职调查（due diligence），这主要由主承销商来完成，以保证此次股票发行不存在虚假陈述、重大遗漏等欺诈公众的事件。

IPO 小组成立后，就开始对发行人进行重组，以符合公开发行的条件，或在发行时取得良好的效果。重组方案的制定应有利于公司资本结构得到优化，有利于筹集到更多的资金，有利于再次融资，避免同业竞争等等。这项工作在我国国有企业改制上市过程中更为突出。

主承销商和 IPO 小组相关机构一起为股票的发行准备大量的材料，制定发行方案，准备招股说明书等募股文件，报送证券监管机构，证券监管机构组织有关专家组对报送资料进行审查。在注册制下（如美国），监管机构不对预期发行的质量进行评价，这一结论由市场作出；在核准制下（如中国），则对发行质量进行判断，并决定是否允许发行。

准备工作完成后，承销商选择一些可能售出股票的地点，主要针对可能购买的机构投资者，与发行人高管、律师一起进行路演（road show），通过路演介绍发行人的情况，了解投资者的意向。

如果路演一切顺利，投资银行利用其丰富的专业经验，和发行人一起把股票的最终发行价格确定下来，新股发行开始。IPO 可能会出现超额认购，也可能由于股市不佳而需求较低。因此，路演和发行日期的选择非常重要。

股票的承销方式主要有包销和代销两种方式。包销方式下，当承销期结束后，承销商将按发行价认购未售出的股票，这意味着承销商要承担一定的风险，但承销费用也相对较高。代销是指承销期结束后，承销商将未售出的股票返还给发行人或包销商。

大多数承销协议都包含这样一条规定，允许承销商最多可以按发行价格购买发行规模 15% 的额外股票以实现对潜在投资者的承诺，这被称为"绿鞋期权"

（green shoes option），因 1963 年佩恩·韦伯公司为波士顿绿鞋公司发行股票时采用这种期权而得名。在我国又叫超额认购选择权。"绿鞋期权"的有效期通常为 30 天，但在不同的发行中，具体期限也会有所不同。当 IPO 出现超额认购时，出于稳定价格的需要，承销商会行使这一权利来购买额外的股份。"绿鞋期权"的主要目的是为了稳定股价。2001 年 9 月 3 日中国证监会公布《超额配售选择权试点意见》，标志着绿鞋期权在我国的开始。

在"绿鞋期权"有效期内，比如说在新股上市 30 日内，当发行人股票的市场交易价格低于发行价格时，承销商要用超额发售股票获得的资金，从二级市场购买发行人的股票，分配给提出认购申请的投资者。在这种情况下，超额配售资金起到了"护盘"的作用，稳定了股价。如果发行人股票的二级市场价格高于发行价格，主承销商可以根据授权要求发行人增发股票，分配给提出认购申请的投资者，发行人获得增发此部分新股所募集的资金。在这种情况下，不仅扩大了发行人的筹资规模，而且有助于抑制股价的过度上涨。

"绿鞋期权"签订后，承销商是权利的一方，它可以在承销结束之后以发行价格将股票出售给认购人，不管二级市场的价格多低，认购人都必须购买，因为承销商是权利人。如果市场价格高于发行价格，认购人当然乐意购买，这时承销商只要要求发行人增发股票就可以了，同样因为它仍然是权利人。

3. IPO 发行价格的确定

固定价格法和公开市场价格法是 IPO 确定股票发行价格的两种主要方法。

采用固定价格法，发行价格由承销商和发行人共同协商确定，并于发行日之前确定下来。为了保证发行成功，一般都将发行价格定得偏低。

公开市场定价法需根据市场情况和新股需求量的变化调整发行价格。一般来说，承销商要进行三次定价过程：第一次是在发行人选择主承销商时，相互竞争承销业务的投资银行会报出他们的预期发行价格。一般来说，发行人愿意选择报价较高的投资银行作为主承销商。第二次定价是在初步编制招股说明书的时候，在向政府监管机构递交初步招股说明书上，要列出价格发行区间。第三次是在 IPO 申请获批之后，在正式公开发售的前一天，确定最终的发行价格。

三、上市交易的第一天——IPO 抑价之谜

IPO 的第一个交易日往往是令人激动甚至是疯狂的。一些股票在初次公开

交易当日有显著的回报；一些股票开始上涨，随后跌回，回报甚微；还有一些股票则以亏损收盘。

专栏11-2　　　　　上市交易第一天

百度震惊美国股市

北京时间2005年8月5日晚11点40分，百度在美国纳斯达克股票市场正式挂牌上市，股票发行价为27美元，上市时即以66美元跳空开盘，在首日的交易中股价最高时曾达到151.21美元，收盘于122.54美元，上涨了354%，成为中国在纳斯达克上市公司中市值最大，也是唯一股价超过100美元的公司。

百度此次首次公开招股，纳斯达克交易代号为"BIDU"，在首日的交易中的涨幅为美国股市5年来新上市公司首日涨幅之最，成为美国有史以来上市当天收益最多的10只股票之一，百度藉此成为在美上市的国外企业中收益最好者，创造了在美国上市的中国公司最为辉煌的股市纪录。

交通银行首日股价上升13%

北京时间2005年6月23日，中国第五大商业银行——交通银行股份有限公司登陆香港股市，当日股价最高时达到2.90港元，收市报于2.825港元，比每股招股价2.5港元上升13%。首日总成交股数达18.19亿股，总成交额约51.39亿港元。

金融界首日交易跌破发行价

北京时间2004年10月15日晚10时30分，中国网络金融资讯公司——金融界（Nasdaq：JRJC）正式在美国纳斯达克挂牌交易，开盘价15.50美元，比13美元的发行价高出2.5美元，但开盘不久后即一路下跌，不久即跌破发行价。至北京时间10月16日早上4时，纳斯达克收盘，金融界报收于11.70美元，较发行价下跌了10%，成交量为9517264股。

中芯国际上市即暴跌

中国内地芯片代工的龙头老大——中芯国际集成电路公司，在纽约、香港股市的表现足以让投资者夜不能寐。

北京时间2004年3月17日，中芯（股票代码SMI）以17.5美元的挂牌价在美国纽约证券交易所上市。开盘后股价即单边下跌，最终以15.52美元收盘，接近当日最低价15.45美元，跌幅超过11%。

3月18日，中芯（股票代码0981.HK）在香港上市，开盘价为2.425港元，报收于2.475港元，比招股价2.72港元跌9%。成交股数9.66亿股，成交金额24.16亿港元。

资料来源：雅虎财经（http://cn.finance.yahoo.com/）。

上面的例子表明，一些股票在初次公开交易当日有显著的回报，比如百度上涨了354%；一些股票开始上涨，随后跌回，比如金融界；还有一些股票以亏损收盘，如中芯国际。IPO在第一个交易日的表现引起了人们的极大兴趣。

表11.1列示了一些学者总结的IPO的第一个交易日股价的表现。表中收益率是按发行价格 P_0，和第一天、第一周或第一个月末的收盘价格 P_1 计算出来的初始收益率 $(P_1-P_0)/P_0$。

表 11.1　　　　　　　　首次公开发行定价的研究总结

研究者	初期收益率(%)	收益期间	研究时期	样本容量
McDonald, Fisher, 1972	29	每周	1960~1970年	142
Logue, 1973	42	每月	1965~1969年	250
Reilly, 1973	10	每周	1966年	62
Neuberger, Hammond, 1974	17	每周	1965~1969年	816
Ibbotson, 1975	11	每月	1960~1971年	128
Ibbotson, Jaffe, 1975	17	每周	1960~1970年	2650
Reilly, 1978	11	每周	1972~1975年	486
Block, Stanley, 1977	6	每周	1974~1978年	102
Neuberger, LaChapelle, 1983	28	每周	1975~1980年	118
Ritter, 1984	19	每天	1960~1982年	5162
Miller, Reilly, 1987	10	每天	1982~1983年	510
Ibotson, Sindelar, Ritter, 1988	15	每天	1960~1992年	10626
Ritter, 1987, 包销的样本	15	每天	1977~1982年	664
Ritter, 1987, 代销的样本	48	每天	1977~1982年	364

资料来源：国际金融公司《新兴市场年鉴》。

表11.1所列示的研究结果普遍表现出在IPO公开交易的第一天，收盘价格远远高于发行价格，即存在着超额回报的现象。这种现象被称为首次公开发行抑价（initial public offerings underpricing，简称IPO抑价），各国证券市场（包括新兴市场和发达市场）普遍存在这种现象。

IPO抑价现象引起了人们的广泛关注。股价偏低增加了上市公司的成本，并有可能阻碍一些企业上市，然而对投资者来说，却似乎是"免费的午餐"。

"天下没有免费的午餐"，获得免费的午餐肯定要付出隐性的成本，要获得这些新股也不例外。想当然地认为开一个账户就能获得这些股票是不现实的，事实上，这些股票只卖给机构投资者和优先零售客户。为什么只卖给优先客户？因为这些客户过去和未来通过投资银行的经纪业务为投资银行曾经带来了并将会带来大量的佣金收入。他们的存在在很大程度上保障了股票能发行出去，从而降低了投资银行在发行方面的风险。同时，他们还在股票首次发行询价方面为投资银行提供了大量的信息。大多数能够获得这种购买权的机构投资者实际上已经为这种购买权付过费了，并会继续为投资银行带来利润。

那么，到底是什么原因导致发行价格这么低呢？人们从各个角度尝试对这一问题做出合理的解释。

一种解释是从承销商的动机出发，认为折价能降低承销商的发行风险。承销商为了避免股票上市交易后价格表现不佳而遭到投资者的起诉，总是尽量把初始发行价格定得低一些。

一种称为"胜利者的诅咒"的观点认为，由于投资者之间存在着信息不对称，处于信息优势的投资者在股票的申购中由于能够辨别"好股票"和"坏股票"而获利，相反，处于信息劣势的投资者则总是亏损。其结果是处于信息劣势的投资者逐渐退出IPO市场，从而使IPO的风险加大。为了增加股价对投资者的吸引力，投资银行就会给新股制定一个较低的价格，以吸引处于信息劣势的投资者购买。

"市场反馈"假说认为，在实行询价制度下，投资银行需要通过发行折价的方式来诱使机构投资者报出真实价格，因为这些机构投资者的真实报价可以帮助投资银行比较准确地确定发行价格。但要使这些机构投资者报出真实价格是有代价的，投资银行至少要保证这些投资者报出真实价格要比虚报价格更合算，因此，招股说明书中的价格一定比真实价格要低，以此来激励投资者提供真实的报价。

"马车效应"假说（the handwagon hypothesis）则从投资者心理学的角度做出解释。投资者进行投资时往往并不仅仅根据自己所掌握的信息，而是经常受到其他投资者的行为所影响。如果这种心理在市场上占主导地位，那么就会增加IPO的风险。避免无人购买的最有效的方法就是折价发行。折价后就可以吸引到第一批投资者，而且由于第一批投资者的示范效应，就会引来大量投资者的加入。

还有一种解释从信号的角度出发，认为公司上市的一个重要目的是为随后更大规模的融资铺平道路。公司在 IPO 时的折价是为了给投资者一个良好的印象，使投资者认为购买该公司发行的新股有利可图，这样在随后的增发新股时就可以制定比较高的价格，而且增发的难度也会大大降低，这是一种从动态博弈的角度对 IPO 折价的解释。

四、首次公开发行股票的长期价格表现

IPO 的第一个交易日是令人兴奋的，股票在这一天的回报率非常高，但随后的 3 到 5 年不免有些令人失望，它的长期回报往往低于市场平均水平。

Ritter（1991）、Loughran、Ritter 和 Rydgvis（1994）、Aggarwal 和 Rivoli（1990）写了一系列文章，指出投资于首次公开发行股票的长期收益率低得令人吃惊。他们发现，持有首次公开发行股票投资组合的股东收益在公司上市后 5 年内的年收益率仅为 3% ~ 5%，远远低于其他的基准收益率。投资于公开发行股票 5 年后的终值仅为投资于所有 NYSE 和 AMEX 上市的股票，或投资于 S&P500 所获终值的 70% ~ 80%。其他国家，如英国、德国、芬兰、巴西的情况也一样。

Miller（1987）认为市场上的投资者分为乐观和悲观两种，在 IPO 股票价值不确定的情况下，乐观投资者的看法在市场上处于主导地位，随着信息的披露，二者的评价趋于一致。这时市场对股票总的评价呈现下降趋势，从而股价下降。Shiller（1990）根据对投资者的调查，认为 IPO 股票价格的长期下降趋势来自上市时投资银行对上市公司的包装。

Ritter（2003）研究了 1970 ~ 2000 年 IPO 股票发行上市五年后，这些股票的平均回报（排除首日初始回报后）。他发现，与具有相同规模的公司相比，IPO 股票的平均回报低于配比公司 3.8%；与具有类似市值和账面/市值比的公司相比，IPO 股票的平均回报低于相应配比公司 2.2%。他的研究成果如表 11.2 所示。

表 11.2　　1970 ~ 2000 年 IPO 股票发行上市五年的平均回报

	前 6 个月	第二个 6 个月	第一年	第二年	第三年	第四年	第五年	1 ~ 5 年几何平均年回报
IPO 公司	7.0%	−0.1%	7.0%	7.0%	10.4%	14.0%	12.6%	10.2%
规模匹配	4.7%	5.6%	10.4%	14.5%	15.1%	16.5%	13.4%	14.0%
差异	2.3%	−5.7%	−3.4%	−7.5%	−4.7%	−2.5%	−0.8%	−3.8%
公司数	7042	7023	7042	6839	5964	5175	4358	7437

续表

	前6个月	第二个6个月	第一年	第二年	第三年	第四年	第五年	1～5年几何平均年回报
IPO公司	7.4%	0.3%	7.8%	9.7%	11.3%	13.3%	10.6%	10.5%
风格匹配	2.5%	4.5%	7.9%	12.6%	14.4%	17.8%	11.2%	12.7%
差异	4.9%	-4.2%	-0.1%	-2.9%	-3.1%	-4.5%	-0.6%	-2.2%
公司数	6719	6702	6719	6371	5543	4772	3993	6834

注：风格匹配是指具有类似的市值（market cap）和账面/市值比。

表11.2可以更直观地用图11.1表示。

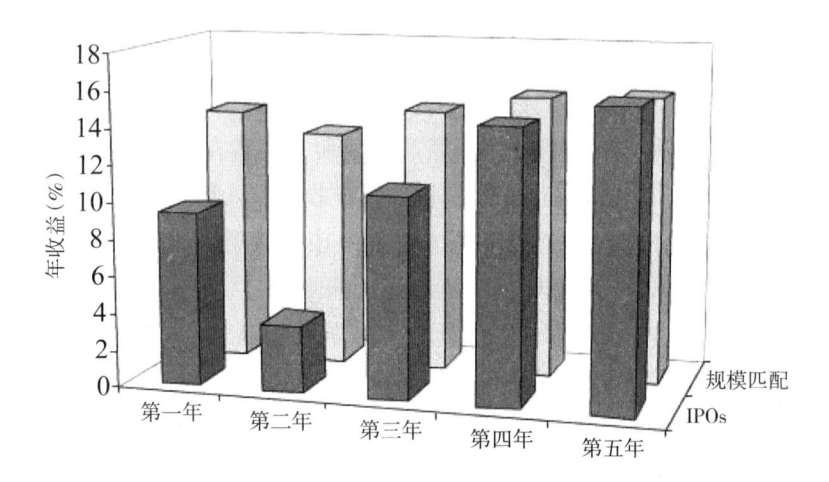

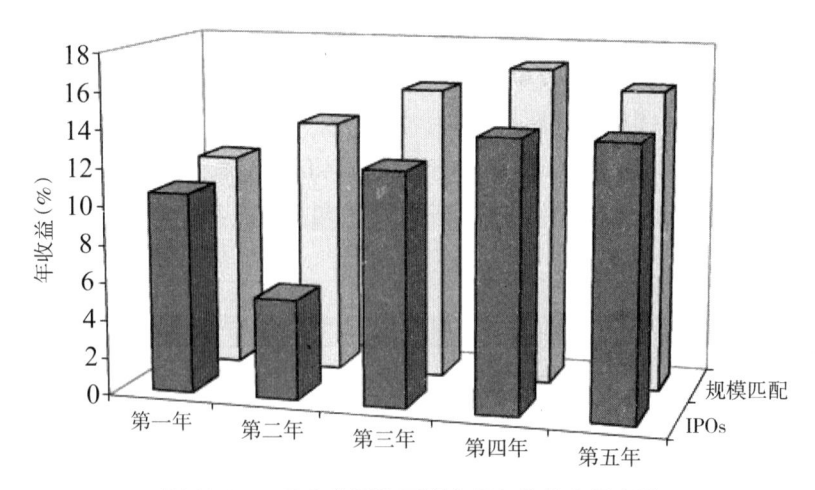

图11.1　IPO公司和匹配公司年收益率示意图

资料来源：Handbook of the Economics of Finance, Chapter5, Investment Banking and Securities Issuance by Jay R.Ritter。

第三节 上市公司发行新股

已经公开发行股票的上市公司发行新的股票，称为发行新股（seasoned equity offering，SEO），又叫后续发行（follow-on offering），这与我们在上一节介绍的首次公开发行股票（IPO）不同。

我们知道，上市公司发行新股有很多原因，最流行的说法是上市公司面临着需要大额支出的净现值大于零的投资项目，如果要保持比较理想的资本结构，在留存收益不足的情况下，发行新股有利于增加股东的财富。

上市公司 SEO 成功的可能性在很大程度上取决于公司当前投资项目的盈利能力：如果公司面临着大量的净现值大于零的投资机会，但当前的投资并不盈利，则它发行新股会很困难；如果不仅有大量的好的投资机会，而且目前投资也能获得较高的利润，它成功发行新股应该不会有什么问题；如果公司缺乏投资机会且目前的投资项目能较多的收益，则它没有必要发行新股。

上市公司发行新股需要得到董事会和股东大会的批准，毕竟发行新股有以下两个方面的重要影响：①一般来说，发行新股增加了公司的股东，从而改变了公司的股权结构，可能造成对现有股东权益的稀释，在一定程度上损害现有股东的利益；②发行新股通常改变了公司的资本结构，这未必是有利的。

上市公司发行新股有四种方式：私募；股票期权、员工持股计划（ESOPs）和股利再投资计划（DRIPs）；配股；向社会公开发行新股（增发）。

我国上市公司发行新股是指上市公司向社会公开发行新股，包括向原股东配售股票（简称配股）和向全体社会公众公开发行股票（简称增发），也就是说仅仅包括后两种方式。

一、私募

私募（private placement），简单来说就是私下销售，是指向一个或几个投资者（一般为机构投资者）出售证券，私募的最大好处是避免了公开发行所需要的繁琐程序，但其缺陷在于证券不易再转让出去。债券私募构成了私募的主体部分，但股票同样可以进行私募，包括 SEO。

Wruck（1989）选取 1979 年 1 月至 1985 年 12 月之间在纽交所和美交所上市公司的 128 次私募进行研究，其中普通股私募 101 次，优先股私募 27 次。他发现，规模相对较小的公司进行私募往往有比较大的折价，然而股票市场通常对私募反应良好，股价平均上涨 4.5%。

Hertel 和 Smith（1993）发现了类似的现象，他们指出：股市的正向反映可能意味着信息不对称问题的缓解和预期的股权结构变化。从信息角度看，股市的反应可能意味着市场对现有投资项目和投资机会的认可；从股权结构看，股市的反应可能意味着预期公司管理水平的提高。

二、股票期权、员工持股计划（ESOPs）和股利再投资计划（DRIPs）

除私募外，上市公司还可以通过股票期权、员工持股计划（ESOPs）和股利再投资计划（DRIPs）发行新股。上市公司既可以发行新的股票，也可以重新发行以前回购的库藏股。我们对这三种特殊发行方式的主要作用做一简单介绍。

股票期权，作为管理层薪酬的一部分，有助于减少委托—代理问题，从而在一定程度上有助于股东财富的增加。

1974 年，美国国会通过立法，ESOPs 作为员工退休计划的一部分。ESOPs 使普通员工能以低于市场交易价格的价格购买本公司的股票，也构成了员工薪酬的一个组成部分。大量的文献研究上市公司施行 ESOPs 的动机，总结起来共有三个：①和股票期权类似，为了提高员工工作的主动性，使员工利益和公司利益保持一致；② ESOPs 具有其他养老金计划不具有的税收优惠；③ ESOPs 能够降低公司被收购兼并的风险。

DRIPs，就是股东自动把股利再投资于支付股利的公司的股票。自 20 世纪 70 年代以来，美国大多数大公司都实行 DRIPs，虽然股东参与率差异很大，但一般会有 25% 的股东参与。

有两种类型的 DRIPs：一种是只涉及已流通"老股票"的 DRIPs；另一种是涉及新发行股票的 DRIPs。在两种形式的 DRIPs 中，股东要在继续接受现金股利和让公司用红利再购买更多的本公司股票之间做出选择。

在只涉及已流通"老股票"形式的 DRIPs 中，如果股东选择再投资，银行作为受托人在公开交易市场买进公司的股票，并按比例划入参与股东的账户。由于是成批的买入，交易佣金非常低廉。

在涉及"新股票"形式的 DRIPs 中，再投资的股利资金被用于购买新发行的本公司股票，从而为公司筹集了新的资金。事实上，许多公司通常提供低于市场交易价格3%~5%的折扣，一些公司甚至达到5%~10%，公司也省去了通过投资银行发行新股的费用。AT&T等公司都曾经通过这种形式为公司募集了大量的权益资本。

三、配股

我们在本章第一节讨论过，普通股股东通常具有优先认购权（preemptive right），其主要目的是为了保护股东价值不被稀释。

在美国，优先认股权可以包含在公司章程中，也可以不包含在公司章程中，这在公司设立时决定，但随后可以通过股东大会改变。

我国《公司法》未对优先认购权作出明确的规定，只在第134条针对股份有限公司作出如下规定[①]："公司发行新股，股东大会应当对下列事项作出决议：①新股种类及数额；②新股发行价格；③新股发行的起止日期；④向原有股东发行新股的种类及数额。"

如果在公司章程中规定了优先认股权，那么公司就必须向现有股东销售新发行的普通股股票；如果公司章程中没有规定优先认股权，那么公司就可以选择向现有股东销售股票或直接向公众发行股票。

如果向现有股东销售股票，那么这种新股发行就称为配售（rights offering），股东拥有的购买一定数量股票的权利就称为购股权（stock purchase right）。股东可以行使购股权购买新发行的股票，也可以把购股权出售给他人。

配股发行的过程与IPO的过程有些差异。现有股东被通知他们所拥有的每股股票被赋予了一定的配股权，当股东付款认购后，配股权就执行了。

下面考虑公司在拟定优先购股权条款时会面临什么问题。

若S公司计划募集1000万美元的权益资本，并决定以每股80美元的价格向现有股东配售。此时，需要考虑以下三个问题：

①购买一股新发行的股票需要多少个认购权？
②每个认股权的价值是多少？
③配售对现有股票价格会产生什么影响？

表11.3是公司配股前的（部分）会计报表。

[①] 在《公司法》"有限责任公司的股权转让"中规定："经股东同意转让的股权，在同等条件下，其他股东有优先购买权。"

表 11.3　　　　　　　S 公司配股前（部分）会计报表　　　　　　　单位：元

（部分）资产负债表

		总负债	50000000
		普通股	10000000
		留存收益	40000000
资产总计	100000000	负债和所有者权益	100000000

（部分）利润表

EBIT（息税前收益）	16940299
债务利息	5000000
税前利润	11940299
所得税（税率33%）	3940299
税后利润	8000000
每股收益（1000000股）	8
股票的市场价格（市盈率12.5）	100

下面我们来分析这些问题。

首先，确定购买一股新股所需要的购股权。

S 公司计划筹资 1000 万元，并以每股 80 元的价格配股发行股票。因而，

$$\text{拟发行新股数量} = \frac{\text{需募集资金数量}}{\text{认购价格}} = \frac{10000000}{80} = 125000（股）$$

市场上已流通股票为 100 万股，所以，

$$\text{购买一股所需要的购股权} = \frac{\text{原有股数}}{\text{新股数}} = \frac{1000000}{125000} = 8（个购股权）$$

即：现有股东需要花费 80 元和 8 个购股权来购买一股新发行的股票。

必须清楚，购买一股所需要的配股权数量是与认股价格、新股的数量联系在一起的。表 11.4 提供了几种可供选择的配股方案。

表 11.4　　　　　　　S 公司可供选择的三种配股方案

认股价格（元）	配售新股数量	买入一股所需要的认股权
90	111111	9
80	125000	8
70	142857	7

第二，购股权的价值。

只需 80 元就能购买到目前市场价格为 100 元的股票，这显然是有利可图的事，因此，购股权是有价值的。

为了分析问题的方便，假设配股引起的市值变动恰好等于筹集的资金额，即配售使公司普通股的总市值恰好增加了 1000 万元[①]。则配股后每股普通股的市场价值为：

$$\text{普通股的市场价值} = \frac{100000000+10000000}{1000000+125000} = 97.78 \text{（元）}$$

由于用 80 元就可以购买到价值为 97.78 元的股票，节省了 17.78 元，因此一个认股权的价值为 2.22 元（17.78/8）。

第三，配股对现有股票价格的影响。

配股期间股票的交易价格涉及到除权日。股价在除权日前后发生变化，除权日之前股价中包含认股权的价值，在除权日后不包含认股权的价值。从理论上说，其变化额正好为购股权的价值。根据这种关系可建立如下关系式：

$$\text{一个认股权的市场价值} = \frac{\text{除权后股票市价} - \text{认股价格}}{\text{购买一股普通股所需认股权数}} \quad (11-1)$$

定义：R 为一个购股权的价值，M_1 为股票除权后的市场价格，S 为购股价格，N 为购买一股普通股所需要的认股权数。则可将（11-1）式写成如下计算公式：

$$R = \frac{M_1 - S}{N} \quad (11-2)$$

因为除权前股票的市场价值等于除权后的市场价值加上认股权价值，即：

$$M_1 = M_0 - R$$

所以式（11-2）可以用除权前股价来表示，有：

$$R = \frac{M_0 - R - S}{N}$$

整理上式，得到：

$$R = \frac{M_0 - S}{N + 1} \quad (11-3)$$

将上例数据代入式（11-3），计算得到 S 公司认股权的价值为：

$$R = \frac{100 - 80}{8 + 1} = 2.22 \text{（元）}$$

在美国，股票除权（ex rights）的准确时间是登记日之前的第三个交易日收盘时刻，因此，除权日是登记日之前的第二天。表 11.5 清楚地说明了这个问题。

---

① 事实上，如果扩股所筹资金用于投资 $NPV > 0$ 的项目，那么增加的市值会超过 1000 万元；如果市场对此次配售反应不好，那么增加的市值会小于 1000 万元。

表 11.5　　　　　　　S 公司配股的几个重要日期

	日期	价格（美元）
带权	2006 年 1 月 25 日	100.00
	1 月 26 日	100.00
除权日	1 月 27 日（星期五）	97.78
	1 月 28 日	停盘
	1 月 29 日	停盘
	1 月 30 日（星期一）	97.78
登记日	1 月 31 日（星期二）	97.78

注意：在我国，除权日是股权登记日后的第一个交易日。

假设股东王先生配股发行之前恰好有 8 股 S 公司的股票，那么他拥有的股票价值为 800 元。如果王先生行使购股权，以 80 元的价格购入了 1 股股票，那么他的总投资为 880 元。配售结束后，股票的市场价格为 97.78 元，王先生此时拥有 9 股 S 公司的股票，总价值约为 880 元（97.78 元 ×9）。如果王先生不行使购股权，而是以每个购股权 2.22 元的价格卖掉 8 个购股权，那么他获得 17.76 元（2.22 元 ×8）的现金收入。他所持有的 8 股 S 公司的股票在配股结束后的价值为 782.24 元（97.78 元 ×8），他的投资组合的总价值为：

股票 =97.78 元 ×8=782.24 元

现金 =2.22 元 ×8=17.76 元

总计 =880 元

无论是否行使购股权王先生的财富都没有受到影响。

如果目前未持有 S 公司股票的投资者李女士想认购 S 公司配股发行的股票，她可以从王先生那里购买 8 个购股权，共支出 17.76 元，然后以 80 元的价格购入 1 股 S 公司的股票，总支出是 97.76 元，这与 S 公司配股发行结束后，在公开市场购买 1 股股票需要支付 97.78 元基本相等。李女士的财富也没有发生变化。在一个有效资本市场上，无论是通过配股发行购买还是公开市场购买，结果都是无差异的。

四、向社会公开发行新股（增发）

如前所述，上市公司增发股票往往意味着利空消息，股价相应下跌。

对这一现象有很多解释。Miller 和 Rock（1985）认为，上市公司宣布增发可能意味着公司要用募集来的资金弥补未来可能的现金流短缺，因而股价会受到不利的影响。还有一种解释是 Myers 和 Majlus（1984）提出的投资者和管理层之间的信息不对称理论。他们指出，具有信息优势的管理层只有在股价偏高时才增发股票。詹森（Jensen，1986）从代理问题角度出发，也解释了这一现象，他指出管理层存在着增发融资建立自己企业帝国的冲动，市场意识到这一点，从而出现股价下跌。经验研究发现：新股增发前后一段时期，股票收益有很大不同。Asquith 和 Mulins（1986）、Korajczyk、Lucas 和 McDonald（1992）发现公司增发前 1 到 2 年股票价格通常有较大上涨。Loughran 和 Ritter（1995）、Spiess 和 Affleck – Graves（1995）、Teoh、Welch 和 Wong（1998）以及 Jegadeesh（2000）都发现增发后 1 到 5 年股价表现较差。

Ogden、Jen 和 O'Connor（2003）取 1980～1999 年美国非金融、非公用事业类上市公司的 3205 次增发为样本进行研究，分别计算了（a）增发前 1 年至增发后 1 年，增发公司的股票平均累积收益；（b）同期纽交所、美交所和纳斯达克指数的加权平均累积收益；（c）两者之差。其研究结果如下图 11.2 所示。

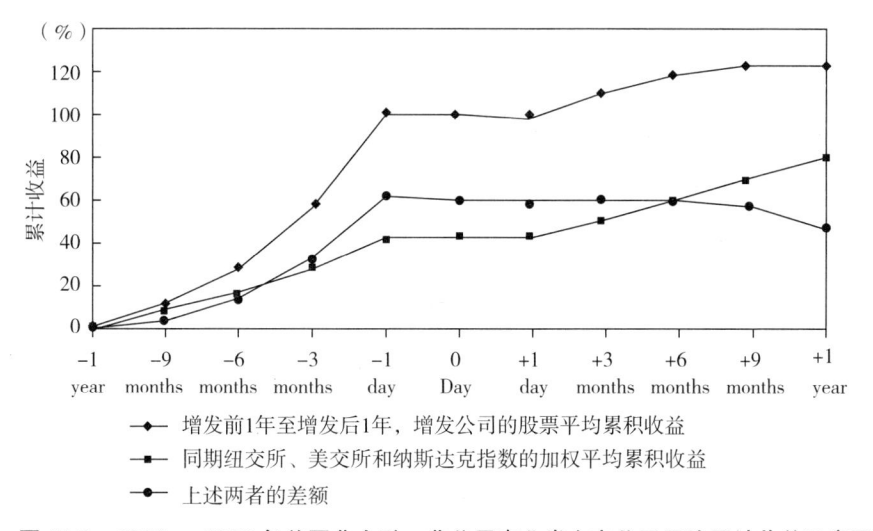

图 11.2　1980～1999 年美国非金融、非公用事业类上市公司平均累计收益示意图

资料来源：Ogden、Jen and O'Connor（2003）Advanced Corporate Finance: Policies and Strategies。

如图所示，增发前 1 年到增发时的股票累计平均收益为 100%，同期指数加权平均值为 40%；然而，增发后股票表现明显不如指数。从增发的第二天起，平均累积收益为 11.2%，而同期指数则为 24.7%。

对于这种现象，大量研究得出的结论是：上市公司为了使股票增发能以一个比较好的价格进行，往往在增发前操纵公司利润。要证明这个结论，必须说明两点：第一，公司管理层确实在增发前操纵利润；第二，市场确实被这种操纵愚弄了。

Teoh、Welch 和 Wong（1998）针对增发前高收益、增发后低收益的公司，分析了这类公司的收益构成并找到了他们操纵利润的证据，也就是说，这些公司确实在增发前调高利润、增发后调低利润。他们还发现操纵利润和增发后股票的表现有很强的负相关关系（Loughran 和 Ritter（1997）发现增发时的高收益并不能说明市场能够预期到此后收益下降，这再次说明投资者确实被愚弄了。Brous（1992）发现一旦有增发信息，股票分析师倾向于调低该增发公司的收益预期，调低的程度与增发前的高收益相关。把这些结论综合在一起，意味着市场知道增发会带来股价后续的不良反应，但市场并没有充分反映这些信息。

第四节　我国 A 股股票首次公开发行

首次申请在我国国内 A 股市场公开发行股票的公司必须符合《中华人民共和国公司法》[①]《中华人民共和国证券法》[②]《关于进一步规范股票首次发行上市有关工作的通知》《首次公开发行股票并上市管理办法》等相关法律、法规和规范性文件的要求。

一、首次公开发行公司申请公开发行股票的条件

首次公开发行股票包括主板首次公开发行和创业板首次公开发行。

1. 主板首次公开发行股票的条件

首次公开发行的发行人应当是依法设立并合法存续的股份有限公司；持续

[①] 《中华人民共和国公司法》于 1993 年 12 月 29 日经第八届全国人民代表大会常务委员会第五次会议通过，1999 年进行了第一次修正，2004 年进行第二次修正，2013 年进行了第三次修正，目前施行的是 2014 年 3 月 1 日期实施的第三次修正后的《中华人民共和国公司法》。

[②] 《中华人民共和国证券法》于 1998 年 12 月 29 日经第九届全国人民代表大会常务委员会第六次会议通过。2004 年进行了第一次修正，2013 年进行了第二次修正，2014 年进行了第三次修正。目前施行的是 2014 年第三次修正后的《中华人民共和国公司法》。

经营时间应当在 3 年以上；注册资本已足额缴纳；生产经营合法；最近 3 年内主营业务、高级管理人员、实际控制人没有重大变化；股权清晰；发行人应规范运行。此外，发行人的财务指标应满足以下要求：

①最近 3 个会计年度净利润均为正数且累计超过人民币 3000 万元，净利润以扣除非经营性损益前后较低者为计算依据。

②最近 3 个会计年度经营活动产生的现金流量净额累计超过人民币 5000 万元；或者最近 3 个会计年度营业收入累计超过人民币 3 亿元。

③发行前股本总额不少于人民币 3000 万元。

④最近一期末无形资产（扣除土地使用权、水面养殖权和采矿权等后）占净资产的比例不高于 20%。

⑤最近一期末不存在未弥补亏损。

2. 创业板首次公开发行股票的条件

首次公开发行的发行人应当是依法设立并合法存续的股份有限公司；持续经营时间在 3 年以上；注册资本已足额缴纳；发行人应当主要经营一种业务；最近 2 年内主营业务、高级管理人员、实际控制人没有重大变化；股权清晰；发行人应规范运行。此外，发行人的财务指标应满足以下要求：

①最近 2 年连续盈利，最近两年净利润累计不少于 1000 万元；或者最近一年盈利，最近一年营业收入不少于 5000 万元。净利润以扣除非经常损益前后孰低者为计算依据。

②最近一期末净资产不少于 2000 万元，且不存在未弥补亏损。

③发行股本总额不少于 3000 万元。

二、首次公开发行股票的一般程序

2001 年 10 月 16 日，中国证监会发布了《首次公开发行股票辅导办法的通知》（自颁布之日起施行），要求拟在中华人民共和国境内首次公开发行股票的股份有限公司，在提出首次公开发行股票申请前，应按规定聘请辅导机构进行辅导。但中国证监会另有规定的除外。辅导工作的总体目标是促进辅导对象建立良好的公司治理；形成独立运营和持续发展的能力；督促公司的董事、监事、高级管理人员全面理解发行上市有关法律法规、证券市场规范运作和信息披露的要求；树立进入证券市场的诚信意识、法制意识；具备进入证券市场的基本条件。有下列情形之一的，中国证监会可认定辅导工作不合格：①发行人存在重大法律障碍或风险隐患而未在"辅导工作总结报告"中指明的；②"辅导工作总结报告"存在虚假记载、误导性陈述或重大遗漏的；③中国证监会认定的其他情况。中国证监会对辅导工作认定不合格的，可不受理辅导对象的申请；受理辅导对象的申请文件后发现辅导不合格的，可中止或终止审核。

股票发行准备阶段的主要工作是准备首次公开发行文件，主要是招股说明书等。发行申请人按照中国证监会的《公开发行证券的公司信息披露内容与格式准则》制作申请文件，由主承销商推荐，并向中国证监会申报，中国证监会发行审核委员会依照法定条件审核股票发行申请，以投票方式对股票发行申请进行表决，提出审核意见。审核通过的，核准发行股票。

三、我国股票发行上市保荐制度

2003年10月中国证监会通过《证券发行上市保荐制度暂行办法》，自2004年2月1日起，股份有限公司首次公开发行股票和上市公司发行新股、可转换公司债券采用发行上市保荐制度。

保荐制度是指由保荐人（券商）对发行人首次公开发行股票前对发行人发行股票进行推荐和辅导，并核实发行人公司发行文件中所载资料是否真实、准确、完整，协助发行人建立严格的信息披露制度，承担风险防范责任，并在公司上市后的规定时间内继续协助发行人建立规范的法人治理结构，督促公司遵守上市规定，完成招股计划书中的承诺，同时对上市公司的信息披露负有连带责任。需要指出的是保荐制度与承销制度是不同的两个概念。承销制度是指证券公司依照协议包销或者代销发行人向社会公开发行的股票的行为，股票承销期不能少于10日，不能超过90日。

我国股票发行的保荐制度是股票发行制度演变的阶段性结果。

1993年，证券市场建立了全国统一的股票发行审核制度，并先后经历了行政主导的审批制度和市场化方向的核准制两个阶段。具体而言，审批制包括"额度管理"和"指标管理"两个阶段，而核准制包括"通道制"和"保荐制"两个阶段。

（1）审批制之前的发行监管制度（1990~1993年）

在沪深证券交易所成立以后的近3年里，股票发行基本没有监管制度。上市的都是沪深当地的股份公司，上市公司的选择权也由当地政府及主管部门行使，两地均有各自的对上市公司的选择标准。自1992年底国务院证券委和中国证监会成立之后，证券市场的管理格局和管理方式才开始发生变化。

（2）"额度管理"阶段（1993~1995年）

1993年4月25日，国务院颁布了《股票发行与交易管理暂行条例》，这是我国证券市场的首部条例，标志着审批制的正式确立。在1993年及随后的5年里，我国的证券发行实行了严格的审批制，在没有证券法的中国证券市场，《中华人民共和国公司法》成为证券市场监管体系的重要法律依据。在这个阶段，国家制定当年股票发行总规模（发行额度），按照行政分配给各个部门和省市，证监会对符合条件的预选企业进行实质性的审查，并对发行人发行股票的规模、价格、发行方式、时间等做出安排。

（3）"指标管理"阶段（1996~2000年）

为了破除"额度管理"中所出现的弊端，1996年开始推行"总量控制、集中掌握、限报家数"的指标管理办法。由国家计委、国务院证券委员会共同制定股票发行总规模，中国证监会在规定的规模内向各省级政府下达股票发行家数指标。省级政府在指标内推荐预选企业，证券监管部门进行审核。

（4）"通道制"阶段（2001~2004年）

1999年7月1日，《中华人民共和国证券法》正式实施，确定了核准制的法律地位。对此，中国证监会又陆续制定了一系列配套的实施细则，构建了股票发行核准制的基本框架。2001年3月17日，中国证监会宣布取消股票发行审批制，正式实施股票发行核准制下的"通道制"。"通道制"改变了由行政机制遴选和推荐发行人的做法，使主承销商在一定程度上承担起股票发行的风险，同时也使其获得了遴选和推荐发行人的权力。

（5）"保荐制"阶段（2004年至今）

与审批制相比，核准制下的证券公司职责发生了实质性的变化，这在客观上要求证券公司具备筛选企业的水准和严格的内控制度。为了适应核准制的这些变化，落实证券公司及其从业人员的责任，参考境外市场做法，证监会于2003年底颁布《证券发行上市保荐制度暂行办法》，正式推出了保荐制，标志着核准制进入一个比较完善的阶段。

保荐制度起源于英国，全称是保荐代表人制度。保荐制的重点是明确保荐机构和保荐代表人的责任并建立责任追究机制。与"通道制"相比，保荐制增加了由保荐人承担发行上市过程中连带责任的内容。保荐人的保荐责任期限包括发行上市全过程，以及上市后的一段时间。

保荐机构在推荐发行人首次公开发行股票前，应当按照《证券发行上市保荐业务管理办法》向中国证监会申请保荐机构资格。保荐机构履行保荐职责，应当指定按照《证券发行上市保荐业务管理办法》规定取得保荐代表人资格的个人具体负责保荐工作。未经证监会核准，任何机构和个人不得从事保荐业务。中国证监会依法对保荐机构及其保荐代表人进行监督管理。中国证券业协会则对保荐机构及保荐代表人进行自律管理。

保荐机构及保荐代表人应履行的职责包括：保荐机构应当尽职推荐发行人股票发行上市，发行人股票上市后，保荐机构应督导发行人履行规范运作、信守承诺、信息披露等义务；保荐机构推荐发行人发行上市，应遵循诚实守信、勤勉尽责的原则，充分了解发行人的经营状况及其面临的风险；保荐机构在推荐发行人首次公开发行股票并上市前应对发行人进行辅导，对公司高管进行系统的法规知识、证券市场知识等相关培训，辅导工作完成后应由发行人所在地的中国证监会派出机构进行辅导验收；保荐机构应当与发行人签订保荐协议，明确双方的权利和义务，并在 5 个工作日内报发行人所在地的证监会派出机构备案；对发行人的申请文件、发行募集文件中有证券服务机构及其签字人员出具专业意见的内容，保荐机构应结合尽职调查获得的信息做出判断，一旦发生意见分歧，应获得充分证据，以确信所做的判断的正确性；保荐机构应当向中国证监会提交发行保荐书、保荐代表人专项授权书等以及证监会要求的其他与保荐业务相关的文件，并在保荐书中做出承诺；首次公开发行股票并在主板上市的，持续督导的期间为股票上市当年剩余时间及其后 2 个完整会计年度；首次公开发行股票并在创业板上市的，持续督导期间为上市当年剩余时间及其后 3 个完整会计年度等等。

此外，保荐机构还必须建立健全保荐工作的相关制度体系。

四、我国首次公开发行股票询价制度

2004 年 12 月 7 日，中国证监会发出《关于首次公开发行股票试行询价制度若干问题的通知》，要求从 2005 年 1 月 1 日开始，首次公开发行股票的公司及其保荐机构应通过向询价对象询价的方式确定股票发行价格。至此，我国首次公开发行股票经历了从固定价格发售（1990~1998 年）、上网竞价发行（1994~1995 年）、询价方式确定发行价格（1999 年）、上网竞价发行（2001 年）、网上累计投标发行（2001 年）至询价制（2004 年至今）的历程。

固定价格发售指承销商事先根据一定的标准确定发行价格，之后再由投资者进行申购。1994～1995年的上网竞价发行采取的方式是：预先确定发行底价，投资者以不低于发行底价的价格申报，按照时间优先、价格优先的原则成交。1999年的询价方式发行指发行人和主承销商确定发行价格区间，并将股票发行量分为向法人配售部分和上网发行部分，通过向法人投资者进行路演、询价、预约配售，确定股票发行价格和法人认购者。2001年的上网竞价发行方式是继1994年之后再次尝试上网竞价发行。网上累计投标发行定价方式指发行人和承销商预先确定价格区间，投资者在该区间内进行竞价投标，承销商根据超额认购的倍数来确定最终的发行价格。

2004年至今所采用的询价制核心在于，规定发行人及其保荐机构应采用机构投资者累计投标询价的方式确定发行价格。其与1999年实行的询价制的区别主要在于，现在的发行价格必须通过询价来实现，而1999年的发行价格既可以事先确定，也可以通过询价来实现。

目前采用的询价制要求发行人及其保荐机构应向不少于20家询价对象进行初步询价，并根据询价对象的报价结果确定发行价格区间及相应的市盈率区间。初步询价和报价均应以书面形式进行。公开发行股数在4亿股（含4亿股）以上的，参与初步询价的询价对象应不少于50家。发行价格区间确定后，发行人及其保荐机构应在发行价格区间内向询价对象进行累计投标询价，并应根据累计投标询价结果确定发行价格。

发行人及其保荐机构应向参与累计投标询价的询价对象配售股票：公开发行数量在4亿股以下的，配售数量应不超过本次发行总量的20%；公开发行数量在4亿股以上（含4亿股）的，配售数量应不超过本次发行总量的50%。经中国证监会同意，发行人及其保荐机构可以根据市场情况对上述比例进行调整。

累计投标询价完成后，发行价格以上的有效申购总量大于拟向询价对象配售的股份数量时，发行人及其保荐机构应对发行价格以上的全部有效申购进行同比例配售。配售比例为拟向询价对象配售的股份数量除以发行价格以上的有效申购总量。

五、股票上市交易条件

我国《证券法》规定，国家鼓励符合产业政策并符合上市条件的公司股票上市交易。申请股票上市交易，应当向证券交易所提出申请，由证券交易所依法审核同意，并由双方签订上市协议。股份有限公司申请股票上市，应当符合下列条件：

①股票经国务院证券监督管理机构核准已公开发行；

②公司股本总额不少于人民币 3000 万元；

③公开发行的股份达到公司股份总数的 25% 以上；公司股本总额超过人民币 4 亿元的，公开发行股份的比例为 10% 以上；

④公司最近三年无重大违法行为，财务会计报告无虚假记载。

证券交易所可以规定高于前款规定的上市条件，并报国务院证券监督管理机构批准。

六、股票交易暂停和终止的情形

根据《中华人民共和国证券法》，有表 11.6 中所列情形之一的，由证券交易所决定暂停、终止其股票上市交易。

表 11.6

暂停交易的情形	终止交易的情形
（1）公司股本总额、股权分布等发生变化，不再具备上市条件	（1）公司股本总额、股权分布等发生变化，不再具备上市条件，在证券交易所规定的期限内仍不能达到上市条件
（2）公司不按照规定公开其财务状况，或者对财务会计报告做虚假记载，可能误导投资者	（2）公司不按照规定公开其财务状况，或者对财务会计报告做虚假记载，且拒绝纠正
（3）公司最近三年连续亏损	（3）公司最近三年连续亏损，在其后 1 个年度内未能恢复盈利
（4）公司有重大违法行为	（4）公司解散或者被宣告破产
（5）证券交易所上市规则规定的其他情形	（5）证券交易所上市规则规定的其他情形

第五节 我国境内 B 股上市

一、我国 B 股市场概况

B 股是境内上市外资股的简称，又被称为人民币特种股，是以人民币标明面值，以外币认购和买卖的股票，它是在中国境内注册的股份公司发行的在境内证券交易所上市交易的股票，采用记名股票形式。

20世纪90年代初，为了吸引境外的外汇资金支援我国经济建设，同时在人民币不可自由兑换的情况下，能够防范外汇风险，我国筹建了B股市场。当时只允许境外投资者用外汇买卖B股股票。1992年2月21日，真空B股在上海证券交易所上市，揭开了我国B股市场的序幕。同年2月28日深南玻B股也在深圳证券交易所上市。自1993年12月起，二纺机等先后在美国进行了发行一级ADR的试点，这在一定程度上提高了B股市场的流通性。1993年6月，闽灿坤B股上市，成为深圳第一只异地上市B股；1994年12月，华新B股成为上海首家异地上市B股，由此B股市场开始由地方性市场向全国性市场发展。1997年9月，浙江东南电力公司在上证所上市了股本最大的B股，共6亿B股，并成功地发行了在伦敦上市的GDR。2001年2月19日，B股市场对境内居民开放，境内居民可以以外汇资金购买B股股票。

二、发行境内上市外资股的条件

根据相关规定，申请发行境内上市外资股应当符合以下条件：
①所筹资金用途符合国家产业政策；
②符合国家有关固定资产投资立项的规定；
③符合国家有关利用外资的规定；
④发起人认购的股本总额不少于公司拟发行股本总额的35%；
⑤发起人出资总额不少于1.5亿元人民币；
⑥拟向社会发行的股份达公司股份总数的25%以上；拟发行的股本总额超过4亿元人民币的，其拟向社会发行股份的比例达15%以上；
⑦改组设立公司的原有企业或者作为公司主要发起人的国有企业，在最近3年内没有重大违法行为；
⑧改组设立公司的原有企业或者作为公司主要发起人的国有企业，最近3年连续盈利；
⑨国务院证券委员会规定的其他条件。

三、申请增资发行境内上市外资股的条件

根据《关于股份公司境内上市外资股的规定》第九条的规定，已设立的股

份公司增加资本，申请发行境内上市外资股的，除应当符合第八条前三项的规定外，还应当符合下列条件：

①公司前一次发行的股份已经募足，所得资金的用途与募股时确定的用途相符，并且资金使用效益良好；

②公司净资产总值不低于 1.5 亿元人民币；

③公司从前一次发行股票到本次申请期间没有重大违法行为；

④公司最近 3 年连续盈利；原有企业改组或者国有企业作为主要发起人设立的公司，可以连续计算；

⑤国务院证券委员会规定的其他条件。

以发起方式设立的公司首次增加资本，申请发行境内上市外资股的，还应当符合《关于股份公司境内上市外资股的规定》第八条第（六）项的规定。

需要指出的是，近年来由于没有新的公司发行 B 股上市，也没有上市公司增发 B 股再融资，B 股市场正在逐渐边缘化，B 股市场的融资功能几乎丧失。截至目前，B 股市场共有上市公司仅 104 家。

第六节　我国企业境外上市

提起境外上市，我们并不陌生。中国联通、中石化、平安保险、分众传媒、百度……，很多的公司都选择了境外上市。目前股票市场全球化进程加速，境内企业境外上市的途径越来越多，中信泰富香港买壳上市，中远投资新加坡借壳上市，沈阳金杯纽约造壳上市，金蝶软件香港创业板上市，亚信纳斯达克上市，华能国际三地上市……

境外上市还有一个著名的例子：全球第二大瓶装公司可口可乐 - 阿马蒂尔（Coca-Cola Amtil）公司，在悉尼注册，而在美国的场外交易系统（OTC）交易。1989 年初，CCA 将其欧洲利益分出成立一个单独的公司，即可口可乐饮料公司（Coca-Cola Beverage），在伦敦股票交易所上市。

归纳起来，境外上市主要有两种模式：直接上市和间接上市。

一、境外直接上市

境外直接上市指直接以国内公司的名义向境外（包括香港地区）证券交易

主管部门申请发行的登记注册,并发行股票(或其他衍生金融工具),向当地证券交易所申请股票挂牌上市交易。我们通常所说的H股、N股、S股等,就是在境外上市的股票。H股,是指中国企业在香港联合交易所发行并上市的股票,取Hong Kong第一个字母"H"为名;N股,是指中国企业在纽约交易所发行并上市的股票,取New York第一个字母"N"为名;同样,S股是指中国企业在新加坡交易并上市的股票。

专栏11-3　红筹股

我们经常听到"红筹股"的说法。人们对红筹股的解释主要有以下两种:一种解释是,由于人们形容中国内地为红色的中国,因此把与中国内地联系的上市公司发行的股票称为红筹股。还有一种解释是,红筹股的概念来源于蓝筹股。由于美国人打牌下注时蓝色筹码最高,红色其次,白色最低,后来人们就把股市上最好的股票称为蓝筹股。人们把同中国内地联系的公司发行的股票称为红筹股,意思是这些股票比蓝筹股稍差,但比白筹股要好。

根据香港联合交易所的定义,红筹公司是在中国境外(包括香港地区)注册、35%以上的控股权由中国内地机构或内地机构辖下的上市或私营公司持有、在香港联合交易所上市的公司。红筹公司发行的股票称为红筹股。

红筹股最早出现在香港是在1984年。恒生中资企业指数就是反映这部分股价走势的。恒生综合指数成分股入选对象为200家注册在中国内地以外地区,但主要业务收入来自中国内地、在香港上市的公司的股票,因此也叫红筹股指数。入选红筹股指数的公司须符合至少30%的控股权直接或间接被中国内地的国企或政府控制的要求。

通常,境外上市都是采用IPO(首次公开募集)的方式进行的,程序较为复杂,因为需要经过境内、境外监管机构审批,聘请的中介机构也多,花费的时间较长,成本较高。

境外上市面临的主要问题是:国内法律与境外法律不同,对股票发行、交易的要求不同。境外监管机构对上市公司的监管和信息披露要求一般都比较高,××健康护理公司、××电子商务公司都遭遇在纳斯达克全国市场摘牌,网易也多次面临摘牌危机,2004年中国人寿则因信息披露问题在美国遭受诉讼。

境外上市的主要好处在于:①筹资额较大,如2006年中国银行在香港IPO共筹资97亿美元;②可以迅速打响国际知名度,为走向国际市场创造条件。

二、境外间接上市

由于直接上市程序繁复，成本高、时间长，所以许多企业，尤其是民营企业为了避开国内复杂的审批程序，以间接方式在境外上市。即国内企业境外注册公司，境外公司以收购、股权置换等方式取得国内资产的控股权，然后将境外公司拿到境外交易所上市。

间接上市主要有两种形式：买壳上市和造壳上市。其本质都是通过将国内资产注入壳公司的方式，达到以国内资产上市的目的。所谓壳就是指（拟）上市公司的上市资格，壳公司可以是已上市公司，也可以是拟上市公司。

间接上市的好处是成本较低，花费的时间较短，可以避开国内复杂的审批程序。但有三大问题要妥善处理：向中国证监会报材料备案，壳公司对国内资产的控股比例和选择上市时机。表11.7显示了近年来中资企业在香港买壳上市状况。

表11.7 2004年之前（包括2004年当年）中资企业在香港买壳上市一览表

股票代码	公司名称	主要股东	买壳后注入的资产
493	国美电器	Shining Crown Holdings Inc.	在中国的国美电器的零售网络
241	中信21世纪	中信集团公司	北京鸿联九五信息产业有限公司45%权益（电讯增值服务）
1205	中信资源	中信集团公司	澳洲数项天然资源及商品项目之权益
1169	海尔中建	海尔集团	洗衣机
85	中国电子集团控股	中国电子信息产业集团	深圳桑菲消费通信公司65%权益
233	铭源控股	铭源集团	房地产
175	吉利汽车	吉利汽车	吉利汽车的两家工厂
22	茂盛控股	Mexan Group Limited	收费公路
755	上海证大	上海证大集团	水清木华房地产
202	国中控股	Wealth Land Development Corp.	环保、市政建设、资本运作
649	世茂中国	Perfect Zone International Ltd.	房地产
500	天地数码	摩托罗拉全资子公司GIC	数字电视内容提供和传输
205	财讯传媒	United Home Limited	《财经》杂志、《证券市场周刊》、《财经时报》以及《新地产》杂志之独家广告经营权及其他广告业务

续表

股票代码	公司名称	主要股东	买壳后注入的资产
256	中国海淀集团	景信国际	北京净冠房地产公司
245	蓝顿国际	Group First Ltd.（倪新光、王志明和沈南鹏分别持有56.4%、37.6%和6%权益）	
632	招商迪辰	迪辰集团	物流
563	中新集团	Wealth Bonus Limited	房地产
8178	冲浪平台	北京发展（154）	软件
472	新华联国际	新华联国际控股有限公司	
198	星美国际	Strategic Media International Limited（覃辉之全资公司）	星美数码（经营网吧）50%权益、星美影院（电影院经营管理）25%权益
702	捷美控股	中国捷美有限公司	新疆星美石油管道有限公司80%股权（原油运输、储存）及天然气零售
312	易通控股	All About	手机分销、零部件采购及设计
149	中国高速	Velocity & 中策集团	房地产
162	中国金展	Best Mineral Resources Ltd.	太平洋（海南）邮轮有限公司51%权益
499	华脉无线通信	Justwell Limited	世华资讯科技公司100%权益 Global Eagle Technology 60%权益
855	中国水务	Asset Full Resources Limited	
875	第一龙浩	Dragon Delta Limited	林木种植
8100	联梦活力	联梦中国17.63%，Dynamic Ltd.21.9%	网络游戏
467	东润拓展	He Fu International Limited	房地产、基建
758	庄胜百货	庄胜集团	百货
8010	现代旌旗出版	星美国际（198）	北京中录音像有限公司80%权益
8036	流动广告	Strategic Media International Limited	
433	新万泰	中国万泰	房地产
67	上海地产	新农凯（周正毅控制公司）	国内地产业务
1104	上海商贸控股	Angel Field	贸易
231	环球动力	格力集团（香港）有限公司	房地产

注：图表中英文暂无标准对应中文翻译。

资料来源：财富指数。

三、其他境外上市方式

中国企业在境外上市通常较多采用直接上市与间接上市两大类，但也可以采用存托凭证（depository receipts，DR）上市。存托凭证是一种以证书形式发行的可转让证券，包括ADR（美国存托凭证）和GDR（全球存托凭证）。

美国存托凭证的通常做法是：由美国一家商业银行作为预托人，外国公司把股票存放于该银行的海外托管银行，该预托银行便在美国本土发行代表该公司托管股票的可流通证券。ADR可以像其他证券一样，很方便地在证券交易所（如NASDAQ和AMEX）或场外交易市场（OTCBB）进行交易。由盈科数码动力收购香港电讯形成的电讯盈科（Pacific Century Cyberworks Ltd.），其美国存托凭证（ADR）于2000年8月在纽约证券交易所上市交易。中石化在纽约证券交易所上市采取的也是ADR。美国存托凭证主要分为三级，它们的区别见表11.8。

表 11.8　　　　　　　　　美国存托凭证的区别

	交易地点	美国证监会（SEC）注册要求	发行成本	适用公司
一级存托凭证	柜台外市场（OTC）	无须按照SEC要求进行信息披露	25000美元或更少	希望在花费较少成本以及不用披露信息的情况下建立股东基础的非美国上市公司
二级存托凭证	证券交易所	完全的SEC信息披露要求和持续申报要求	200000~700000美元	希望在不公开售股的情况下提高其股份的公开性和流动性的非美国上市公司
三级存托凭证	证券交易所	完全的SEC信息披露要求和持续申报要求	500000~2000000美元，加上承销商佣金	准备通过公开募股在美国筹集资金的非美国上市公司

除了上述可以公开交易的存托凭证外，公司还可以选择私募的存托凭证（144A）进入美国市场。通过该方式，公司可以在不进行SEC注册的情况下将存托凭证配售于美国的机构投资者。庆铃汽车、马港、上海石化等在美国上市都采用的是144A的形式。

四、上市标准

我国企业境外上市的地点主要集中在香港地区、美国和新加坡这三个地区。当然，也有一部分企业在其他地区上市，比如沪杭甬高速公路（我国A股名称为宁沪高速）2000年5月在伦敦股票交易所上市，新华财经2004年10月在东京上市等。

由于中国香港地区和美国是我国企业走向国际资本市场的重要途径，它们同时在全球股票市场中发挥着不可替代的作用，我们对这两地的上市标准做一简单介绍，如表11.9和表11.10所示。

表11.9　香港主板和创业板上市标准

	主板	创业板
市场目的	目的众多，为大型企业筹资等	为较小型或新型公司筹集资金
接受的司法地区	中国香港、百慕大、开曼群岛、中华人民共和国	所有司法地区
业务记录	三年（若干情况例外）	24个月活跃要求（符合条件的，12个月）
盈利要求	5000万港元（最近财政年度2000万港元，再之前两个财政年度总共3000万港元）	无规定
管理层股东及高持股量股东的持股要求	无规定	上市时，管理层股东及高持股量股东必须合计持有不少于公司已发行股本的35%
最低公众持股量	25%或5000万港元，两者取其高	10%或3000万港元，两者取其高
股东人数	上市时最少须有100名股东，每100万港元的发行额须由不少于3名股东持有	上市时，公众股东至少有100名
最低股票市值	股票上市时的市值须达1亿港元	无具体规定，但实际不少于4600万港元
对主要股东出售股份的限制	不可在上市后半年内出售股份	大股东在上市两年后才可以出售股份或抵押股份
聘用保荐人的要求	上市后即告终止	上市后至少两个财政年度继续聘用保荐人

表11.10　美国上市的主要标准

	纽约证券交易所	美国证券交易所	NASDAQ全国资本市场	NASDAQ小型资本市场
经营年限				1年或市值5000万美元
税前收入	250万美元	75万美元	100万美元	
净收入				75万美元
有形资产净值	4000万美元		600万美元	400万美元

续表

	纽约证券交易所	美国证券交易所	NASDAQ 全国资本市场	NASDAQ 小型资本市场
股本		400 万美元		
流通股股数	100 万	50 万	110 万	100 万
流通股市值	1800 万美元		800 万美元	500 万美元
公众持股人数	5000	400 或 800	400	300
作市商数量		3	3	3
公司治理	有要求	有要求	有要求	有要求

第十二章

债券融资

上一章讨论了公司获取外部资金的一个重要渠道——股票融资，本章讨论公司获取外部资金的另一个主要来源——债券融资。尽管这两种融资方式都为公司提供了资金，但它们还是存在一些明显的差异，如债券工具承诺的现金流是定期支付的，而股票则要灵活得多等等。由于债券合约涉及到一个庞大的债务术语和债券分类体系，我们首先对其做一比较系统的介绍。至于债券发行和交易制度与股票有些类似，我们稍后只进行简单阐述。

第一节 债券的基本概念

债券是借款者承担某一确定金额债务的凭据，是可交易的固定收益证券。作为金融市场上一种常见的金融工具，虽然不同主体发行的债券可能有很大差异，但它们仍具有一个共同特征：承诺按一定利率定期支付利息并到期偿还本金。

一、债券的基本要素

①面值。债券的面值是指债券票面表明的币种和金额大小。如 Intel 公司发行了面值为 1000 美元的债券。债券的面值与股票的面值有着完全不同的含义，股票的面值已基本不具有实际意义，而债券的面值通常反映了公司的融资目标和到期偿还额。另外，债券的面值和发行价格并非完全一致，公司也可以溢价或折价发行。

②息票利率。息票利率（coupon rate，有时也被翻译为"票面利率"）就是债券每年应付利息（coupon）与面值（par value or face value）或本金（principal）的比率，它通常由发行者决定。发行者往往会根据市场状况、债券到期日、风险等级等确定债券的息票利率。一般情况下，息票利率被设计成能够保证债券以面值或接近面值的价格发行。在某些情况下，息票利率会随市场行情而变化。

③到期日。偿还期限（term-to-maturity）是债券的重要特征，是指发行人承诺履行债券条款的年数，也就是从发行日到到期日之间的时间间隔。在到期日，所有对应的债务将终止，发行人通过偿还面值或本金赎回债券。从理论上讲，任何时间长度的偿还期限都是可以的。1993 年 7 月，沃特·迪士尼（Walt Disney）发行了现代历史上首个 100 年期的债券。同年，ABN-AMER（一家荷兰银行）、可口可乐公司都发行了 100 年期的债券。一般来说，偿还期限在 1 年以内的为短期债券，偿还期限在 1 年以上的为中长期债券。

二、债券的基本特征

①偿还性。偿还性是指在规定的偿还期限，债务人必须按照约定的条件向债权人支付利息和偿还本金，否则就构成违约。在历史上，英国政府曾发行永久公债，这种债券无固定的偿还期，持有人不能要求政府偿还，只能按期取息，当然这只是个别现象，并不能因此否定债券具有偿还性的一般特征。

②流动性。流动性是指债券持有人可按照自己的需求和市场的实际情况，灵活地转让债券，以提前收回本金和实现投资收益，也就是说，债券具有及时转换为现金的能力。

③安全性。安全性是指债券持有人的收益相对固定，不随发行者情况的变动而变动，并且可按期收回本金。一般来说，具有高度流动性的债券通常都比较安全。

④收益性。收益性是指能为持有人带来一定的收入，即债券投资的报酬。债券的收益一般表现在两个方面：一是利息收入；二是资本利得，即买卖差价。

三、债券的分类

债券的种类繁多，在债券发展的历史过程中，曾经出现过许多不同品种的债券，共同构成了一个完整的债券体系。依照发行主体、付息方式、票面利率等，债券可以分成许多种类。

①根据发行主体的不同，债券可以分为政府债券、金融债券和公司债券。

政府债券的发行主体是政府。其中由中央政府发行的债券又被称为国债，地方政府发行的债券被称为地方政府债券。

中央政府发行的国债，其主要用途是解决由政府投资的公共设施或重点建设项目的资金需要和弥补国家财政赤字。根据不同的发行目的，政府债券有不同的期限，从几个月至几十年。政府债券的发行和收入的安排使用是从整个国民经济的范围和发展来考虑的。政府债券的发行规模、期限结构、未清偿余额，关系着一国政治、经济发展的全局。除了政府部门直接发行的债券外，有些国家把政府担保的债券也划归为政府债券体系，称为政府保证债券。这种债券由一些与政府有直接关系的公司或金融机构发行，并由政府提供担保。

我国历史上发行的国债主要品种有国库券和国家债券。其中，国库券自1981年后基本上每年都发行，发行对象主要针对企业、个人等；曾经发行过的国家债券包括国家重点建设债券、国家建设债券、财政债券、特种债券、保值债券、基本建设债券，这些债券大多对银行、非银行金融机构、企业、基金等定向发行，部分也对个人投资者发行。国库券起源于英国，是一种弥补国库短期收支差额的政府债券。我国曾把短期国债、长期国债都叫做国库券。从1995年起，我国发行的国债不再称为国库券，而改称"无记名国债"、"凭证式国债"和"记账式国债"。

金融债券的发行主体是银行或非银行金融机构。金融机构一般有雄厚的资金实力，信用度较高，因此，金融债券往往也有良好的信誉。

公司债券的发行主体是非金融性质的企业。公司发行债券的目的主要是为了满足生产经营需要。由于公司的情况千差万别，有些经营有方、实力雄厚、信誉高，也有一些经营较差，财务状况十分不稳定，因此，公司债券的风险相对于政府债券和金融债券要大一些。公司债有中长期的，也有短期的，视公司的需要而定。

②根据付息方式的不同，债券可以分为零息债券和附息债券。

零息债券是指在存续期内不支付利息，但投资者以低于面值的价格购买，因此有时又被称为纯贴现债券。比如，某公司于2006年6月1日发行了期限为3年的零息债券，债券面值1000元，发行价格751.31元，则持有者可于债券到期时从发行人处领取1000元的债券本金。纯贴现债券、零息债券说的都是同一个意思，强调债券持有人在债券到期前不能得到任何现金支付的性质。

附息债券又称息票债券，是按照债券票面载明的利率及支付方式分期付息的债券。附息债券还可细分为固定利率债券和浮动利率债券。固定利率债券是在偿还期内利率固定的债券，发行人和持有人都承担着在债券存续期内市场利率变化的风险。浮动利率债券是指利率可以变动的债券，这种债券的利率通常与基准利率（比如LIBOR、国债等）挂钩，其息票率一般要高于基准利率一定的百分点。浮动利率债券的好处在于可以避开因市场利率波动而带来的风险。

③根据有无抵押担保，债券可以分为信用债券和担保债券。

信用债券是仅凭发行人的资信而发行的、没有任何抵押担保的债券。政府债券多为信用债券。担保债券是指以抵押财产为担保而发行的债券，担保是降低信用风险的重要手段。

④根据能否转换成其他金融工具，债券分为可转换公司债券和不可转换公司债券。

可转换公司债券是指在一定条件下可以转换成其他金融工具（通常为股票）的债券。如2004年11月10日，招商银行发行65亿元人民币、5年期可转换公司债券，转股日期为2005年5月10日至2009年11月10日，初始转股价格为9.34元/股。不可转换公司债券就是我们通常所说的普通债券，不可转换为其他金融工具。可转换公司债券由于具有期权的性质，其利率一般要低于不可转换公司债券。

⑤根据票面形态，债券可以分为实物债券、凭证式债券和记账式债券。

实物债券是一种具有标准格式实物券面的债券，一般都印有债券面额、利率、期限、债券发行人全称、还本付息方法等各种票面要素。有时票面利率、债券期限等也可以通过公告向社会公布而不在券面上注明。实物债券不记名、不挂失，可上市流通。我国发行的无记名国债就是这种实物债券。

凭证式债券是债权人认购债券时的一种收款凭证，而不是债券发行人制定的标准格式的债券。我国通过银行系统发行的凭证式国债，券面不印制票面金额，而是根据认购人的认购额填写实际的交款金额，是一种国家储蓄券，可记名、挂失，以"凭证式国债收款金额"记录债权，不能上市流通，从购买之日起计算利息。

记账式债券是没有实物形态的票券，以记账方式记录债权。我国通过沪、深交易所发行和交易的记账式国债就是这种类型。

⑥根据券面上是否记有持券人的姓名，债券分为记名债券和无记名债券，这种分类类似于记名股票和无记名股票的分类。

专栏12-1　　　　　国际债券

国际债券是一国政府、金融机构、工商企业或国家组织为筹措和融通资金，在国外金融市场上发行的，以外国货币为面值的债券。国际债券的重要特征，是发行者和投资者属于不同的国家，筹集的资金来源于国外金融市场。国际债券的发行和交易，既可用来平衡发行国的国际收支，也可用来为发行国政府或企业引入资金从事开发和生产。

根据发行债券所用货币与发行地点的不同，国际债券又可分为外国债券和欧洲债券。

外国债券是一国政府、金融机构、工商企业或国际组织在另一国发行的以当地国货币计值的债券。如1982年1月，中国国际信托投资公司在日本东京发行的100亿日元债券就是外国债券，期限12年，利率8.7%，采用私募方式发行。1987年10月，我国财政部在德国法兰克福发行了3亿马克的债券，这是改革开放后我国政府首次在国外发行债券。

2005年9月28日，中国人民银行批准国际金融公司和亚洲开发银行在中国银行间债券市场分别发行人民币债券11.3亿元和10亿元。这是自清末民初以来，中国第一次允许国外金融机构在国内本币发债。

根据国际惯例，国外机构在一国发行债券时，一般以该国最具特征的吉祥物命名，如IBM公司在日本发行的债券被称之为"武士债券"，英国天然气公司在美国发行的债券被称之为"扬基债券"，还有英国的"猛犬债券"、西班牙的"斗牛士债券"等。所以，时任财政部长将国际多边金融机构首次在华发行的人民币债券命名为"熊猫债券"。

欧洲债券是一国政府、金融机构、工商企业或国际组织在国外债券市场上以第三国货币为面值发行的债券。例如，法国一家机构在英国债券市场上发行的以美元为面值的债券即是欧洲债券。欧洲债券的发行人、发行地以及计值货币分别属于三个不同的国家。

欧洲债券产生于20世纪60年代，是随着欧洲货币市场的形成而兴起的一种国际债券。60年代以后，由于美国资金不断外流，美国政府被迫采取一系列限制性措施。1963年7月，美国政府开始征收"利息平衡税"，规定美国居民购买外国在美发行的证券，所得利息一律要付税。1965年，美国政府又颁布条例，要求银行和其他金融机构限制对国外借款人的贷款数额。这两项措施使外国借款者很难在美国发行美元债券或获得美元贷款。另一方面，在60年代，许多国家有大量盈余美元，需要投入借贷市场获取利息。于是，一些欧洲国家开始在美国境外发行美元债券，这就是欧洲债券的由来。

欧洲债券最初主要以美元为计值货币，发行地以欧洲为主。70年代后，随着美元汇率波动幅度增大，以德国马克、瑞士法郎和日元为计值货币的欧洲债券的比重逐渐增加。同时，发行地开始突破欧洲地域限制，在亚太、北美以及拉丁美洲等地发行的欧洲债券日渐增多。

欧洲债券自产生以来，发展十分迅速。1992年债券发行量为2761亿美元，1996年的发行量增至5916亿美元，在国际债券市场上，欧洲债券所占比重远远超过了外国债券。欧洲债券之所以对投资者和发行者有如此巨大的魅力，主要有以下几方面原因：

①欧洲债券市场是一个完全自由的市场，债券发行较为自由灵活，既不需要向监督机关登记注册，又无利率管制和发行数额限制，还可以选择多种

计值货币。

②发行欧洲债券筹集的资金数额大、期限长，而且对财务公开的要求不高，方便筹资者筹集资金。

③欧洲债券通常由几家大的跨国金融机构办理发行，发行面广，手续简便，发行费用较低。

④欧洲债券的利息收入通常免交所得税。

⑤欧洲债券以不记名方式发行，并可以保存在国外，适合一些希望保密的投资者需要。

⑥欧洲债券安全性和收益率高。欧洲债券发行者多为大公司、各国政府和国际组织，他们一般都有很高的信誉，对投资者来说是比较可靠的。同时，欧洲债券的收益率也较高。

第二节 公司债券的主要条款

我们知道，掌握公司控制权的股东可以通过提高资产风险的方法来剥夺债券持有人的财富。他们可以通过支付股利或增加负债的办法，以减少现有债权人的权益。事实上，所有的债务合约都有限制此类行为的条款，否则债券的利率就可能被定得很高。

债券条款，就是规定贷方（债券持有人）所享有的权利和借方（债券发行人）所受的限制。采用史密斯和华纳（Smith and Warner，1979）的说法，债券条款主要有四种类型：资产条款、股利条款、融资条款和保证条款。当然，并不是每种债券都包含这四种条款，也并不是每种债券只有这四种条款。随着金融创新的日新月异，债券的条款呈现多样化趋势。

一、资产条款

资产条款规定债权人（债券持有人）在公司债券违约时，对公司资产所享有的权利。

由于破产和债券的绝对优先权的存在，我们可以将公司负债近似看成是股东向债权人购入一个以公司资产 A 为标的，以公司负债价值 D 为执行价格，到期日为债权人要求公司偿还债务时的欧式看涨期权。当债权人要求公司偿还债务时，如果公司资产的价值 A 大于负债价值 D，公司就偿还债务，债权人获得本息 D；如果公司资产的价值 A 小于负债价值 D，公司就不执行该期权，此时偿还给债务人的价值为 A，注意，$A<D$。这也就是说，在存在信用风险的情况下，债券持有人最多只能获得债券的本息之和。

鉴于此，为了保证债券持有人的利益，通常需要对公司的资产运用进行一些限制。公司在发行债券时，必须对债券持有人所享有的权利作出一些规定。有一部分债券的持有人在公司不能偿还债务时，优先于其他债务人对公司资产享有权利，这部分债券称为具有高级性质的债券（senior bond）。次级债券（junior bond）对公司资产的要求权比较靠后，只有当所有优于它的债权人的债务都被全额清偿后，次级债券的持有人才能得到清偿。由于次级债券的这个特点，公司发行次级债券时，必须提供一个大大高于一般债券的收益率来吸引投资者。有时，次级债券可以转换成普通股，从这种角度看，次级债券的收益率也可能低于一般债券。除了对公司资产的求偿顺序有要求外，不同债券持有人对公司资产的求偿权也可能不同。

按照债券持有人对公司资产的求偿权划分，可以把债券进一步细分为：

①担保债券（secured bond）：一种以公司特定资产作为债券担保的债券。

②抵押债券（mortgaged bond）：是一种以公司的某些资产，如土地、建筑物、机器设备为抵押而发行的担保债券。如果公司违约，拥有这种抵押权的债权人就可以没收这些抵押物并将其出售。抵押债券可以是开放式的，也可以是封闭式的。在封闭式的抵押债券发行过程中，公司不能以已抵押的财产再次抵押发行债券，这有利于保护已有债券持有人的利益。而在开放式的抵押债券发行中，公司可以将已抵押的财产作抵押物而发行新的债券，这有利于扩大公司融资额，但通常要对再抵押发行的债券数量作出限制。

③抵押信托债券（collateral trust bond）：一种形式的担保债券。公司将资产交给托管人（trustee），一旦公司违约，托管人就将资产转交给债券持有人。

比如，A 公司拥有 B 公司全部股票，即 B 公司是 A 公司的全资子公司。A 公司以 B 公司的股票为抵押发行债券，并将债券售予 C 银行，则该债券属于抵押信托债券。C 银行购买了该债券，如果 A 公司不履行义务，C 银行就有权出让 B 公司的股票，以解出 A 公司的债务。

④设备信托债券（equipment trust certificate）：另一种形式的担保债券。一旦公司违约，债券持有人对公司的特定设备具有求偿权。

⑤信用债券（debenture）：无担保债券，一旦公司违约，债券持有人对公司未进行抵押的财产享有求偿权，其偿还顺序在担保债权之后。这类债券没有抵押，但债券持有人可以通过债券所附加的约束来保护自己，比如反抵押条款——它阻止公司把财产抵押给其他债权人。在美国，金融公司和工业公司发行的债券几乎都是信用债券，而多数公共事业债券和铁路债券都有资产抵押担保。

二、股利条款

股利条款就是对公司发放股利作出一定的限制，它显然有助于保护债权人的利益，然而简单地要求公司不支付股利是不切合实际的，因为这不仅不利于保护股东的利益，同时很可能造成公司把这部分资金投资于毫无价值的项目，从而不利于公司的发展，也不利于债权人自身的利益。股利的支付应在股东、债权人、公司发展三者之间进行权衡。

三、融资条款

融资条款是为了避免公司乱发新债，从而导致现有债券持有人对公司资产求偿权的稀释。该条款一般规定公司所有新发行债券的持有人对公司资产只具有次级求偿权。要是允许新债券持有人与现有债券持有人具有同级的求偿权，那么新发行债券的数量往往要受到限制，而且取决于公司的财务状况，例如资产负债率、利息保障倍数、流动比率、速动比率等等。

四、保证条款

债券条款中通常要确立一种保证机制，以确保债务人遵守债券合约。在美国，公司公开发行债券必须制定一个有资格的信托人来代表债权人的利益。1939年的信托契约法对信托人的责任和义务做了具体的规定，并由SEC监管。如果发行公司对债券合约有任何违背的话，信托人就有义务采取适当的措施来保护债权人的利益。信托人必须做到：①确保发行公司遵守债券条款；②管理偿债基金；③发行公司不履行义务时，代表债权人行使权利。

五、偿债基金条款

大部分债券发行时都会设立偿债基金条款（sinking fund provision），设立该条款的主要目的是为了降低发行公司的拖欠风险。一种极端的做法是要求发行人定时定量在第三方账户存入资金，以保证债券到期时有足够的资金偿还。常见的做法是，规定发行公司每年回收一定数量的债券，如一个 30 年期的偿债基金可能要求发行公司在第 10 年到第 20 年之间赎回 25% 的债券。如果发行公司不按照偿债基金条款的规定回收债券的话，往往会引起该债券的市场价格下跌，甚至导致公司破产。

偿债基金一般具有以下两个特点：①许多偿债基金并不是在债券发行之初就建立的，通常在初始发行后 5 到 10 年开始设立。②多数优质债券向偿债基金确定的支付额不足以偿付全部债务。因此，在债券到期日，可能出现大额的"气球支付"（balloon payment）。

用偿债基金偿还债券有以下两种方式：①按赎回价（通常是票面价格）赎回一定比例的债券。由于这些债券在发行时都是按照顺序编号的，因此赎回的债券由公证方随机抽取号码确定。②公开市场赎回。就是在公开市场上直接以市场价格赎回债券。

显然，公司会选择对自己较为有利的方式进行赎回。只要市场价格低于赎回价（面值），发行公司便采用公开市场赎回；当市场价格超过赎回价（面值）时，便采用赎回价赎回。因此，偿债基金相当于发行公司的一种期权，这个期权会给发行公司带来好处，而不利于债权人。然而，偿债基金也会使债权人受益。首先，以低于赎回价（面值）的市场价格赎回时，公司节约了现金，从而减少公司违约的可能性。其次，由于偿债基金赎回债券是有序的，从而在到期日最后偿付额不会太大，这就使人们觉得它的违约风险要小一些。再次，赎回增加了债券的流动性，尤其是发行额小、交易清淡的债券的流动性，从而使投资者受益。最后，具有赎回选择权的债券价格比较稳定，因为价格回落时，发行人可能成为积极的购买者。因此，偿债基金条款给债权人提供的保护是"双刃"保护，这些作用相互交织在一起，但总体来说，债券赎回条款还是有利于债权人。

偿债基金条款使发行公司面临一个风险，就是"下注者"的存在。下注者就是那些确定发行公司要赎回债券前就抢先进入市场购买了大量债券的机构投资者和其他投资者。如果债券的供给明显偏紧，那么下注者往往会获得成功。

比如，下注者可以 800 美元的价格提前购买该债券，然后以 840 美元的价格出售给发行公司。如果下注者能够合法地部分地垄断这个市场，发行公司就不得不支付高额的价格。当然，只有在债券以低于赎回价（面值 1000 美元）的价格赎回时，下注者才可能有这个机会。

六、赎回选择权

1. 赎回选择权的价值

大多数公司债券里都有这样的条款：发行公司在一定条件下有权提前赎回债券。这一赎回选择权（callability）甚至在政府债券中也曾经存在过，如过去美国财政部发行的一些债券都是可以随时（immediately）赎回的。事实上，所有建立偿债基金的债券都有赎回选择权，这样公司在无法从公开市场赎回足够的债券时就可以使用偿债基金赎回债券。

如果公司执行赎回选择权的话，支付的赎回价格通常要高于债券面值，这个高出的部分被称为赎回升水（call premium）。例如，债券的赎回价格是面值的 110%，即 1000 元的 110%，则赎回升水为 100 元。赎回升水通常会随时间而减少。常见的做法是，先令赎回升水等于债券的年利息，之后，赎回升水将随着债券到期日的临近而减少。比如前面提到的债券到期日为 10 年，年利率为 10%，那么可以规定它在第一年的赎回升水为 100 元（1000 × 10%），第二年的赎回升水为 90 元（100 − 100 / 10），第三年的赎回升水为 80 元（90 − 100 / 10）……不过，绝大多数赎回是在债券发行一定年份（5 到 10 年）之后才具有赎回的权利。譬如，在债券发行后的最初 5 年内，发行公司可能被禁止赎回自身发行的债券。这种方式被称为延期赎回（a deferred call）。

常识告诉我们，赎回选择权肯定具有价值。一方面，很多债券都有赎回条款；另一方面，赎回选择权显然对发行公司有利。在利率降低时，债券价格升高，公司行使赎回选择权显然有好处。赎回选择权使发行公司获利，但却损害了投资者的利益。在利率下降债券被赎回时，投资者只能投资于其他债券，获得较低的到期收益率。投资者在购买债券时，也会考虑到赎回选择权，因此赎回条款对发行公司来说并非"免费的午餐"。它的成本是用发行时可赎回债券的利率与若债券不可赎回时的利率之间的差额来衡量的，这是投资者要求的风险补偿。债券的赎回选择权给发行人带来的利益可能被投资者要求的较高回报率所抵消。

为了更清楚的理解这一点，我们来看一个例子。

假设 L 公司年初发行面值为 1000 元、利率为 10% 的永久性债券（perpetual bond），目前市场利率为 10%。年末，市场利率会发生变动，变动的可能性如表 12.1 所示。

表 12.1　　　　　　　　　市场利率变化示意图

	市场利率（%）	价格（元）	概率
情形 1	6.67	1500	3/5
情形 2	20	500	2/5

假设债券不可赎回，则该投资一年后的预期价值为：

$$100+(1500\times 3/5)+(500\times 2/5)=1200（元）$$

那么，目前该不可赎回债券（noncallable bond）的市场价格为：

$$P_0=\frac{100+(1500\times 3/5)+(500\times 2/5)}{1+10\%}=1090.91（元）$$

显然，L 公司需溢价发行该债券。

假设 L 公司发行的是可赎回债券（callable bond），赎回升水为 100 元，一年后方可赎回。如果市场利率下降为 6.67%，则 L 公司只需花费 1100 元就可以赎回市场价格为 1500 元的债券。显然，投资者只能获得 1200 元（1100 元 + 100 元）；如果市场利率上升，则 L 公司显然不会赎回债券，则投资者手头持有市场价值为 500 元的债券，并从 L 公司总共获得 100 元的利息，在这种情况下，投资者投资组合的总价值为 600 元。

因此，投资者的预期财富的现值为

$$P_1=\frac{(1200\times 3/5)+(600\times 2/5)}{1+10\%}=872.73（元）$$

显然，投资者遭受亏损 127.27 元（1000 元 -872.73 元）。那么，投资者就会要求提高票面利率，至少应该保证和不具有赎回选择权时的财富一样。

假定 C 为投资者要求的息票支付额，那么当 C 究竟为多少时，投资者才能补偿赎回选择权带来的损失？我们可以分 3 步来求解。

①计算利率下降时债券的年末价值。此时，债券价格为 1500 元，L 公司以 1100 元赎回，此时投资者获得 1100 元以及一年的利息 C。此时，投资组合的价值为（1100+C）元。

②计算利率上升时债券的年末价值。此时，债券价格为 500 元，L 公司显然不会赎回，此时投资者持有的债券价值为 500 美元，他同时获得一年的利息 C。

此时，投资组合的价值为（500+C）元。

③求解 C。投资者的预期回报为：

（1100+C）×3/5+（500+C）×2/5

显然，投资者要求持有可赎回债券和不可赎回债券之间不存在差异，因此有：

$$（1100+C）\times 3/5+（500+C）\times 2/5= 1200（元）$$

可解得，C=340 元。也就是说，投资者要求的息票率为 34%。

如果 L 公司发行不可赎回债券，仅需要支付 10% 的利率。然而，如果发行可赎回债券，则它必须支付 34% 的利率。

显然，赎回选择权是投资者给予公司的一种期权。因此，我们可以用期权的理论对可赎回公司债券的定价问题做一些探讨。我们知道，未来利率波动的可能性越大，赎回选择权的价值就越大。

为了考虑问题的方便，我们考虑永久债券的情况，同时假定赎回只在一个时间点进行。图 12.1 纵轴表示债券的价值，横轴表示市场利率。对不可赎回债券来说，债券的价值随市场利率的增加而以递减的速率下降。对可赎回债券来说，价值被锁定在赎回价格上。当市场利率较低时，如图，X 点的左侧，可赎回债券的价值等于赎回价格。在这一区间，不可赎回债券和可赎回债券的差额表示在赎回日赎回选择权的价值。在 X 点的右方，由于利率水平较高从而债券的市场价格较低，此时发行人不会行使赎回选择权，可赎回债券和不可赎回债券具有相同的价值。因此，简单来说，赎回债券的价值等于不可赎回债券的价值和赎回选择权价值之差。在这里，除了赎回条款外，两债券无任何差异。因此，市场利率波动越大，赎回选择权的价值就越大，从而不可赎回债券的价值就越低，这就要求发行人制定比较高的票面利率。

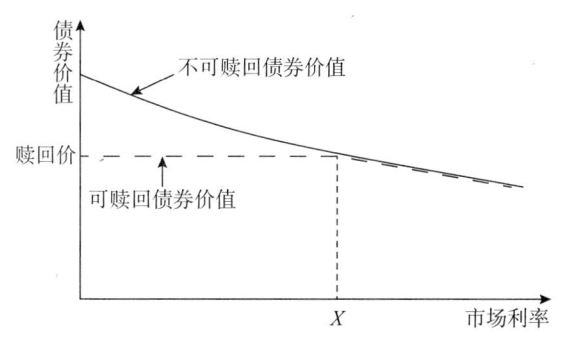

图 12.1 可赎回债券价值

2. 换债

换债是企业用新发行的债券替换尚未到期的旧债券的行为。由于公司通常对已发行的债券拥有赎回选择权，当市场条件变化使得债券继续流通在外对公司不利时，公司通常希望赎回旧债，发行息票率较低的、条款较宽松的新债券来取代旧债券，以降低公司的资本成本。公司在进行换债决策时需要考虑两个主要问题：①如果在目前发行新债券以赎回旧债券，公司能否获利？②纵使目前实施换券操作可使公司获利，但如果延后实施的话，公司价值是否会增加更多？

这实际上是一种投资决策，因此其决策方法与资本预算方法大致相同：首先，分析换券操作的初始成本，包括旧债赎回升水以及新债的发行成本；其次，分析新债券带来的收益，主要是每年的利息节省；最后，将每年的利息节省折成现值，与初始成本比较。若具有正的净现值，就应该实施换券操作。换债活动净现值的公式为：

$$NPV = \sum_{t=1}^{n} \frac{\Delta CFAT_t}{(1+k)^t} + \Delta CFAT_0$$

式中：$\Delta CFAT_t$ 代表因换债而增加的 t 期税后现金流入量；$\Delta CFAT_0$ 代表因换债而发生的 0 期税后现金净流出量（成本）；K 代表新债券的税后成本。

下面我们通过一个案例来进行换债操作。

假设某公司 5 年前发行一笔总面值 5000 万元，票面利率为 11.25%，期限 30 年的公司债券。债券的发行费用为 48 万元，按直线法在 30 年内摊销，平均每年摊销 1.6 万元，5 年中已摊销了 8 万元。据发行条款，债券可按面值 100 元价格赎回，同时向债权人支付票面值 6% 的额外补偿。由于市场利率下降，该公司目前可按 10% 的息票率发行 5000 万元的新债券，考虑赎回旧债需要发行 5300 万元。预计发行费用为 87.5 万元（或 90 万元）。为保证资金正常需要，新债在旧债收回前一个月发行，发行收入暂时投资于年收益为 6% 的国债（时间是一个月）。此外，公司的所得税率为 40%。

第一步：先计算全部初始支出 $\Delta CFAT_0$

①发行新债券引起的税前支出

回赎旧债支出（面值 ×1.06）	53000000
重复期利息支出（50000000×0.1125/12）	468750
减：新债发行收入（53000000-875000）	52125000
重复期利息收入（52125000×0.06/12）	260625

得：税前初始投资支出 　　　　　　　　　　　　　　1083125
②可减少纳税所得的支出
旧债回赎补偿（53000000-50000000）　　　　　 3000000
旧债未摊销发行费用　　　　　　　　　　　　　　 400000
重复期旧债利息支出　　　　　　　　　　　　　　 468750
减：重复期新债投资利息收入　　　　　　　　　　 260625
合计：可减少的纳税所得　　　　　　　　　　　　 3608125
得：节税额（3608125×0.4）　　　　　　　　　　 1443250
③ $\Delta CFAT_0 = 1083125 - 1443250 = -360125$（元）

第二步：确定换债带来的现金流出节约额 $\Delta CFAT_1$，包括利息支出节约，不同发行费用摊销及其节税额等。

①旧债的每年税后支出为：
税前利息支出（50000000×0.1125）　　　　　　　 5625000
发行费摊销（480000/30）　　　　　　　　　　　　 16000
合计　　　　　　　　　　　　　　　　　　　　　 5641000
节税额（5641000×0.4）　　　　　　　　　　　　 2256400
旧债税后年净现金流出（利息支出5625000-节税额2256400）
　　　　　　　　　　　　　　　　　　　　　　　 3368600

②新债每年税后支出为：
利息支出（53000000×0.1）　　　　　　　　　　　 5300000
发行费摊销（875000/25）　　　　　　　　　　　　 35000
合计　　　　　　　　　　　　　　　　　　　　　　 535000
节税额（5335000×0.4）　　　　　　　　　　　　　 2134000
新债税后净现金流出量（5300000-2134000）　　　　 3166000
③利用新债换旧债，到期日时需多归还本金　　　　　 3000000
④新债换旧债增加的现金流入：

$\Delta CFAT_1$= 旧债年净现金流出 − 新债年净现金流出 = 3368600 − 3166000 = 202600（元）

第三步：以新债税后净利息率0.06（0.1×0.6）为贴现率计算换债净现值：

$$NPV = 360125 + \sum_{t=1}^{25} \frac{202600}{1.06^t} - \frac{3000000}{1.06^{25}}$$

$$= 360125 + 202600 \times 12.783 - 3000000 \times 0.233 = 2250961（元）$$

在换债分析中有几点要引起注意：

①新旧的风险应该相同，且因净现值分析所涉及的现金流量都属于税后现金流量，所以必须以税后负债成本作为折现率。

②换债若对公司有利，必然对旧债券持有人不利，他们不得不放弃较高票面利率的旧债券，只能将资金重新投资于较低票面利率的新债券，所以赎回条款确实是一种潜在威胁。为了反映这种可能损失，对投资人可计算从购买日到第一次回购的收益率。

例如，面值 1000 元，票面利率 12%，半年付息，期限 5 年，第一次回购期 3 年的债券，当前市价为 900 元，第一次回购价为 1100 元，不难算出其到期收益率为 14.91%。而至第一次回购期的到期收益率为：

$$900 = \sum_{t=1}^{6}\frac{60}{(1+r/2)^t} + \frac{1100}{(1+r/2)^6}$$

$$r = 19.15\%$$

③若新债券的到期期间比旧债券的剩余到期期间长，则在进行换券分析时，只能对旧剩余期间中的新、旧现金流量进行分析。

④关于如何确定是否现在实施换券最有利，主要看对未来市场利率的预期。如果未来利率继续下降，延期将会获得更多的利益。分析方法依然相同，只要将延期的净现值与现在的净现值比较即可，关键在于对未来利率走势的预期。

七、转换选择权、交换选择权和卖出选择权

转换选择权（convertibility）是发行公司赋予债券持有人的一种选择权，它规定债券持有人可以将债券转换成另外一种证券，通常是发行公司的普通股，这些普通股在未转换之前仍属于未发行的股票。具有上述选择权的债券被称为可转换债券（convertible bond），转换价格（conversion price）或转换比率（conversion ratio）都在债券合约中做了明确规定。例如，亚马逊公司（Amazon.com）于 1999 年 1 月发行了 12.5 亿美元、2009 年到期的可转换债券，利率为 4.75%，转换比率为 6.408。

还有一种债券叫可交换债券（exchangeable bond），它是指债券持有人可以把债券转换成另外一家公司的股票。例如，1998 年 2 月，贝尔大西洋公司（Bell Atlantic Corp.）发行 24.55 亿美元、利率为 5.75% 的可交换债券，持有该债券可交换新西兰电信公司（Telecom Corp.of New Zealand）的股票。有不少债券可以

交换不止一种证券。

卖出选择权（putability）是债券持有人享有的一种选择权，在一定条件下，债券持有人可以把债券卖给发行公司。如果发行在外的债券价格下跌（当市场利率大幅度上升时、发债公司面临破产威胁时等），债券持有人可以要求发债公司以较高的价格购回该债券。由于卖出选择权在一定程度上为投资者提供了保护，所以投资者要求的收益率会稍低一些，否则发行公司就不会拟定卖出选择权条款。对发行公司来说，可卖出债券（putable bond）的销售价格比不可卖出债券（nonputable bond）的价格要高一些，从而能够筹集到更多的资金。

第三节 债券的风险

债券的风险主要有两个来源，一是购买债券后市场利率发生变化，从而影响债券的价格及再投资收益率；二是不可预见的通货膨胀及购买力下降对固定收益债券的影响。由于这两个因素对所有债券都发生作用，所以基本上代表了债券的系统性风险。债券投资最主要的非系统风险的表现形式是违约风险，对于债券投资者而言，债券的个别风险非常重要，必须充分估计公司债券发生违约的可能性。分析债券违约的可能性主要是对债券发行公司的状况，特别是对发行公司的资本结构、偿债能力进行全面的分析。

一、利率风险和再投资风险

债券的利率风险指购买债券后，市场利率发生变化所导致的债券投资收益的不确定。债券的利率风险表现在两方面：一是利率变化影响债券的市场价格，二是利率变化影响债券利息的再投资收益。

多数债券都有固定的利息和本金，如果市场利率上升，而债券的利率和到期归还的本金却是不变的，为了保证投资者买入已发行的债券时可获得必要的投资收益率，债券价格将下跌。相反，若市场利率下降，则债券价格上升。市场利率变动对债券价格的影响具有如下规律：

①债券的价格与市场利率呈反方向变动。

②给定市场利率的波动幅度，偿还期限长的债券的价格波动幅度大于偿还

期限短的债券，但价格波动的相对幅度随期限的延长而缩小。例如，期限分别为 5 年和 10 年的同类债券，当市场利率变化时，5 年期债券价格的相对波动要大于 10 年期债券。

③给定利率波动幅度，票面利息率较低的债券价格波动幅度大于票面利率高的债券。

④同一债券，市场利率下降引起的债券价格上升的幅度大于市场利率上升相同幅度而引起的债券价格下跌的幅度。

下面我们举例说明市场利率变化对债券价格影响的上述特点。

设有 A、B、C 三只债券，其价格波动与市场利率波动的关系如表 12.2 所示。

表 12.2　　债券价格波动与市场利率变动之间的关系

	A	B	C
年利息（元）	90	90	90
面额（元）	1000	1000	1000
穆迪等级	Aa	Aa	Aa
距到期日	5 年	10 年	15 年
市场利率	9%	10%	11%
债券价格（元）	1000	938.55	856.18
若市场利率下降 10%			
市场利率	8.1%	9%	9.9%
债券价格（元）	1035.84	1000	931.15
债券价格上升幅度	3.58%	6.55%	8.76%
若市场利率上升 10%			
市场利率	9.9%	11%	12.1%
债券价格（元）	965.80	882.19	789.99
债券价格下降幅度	3.42%	6.01%	7.73%

我们看到，当市场利率下降 10% 时，三只债券的价格都有不同幅度的上升，B 债券上升幅度大于 A 债券，而 C 债券的上升幅度最大。由于假设三只债券除了距到期日不同外，其他特征都相同，显然债券价格上升幅度大小与债券距到期日长短直接相关。相反，当市场利率上升 10% 时，三只债券的价格都有不同幅度的下降，B 债券下降的幅度大于 A 债券，C 债券下降的幅度最大。说明距到期日越长的债券受市场利率波动的影响越大。另外，当利率下降 10% 时，债券 B 价格波动幅度与债券 B 价格波动幅度的差为 2.97%（6.55%-3.58%），债券 C 与债券 B 价格波动幅度的差为 2.21%（8.76%-6.55%）；当利率上升 10% 时，

存在着同样的规律。这说明债券价格波动的相对幅度随期限的延长而缩小。

从市场利率上升或下降后,三只债券价格随之发生的波动幅度的对比中,我们还可以看到,在市场利率变动幅度同为 10% 的情况下,利率下降引起的三只债券价格上升幅度均大于利率上升引起的三只债券价格的下降幅度。

现假设有除票面利率不同,但其他特征都相同的两只债券,对其价格波动与市场利率变动之间关系的分析如表 12.3 所示。

表 12.3　票面利率不同的债券价格波动与市场利率波动关系的对比

	X	Y
年利息（元）	60	100
面值（元）	1000	1000
穆迪信用等级	Aa	Aa
距到期日	10 年	10 年
市场利率	12%	12%
债券价格	660.98	886.99
若市场利率上升 10%		
市场利率	13.2%	13.2%
债券价格（元）	612.41	827.73
债券价格上升幅度	−7.3%	−6.68%
若市场利率下降 10%		
市场利率	10.8%	10.8%
债券价格（元）	714.93	952.49
价格上升百分比	8.16%	7.38%

上表分析结果显示,当利率变动 10% 时,票面率比较低的债券 X 价格变动的幅度大于债券 Y。

上面我们分析了利率风险对债券价格的影响。下面我们分析利率风险对再投资收益率的影响。

债券的利息收入需要进行再投资,在债券到期收益率和债券价值的计算中,我们都是假定债券的利息收入能够按照到期收益率或当前的市场利率进行再投资,取得投资收益。但是如果购买债券后,市场利率发生变化,则债券的利息收入只能按照变化后的市场利率进行再投资,取得的投资收益自然也就与预期的不同,这就是利率变动所引起的再投资风险。

显然,市场利率变动与再投资收益率的变动方向是一致的。但由于债券价格与市场利率的变动方向是相反的,所以市场利率变动对债券投资总收益的影响是债券价格波动和再投资收益率变化的共同结果。下面我们举例说明这种影响。

假设有两只信用级别都是 Aa 级的债券 A 和 B，A 债券距到期日还有 2 年，票面利率为 8%，当前市场价格为 948.62 元，B 债券票面利率为 12%，距到期日还有 4 年，当前市场价格为 1000 元。假设投资者的理想投资期为两年。表 12.4 是市场利率变化对债券投资收益影响的分析过程和结果。

表 12.4　　　　　　市场利率变化对债券投资收益的影响

	债券 A	债券 B
面值	1000 元	1000 元
票面利率	8%	12%
穆迪信用等级	Aa	Aa
距到期日	2 年	4 年
债券市场价格	948.62 元	1000 元
到期收益率	11%	12%
（1）若购买后市场利率不变，持有期为两年：		
第 1 年利息的再投资收益	80（1.11）=88.8（元）	120（1.12）=134.4（元）
第 2 年利息收益	80 元	120 元
债券变现收入	1000 元	1000 元
第 2 年底总值	1168.8 元	1254.4 元
年持有期收益率	11%	12%
（2）若购买后市场利率下降，A 债券市场利率降为 9%，B 债券降为 10%，持有期为两年：		
第 1 年利息的再投资收益	80（1.09）=87.2 元	120（1.10）=132 元
第 2 年利息收益	80 元	120 元
债券变现收入	1000 元	1034.71 元
第 2 年底总值	1167.2 元	1286.71 元
年持有期收益率	10.92%	13.43%
（3）若购买后市场利率上升，A 债券的市场利率上升为 13%，B 债券升为 14%，持有期为两年：		
第 1 年利息的再投资收益	80（1.13）=90.4 元	120（1.14）= 136.8 元
第 2 年利息收益	80 元	120 元
债券变现收入	1000 元	967.1 元
第 2 年底总值	1170.4 元	1223.9 元
年持有期收益率	11.08%	10.63%

如表 12.4 第（1）部分分析所示，假如市场利率不变，投资 B 债券的持有期收益率高于 A 债券，所以应该选择购买 B 债券。

表 12.4 中第（2）部分的分析结果表明，假如未来市场利率下降，由于持

有债券 A 将承担市场利率下降而引起的再投资收益率下降的损失，却因债券到期而不能享受市场利率下降而导致的债券价格上升的收益，而持有债券 B 虽然需要承担市场利率下降而引起的再投资收益率下降的损失，却因债券未到期而可以享受因市场利率下降而导致的债券价格上升的收益，并且其价格上升的收益大于再投资的损失，总收益增加，从而使得其持有期收益率上升。

表中第（3）部分的分析结果则表明，假如未来市场利率上升，持有债券 A 能够享受市场利率上升所带来的再投资收益率上升的收益，却因债券到期而不必承担市场利率上升而引起的债券价格下降的损失，而持有债券 B 在享受利率上升带来的再投资收益率上升收益的同时也必须承担债券价格下降的损失，并且其价格下降的损失超过了再投资收益，总收益下降，从而使得此时 A 债券吸引力增加。

一般而言，预计市场利率上升，期限较短的债券将更受投资者青睐。这是因为一方面期限短的债券可以较早收回本金，以较高的收益率进行再投资，另一方面其价格受市场利率的影响相对小些。相反，若预计市场利率下降，则期限较长的债券更受欢迎。

二、违约风险和债券评级

投资者在决定购买一种债券时，首先要考虑的是发行公司是否会违约。如果违约的话，不要说获得收益，甚至连本金也无法收回。债券的违约风险指的是发行人不能支付利息或者到期不能偿还债券面值。通常认为国债没有违约风险，而公司债券具有较高的违约风险，因此公司债券的到期收益率要比国债高一些，这个高出的部分称为风险溢价（risk premium）。如果公司债券的违约风险上升，那么它的价格就会下降，同时到期收益率也会上升，风险溢价增加。

例如，1995 年 8 月 17 日，蜂窝通讯公司（Cellular Communications，Inc）发行 5 年期不可回购的零息债券，面值共计 2 亿 8160 万美元，标准普尔对此次发行的评级为 CCC+，公司获得发行收入 1 亿 4860 万美元，可知该债券的到期收益率为：

$$13.64\%[=(281.6/148.6)^{1/5}-1]$$

而同期 5 年期国债的到期收益率为 6.37%，风险溢价达到 727 个基点。

究竟是什么因素在影响着公司债券的违约风险？原因可能非常复杂，除了发行公司自身因素（比如现金流不足等）外，外部因素（比如宏观经济状况的恶化）的影响也不可忽略。20世纪20年代末30年代初的大萧条时期，美国大量公司债券违约；1997~1998年的亚洲金融危机期间，受影响最为严重的印度尼西亚、韩国、马来西亚、泰国、菲律宾和香港地区都出现了大量的债券违约现象，其中印尼发生的违约次数最多，而韩国违约的金额最大；2000年高科技公司在股票市场的泡沫破灭也造成公司债券的违约率上升。

我们在上节已经介绍了一些与违约风险相关的债券条款——抵押条款、股利条款、融资条款、保证条款、偿债基金条款等。尽管债券条款非常复杂，但其主要目的在实质上都是一样的，主要用来保护债券持有人的利益。面对长达几百页的债券契约和复杂的经济环境，一般投资者很难对债券的违约风险做出正确的评估，他们往往关注的是债券评级。

19世纪初，美国就出现了反映债券违约风险大小的债券评级体系。1909年，美国约翰·穆迪公司首先运用简单直观的符号表示铁路债券的信用等级，开创了世界上债券信用评级的先河。以后，债券信用评级逐步扩大，由铁路债券到一般企业债券，并形成了制度。如今最主要的四个债券评级机构是穆迪投资者服务公司（Moody' Investors Service）、标准&普尔公司（Standard & Poors Corporation）、惠誉投资者服务公司（Fitch Investors Service）和达夫&菲尔普斯公司（Duff & Phelps Credits Rating Corporation），表12.5列出了这四家主要评级机构所使用的符号及其含义。

公司在公开发行债券之前需要聘请一家评级机构为其待发行的债券进行评级，公司需要支付一定的费用给评级机构。评级需要经过一定的程序。债券评级标准既包含很多定性指标，如公司收益的稳定性、海外业务情况、会计政策、公司是否存在严重的劳资危机隐患等，也包含大量的定量指标，如各种债务比率、税前收益率等。债券评级机构通常宣称并不是依照一个精确的数学公式来计算出债券的级别，在为债券评级时，所有的相关因素都被列出并被参考，但以下三个因素是起决定性作用的：①产业状况——是"朝阳"产业还是"夕阳"产业？在环境变化中是"稳定"的还是"不稳定"的？是产业政策保护鼓励的还是限制的？在同行业中的竞争能力、发展前景如何？②公司内部财务状况——公司的盈利能力如何？资本结构怎样？财务弹性如何？等等。③债务合同——合同中的条款如何？在整个债券评级过程中，评级机构的经验会发挥很大的作用。

表 12.5　　　　　　　　　主要评级机构评级符号及含义

穆迪	标普	惠誉	达菲	
\multicolumn{5}{c}{投资级——高信誉}
Aaa	AAA	AAA	AAA	
Aa1	AA+	AA+	AA+	优等，高质量
Aa2	AA	AA	AA	
Aa3	AA-	AA-	AA-	
A1	A+	A+	A+	
A2	A	A	A	中上等
A3	A-	A-	A-	
Baa1	BBB+	BBB+	BBB+	
Baa2	BBB	BBB	BBB	中下等
Baa3	BBB=	BBB-	BBB-	
\multicolumn{5}{c}{显著投机级——低信誉}
Ba1	BB+	BB+	BB+	
Ba2	BB	BB	BB	低等，投机级
Ba3	BB-	BB-	BB-	
B1	B+	B+	B+	
B2	B	B	B	高度投机级
B3	B-	B-	B-	
\multicolumn{5}{c}{纯粹投机级——极大违约风险}
	CCC+			
Caa	CCC	CCC	CCC	风险极大，处境困难
	CCC-			
Ca	CC	CC		会发生违约，极度投机性
C	C			
	C1	C		
\multicolumn{5}{c}{收益债券——无利息支付}
	DDD			
	DD		DD	违约
	D	D		

资料来源：《新公司债券市场》，1990。

随着发行公司财务状况的变化，债券的评级可能会上升也可能会下降。如 2005 年 5 月 5 日，标准普尔公司宣布将通用和福特两家汽车公司的债券等级由原先的 BBB- 分别下调至 BB 和 BB+，原因是它们的竞争力减弱和汽车销量前景不被看好。2005 年 9 月 30 日，标准普尔将中国银行、中国建设银行和中国工商银行的长期外币评级直接调升两级，由 BBB- 调至 BBB+，短期评级由 A-3 调至 A-2。

以标准普尔公司为例，评级程序分为 7 项：①由发债企业委托评级机构评级；②发债企业提供必要资料；③评级机构通过研究资料，派出分析师去现场调查分析；④分析师向评级机构评委会提交分析报告；⑤评级机构的评委会投票决定信用等级；⑥评级机构征求发债企业意见后公布信用等级，如发债企业有不同意见，可提出充分资料，由评级机构的评委会进行复评；⑦ 20 世纪 80 年代后，标准普尔公司开始采用信用监视系统，如发现已评定的债券信用等级有较大变动，将重新评级。

债券评级对发行公司和投资者来说都非常重要。首先，债券的评级表明了违约风险的大小，从而影响到该债券的利息和发行公司的融资成本。其次，绝大部分债券都被机构投资者购买了，而很多机构投资者（如养老基金）往往被要求只能购买位于某一级别以上的债券。如果某一债券的评级较低的话，那么它就很难被销售出去。

三、垃圾债券

如表 12.5 所示，Baa 或 BBB 及其以上的级别被称为投资级，Ba 或 BB 及其以下级别债券被称为垃圾债券（junk bond），也叫做高收益债券（high-yield bond）或低级债券（low-grade bond），它们具有高风险高收益的特征。

垃圾债券最早起源于美国，早在上世纪二三十年代，存在着一种被称为"坠落的天使"的债券，它是指一些原来被评为投资等级，后来等级下降的债券。这就是垃圾债券的雏形。

到了五六十年代，一些小型公司为了开拓业务，通过发行债券筹集资金。由于小公司信用等级低，潜在风险大，在利用债券融资时就需以高收益来吸引投资者。这种高风险与高收益并存的债券，被称为"高收益债券"。由于"高收益债券"的信用等级低，于是便被市场人士用"垃圾债券"称呼之。

1977 年，莱曼兄弟公司（Lehman Brothers Holdings）发行了一笔"垃圾债券"。70 年代末期以后，垃圾债券逐渐成为投资者狂热追求的投资工具。在 20 世纪 80 年代美国统计的 2 万多家企业中，只有 800 多家大企业发行的债券能够达到投资级别，其余企业发行的只能是低信用级别的垃圾债券。到 80 年代中期，垃圾债券市场急剧膨胀，1988 年垃圾债券总市值高达 2000 亿美元。

垃圾债券 80 年代在美国快速发展，主要有以下原因：一是 80 年代初正值美国产业大规模调整与重组时期，由此引发的更新、并购等资金需求单靠股市远远不能满足，同时由于产业调整时期企业风险较大，商业银行放款谨慎、提供资金有限，这是垃圾债券兴起的重要背景。二是美国金融管制的放松。反映在证券市场上，就是放松对证券发行人的审查和管理，这导致垃圾债券纷纷出笼。三是杠杆收购的广泛运用，即小公司通过高负债方式收购较大的公司。典型例子是 1988 年底，亨利·克莱斯收购雷诺烟草公司，收购价高达 250 亿美元，但克莱斯投入的自有资金仅 1500 万美元，其余 99.94% 的资金都是靠发行垃圾债券筹得的。四是 80 年代后美国经济开始复苏，证券市场逐步繁荣。在经济持续旺盛时期，人们对前景抱有美好憧憬，更多地注意到其高收益而忽略了风险，对垃圾债券的需求强劲。

然而，由于垃圾债券质量下降，以及 1987 年股灾后的压力等因素，从 1988 年起，发行公司无力偿付高额利息的情况时有发生，到 1991 年违约率高达 10%，但同年垃圾债券的发行量和发行价格却出现反弹，垃圾债券市场显示好转迹象，1992 年垃圾债券市场明显好转，当年违约率降低到 3.4%，垃圾债券市场继续增长。经过几十年的发展，目前垃圾债券已成为美国公司债券市场上一个相当重要的金融工具。

专栏12-2　　垃圾债券之父——米尔肯（Milken）

如果你在雅虎的搜索引擎上键入"垃圾债券"（junk bond）的话，在 7 万多个搜索结果当中，将近 2/3 的页面中会出现这样一个名字——迈克尔·米尔肯（Michael Milken）。他就是曾经在 20 世纪 80 年代驰骋华尔街的"垃圾债券大王"，他曾将美国的证券金融历史轻轻地改写，并调整了其发展的方向，成为自 J.P. 摩根以来美国金融界最有影响力的风云人物。

米尔肯生于 1946 年，从小就喜欢和他的父亲一起出差。米尔肯的父亲是一位会计兼律师。刚开始的时候，米尔肯只是帮父亲提提公文包，搞搞文字方面的工作。在那时，米尔肯就流露出了对数字的特别兴趣。在帮助父亲进行支票的分类、编制银行的报表和会计账目的过程中，米尔肯开始了他在财经领域的初步启蒙。

1968 年米尔肯从加州大学伯克利分校毕业在学校读书的时候，他就已经对信贷产生了浓厚的兴趣。米尔肯在研究了数千份公司财务报告后发现，审计数字不能充分反映一个公司的真实价值。这时候他开始怀疑父亲曾经对他的教导：永远不要忘记，生意场上信誉第一，而信誉的创建是从财务报表开始的。

1970年，米尔肯在美国著名的费城大学沃顿商学院获得工商管理硕士学位，随后加入费城的德雷克斯（Drexel）投资公司当分析师，继续对投资风险做深入的研究。他发现传统的华尔街投资者在选择贷款或投资对象的时候只看中那些过去业绩优良的企业，而往往忽视了它们未来的发展势头。

1971年，年仅25岁的米尔肯发起了一场"金融革命"，提出自从工业革命以来所沿用至今的确定贷款或投资对象的传统标准需要更新，以适应新的经济环境现实和新的市场发展趋势。

米尔肯在德雷克斯投资公司成立了专门经营低等级债券的买卖部，由此开始了他的"垃圾债券"的投资之路。

黄莺初啼，崭露锋芒

对垃圾债券的独到看法，使得米尔肯成为这一高回报市场上绝对意义上的先入者，并因此而声名鹊起，成为垃圾债券的垄断者。

由于美国在二战后逐步完善了许多监管措施，旨在保护投资者不会因为企业的破产或拖欠债务而遭到损失，因此米尔肯在这些低等级债券上的投资假设逐步形成：债券的信用等级越低，其违约后投资者得到的回报越高。

但是，几乎没有人从事无等级或等级不够的高回报债券交易。因为在所有的投资者眼中，它们是不能带来任何回报的垃圾。米尔肯四处游说，寻找愿意购买的人，德雷克斯公司然后再把这些人变成垃圾债券的发行人。米尔肯向高回报互助基金说明购买这些债券的好处。同那些注重短期效益的传统债券交易相反，米尔肯真正参透了这些公司，把他们的垃圾债券定义成是值得拥有的"所有权债券"。他认为，这些债券在利率风险很大的时期反倒能保持稳定，因为其回报是与公司的发展前景相连，而不是同利率挂钩的。米尔肯认为购买垃圾债券比买股票或是买有信用等级的公司的债券风险要小，特别是在市场行情下跌，或行情剧烈动荡的时候更是如此。胆大的投资公司首先被他说服，许多保险公司、退休基金见米尔肯的理论实际可行也愿意跟进，很快经他推荐的机构投资者投资的垃圾债券的年收益率达到了50%。这时候，垃圾债券的购买者越来越多，渐渐形成了市场。米尔肯管理的债券买卖部所获利润也从开始时占公司总利润的35%，到1975年已接近的100%。

他手下的垃圾债券市场初露端倪。

1974年,美国的通货膨胀率和失业率攀升,信用严重紧缩,刹那间,许多基金的投资组合中都出现了被债券评级机构认为是低信誉的债券。许多基金都急于将手中的低等级债券出手,以免影响基金的质量形象。在整个华尔街中,除了米尔肯之外没有哪个人愿意接手。转眼间,人人都开始找米尔肯,希望得到他的帮助。

"第一投资者基金"也同样面临了这样的问题,米尔肯在研究了基金的投资组合后,建议基金经理不要将手中的垃圾债券出手,既然基金是以高回报为口号招揽客户,若将手中的高回报率的债券抛掉,基金的效益将会降低。"第一投资者基金"接受了米尔肯的意见,1974~1976年,"第一投资者基金"连续3年成为全美业绩最佳的基金。基金的销售量大增。米尔肯和德雷克斯公司也因为参与其中而声名鹊起。米尔肯成了经营高回报率债券交易的焦点。到1977年,米尔肯已经成为垃圾债券的垄断者,尽管其他投资公司也开始介入垃圾债券,但是以米尔肯为代表的德雷克斯公司的投资圣手的形象已经不可替代。

引领金融,创造新机

利用承销垃圾债券替中小型企业融资的方法,使得米尔肯成为美国金融史上的重要人物。毫不夸张地说,这种新金融产品的开发,完全改变了美国20世纪70年代到80年代的发展。

到了70年代末期,由于米尔肯的引领,这种高回报的债券已经成为非常抢手的投资产品了,米尔肯也凭借准确的判断能力建立了一个庞大的客户网络。但是新的问题也逐渐浮出海面:由于垃圾债券的数量有限,已经无法满足众多基金的购买欲望。而在美国金融市场逐渐稳定的情况下,已经不能仅仅凭借自然灾害等待企业出现信用危机和债务危机,高回报债券的市场获利空间好像突然消失了。

米尔肯对众多非投资等级债券的研究结果为他想到了一个好办法:与其坐等那些拥有垃圾债券的公司信誉滑坡,信用降级,不如自己去找一些正在发展的公司。若放债给他们,他们的信用同那些高回报债券的公司差不多,但正处在发展阶段,债券质量比那种效益下滑、拼命减亏的公司的债券好得多。经过这样一种理性的分析之后,一项新的投资思路逐渐形成——创建高回报债券包销市场。新市场诞生了,米尔肯就这样一头扎了进去,搜索那些没有达到投资等级标准或是被其他证券公司拒之门外的公司,甚至是那些风险很大的小公司,而这些曾经被传统的华尔街投资者拒之门外的公司从来没有想到自己也有机会利用华尔街的资本。从一开始,米尔肯就控制了这个无人能跟他的卓越交易与推销本领相匹敌的市场。由于其独到的投资眼光和卓越的营销手段,德雷克斯公司也给予米尔肯包销支持。米尔肯把替新兴公司,甚至是高风险公司包销高回报债券看成是在资本市场上融资的一条有效途径。

在美国80年代为新兴工业融资、促进其发展的过程中,米尔肯的功劳毋庸置疑。光纤产业与移动通讯业的发展就得益于他的努力,麦克劳移动通讯公司和有线电视网(CNN)之所以能成为当今美国家喻户晓的大公司,均得益于米尔肯通过垃圾债券的包销所实现的资金筹措。其中与MCI公司的合作堪称经典之笔。MCI公司创立于1963年,仅靠3000美元起家,当MCI向世界上最大的电信公司美国电报电话公司(AT&T)发出挑战的时候,米尔肯成为它们融资的有力后盾。AT&T是一家受政府保护的垄断公司。MCI当时所面临的最大的困难并不是来自政府的阻力或者AT&T的垄断地位,而是资金的匮乏。而在整个华尔街的银行及金融机构尚未懂得如何为新兴的发展公司融资时,米尔肯为MCI筹得了20亿美元的垃圾债券,确保了MCI的扩展资金来源,使得MCI成功地打破AT&T对长途电话市场的垄断。

1977年到1987年的10年间,米尔肯筹集到了930亿美元,德雷克斯公司在垃圾债券市场上的份额增长到了2000亿美元。这时,米尔肯已成为真正的垃圾债券大王,德雷克斯公司债券买卖部成了完全意义的上美国低级债券市场。

兼并狂潮,席卷入狱

对那些着力进行公司购并的企业来说,米尔肯的介入就等于是成功兼并的有效保证,他的筹资能力令所有遭遇收购的企业胆战心惊。然而米尔肯却因此官司缠身,最终入狱,从而结束了垃圾债券大王的传奇经历。

1982年德雷克斯公司开始通过垃圾债券形式发放较大比例的贷款来兼并企业,即杠杆收购。米尔肯最初不赞成在兼并市场上发展,但他的同事鼓动他这么干,这些人认为这将是垃圾债券的新增长点。正像歌德曾经说过的一句话那样:"你已经边缘性地进入了这场阴谋,除了主动乃至假作愉快地参与,似乎别无选择……"米尔肯对垃圾债券的操作开始向兼并与收购的一边倾斜，这使得许多大老板不寒而栗。因为利用垃圾债券为标购企业提供资金，银行家们并不需要根据借款人拥有多少资产来发放贷款，而是看标购对象拥有多少财产，以标购对象的资产作为标购者以后偿还资金的保证。

由于听从米尔肯的意见购买的债券总能获得高额收益，投资公司对他的判断高度信任，只要他一个电话，就能立即筹措到上亿美元的资金。他曾经夸口，如果需要，他可以筹集到购买通用电气公司的资金。米尔肯成了中小企业和投资公司的财神爷，他个人的收入也随之飙升。多年来，米尔肯的工资一直是固定的，每周1000美元，他真正的收入是交易佣金，1986年一年曾达到5.5亿美元。他在金融界的影响也如日中天。由于企业收购需要米尔肯的债券部配合，如果米尔肯同意为收购该项目包销债券的话，德雷克斯公司就为客户发一封信，声明"有高度信心"为收购企业提供必需的资金。信的威力无比，一旦发出，没有一家在证券交易所上市的公司能逃过被收购的命运。因此，不愿被收购的公司的管理人员对米尔肯"有高度信心"的信，莫不胆战心惊。

1984年12月，米尔肯策划了使他名声大振的皮根斯袭击海湾石油公司的标购事件。标购虽因海湾公司转头与标准石油公司合并而未获成功，却证明了米尔肯有在数天内筹集数十亿，甚至上百亿美元的能力。同年，德雷克斯公司为金块赌场公司包销了债券。1985年，又在皮肯斯公司向昂诺科公司投标过程中成功地包销了债券。对标购公司来说，米尔肯的介入就等于是成功兼并的有效保证，米尔肯已经完全开创了一个"全新的金融宇宙"。

于是，从20世纪80年代后期起，就不断有人状告米尔肯违法经营，并最终将他送上了法庭。法庭于1990年确认米尔肯有6项罪名，但没有哪项跟内部交易、操纵股价以及受贿有关。米尔肯的罪名都是没有先例的，以前也没有任何人因为这些罪名受指控：掩盖股票头寸，帮助委托人逃税，隐藏会计记录。他最终被判处10年监禁，赔偿和罚款11亿美元（其中罚款2亿美元，民审赔偿金额为5亿美元，向政府补纳税款4亿美元），并禁止再从事证券业，从而结束了米尔肯作为"垃圾债券大王"的传奇经历。

身为一名交易商，米尔肯开创并占领了整个垃圾债券业。米尔肯虽被关入监狱，但他的理论未被金融界抛弃。垃圾债券作为一种金融工具已被广泛接受，成为中小企业筹措资金的重要途径，也是收购企业的重要手段。

进军教育，再建声威

出狱后的米尔肯对人力资源的有效评估为他重新找到了投资的黄金地段，这位永远不甘寂寞的投资大师将继续开辟新的投资天地。

1993年，法官宣布将米尔肯的刑期缩短，并释放了他，米尔肯重新获得了自由。这位曾经开辟垃圾债券新天地的奇才不是一个甘愿就此退休养老的人，米尔肯这次瞄准的是教育产业。他认为，教育产业是比垃圾债券大得多的市场。美国的垃圾债券市场每年约2000亿美元，而教育市场高达8000亿美元，发展空间极大。此前几十年，美国最大的50家企业中，医药保健系统一家都没有，现在医药保健企业已占美国最大50家企业的20%。教育市场与医药保健市场一样，有极大的发展机会。米尔肯的目标就是要办成第一家进入世界最大企业行列的教育企业。

米尔肯迅速行动起来。1996年，他不顾癌症缠身，与家人和朋友一起，以教育服务为目标投资5亿美元。他首先创建了知识寰宇（Knowledge Universe）公司，然后开始收购和联合相关企业。他收购了制造智能玩具的跳蛙公司，第二年就将其年产值从1700万美元增至8000万美元；他又收购了有良好声誉的学前教育连锁机构——儿童发现中心，作为其在学前教育领域的基地。现在，知识寰宇公司已有下属企业13家，年产值15亿多美元。米尔肯的计划是将知识寰宇公司建成一个全面覆盖知识和教育领域的巨型综合企业，让一个人从出生、长大、上学、工作、生活、退休，直到去世，所有的知识和教育需要都可以通过知识寰宇公司得到满足。

尽管在美国大多数的公众媒体上，对米尔肯的评价毁誉参半；尽管在美国的康普顿百科全书里，迈克尔·米尔肯的名字与违法操作、内部交易等字眼连在一起。但是在美国金融界的同行眼中，他是个目光远大的人，一个实干家，一个敢想又敢干的天才。甚至他的敌人也不得不承认这样一个不能抹杀的事实：他开发了一些了不起的金融产品。他使许多公司明白，只赢不输是可能的，拥有这些金融产品就能赚大钱。

米尔肯年轻时候对公司财务报告的质疑成为他成就垃圾债券帝国的基础：从买卖垃圾债券获利，到通过垃圾债券融资。这一切正是因为米尔肯意识到需要有一种新的手段来取代单纯依赖财务报告的传统分析方法，以便能够全面认识借款人有哪些资产今后可能升值，从而最终确定投资的方向。

如今，曾经在浪峰与浪谷中行走过的米尔肯认为，企业年度财务报告中没有表现出来的一项关键财产是人才资本。这也正是今天的米尔肯重新将投资的目光放在教育产业上的原因所在。米尔肯的理论和实践告诉人们，无论在什么样的投资环境下，始终沿用传统方法来评估投资风险和收益不但不恰当，而且好似盲人摸象。倒是开启一下新思路，也许发财的机会就在你面前了。

我们有理由相信，当人们在对美国金融历史的发展过程进行回顾的时候，米尔肯将被作为一个重要的人物进行记录。并不是因为他在缔造"垃圾债券王国"的过程中赚取了数十亿美元，也不是因为他在利用垃圾债券进行恶意兼并的过程中伤害了多少投资者的利益，最重要的是，他为美国发展中的中小型企业提供了一种融资的新思路，正是这样一种思路为成千上万个有价值的非投资等级公司获得贷款创造了机会，同时也为20个世纪70～80年代高速发展的美国社会创造了数千万个就业机会。1989年，《华尔街时报》将他称为"最伟大的金融思想家"。《生活》杂志也将他评选为"改变了80年代的五位人士之一"。这位曾经被誉为"垃圾债券之王"的投资大师的存在意义在美国金融史上得到了最好的诠释。

资料来源：《新财经》，2002年5月10日。

第四节　两种特殊的公司债券

到目前为止，我们只介绍了很普通的债券。在这一节，我们将分析两种比较特殊的债券：收入债券和浮动利率债券。

一、收入债券

收入债券（income bond），就是只有当公司有足够的利润时，才向债券持有人发放利息的债券。这种债券具有积累的性质，也就是说某一年未支付的利息被积累起来，如果公司盈利了，它就必须按照利润允许的程度支付累计利息，但这种累计通常只限于3年以内。显然，这种债券并不能保证给投资者一个确定的回报。与优先股股利不同，收入债券的利息可以在公司所得税前扣除，具有税收盾牌的作用。对发行公司而言，只有在盈利时才支付利息，显然是比普通债券廉价的筹资方式；对债券持有人而言，发行公司遭遇到财务危机的可能性也要小一些。既然具有"双赢"的特征，那么公司为什么不多发行这种证券呢？这构成了公司融资中的一个谜团。目前，对于这一现象，主要有两种解释。

① "死亡征兆"（smell of death）。公司发行收入债券往往会给市场传递这样一个信号，公司陷入财务危机的可能性增加。从实际情况来看，目前收入债券往往用于公司重组过程中的融资，有时用于代替已发行的优先股。

② "超额成本"（dead-weight costs）。债券持有人能够获得的利息取决于公司收益的计算，债权人和股东在公司收益问题上矛盾加大，这导致了代理成本的产生。

这些解释都有一定的道理，但还不是特别令人满意。

二、浮动利率债券

浮动利率债券（floating-rate bond，或者 floater）是一种与存续期内利率固定不变相对应的债券。这种债券种类繁多，但其共同特点是：票面利率在存续期内会变化。浮动利率的设置通常被视为减少利率波动风险的重要手段，浮动利率债券的票面利率通常为某个基准利率加上一个固定或浮动的基准利差。例如，安然公司曾发行 2000 年 3 月到期，按季付息的浮动利率债券，利率为 3 个月的 LIBOR 加上 45 个基点。

需要注意的是，浮动利率债券并不等同于可调整利率债券（adjustable-rate bond）或可变利率债券（variable-rate bond）。通常情况下，浮动利率债券的利率在一年内需要多次确定，例如半年一次、一季一次、每月一次。相反，可调整利率债券或可变利率债券的利率调整的次数要少得多，至多一年一次。

国际金融市场上常见的基准利率有 LIBOR、美国国债利率、美国联邦基金利率等。LIBOR 是伦敦同业拆放利率，是国际上最重要最常见的基准利率，它指在欧洲美元市场上，大银行向国际银行提供期限不同的拆借时的一系列利率，是以 5 家主要银行的牌价为基数的平均数，最常见的是 1 个月、3 个月和 6 个月的 LIBOR，LIBID 则指伦敦同业拆入利率。美国国债利率指偿还期 1 个月到 30 年不等的各种美国国债利率。1 个月、3 个月和 6 个月的短期国库券率是最常见的以国债为基础的基准利率。美国联邦基金利率是指美国同业拆借市场的利率，其最主要的是隔夜拆借利率。这种利率的变动能够敏感地反映银行之间资金的余缺，美联储瞄准并调节同业拆借利率就能直接影响商业银行的资金成本，并且将同业拆借市场的资金余缺传递给工商企业，进而影响消费、投资和国民经济。

由于我国短期国债市场和资金拆借市场尚不发达，央行票据的发行利率和银行间债券市场的回购利率逐渐成为货币市场的主要参考利率。中国人民银行每周二、四进行公开市场操作，采用价格或数量招标的方式发行央行票据，涵盖了3个月、6个月、1年期等主要的货币市场品种。由于央行票据发行量大、流动性好、期限与回购存在互补性，央行票据逐渐成为重要的货币市场流动性管理品种，从而成为判断货币市场走势的重要参考利率。

浮动利率债券具有几个重要特征：

第一，在利率重设日，需要调整的利率可能有最大值或最小值，通常称为利率的上限（cap）或下限（floor）。

第二，大多数浮动利率债券的参考利率是某种利率或利率指数，但是五花八门的参考利率也被用于利率计算公式中。例如汇率变动、S&P500和美林公司债券指数等。1990年，海湾战争期间，所罗门兄弟公司设计了一种债券，该债券偿还的本金金额是石油价格的4倍和100美元中较小的那一个。

第三，还有一种利率与参考利率反向变动的浮动利率债券，被称为逆浮动利率债券（inverse floater 或 reverse floater）。例如，联邦住房贷款银行在1999年4月就发行了逆浮动利率债券，该债券按季付息，2002年4月到期。它的利息计算公式是（18% −2.5×3个月的LIBOR），同时规定利率下限为3%，利率上限为15.5%。

第四，还有一种被称为设定范围票据（range notes）的浮动利率债券。如果在设定日，参考利率位于特定的范围内，则该债券利率等于参考利率或者按照一定的利差调整；如果参考利率超出该范围，则那一期的债券利率为0。如美国学生贷款协会（Sallie Mae）于1996年发行2003年到期的设定范围票据，按季付息。如果3个月的LIBOR在3%~9%之间，那么投资人可按3个月的LIBOR加上155个基点的获取利息；如果3个月的LIBOR超出这个范围，则息票利率为0。

专栏12-3　　葡萄酒利息债券

1996年，英国一家叫泰斯城堡的葡萄园发行了375张面值为2650英镑的债券，共融资将近100万英镑，相当于150万美元。该债券规定，到2002年（到期日）为止的每7个月，投资者都会得到一些葡萄酒利息。在1997

年到 2001 年之间，每张债券的利息是 6 桶葡萄酒；从 1998 年开始，投资者还可以获得另外 4 桶圣·艾迷丽葡萄酒；2002 年，投资者将得到本金。

资料来源：Financial Management: Theory and Practice, Tenth Edition。

第五节　债券的发行

一、公司债券的公开发行

债券公开发行的程序与股票公开发行程序比较相似，在董事会同意后（有时还要经过股东大会的投票通过后），向证券发行主管部门递交各类必需的文件。在通过证券发行主管部门的评审后，企业就可以发行债券了。在这中间，投资银行起着关键的作用。

和股票筹资的不可偿还性不同，由于债券发行人必须在到期日向投资者偿还本金，并在债券存续期内按约定的利率水平支付利息，因此各国政府都对债券公开发行的条件进行了严格规定，以保护投资者的利益。例如，香港联合交易所规定，除了由国家机构及超国家机构发行的债务证券，所有债务证券若申请在香港联合交易所上市，必须符合以下条件：

①发行人及（如属担保发行）担保人两者各须根据其注册成立地方的法例正式注册或成立，并必须遵守该等法例及其公司章程大纲及细则或同等文件的规定。

②如发行人为一家香港公司，则不得属《公司条例》内所指的私人公司。

③如发行人或（如属担保发行）担保人的股份并未上市，则发行人或（如附属担保发行）担保人必须拥有最少 1 亿港元的股东资金，而每类寻求上市的债务证券的面值最少必须为 5000 万港元，或联交所不能指定的其他数额[1]。

二、私募

除了向公众公开发行债券外，公司还可以把债券卖给一少部分机构投资者等，这种发行方式被称为私募，其主要购买者通常是保险公司和养老基金。事

---

[1]　周春生：《融资、并购与公司控制》，北京大学出版社 2005 年版。

实上，私募通常主要用于发行债券，偶尔也会用于发行股票，因此债券私募构成了私募资本市场的主体。20世纪80年代末，在美国，债券私募一度超过了公开发行。

进行私募时，发行公司与投资者一起协商发行条款，无论是期限、保护性条款还是其他条款，都依当时情况由双方协商确定。但这一点可能产生一个不利之处，就是投资者对公司的监察可能不如公开发行中代表投资人利益的信托人的监察更为仔细。

私募的最主要优点是筹资速度快，省去了与监管部门和承销商打交道的中间环节，降低了债券的发行成本。事实上，大公司通过上架注册也能很快进入公开市场。

债券私募还有一个好处就是实际借款行为不一定马上发生。公司可以与投资者协商，在未来一段时期内，公司可以向投资者借用不超过一定数额的款项。这项信贷协议给公司提供了很大的灵活性，它可以只在需要的时候借款，但公司要为这样一种承诺支付费用。由于私募不需要向SEC注册，因此公司不必向公众披露SEC所要求的详细信息。

三、我国债券市场状况

我国的债券市场总体上还很不发达，条块分割也比较严重，但近年来，发展势头非常强劲。

1950年11月我国第一次发行了为期5年、总额3亿元的"人民胜利折实公债"；从1954年到1958年连续发行了5次"国家经济建设公债"；1958年停止了在国内外举债的活动，并随之进入了1959~1981年长达23年的"既无内债又无外债"的债券空白时期。

1979年和1980年我国连续两年出现财政赤字，1981年开始恢复国债发行。

1982年，中国国际信托投资公司在日本东京证交所发行了外国金融债券，这是我国首次在国际市场上发行外国金融债券。

1984年出现企业债。

1985年中国工商银行、中国农业银行开始在国内发行人民币金融债券。1994年我国三大政策性银行成立，同年4月，国家开发银行第一次通过派购方式发行政策性金融债券。

2004年以后，与我国大力发展资本市场的形势相呼应，债券市场改革创新进入新的高潮：债券品种大大增加，债券市场工具逐渐丰富；发行量、托管量和交易量快速增加；参与主体日益增加，类型多样化；作为政府、金融机构和企业的筹资平台，债券市场已成为资本市场的主要组成部分；作为货币市场的主要组成部分，成为央行货币政策操作和金融机构进行投资和资产管理的重要场所；银行间债券市场提供了市场化利率的重要形成机制，7天回购利率已经成为重要的货币市场基准利率，国债收益率曲线已成为其他债券发行利率的参考利率。

在市场结构方面我国已形成交易所市场、银行间债券市场和商业银行柜台市场的多元市场结构。其中，银行间债券市场是我国债券发行和交易主要场所。

债券市场发行和交易的债券品种包括：中、长、短期等不同期限的政府债券、地方政府债券、金融债、企业债、公司债、中期票据、中小企业集合票据、中小企业私募债、短期融资券、资产支持票据等。上述各类债券可概分为信用债和利率债。信用债泛指企业发行的债券，主要包括债务融资工具、企业债和公司债等形式，区别主要在于审核主管部门不同。利率债主要指国债、地方债、政策性金融债、央行票据等，其中国债和地方债发行规模由全国人大审批，政策性金融债发行由央行审批。表12.6对各类债券及其审核主管部门进行了归纳。

表 12.6　　　　　　债券的品种与审核主管部门汇总

	信用债			利率债
	债务融资工具	企业债	公司债	
管理机构	交易商协会	发改委	证监会	全国人大、央行
具体品种	短期融资券（1年以内）、超短期融资券（9个月以内）、中期票据、私募债、集合票据、资产支持票据	企业债、铁道建设债券、市政建设债、中小企业集合债	公司债、可转债、中小企业私募债	国债、地方债、政策性金融债
发行场所	银行间	银行间、交易所	交易所	银行间、交易所
审批效率	最高	较慢	较高	—
主承销商	银行、中信证券、中金	券商	券商	均可
市场规模	较大	中等	较小	最大

2017年，债券市场共发行各类债券40.39万亿元，较上年增长11.77%。银行间债券市场新发债券37.69万亿元，占债券市场发行总量的93.32%，仍是我国债券发行的主要场所。交易所市场新发债券2.70万亿元。截至2017年末，我国债券市场主要债券存量规模达到74.14万亿元。

四、我国公司债公开发行、上市交易、法律规定一览

1. 公开发行

关于公司债券的发行，其规范文件是《公司债券发行与交易管理办法》（以下简称《管理办法》）。根据《管理办法》的规定，公开发行公司债券应当符合《中华人民共和国证券法》和《中华人民共和国公司法》的相关规定，经中国证监会核准。

《中华人民共和国证券法》第十六条规定，公开发行公司债券必须符合下列条件：

（1）股份有限公司的净资产不低于人民币3000万元，有限责任公司的净资产不低于人民币6000万元；

（2）累计债券余额不超过公司净资产的40%；

（3）最近3年平均可分配利润足以支付公司债券1年的利润；

（4）筹集的资金投向符合国家产业政策；

（5）债券的利率不超过国务院限定的利率水平；

（6）国务院规定的其他条件。

公开发行公司债券所筹集到的资金，必须用于核准的用途，不得用于弥补亏损和非生产性支出。上市公司发行可转换为股票的公司债券，除应当符合第一款规定的条件外，还应当符合本法关于公开发行股票的条件，并报国务院证券监督管理机构核准。

据《中华人民共和国公司法》，有下列情形之一的，不得再次公开发行公司债券：

（1）前一次公开发行的公司债券尚未募足；

（2）对已公开发行的公司债券或者其他债务有违约或者延迟支付本息的事实，仍处于继续状态；

（3）违反本法规定，改变公开发行公司债券所募资金的用途。

2. 上市交易

根据《中华人民共和国公司法》和《中华人民共和国证券法》，公司申请公司债券上市交易应当符合下列条件：

（1）公司债券的期限为1年以上；

（2）公司债券实际发行额不少于人民币 5000 万元；

（3）公司申请债券上市时仍符合法定的公司债券发行条件。

公司债券上市交易后，有下列情形之一的，由证券交易所决定暂停其公司债券上市交易。

（1）公司有重大违法行为；

（2）公司情况发生重大变化不符合公司债券上市条件；

（3）发行公司债券所募集的资金不按照核准的用途使用；

（4）未按照公司债券募集办法履行义务；

（5）公司最近 2 年连续亏损。

3. 终止上市交易

公司债券上市交易后，有下列情形之一的，由证券交易所决定终止其公司债券上市交易。

（1）公司有重大违法行为，经查实后果严重的；

（2）公司情况发生重大变化不符合公司债券上市条件，在限期内未能消除的；

（3）发行公司债券所募集的资金不按照核准的用途使用，在限期内未能消除的；

（4）未按照公司债券募集办法履行义务，经查实后果严重的；

（5）公司最近 2 年连续亏损，在限期内未能消除的；

（6）公司解散或者宣告破产的。

第十三章

混合型融资

优先股、认股权证和可转换证券是本章的主要讨论对象,从金融的角度看,它们具有一个共同特点,即都是一种兼具股票和债券性质的融资工具。其中认股权证和可转换证券又都具有期权的某些特征。这些融资工具都具有哪些特征?公司利用它们进行融资时需要考虑哪些因素?本章将对这些基本问题展开讨论。

第一节　优先股

优先股是指其持有者比普通股持有者具有一定优先权的一类证券，它是介于普通股和公司债券之间的一种筹资工具，它在某些方面和公司债券类似——支付固定的股息；在某些方面又和普通股类似——对公司财产的要求权排在公司债权人之后。从资产负债表看，它属于权益资本；从金融的角度看，它需要支付固定的费用从而提高了公司的财务杠杆，但不支付优先股股利也不会导致公司破产，而又与债券利息不同的是，优先股股息只能从税后利润中支付，不能用来抵税；从发行公司的角度看，优先股的优先权意味着优先股股东获得股利后，普通股股东才有资格获得股利。因此，把优先股作为混合类证券似乎更为恰当一些[①]。

一、优先股的基本特征

优先股都有一个确定的面值，也叫清偿价值。优先股的面值具有两层意义，一是代表优先股股东在公司清算时应得的资产权，二是计算股利的基础。股息可以用每股多少货币单位表示，也可以用面值的百分之几表示，或者两种方法并用。如在美国，通常是25美元或者100美元。股息可以用每股多少美元表示，也可以面值的百分之几表示，或者两种方法并用。例如股息可以指定为每股2.5美元（每股25美元的面值或其他指定值），或者是预先确定的10%的股息率。在后一种情况下，若优先股的面值为25美元，则股息为2.5美元；若面值为50美元，则股息为5美元；若面值为100美元，则股息为10美元。固定股息优先股的股息通常都是按季发放的。在20世纪80年代，出现过实物分红的优先股，被称为PIK（payment in kind）。

[①] 关于优先股到底应该属于权益类还是债券类，包括这里讨论的混合类，理论界和实务界一直就存在争论。从资产负债表上看，它作为权益；从金融角度看，就不同了。读者只需把它当成一种投融资工具看待即可。

优先股的股息不同于债券利息，董事会有权决定不对优先股发放股息，而且董事会的决策可以与公司当前的利润情况没有任何联系。优先股的股息可以是累计的，也可以不是累计的。但是，现实中大多数优先股股息都是可以累计的，也就是说某一年未发放的股息可以向前结转，但最长累计时间通常为3年。在拖延支付期间，未支付的优先股股息被称为未付款项（arrearages），但它本身并不能产生利息，未付款项只会随着未付股利的增多而增多。

优先股的股息支付必须排在普通股股利支付之前。所以，尽管不支付优先股股息并不会导致公司破产，但发行公司一般还是倾向支付优先股股息。因为若不支付优先股股息，就不能支付普通股股利，不支付普通股股利就会导致发行债券融资更困难，当然也不能发行更多的优先股或普通股来融资。从发行公司的角度讲，优先股股息支付的灵活性还是为公司提供了很大的便利，优先股的风险要比债券小；从投资者来说，优先股的风险就比债券要大，因此他们会要求一个比较高的税后收益。

优先股股东一般只能收取既定的股息，而且一旦公司破产，他们只能获得给定的价值补偿。近年来，许多新发行的优先股都设定了强制性偿债基金。这些因素都使优先股看起来很像债券。然而，从发行公司的角度看，优先股股息不像债券利息那样能够免税。从个人投资者的角度看，优先股股息属于应纳税的普通收入。在美国，对公司投资者[①]而言，投资优先股股息的70%是可以免税的，因此公司投资者更有动力购买其他公司的优先股而不是债券，从而导致优先股的收益率一般要比债券低。所以，在谈到关于优先股的税收问题时，既要考虑优先股股息税后支付的税收劣势，也要考虑到公司投资者所具有的税收优势。

目前大多数的优先股赋有下述条款：①利用偿债基金定期赎回优先股；②提前赎回全部或者部分优先股；③转化为普通股。

订立赎回及转化条款的原因很多，主要是经济环境发生了变化，发行人希望利用债券的税收优势，或者希望通过低成本地发行股票从而赎回高成本的优先股，也可能是为了调整公司的资本结构。1985年阿科公司（Atlantic Richfield Co.）就为了调整资本结构而赎回了公司的优先股。大多数优先股赎回时是以预定的价格加上赎回日累计欠付的股息全部或者部分赎回。初始赎回价一般是面值或者售出价格加1年的股息，随后逐渐降到面值或者初始售出价格。例如，

---

① 美国税法规定，一家公司从征收联邦收入税的其他公司获得的股利总收入可免除70%的收入税。该规则有一定的适用范围，读者可参看相关法条。从美国的经济现实看，这项规定确实使大量的优先股被公司拥有，而不是个人投资者。

杜克能源公司（Duke Power Company）股息率为7.12%的Q系列优先股（面值100美元）到1992年3月15日的赎回价为107.12美元；第二个五年内的赎回价为104.75美元；第三个五年的赎回价为102.83美元；最后，2000年3月16日的赎回价为100美元。

二、优先股融资的利弊分析

公司在考虑优先股融资问题时，一般会从下面两个方面的利弊进行权衡。

优先股融资的主要优点在于：

①不像债务那样，面临着到期必须支付利息的硬约束，未能支付优先股股息不是公司的违约行为，不会导致公司破产。

②优先股的发行一般不会导致原有普通股股东对公司控制权的下降。

③优先股没有固定的到期日，不像债券那样必须偿还本金。

优先股融资的最主要不足在于其较高的成本。成本高的原因：一是对于个人投资者而言，投资优先股风险高于购买债券，为补偿风险要求股利比债券的票面利率高；二是优先股股利需从税后利润中支付，不能起到抵税作用。正因为此，那些高税率的企业不喜欢发行优先股。另外优先股往往赋有较多的限制条款，如对公司借债的限制，对普通股股利支付的限制等。

第二节 认股权证

认股权证（warrants）是发行公司向投资者发放的一种凭证，赋予持有人在一定时期内以确定的价格向发行公司购买普通股的权利。当持有者执行这一权利时，发行公司就应该交出股票。认股权证通常与债券一起发行，能够起到"甜点心"的作用，吸引投资者购买票面利率低于市场利率的债券。投资者不仅能够获得债券的固定收益，而且能够以确定的价格购入普通股股票。如果股票的价格预期会上升，这一期权就很有吸引力。

一、认股权证的特征

认股权证具有期权的性质，因而每一份认股权证都规定了持有人可以购买股票的股数和执行价格。当然，执行价格也可以随时间而改变。当然，执行价格也可以随时间而改变。比如，每股 25 元，2 年后的执行价格是 30 元，再过 2 年后的执行价格是 40 元，这一特点会促使持有人提前执行认股权。如果公司进行股票分割或者发放股票股利时，执行价格也要根据情况进行相应的调整。比如说，股票进行 1 分 2，此时执行价格通常要降为原价的一半。

认股权证上须载明认股权证的有效期限，超过有效期即失效，多数认股权证都是有期限限制的。但在有些条件下，没有到期日，这称为永久性认股权证。当持有人行使认股权时，应把认股权证交回公司。

认股权证常常是可以分离的（detachable），例如，如果认股权证是依附债券发行的，就是说在发行后可以立即与债券分离而单独流通，只有极少数的认股权证是不可分离的。在很多时候，认股权证已经被执行了，债券可能还没有清偿。

认股权证通常被高速发展的小公司所采用，这些公司通常被认为具有较高的风险。如果发行债券的话，必须支付很高的票面利率并且受到非常严格的债券契约的限制。为了避免这种情况的发生，公司在发行债券的同时配售认股权证。如果公司在未来确实发展前景良好，认股权证就会给投资者带来很大的好处，公司也会得到一个相对宽松的债券契约条件。

认股权证的一个重要特征是一般只有当资金需求产生的时候它才能带来资金。公司的稳步发展需要新的权益资本注入，公司的发展也为股价上升提供了空间，从而促使认股权证执行，这就为公司带来了所需要的现金流。

认股权证的执行价格通常比发行时的股票价格高 20%～30%。如果公司发展前景良好，股价就会超过执行价格，持有者就会执行认股权证。如果认股权证在公开市场上的售价超过了执行给他们带来的好处，持有者就会出售认股权证而不是执行它们。除了上面所提到的阶梯执行价格外，公司也可以通过向普通股股东发放诱人的股利以促使认股权证得到执行。不执行的话，持有人不仅得不到股利，而且股利的发放在一定程度上也限制了股价上升的空间。

二、股权证与看涨期权的差异

从认股权证的持有者的角度来看，认股权证与以普通股为标的的看涨期权非常相似，它赋予持有人以确定价格购买公司股票的权利。但若从公司的角度来看，两者就存在巨大的差异。它们的根本区别在于看涨期权被执行时，期权持有者所获得的股票来自二级市场，公司对外发行的股份并没有发生任何变化，也不会改变公司的净资产；而当认股权证被执行时，持有者得到的实际是公司新发行的股票，同时有新的资金注入公司，公司股份数发生了变化。

为了理解这一点，我们来看一个例子。假设 DH 公司有两个具有相同出资比例的股东：丹尼尔（Daniel）先生和汉娜（Hannah）女士，他们各持 1 股股票。公司仅有 4 盎司黄金作为它的唯一资产，价值 1600 美元，因此 1 股股票的价值就为 800 美元。

发行看涨期权的情形：假设丹尼尔先生以其拥有的股份向第三方伊莎贝拉太太发售一份看涨期权，规定伊莎贝拉太太可以 1000 美元的价格购买丹尼尔先生的股票。如果黄金的价格上升到 500 美元以上，伊莎贝拉太太就会行使期权并获利，丹尼尔先生只得到了 1000 美元。我们看到此时 DH 公司的总股数仍为 2 股，只是丹尼尔先生把股票卖给了伊莎贝拉太太。如果黄金价格继续上涨到 600 美元，则伊莎贝拉太太获利 200 美元（2400 美元 / 2-1000 美元）。

发行认股权证的情形：假设 DH 决定向伊莎贝拉太太发行 1 股认股权，伊莎贝拉太太可以 1000 美元的价格购买 1 股股票。从伊莎贝拉太太的角度看，看涨期权和认股权证似乎没有什么区别，都是以 1000 美元的价格购买 1 股 DH 公司的股票。

当黄金的价格上升为 600 美元时，伊莎贝拉太太执行期权就是有利可图的。然而，当她行使认股权后，情况会发生了变化。伊莎贝拉太太行使了认股权，DH 公司发行 1 股股票，收到现金 1000 美元。此时，DH 公司的价值为 2400 美元的黄金和 1000 美元的现金之和，共 3400 美元。此时，每股的价值为 1133 美元，而伊莎贝拉太太的收益仅为 133 美元（1133 美元 -1000 美元）。

为什么都是以 1000 美元的执行价格购买 DH 公司的股票，在公司发行认股权证的情况下，伊莎贝拉太太的收益会比较小？原因在于执行认股权证所带来的稀释效应，此时公司对外发行的股份增加了。

我们回忆，在执行看涨期权的情况下，公司对外发行的股份并没有发生变化，看涨期权实质上是丹尼尔先生和伊莎贝拉太太对公司股票价格的一种赌博。当黄金的价格上升为 600 美元时，伊莎贝拉太太执行看涨期权的收益为：

$$\frac{2400美元}{2} - 1000美元 = 1200美元 - 1000美元 = 200美元$$

而在认股权证的情况下，伊莎贝拉太太向 DH 公司支付了 1000 美元，获得公司 1/3 的股份。认股权证的执行不仅改变了公司的净资产，而且改变了公司的对外发行的股份数，从而导致伊莎贝拉太太执行看涨期权的收益为：

$$\frac{2400美元+1000美元}{3}-1000美元=1133美元-1000美元=133美元$$

也就是说，认股权证的执行改变了公司的会计数据，摊薄了每股收益。

在黄金的价格上升为 600 美元的情况下，当伊莎贝拉太太执行认股权证时，原始股东丹尼尔先生和汉娜女士的财富都从执行前的 1200 美元降低为 1133 美元，只有伊莎贝拉太太获利 133 美元，财富刚好从原始股东丹尼尔先生和汉娜女士向认股权证的执行人伊莎贝拉太太转移，这的确损害了公司现有股东的利益。

三、认股权证的价值分析

既然认股权证是一种买方期权，那么它的价值就可以由确定买权价值的方法来决定。但确定认股权证的价值要比确定其他买入期权的价值更困难。原因在于：当认股权证被执行时，发行公司交付的是新发行的股票或已退出流通的库藏股，这使得公司股本增加，股权价值变动。而由于执行价格一般低于市场价格，必然产生股票价值的稀释效应，造成股价的变动。股票价值的变动又进而影响认股权证的价值。总之，认股权证的估价的复杂性体现在对普通股股价的影响上。而一般期权不存在这个问题。综合大量研究结果，认股权证的价值主要受施权价、距到期日的时间、股票现价、股票波动性和可能存在的每股盈利稀释效应等因素的影响。此外，股息率、认股权证是否在交易所上市、认股权证发行数量等都会影响认股权证价值，他们之间不仅分别影响认股权证价值，而且形成综合效应。

1. 认股权证的内在价值

认股权证的内在价值（intrinsic value）又称为认股权证的底价，在不考虑稀释效应的前提下，由下面公式决定：

$$V_{intrinsic}=(P_{S_0}-K)/N_q=Q(P_{S_0}-K) \quad (13-1)$$

式中，P_{S_0} 代表公司普通股当前市价；K 代表施权价；N_q 代表一股公司股所需的认股权证数；Q 代表一个认股权证可认购的普通股股票数。

为什么说认股权证的内在价值是认股权证的底价呢？不妨看看倘若情况不

是这样，即认股权证的市价低于其内在价值，会出现什么结果。

设 $N=1$，认股权证的市场价格为 V_M。若认股权证的市价低于其内在价值，即有 $V_{intrinsic}>V_M$，这时，套利者可在市场上按市价 V_M 买入认股权证，再按施权价 K 向公司购入股票，所发生的总支出为 V_M+K。然后，套利者将股票按市价出售，总收入为 $P=V_{intrinsic}+K$（从内在价值的公式中导出），收支之差为 $(V_{intrinsic}+K)-(V_M+K)=V_{intrinsic}-V_M>0$。显然，这种无风险套利机会在市场上是不可能存在的，因此认股权证价值不会低于内在价值。

2. 认股权证的时间价值

认股权证的市场价值与内在价值之差为时间价值。认股权证的时间价值由以下因素决定：①距到期日的时间。与其他股票期权一样，随着认股权证的到期日临近，其时间价值不断下降。这是因为认股权证的价值受标的资产股票价格的影响，标的资产股票价格上涨，认股权证价格也会上涨，距到期日越长，标的股票价格上涨的空间越大，时间价值也越大。②股价的变动性。同一般的期权一样，认股权证随着股价上升而上升，而在股价下降时不会变为负值。因此，股价大幅度变动带来的利益要大于其所带来的不利影响。所以变化幅度越大的股票的认股权证价值也越大。③杠杆效应。由于相对于标的股票价格而言，认股权证价格较低，因此认股权证给投资者以用较少的投入获得较高的收益的可能。比如，XYZ 公司的认股权证市场价格高于其内在价值，此时投资者有两种选择，购买该公司股票或购买认股权证。假如股票当前市价为 25 元，认股权证当前市价为 3 元，认股权证的施权价为 25 元。如果投资者选择购买公司股票，随后股价升至 50 元，那么投资者的收益率为 100%。但如果投资者选择购买认股权证，成本是 3 元，当股票价格升至 50 时的最低收益是（50-25-3）=22，其收益率高达 733%。而股价不上涨，购买认股权证的最大损失为 3 元，购买股票的最大可能损失是 25 元。可能出现的高收益率和有限的损失，使认股权证充满了吸引力，也增加了其时间价值。

3. 认股权证对股价的稀释作用

设认股权证行使前，发行公司的股票股数为 N_0，每份认股权证可认购 Q 股股票，发行的认股权证数为 M_Q，认股权证行使前和行使后瞬间股价的变化如表 13.1 所示。

表 13.1　　　　　　　　　　认股权证行使前后的公司股价

	行使前	行使后
股东权益总价值	V_0	$V_1 = Q \times M_Q \times K + V_0$
股票总数	N_0	$N_1 = Q \times M_Q + N_0$
每股股票的价值	P_0	$P_1 = \dfrac{V_0 + Q \times M_Q \times K}{N_0 + Q \times M_Q}$

已知，不考虑稀释效应时的认股权证的内在价值如式（13–1），那么，考虑稀释效应时的内在价值就应为：

$$V_{\text{intrinsic}} = Q(P_1 - K) = \frac{QN_0}{N_0 + QM_Q}\left(\frac{V_0}{N_0} - K\right) \quad (13\text{–}2)$$

式中，$\dfrac{QN_0}{N_0 + QM_Q}$ 就是稀释因子。式（13–2）的推导过程如下：

$$Q(P_1 - K) = Q\left(\frac{V_0 + QM_Q K}{N_0 + QM_Q} - \frac{N_0 K + QM_Q K}{N_0 + QM_Q}\right)$$

$$= Q \times \frac{V_0 N_0 - N_0 K N_0}{(N_0 + QM_Q)N_0} = \frac{QN_0}{N_0 + QM_Q}\left(\frac{V_0}{N_0} - K\right)$$

下面我们通过一个例子说明这种稀释效应。假设 U 公司发行在外的普通股股数为 2000 万股，发行在外的认股权证数为 400 万个，每 2 个认股权证可认购一股普通股，每股的执行价格为 35 元。假如在公司股票价格为 40 元时认股权证持有人行使了认股权。容易得到 U 公司认股权证行使前后的公司股价如表 13.2 所示。

表 13.2　　　　　　　U 公司认股权证行使前后的公司股价

	行使前	行使后
股东权益总价值	40×2000=80000（万元）	80000+35×400×0.5=87000（万元）
股票总数	2000 万股	2000+400×0.5=2200（万股）
每股股票的价值	40 元	87000/2200=39.54（元）

我们看到由于稀释效应使得股价下降了 0.46 元。由于不考虑稀释效应时的认股权证的内在价值为：

$$V_{\text{intrinsic}} = Q(P_0 - K) = 0.5(40 - 35) = 2.5 \text{（元）}$$

于是，考虑稀释效应后认股权证的内在价值为：

$$V_{\text{intrinsic}} = \frac{0.5 \times 2000}{2000 + 0.5 \times 400} \times (40 - 35) = 0.454545 \times 5 = 2.27 \text{（元）}$$

4. 利用 Black-Schoels 公式对认股权定价

对股票稀释的影响进行调整后，Black-Schoels 定价模型就可以用于对公司股票欧式认股权证进行定价。

考虑一个公司拥有 N_0 股发行在外的普通股和 M_Q 份发行在外的欧式认股权证。假设每份认股权证可使其持有者在 T 时刻以每股 K 的执行价格认购 Q 股公司股票。根据前面的分析知，认股权证的价值是 $\frac{QN_0}{N_0+QM_Q}$ 份基于 $\frac{V_0}{N_0}$ 的常规看涨期权的价值。其中，V_0 是公司的股权价值，可以用以下公式计算：

$$V_0 = N_0 P_0 + M_Q W \tag{13-3}$$

式中：P_0 是股票价格，W 是认股权证的价格，有：

$$\frac{V_0}{N_0} = P_0 + \frac{M_Q}{N_0} W \tag{13-4}$$

因此，在应用 Black-Schoels 定价模型时，将：①股票价格 S 用 $P_0 + \frac{M_Q}{N_0} W$ 替换；②股票波动率 σ 用公司股票加上认股权证的总价值的波动率替换；③公式再乘上稀释因子 $\frac{QN_0}{N_0+QM_Q}$，做出以上调整后，就可以用 Black-Schoels 公式求出认股权证的价值了。当然，由于公式中需要输入认股权证的价值 W，需要通过代数方法来获得认股权证的价值。

当然，用 Black-Schoels 定价模型需要考虑的问题不会如此简单。事实上，我们并没有考虑到另外一些因素的影响。通常看涨期权的有效期只有几个月，而认股权证可以长达数年甚至更久。而且 Black-Scholes 期权定价公式假设并不存在股利支付，这在一个较短的时间里还说得过去，但在 5 年 10 年的时间内再这样假设显然不太合理。因此，投资银行家们通常不会这样简单地去计算认股权证的价值，而是通过细致的工作让市场去决定认股权证的价值。但上述分析确实提醒我们，思考认股权证的价值时要考虑到稀释作用的存在，但不能简单把它当成一个看涨期权来看待。

四、认股权证融资的利弊

1. 认股权证融资的优点

低成本和宽松的筹资条件是认股权融资最主要的优点。由于认股权证能给其持有者在未来以较低的价格买入具有较高价值公司股票的权利，作为回报，它使得附有认股权证的优先股和债券能够支付较低的利息或股利，从而降低了企业的资金成本。这对资金紧张又无力支付较高利息的发展中的中小企业很有吸引力。在历史上，认股权证通常都是由发展速度较快的成长型的小公司发行。这些小公司被认为具有较高的风险，故除非它们提供很高的利率或接受严格的限制，否则难以销售其长期证券。而认股权证好比"甜点心"，可以吸引投资人购买所售的长期债券或优先股。例如，1985年，美国泛太平洋航空公司（Pan Pacific Airline）就凭借发行附认股权证债券筹集到了高达5000万美元的资金。当时根据投资银行估计，如果发行普通债券，需要将票面利率定在14%左右才能被投资人接受。但若每发行一张面值为1000美元的20年期债券，就提供30张认股权证，那么债券的票面利率就可以定在10.375%的低水平上。当时该公司普通股的每股市价为20美元，认股权证允诺持有人在1995年以前，随时有权以每股22美元的价格购买公司的股票。为什么在一个票面利率应等于14%的资本市场中，投资人愿意购买票面利率只有10.375%的债券？原因是认股权证提供了一种长期买进选择权，它可使投资人在公司蓬勃发展时，分享公司的成长，所以投资人愿意接受较低的票面利率以及限制较少债券条款。

认股权证的另一个有吸引力的地方是，当公司需要资金时，它将带来新的资金，因为成长通常会使公司产生额外的资金需求，同时公司的成长也会导致普通股价格的上升，股价上升后，促使认股权证持有人以现金认购普通股，如此一来，公司就可以获得资金。

2. 认股权证融资的缺点

认股权证融资的主要缺点在于，由于不能确定投资者何时行使权利，往往使公司陷于被动。认股权证为公司提供了一笔资金来源，但这笔资金何时能得到，公司却不易控制。一旦公司急需资金，认股权证持有人又迟迟不行权，公司的再融资决策将受到约束。倘若发行普通股满足资金需求，一旦普通股发行后又出现了认股权证行权行动，会对股票产生很大的稀释作用，但若采用强制行权的办法又往往会加大公司的资金成本。

认股权融资的另一个缺点就是行权之后对公司股票的稀释作用，以及对公司原股东控制权的分散作用。

第三节 可转换证券

可转换证券是指由股份公司发行的、可以按一定条件转换成一定数量公司普通股股票的证券，因此又被称为股票连接类证券。主要是可转换优先股和可转换债券。一旦转换成普通股，它们就不能再转换成债券或者优先股了。

一、可转换证券的特征

可转换证券主要分为可转换优先股和可转换债券两类。可转换证券所具备的可转换性实际上是一种较长期的买入期权。这一点与认股权证是一致的，因此两者有许多相似之处，但它与认股权证存在许多明显的不同，以可转换债券为例：①认股权证一般以定向方式募集，而可转换债券多为公开募集。②认股权证在发行后一般可以与其所附着的债券或优先股相脱离而独立流通，可转换债券的可转换性不能脱离债券而独立存在。③认股权证有时还可以独立发行，如许多公司给予其高级经理人员购买股票的期权，这种期权往往不叫认股权证，但实质是典型的认股权证。而可转换债券的可转换期权不能独立发行。④认股权证行使时，持有人必须支付现金购买股票，而可转换债券行使时，持有人只需付出债券。因此，认股权证行权增加了公司权益资本，但不改变负债规模（除了认股权证持有人可以不支付现金而代之以返回公司发行的债券或优先股的情况）；而可转换债券行使增加了公司权益资本，减少了负债，但不增加公司总资本。

谈到可转换证券时，转换比率（conversion rate）、转换价格（conversion price）、转换价值（conversion value）、转换溢价（conversion premium）等都是我们经常听到的术语，这些术语表述了可转换证券的重要特征。

转换比率指的是持有人持有1张可转换证券可以换到的普通股股票数。与此紧密相关的一个概念就是转换价格，它指得是转换发生时，投资者为持有普通股股票而需支付的实际价格。我们来看一个可转换债券的例子。假设T公司发行面值为1000元、10年期的可转换债券。规定在到期日前的任何一天，其持有者都可以把1股可转换债券转换为20股T公司普通股。这里，转换比率就是20。由于持有者进行转换时要放弃面值1000元的可转换债券才能获得T公司的20股普通股，因此，转换价格就为50元（1000元/20）。很清楚，转换比率和转换价格是同一个问题的两个方面，知道其中的一个就能很快求出另一个。

可转换证券的转换价格和认股权证的执行价格比较类似，可以固定不变，也可以采用阶梯转换价格。由于公司增长一般会导致普通股价值上升，这种阶梯式的规定是比较合理的。

与认股权证还有比较相似的一点，就是通常都有条款保证可转换证券不受股票分割、股利发放或者公司以低于转换价格的价格发行新股的影响。例如，公司宣布发放股利或股利分割，转换价格也要进行相应的调整。T公司以40元的价格发行新的普通股，此时，可转换证券的转换价格就要降到40元。这种条款保护了可转换证券持有人免受公司以低于转股价格发行新股而带来的股权稀释的影响，当然这会给公司带来麻烦。转股价格的降低增加了可转换证券的价值，实质上造成财富从现有股东向可转换证券持有人的转移，这也就增加了新股发行的成本。这些都是公司在制定融资决策时需要考虑到的因素。

可转换证券的转换价值就是可转换证券能以当前市场价格立即转换成普通股时，这些可转换证券当前能够实现的价值。具体的计算方法是1张可转换证券可以换到的普通股股票数乘以普通股的当前市场价格。例如上述T公司股票目前的市场价格为55元，则可转换债券的转换价值就为1100元（=55元×20股）。

可转换证券不仅为其持有人提供了债券的固定收益或者优先股的固定股息，还同时赋予其持有人将证券转化为公司普通股股票的权利。由于这一选择权的存在，公司制定的债券利率或者普通股股息就要低一些。这与附有认股权证的债券发行时的情况比较类似，它们的差别在于认股权证可以剥离后单独流通，而可转换证券则不能。

可转换证券的定价往往要比发行时的转化价值高一些，这一差额被称为转换溢价。我们再次考虑T公司的例子，如果可转换债券发行时股票的市场价格为45元，则转换价值为900元（45元×20股），如果可转换债券的定价为其面值1000元，则两者的差额100元就是转换溢价。转换溢价在很多时候用百分比来表示，本例中就可用11.11%（1000元/900元−1）来表示。对于大多数公司来说，转换溢价通常为10%~20%之间。转换溢价实际上反映了一个事实：发行时，可转换证券的转换选择权处于虚值（out-of-the money）状态。

对于可转换证券来说，通常还有一个赎回价格（call price），订立赎回条款的主要目的是当可转换证券的转换价值高于其赎回价格时，可促使持有人执行转换。

在美国，可转换证券还有一个共同特征，它们对公司资产的求偿权一般都低于其他债权人。在欧洲，情况则不同，大多数可转换证券都是非次级优先债券。

可转换证券投资者通常拥有进行转换的选择权。由于证券的价格会随普通股价格的增加而增加，因此他们往往倾向于持有证券等待价格进一步上涨，这种价格上涨的潜力可以通过在二级市场上出售得以实现。倘若作为基础资产的普通股价格下跌，投资者却仍可以获得必要的最低回报率。而在持有可转换证券期间，投资者总能够收到发行公司支付的利息或者优先股股利。只要普通股不支付股利，他们就倾向于拖延转换。但是，对于发行公司来说，只要转换价值高于赎回价格，公司就应进行强制转换，因为这样可以减少可转换债券的利息负担（或者可转换优先股的股息负担）。不过，如果转换后支付的普通股股利大于可转换债券的税后利息成本，发行公司就没有必要强制进行转换，继续利用可转换债券利息支付的税收优势对公司更有利。显然，投资者与公司对于转换时机有不同的评价。

如果对于公司来讲转换是有意义的，该如何促使投资者进行转换呢？也就是有什么办法进行强制转换呢？通常来说，可转换证券都有赎回条款，它可以使强制转换发生，投资者要么进行转换，要么必须接受赎回价。假定转换比率是20，转换价格是50元，当普通股的市场价格上升为65元而证券的赎回价格为1100元时，公司决定赎回证券，投资者要么接受1300元（65元×20）的转换价值，要么接受1100元的现金，让证券被发行公司赎回。投资者当然会选择进行转换而非赎回，赎回条款为公司提供了一条进行强制转换的途径。赎回条款显然对公司有利，而对投资者不利，因此，大多数可转换证券都有一个较长的赎回保护期，一般为10年。公司要想使转换提前发生，就必须制定一个较短的赎回保护期。按照公平的原则，赎回期较短的可转换证券就必须提供较高的利率或较低的转换价格。

除了赎回条款能强制转换之外，公司也可以采用激励转换办法，如阶梯转换价格。还有一种激励的方法是增加普通股股利。如果普通股股利收入足以大于可转换证券的债券利息收入或优先股股息收入，也会在很大程度上促使转换的发生。

二、可转换证券融资的利弊分析

在技术上，可转换证券被当作负债或者优先股，但由于发行公司通常希望它们能够转换，因此在很多时候，它们往往被看成是递延的普通股（deferred common stock）。由于转换价格通常高于当前发行新股的价格，因此可转换证券就在某种程度上提供了一种以较高价格出售新股的可能性。

例如从事基因工程的 U 公司最近研究得到了一突破性发现，需要融资 9000 万元进行新项目的建设。目前 U 公司普通股的市场价格为 50 元，公司管理层一致认为该股价被严重低估，他们期望收益会在以后几年内迅速提高从而推动股价持续上涨。如果发行新股来筹资，经过投资银行的评估，新股发行价格应为 45 元，那么公司就要发行 200 万股普通股股票。还有一种策略是发行可转换证券筹资，转换溢价为 20%，则转换价格将为 60 元（50 元 × 1.2），据此策略，转换后新增的普通股股数将是 150 万（9000 万元 / 60 元）。这样，由于新增的股数较少，发行可转换证券所产生的稀释效应就要比发新股融资小得多。注意，管理层的最终目的是权益融资，只是目前股价太低，他们寄希望于股价超过可转换债券而促使转股行为发生。如果收益并不像预期那样乐观，转股就不会发生，此时公司在较低的收益水平上还要负担债务，这对公司来说，产生的后果将是灾难性的，公司破产的风险大大增加。显然，公司选择发行可转换证券主要取决于对未来盈利能力的预测。

发行可转换证券的另一优势在于可转换债券的利率（或可转换优先股的股息）比较低，较低的利息（或优先股股息）支付额对于成长阶段的公司格外有利，而对于投资者则提供了一个转换的权利，从而弥补了低息的损失。市场之所以往往对可转换证券反应良好，就是因为它们作为递延普通股的性质，能使证券持有人有机会分享公司未来高成长所带来的利益。

当然，可转换证券的弊端也很明显：①虽然可转换证券的利率（优先股股息）较低，但转换发生时，这种优势就不复存在。②如果公司确实需要权益资本，可转换证券发行后，股价并没有上涨，这会给公司带来债务负担，最后弄巧成拙。

除了上述优缺点外，可转换债券还有个特点得到了人们的广泛认可，即它在一定程度上能够解决代理问题。我们知道普通股股东往往会有进行高风险投资项目的激励，认识到这一点，债权人往往不愿借贷或者要求较高的利率作为补偿，致使公司融资成本加大。代理问题越严重，直接发行债券就越难。如果债券是可以转换的，债权人就可能通过转换而享受到公司风险投资所带来的好处，从而在很大程度上避免了代理成本的发生。可转换债券还能解决管理层和潜在股东之间的信息不对称问题。发行股票往往被市场解释为利空的消息，在这种情况下，一个有效的办法就是发行可转换债券，由于公司认为它的前景要比市场预期的好,因此可转换债券在一定程度上可以看成公司发行股票的后门,不仅得到市场的良好反应,而且公司还能够以较高的价格筹到资金。

不过,可转换债券的发行可能使公司面临着不确定的资本结构。正常情况下,发行人是在权益资本和债务资本之间作出选择,而可转换债券融资却是一种混合的、不确定的资本结构。可转化债券在发行初期是一种债务,利息支出也作为费用在税前扣除;由于持有人是否转换面临着很大的不确定性,从而可能会使公司很难达到理想的资本结构。

三、可转换债券价值分析

自20世纪90年代初开始,可转债在我国经历了从探索、试点、发展到扩张的过程。如今可转换债券已经作为一种成熟的金融产品,成为我国企业重要的融资渠道,有力地支持了实体经济的发展。

对于可转换债券价值,传统的分析方法是把可转换债券的价值分为纯粹债券价值、转换价值和选择权价值三个部分来分析。

1. 与可转换债券价值相关的概念

(1)纯粹债券价值

纯粹债券价值(straight value)是指不考虑可转换债券所具有的转换特征,仅仅将其当成普通债券在公开市场上出售的价格。

假设 Fowlty 食品公司发行了面值 1000 美元、票面年利率为 9% 的 20 年后到期的可转换债券,该债券半年付息一次。如果该公司目前向市场出售 20 年期的普通债券,半年利息率至少为 6% 才能吸引投资者。

根据 Fowlty 公司可转换债券提供给持有人的现金流,用普通债券定价模型确定其纯粹价值。容易得到:

$$V = 45(PVIFA_{6\%,40}) + 1000(PVIF_{6\%,40}) = 774(美元)$$

可转换债券的纯粹价值是可转换债券价值的底价。也就是说,如果公司股票价格陡跌,以至于可转换债券的可转换性价值可以忽略不计的话,该可转换债券价格最多只能跌到 774 美元。当然,通常可转换债券所具有可转换性使它的价值要高于普通债券。可转换债券的纯粹价值不是固定不变的,它随着市场利率的变动以及公司风险的变化而变化。公司经营风险恶化往往导致股票价格下跌,公司的信用等级也会受到严重影响,此时可转换债券的纯粹价值就比较低。随着公司经营状况的好转，普通股价格和信用等级上升，可转债的纯粹价值也以递减的速率上升。在某一点后，股票价格的进一步上升不再会影响它，纯粹价值趋于水平。

（2）转换价值

转换价值（conversion value）指可转换债券持有人将债券转为普通股时，所能得到的普通股市场价值。转换价值可以写成如下表达式：

$$C_V = P_S \times C_R \tag{13-4}$$

式中，C_V 为转换价值；P_S 为普通股市场价格；C_R 为转换比率。

如上例中，若 Fowlty 可转债的转股价为 40 美元，转换比率为 1:25，其持有人在股价为 45 美元时进行了转换，则该债券的转换价值为 1125 美元（45 美元 ×25）。

由于转换价值等于转换比率和股票市价的乘积，因此可转换债券的转换价值与股票价格成线性关系。如果可转换债券的价值低于转换价值，投资者就可以买进可转换债券进行转换从而实现无风险套利。因此，转换价值也构成了可转换债券的价值底线。事实上，纯粹价值与转换价值共同构成了可转债的底价，在同一时点，两者中的较高者为可转换债券的底价。

（3）选择权价值（可转换性价值）

可转换债券的选择权表现为债券的可转换性，因此可转债的选择权价值也称为可转换性价值。可转换债券的选择权价值是可转债的市场价值与底价（纯粹价值与转换价值中较高者）之差。如 Fowlty 公司可转债的可转换性价值为 226 美元。

（4）可转换债券的价值

由于可转换债券实际上是一个普通债券与一个公司普通股股票买权的组合，所以可转换债券的价值也就是这两者的组合，这使得可转换债券的价值确定更加复杂。它不仅受基础资产股票的波动性、利率的波动性和公司违约风险的影响，而且还会受其赎回条款、回售条款对选择权所产生的影响。此外，基础资产和可转换债券的流动性、套期保值的成本、波动率的期限结构、普通股的红利发放等很多因素也都会影响到可转换债券的价值。从定性的角度分析，由于纯粹债券价值和转换价值构成了可转换债券的两条价值底线，因此，在给定市场利率的情况下，可转换债券价值等于纯粹债券价值和转换价值二者之间的最大值和选择权价值之和，即：

可转换债券价值 =MAX（纯粹债券价值，转换价值）+ 选择权价值

图 13.1 描述了可转换债券的价值轨迹。

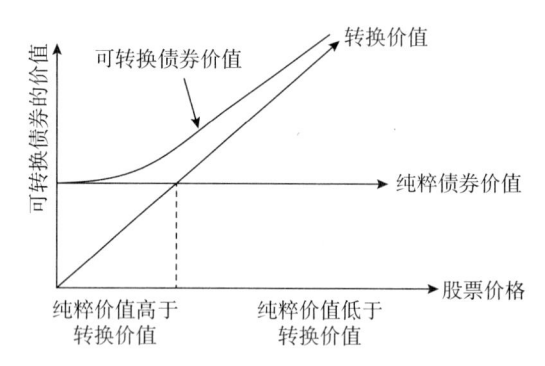

图 13.1　给定利率下可转换债券价值与股票价值

下面我们通过一个例子对可转换债券价值进行一个较为全面的分析。

假如在 2005 年，Z 公司考虑发行面值为 10 万元，10 年后到期的可转换债券，每张债券的票面利率为 6%，与该债券风险相同的普通债券的票面利率为 10%。每张债券可被转换为 526 股公司普通股。Z 公司的普通股目前每股市价为 135 元。预计下一年度每股将支付 7.8 元的股利，且每股股利与每股股价预期以每年 12% 的固定速率增长。因此条款规定，可转换债券在发行之后的五年内不得被提前赎回。但如果五年后，转换价值至少比赎回价格高 25%，公司就可能提前按面值赎回债券（这里作了简化处理，一般赎回价格要高一些）。对可转换债券的价值轨迹进行描述。

若投资人按每张 100000 元的价格买进 Z 公司的可转换债券，则在可转换债券发行之时，其转换价值、纯粹债券价值和可转换性价值分别为：

转换价值 =135×526=71010（元）

纯粹债券价值 = $\sum_{t=1}^{10} \frac{6000}{(1+0.1)^t} + \frac{100000}{(1+0.1)^{10}} = 75470$（元）

可转换性价值 =100000−75470=24530（元）

也就是说，投资人所得到的是可转换债券的纯粹价值 75470 加上 24530 的买进选择权。发行之初，纯粹债券价值高于转换价值，可转换债券价值以纯粹债券价值为底价。

到第一年末时，投资人持有的可转换债券的转换价值和纯粹债券价值分别为：

第一年末的纯粹价值 = $\sum_{t=1}^{9} \frac{6000}{(1+0.1)^t} + \frac{100000}{(1+0.1)^9} = 76954$（元）

第一年末的转换价值 =135×1.12×526=79531（元）

此时，转换价值超过纯粹债券价值，可转换债券的价值以转换价值为底价。到第五年末时，情况发生了什么样的变化？

①来自526股股票的红利收入已超过可转债的利息收入。

$$7.8 \times 1.12^4 \times 526 = 6455.8 > 6000$$

②转换价值 =135×1.12^5×526=125144（元）

③转换价值超过赎回价格25%，公司有权并有可能按100000元的价格赎回债券，继续持有可转债面临赎回风险。买权价值消失。

将上述分析结果作图，可得图13.2。

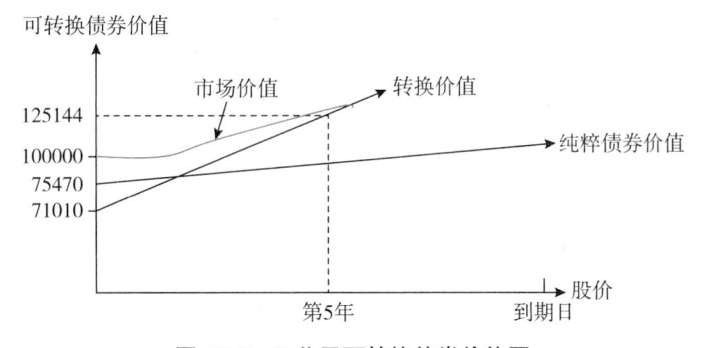

图13.2 Z公司可转换债券价值图

上述可转换债券的市价轨迹表明，可转换债券在发行之初就存在一定的溢价（市价高于转换价值部分，通常用百分比表示，可达到20%~30%），以后按一定规律变化。这种转换溢价存在的原因：一是投资者存在股价上涨，因而可转换债券价格必然上涨的预期；二是如果股票价格剧烈下降，可转换债券至少保持纯粹价值，而一旦股价上升，可转换债券的持有人可与普通股股东一样获得资本利得的好处。但溢价为什么越来越少呢？其原因：一是由于可转换债券是可回购的，股价的进一步上涨将导致发行者回购迫使投资者转换，随着回购可能性的增加，投资者愿意支付的溢价将减少；二是随着股价上涨，股票投资的吸引力增加，可转换债券的投资吸引力降低，人们不愿意支付很高的溢价去买可转换债券；三是随着转换价值上升，普通债券提供的"投资（下跌）保护"作用逐渐减少，投资者愿意支付的溢价自然也越少。

2. 可转换债券融资的利弊

（1）可转换债券融资的主要优点

①能够降低融资成本。可转换债券以它的可转换性吸引投资者，使公司得以发售相对于一般债券而言的利率较低且限制条款较不苛刻的债券，从而降低了筹资的成本。

②提供了高于当前市场发行普通股的可能性。可转换债券所设定的转换价格通常较公司普通股的当期市价高 10%～30% 之间，为公司能够以高于当前市场价格发行普通股提供了机会。事实上，很多公司想销售的并不是债券而是普通股，由于公司认为股价目前有被低估的现象，例如由于公司新投资项目初期待摊费用多，盈利暂时较少，使得股价被低估，但很快股价就会因盈利状况改善而上涨，所以按目前股价发行股票筹资势必要发行较多数量的股份方可满足需要。而发行可转换债券，并将转换价定在高于当期股价的水准上，当可转换债券转换为普通股的时候，公司所需发行的普通股股份数较现在发行要少，这样就较好地避免了股权稀释，保护了现有股东的利益。

③不必偿还本金，减轻现金支付的压力。通过可转换债券的转换，公司的负债转为本金，免除了公司在到期日支付大量债务本金的压力，而且通过转换还可以改善公司资本结构。

（2）可转换债券融资的主要缺点

①如不能按预期的设想转股，公司将付出较高的成本。尽管可转换债券的利息低于同等条件下的不可转换债券，但既然它是债券和权益资本的混合物，所以其成本也介于两者之间。特别是当未来公司股价上涨幅度较大时，公司会发现发行可转换债券筹资的代价可能更加高于发行普通债券筹资。若公司当初发行普通债券，股价高涨时再增发新股，并用新股筹集的资金去赎回普通债券，公司可能获利更多。

②如不能实现转换，公司将无法摆脱严重的债务负担。尽管可转换债券提供了公司以高于当前股价销售普通股的机会，但若转换不成功，公司将无法摆脱严重的债务负担。

③由于可转换债券转换为股票，会使得每股收益下降，造成每股收益稀释的效果。事实上，在未发生转换时，公司的财务报表也要公布"充分稀释"后的每股盈余。应注意到一个事实，大部分可转换债券都是没有抵押的低等级债券，并且是由经营风险比较大的小公司发行。这类公司筹措资金的能力较低，

却又由于发展很快，现金十分短缺。本质上，可转换债券是一种使股东与债权人共担风险共享收益的方式。如果公司经营不利，股价很低，股东和债权人都受损失（股价低，债权人放弃转换权，为支付选择权所付出的费用没有得到应得的报酬）。如果公司经营有利，股价高，债权人和股东都有利。

3. 可转换债券融资的策略

从发行公司的角度看，可转换债券有很多优良的特征，利息成本比普通债券要低，股权的稀释作用又小于直接的权益融资，同时它在提供最低收益保障的基础上，为投资者提供了分享公司未来成长的机会。但一旦不能按预期实现转换，可转换债券也会给发行者带来很大的风险。因此，如何把握机会、估计形势、选择策略尤为重要。

（1）可转换债券的发行动机

企业发行可转换债券的主要动机之一是取得较低的票面利率，减少利息支出。动机之二是实现推迟的股权融资。因此它适合那些处于成长阶段，或处于暂时的财务困境期的企业。虽然发展中企业与财务困境企业本质不同，但从财务风险和财务状况看却很相似：一方面两类企业都急需资金，但公司自身创造现金的能力不足，收益不稳定，因此采用普通的权益或债务融资方式成本较高。另一方面，两类企业又都确实有可能在未来出现较好的发展局面（特别是发展中企业），并因此带来股价的上升。因此，选择可转换债券融资对它们而言是适当的。

（2）可转换债券的设计

显然，对于绝大多数公司而言，发行可转换债券的目的都是希望能在规定时期内全部转换成普通股。为了实现上述目标就必须根据可转换债券的特点，从债券设计、发行时机及转换政策等方面做出妥善的安排。

可转换债券设计的主要工作是确定其转换价格（或转换比率）和纯粹债券价值。从公司的角度看，转换价格应尽可能高，因为价格越高，转换时公司需增发的普通股股份数就越少，对公司盈利的稀释影响也越小。但转换价格也不可以过高，那样的话，持有人将不进行转换，公司也就无法实现其预定的目标。

可转换债券的发行时机选择将直接影响可转换债券融资目标的实现。如何选择发行时机关键要看公司普通股股票的目前市场状况，并对股价未来的发展变化做出尽可能准确的预测。一般来说，当市场对公司的发展前景看好时，发行可转换债券有利。这意味着投资人对公司未来股价上涨具有较强的信心，这种情况下，就可以将可转换债券的利率定得低一些，通过债券的选择权来吸引投资者购买。如果目前股价偏低，预期未来会上升但近期内不会上升，这种情况下发行可转债是最有利的。而如果目前股价偏低，预期近期内就会较大幅度上升，发行可转换债券就不一定是最优的选择了。

转换政策的制定对实现可转换债券融资至关重要。从发行公司的角度，公司总是希望可转换债券的持有人能在规定期限内自愿转换。而可转换债券的持有人更愿意持有并等待观望，尤其是在公司股价节节攀升之时。这就要求公司在发行可转债时事先制定好转换政策，如赎回条款的制定、逐步抬高转换价格条款的设计等。另外，在应用这些条款时也必须十分谨慎。例如，对公司而言，总是希望在可转换债券的市场价值刚超过赎回价格时就采取赎回行动，但经验表明，采取赎回行动以后公司的股票价格通常会下跌很多。为避免这种情况发生，在实践中，公司在宣布赎回后，通常会提供一个月左右的时间让投资者选择。因此，公司做出此类决策时必须充分考虑其后果，尽量减少负面影响。

专栏13-1

深圳宝安企业（集团）股份有限公司是一个以房地产业为龙头、工业为基础、商业贸易为支柱的综合性股份制企业集团，为解决业务发展所需要的资金，1992年底向社会发行5亿元可转换债券，并于1993年2月10日在深圳证券交易所挂牌交易。宝安可转换债券是我国资本市场第一张A股上市可转换债券。

宝安可转换债券的特征：发行总额为5亿元人民币，按债券面值每张5000元发行，期限是3年（1992年12月~1995年12月），票面利率为年息3%，每年付息一次。债券载明两项限制性条款，其中可转换条款规定债券持有人自1993年6月1日起至债券到期日前可选择以每股25元的转换价格转换为宝安公司的人民币普通股1股；推迟可赎回条款规定宝安公司有权利但没有义务在可转换债券到期前半年内以每张5150元的赎回价格赎回可转换债券。债券同时规定，若在1993年6月1日前该公司增加新的人民币普通股股本，按给定公式调整转换价格。根据发行说明书，可转换债券所募集的5亿元资金主要用于房地产开发业和工业投资项目，支付购买武汉南湖机场及其附近工地270万平方米土地款及平整土地费，开发兴建高中档商品住宅楼；购买上海浦东陆家嘴金融贸易区土地1.28万平方米，兴建综合高档宝安大厦；开发生产专用集成电路，生物工程基地建设等。

宝安可转换债券发行时的市场情况是：当时由中国人民银行规定的三年期银行储蓄存款利率为8.28%，三年期企业债券利率为9.94%，1992年发行的三年期国库券的票面利率为9.5%，并享有规定的保值贴补。

从上述相关资料可以看出，宝安公司可转换债券的设计上，应该说归因于当时股票市场持续的大牛市行情和高涨的房地产项目开发的热潮以及宝安可转换债券设计者对转股形势和公司经营业绩过于乐观的估计。

然而，从1993年下半年和1994年起，由于宏观经济紧缩，大规模的股市扩容及由此引发的长时间低迷行情、房地产业进入调整阶段等一系列的形势变化，使宝安公司的可转换债券在随后的转股中遇到诸多困难。

宝安可转换债券从上市到摘牌（1995年底，可转换公司债券到期，深宝安股价在2.8元，1996年1月到期支付日），转换为股票的共计1350.75万股。按每股19.392元的转换价格计算，转换为宝安A股691584股，实现转换部分占发行总额的2.7%。如此低的比率恐怕大大出乎当初宝安可转换债券发行决策者的意料，亦是与宝安公司经营者的意图和最初愿望背道而驰。

转换失败以及由此带来的巨额资金的偿还给宝安公司经营的压力和负面影响是不言而喻的。在短时期内拿出5亿多元的现金，对于一个企业来说，是相当困难的。据宝安公司1995年度的财务报告反映，为了这笔巨资的偿还，该公司不得不提前一年着手准备，确保资金到位，其间不得不放弃许多投资获利机会。宝安公司在经营上也被迫做出了很大的调整。这些都成为宝安公司该年度利润下降的直接原因。但宝安公司最终经受住了考验，顺利完成了可转换债券的还本付息工作，按期将现金兑付给了宝安可转换债券的持有人，避免了任何债务违约纠纷的出现。这对于企业的信誉具有积极的作用。

资料来源：作者根据相关报道整理。

第十四章

租赁融资

　　租赁是设备融资的一项重要来源。在公司运营中,很大部分的设备是通过租赁而获得使用的。由于租赁合同包括了承租人的利息成本和出租人的利息收益率,因而它可以被看成一种资本市场工具。本章将介绍关于租赁的制度安排,以及如何看待租赁融资等。

第一节 租赁的基础知识

一、租赁的概念

租赁是承租人（lessee）和出租人（lessor）之间的一项契约。契约中规定承租人拥有使用租赁资产的权利，同时必须向出租人支付租金，承租人由此获得在一定时期内使用该资产的权利，但资产的所有权仍属于出租人。大多数人对公寓、汽车的租赁非常熟悉，对于公司租赁设备可能并不熟悉。事实上，公司也经常进行租赁，比如办公楼、计算机、机械设备租赁等。承租人既可以向专业的租赁公司租赁，也可以直接向资产的制造商，比如通用电气、IBM、惠普等进行租赁。进行租赁通常要定期支付租金，一般是每月、每季度、半年或每年支付一次，具体支付时间由双方在租赁合同中确定，通常这些租金都采取预付的形式，就是说在每个付款期间开始时付款。但也有例外，如后付租赁合同则允许承租人在期末支付租金。在资产使用过程中，通常会产生维护费用、修理费用和保险费用等，如果这些费用由出租人支付，则称为维护租赁（maintenance lease）；要是由承租人支付，则称为净租赁（net lease）。

我国《合同法》（1999年10月1日实施）规定，租赁期限不得超过20年。超过20年的，超过部分无效。租赁期届满，当事人可以续订租赁合同，但约定的租赁期限自续订之日起不得超过20年。租赁期限6个月以上的，应当采用书面形式。当事人未采用书面形式的，视为不定期租赁。不定期租赁是指当事人可以随时解除合同，但出租人解除合同应当在合理期限之前通知承租人。

二、租赁的类型

租赁通常可以按照不同的标准进行分类，我们常见的有以下四种主要类型：①经营租赁；②融资租赁；③售后回租；④杠杆租赁。

1. 经营租赁

经营租赁（operating lease）是传统的租赁，它的期限相对较短，出租人同时提供维修等服务。IBM 就在从事经营性租赁市场上占有很大的份额。飞机、卡车、计算机硬件、文字处理器等都是常见的经营租赁设备。

经营租赁的期限要比资产的经济寿命短，因此出租人在一次租赁期间往往无法收回资产的全部成本，大多数经营租赁都具有一个重要特点，就是承租人在租赁合同到期前，在合理的范围内有权取消租赁，这就为承租人提供了很大的灵活性。

经营租赁的主要目的是满足承租人对资产的临时性需求，因此由租赁资产引起的成本和风险都归出租人承受，当然收益也归出租人所有。

2. 融资租赁[①]

融资租赁（financial lease），又称资本性租赁（capital lease），与经营租赁有很大不同。

①融资租赁是为了满足承租人对资产的长期需要，租赁资产的风险和报酬通常由承租人承受。

②租赁期限较长。美国财务会计准则委员会第 13 号公告（FASB No.13）规定，融资租赁的租期应当相当于租赁资产期望寿命的 75% 以上，我国会计制度也有此项规定。这可以看成是一项时间性标准。

③租金与租赁资产的价值比较接近。美国财务会计准则委员会第 13 号公告（FASB No.13）规定，租赁开始日承租人最低租赁付款额的现值不得低于租赁资产公允价值的 90%。我国会计制度也有类似规定，租赁开始日承租人最低租赁付款额的现值几乎相当于租赁开始日租赁资产原账面价值，通常不少于 90%。

④在融资租赁下，出租人不提供维修、维护服务。

⑤承租人通常拥有在租赁期满后购买该租赁资产的权利。美国财务会计准则委员会第 13 号公告（FASB No.13）规定，承租人有以低于市场公允价值的权利购买该资产的选择权。我国会计制度规定，承租人有购买租赁资产的选择权，且订立的购价应低于行使选择权时租赁资产公允价值的 5%。

[①] 各国的会计准则都对融资租赁的具体标准有明确的规定，这里列出的只是融资租赁的一般特点，并非分类标准，有兴趣的读者可以参阅各国的具体规定。

⑥一般来说，融资租赁合同不能被撤销，因此比较稳定。

在典型的融资租赁合同中，由使用设备的公司（承租人）确定所需设备的具体要求，租赁公司按照承租人的要求引入资产，交付承租人使用，承租人通常有在到期日续约的权利。

由于融资租赁通常能够得到完全的补偿，使得这种租赁方式成为购买资产的一种替代融资形式。售后回租和杠杆租赁是它的两种特殊形式。

3. 售后回租

售后回租（sale and lease-back arrangement）指的是一家公司向另一家公司出售一项属于自己的资产并马上将该资产租回。在这一过程中，发生了两件事情：①承租人出售资产，获得现金。②承租人定期支付租金，保留了该资产的使用权。

公司采用售后回租的主要目的是扩大资金来源，资产的买卖往往只是一种形式上的交易，公司只是把资产的所有权变成了使用权。一般来说，资金的供者通常是商业银行、保险公司、租赁公司、财务公司等。在某种意义上，售后回租可以看成是抵押贷款的一种替代形式。在抵押贷款形式下，债务人以资产为抵押得到一笔借款，在规定的年限内分期偿还。在售后回租的形式下，承租人出售设备从出租人那里得到一笔资金，在租赁期内，分期支付租赁费用。两者的区别在于资产的所有权归属不同。

4. 杠杆租赁

杠杆租赁（leveraged lease）是承租人、出租人、贷款人三方之间的协议安排。

①承租人使用资产，交付租金。从承租人的角度看，与其他租赁没有什么区别。

②与其他租赁一样，出租人购买资产，交付给承租人，并定期收取租金。但是，出租人通常只支付购买资产所需资金的一部分，通常不超过该项资产价格的40%~50%。

③贷款人提供剩余的资金，并向出租人收取利息。

杠杆租赁中的贷款人对所出借款项无追索权。这就意味着一旦违约，贷款人无权向出租人追偿贷款。但是，贷款人拥有另外两项权利：①贷款人对租赁财产享有第一留置权。②在出租人违约的情况下，承租人必须把租金直接支付给贷款人。

飞机、轮船、卫星设备、电信设备租赁等通常采用杠杆租赁。美国的税法规定，出租人无论是以自有资金还是借入资金购买设备用于租赁，均可按租赁资产的全部价值享受折旧、各种减免税待遇。因此，出租人仅付出一小部分资金就可以获得全部资产价值的折旧、减免税待遇，从而大大降低了出租人的成本，出租人因节约了税收支出而会向承租人收取较低的租金，从而也降低了承租人的租金支出。

专栏14-1　租赁信托——郑州卷烟总厂创新融资租赁方式

郑州卷烟总厂是国家烟草行业36家重点工业企业之一。2004年，郑州卷烟总厂需要一笔资金，但银行贷款手续复杂，审批严格，而单纯的股权融资成本较高，需要具备一定条件。在审慎考虑之后，郑州卷烟总厂谋求了一种新的融资方式：租赁信托。

所谓租赁信托，就是根据所需要的资金额度发行信托计划，并将所筹集资金用于购买设备，而后将设备租出，利用租金归还投资者的信托项目，它是融资租赁的创新形式。郑州卷烟总厂委托中诚信托投资有限责任公司策划郑州卷烟总厂设备融资租赁信托计划。

2004年11月3日，中诚信托投资有限公司推出的"郑州卷烟总厂设备融资租赁信托计划"产品正式发行，强调本次信托计划的资金使用方式是用来购买郑州卷烟总厂目前所有的烟机设备，并以融资租赁的方式租赁给郑州卷烟总厂使用。这只产品计划募集资金4000万元，将全部用于购买郑州卷烟总厂的烟机设备。郑州卷烟总厂采取售后回租的方式，将烟机设备卖给中诚信托投资有限责任公司后，再将设备租回使用。投资者可从租金中获得收益，产品分1年期和2年期，1年期产品年收益率估计为4.5%，2年期估计为5.8%。另一方面，郑州卷烟总厂将融入资金用在重点技术改造项目上。在风险控制上，引入三重风险控制机制：租赁信托期间，中诚信托拥有烟机设备等租赁物的所有权；德宝实业总公司和河南新郑烟草（集团）公司为承租人提供连带责任保证担保；项目运作期间，中诚信托全程监管信托资金和租赁物的安全运用。

由于该租赁信托项目投资于烟草行业，预计的收益率远高于同期的国债和银行存款利率，加上项目策划中的三重风险控制机制，对投资者很有吸引力，该项目获得了成功。项目的成功实质上是信托产品与融资租赁中售后回租方式结合运用的成功，属于融资租赁的创新形式，为用户提供了更为多样化的融资渠道。

资料来源：中国工业报，2005年9月22日。

三、租赁的会计处理和税收规定

各国的会计制度都对融资租赁进行了精确的定义，把非融资租赁统称为经营租赁。如我国会计制度和美国财务会计准则委员会第13号公告（FASB No.13）都要求融资租赁条件下，未来租赁付款额的现值需作为负债在资产负债表右边列示，相同的价值作为资产在资产负债表左边列示[①]，这一会计处理过程称为资本化租赁。通过下面的例子，我们能够清晰看出通过借款购买、经营租赁和融资租赁这三种方式使用资产时，在资产负债表披露方面的差异所在。

假设H公司的初始资产负债状况如表14.1第一栏所示。现在该公司需要价值为5万元的另一种固定资产Ⅱ，它可以通过借款购买或租赁的方式达到目的。三种方式引起的资产负债表变化分别如表14.1所示。

表14.1　　　　　　　H公司资产负债表及其变化　　　　　　单位：元

资产增加前			
流动资产	30000	负债Ⅰ	40000
固定资产Ⅰ	70000	所有者权益	60000
资产合计	100000	负债和所有者权益	100000
借款购买固定资产Ⅱ（公司拥有固定资产Ⅱ的所有权）			
流动资产	30000	负债Ⅰ	40000
固定资产Ⅰ	70000	负债Ⅱ	50000
固定资产Ⅱ	50000	所有者权益	60000
资产合计	150000	负债和所有者权益	150000

---

① 这样的描述体现在具体的会计处理上并不严谨。事实上，承租人对融资租赁开始日的会计处理还涉及到其他会计科目，比如在我国有"未确定融资费用科目"等，从而导致借方"固定资产－应付融资租赁款"和贷方"长期应付款－应付融资租赁款"的数额并不一定相等。由于这种差异一般很小，同时我们的主要目的并不在具体的会计科目处理上，因此为了说明问题的方便，我们假设左边融资租入的固定资产和右边因此引起的负债相等。有兴趣的读者可以参看具体的会计处理规定。

续表

经营租赁（通过经营租赁使用固定资产Ⅱ）			
流动资产	30000	负债Ⅰ	40000
固定资产Ⅰ	70000	负债Ⅱ	0
固定资产Ⅱ	0	所有者权益	60000
资产合计	100000	负债和所有者权益	100000
融资租赁（通过融资租赁使用固定资产Ⅱ）			
流动资产	30000	负债Ⅰ	40000
固定资产Ⅰ	70000	负债Ⅱ	50000
固定资产Ⅱ	50000	所有者权益	60000
资产合计	150000	负债和所有者权益	150000

我们可以看到，在经营租赁中，租赁资产和负债（应付租赁款）未直接反映在资产负债表中。因此，经营租赁也往往被称为表外融资。而在融资租赁中，租赁资产被视为固定资产，未来租赁付款额被视为负债，其在会计报表上反映的效果类似于公司借款融资购买固定资产。因此，从财务报表上看，与经营租赁相比，进行融资租赁公司的负债率会上升。上例中，经营租赁方式的资产负债率为40%（4万元/10万元），而融资租赁为60%（9万元/15万元）。由于人们往往认为公司的财务状况与负债率负相关，因此进行经营租赁融资公司的财务报表从表面上看要漂亮一些。

在很多国家，包括美国和中国，与融资租赁一样，经营租赁也要求进行披露，但列示于资产负债表的附注中。承租人和出租人都需要在财务会计报告中披露与租赁相关的大量事项。

各国税法对于租赁的处理也做出了许多规定。例如，我国《企业所得税暂行条例实施细则》（1994年2月4日实施）第14条规定，纳税人根据生产经营需要租入固定资产所支付租赁费的扣除分别按下列规定处理：①以经营租赁方式租入固定资产而发生的租赁费，按照租赁期限均匀扣除。②融资租赁发生的租赁费不得直接扣除。承租方支付的手续费，以及安装交付使用后支付的利息等可在支付时直接扣除。第31条规定，融资租赁方式租赁的固定资产应当计提折旧。

因此，我国对租赁资产的税务处理是：通过经营租赁方式租入的固定资产，承租方不能计提折旧，租赁费直接在税前扣除；而通过融资租赁方式租入的固定资产，应在税前计提折旧，不能扣除租赁费用。

美国国内收入署（Internal Income Sevice，IRS）对租赁制定了严格的标准，凡是符合 IRS 规定的租赁，承租方的租赁费用可在所得税前扣除。IRS 关注租赁的主要原因在于防止企业以租赁为名进行避税。比如，Q 公司计划购买价值为 1000 万美元，经济寿命为 10 年的设备，若采用直线法计算折旧，年折旧额为 100 万美元。假设 Q 公司面临的公司所得税为 34%，则折旧每年抵税额为 34 万美元。以 8% 的折现率进行折现，则税收抵减额的现值为 228 万美元。如果 Q 公司能够与卖方签订一项租赁协议，租期 1 年，租金 1000 万美元，年末能以 1 美元购买该设备，则公司就能节税 3400 万美元，远远高于折旧所产生的税收盾牌的现值。

四、租赁的程序

不同的租赁业务，具体的程序会有所不同，从承租公司的角度看，一般包括以下基本程序：

①选择租赁公司。不同的租赁公司其经验范围、业务能力、资信水平和租赁费率都可能有所不同，承租人应充分了解各家租赁公司的情况，选择适合的租赁公司。

②提出租赁申请。向所选择的租赁公司提出租赁申请，说明所需租赁资产的具体要求，提交有关承租人自身的财务、资信情况等资料。

③签订租赁合同。租赁合同的条款涉及租赁资产的交货、验收、维修、保管、租金的支付、担保等诸多方面，比较复杂。需要出租人和承租人充分细致协商后方可签订。

④办理验货、付款与保险等事宜。由承租企业与租赁公司的一方或双方选定资产供应商后，购买资产。承租企业则可办理资产的验收和保险等事宜，租赁公司向供货商付款。

⑤支付租金。在租赁期限内，承租方按合同规定的金额、时间和付款方式向租赁公司支付租金。

⑥合同期满时处理资产。在融资租赁方式下，租赁合同期满时，承租企业需根据合同约定选择对资产的处理方式。可选择的方式有退租、续租或留购。

五、租金的确定

影响融资租赁租金的最主要因素是租赁资产的购置成本。购置成本由设备的买价、运杂费和途中保险费等构成。此外,预计租赁期满后租赁资产的残值、租赁公司购买租赁资产所付资金的应计利息、租赁期限、租赁手续费及租金的支付方式等都是影响租金的因素。租赁手续费通常是指租赁公司承办租赁业务的营业费用及一定的利润。租金支付方式可以是定期等额支付,也可以是定期不等额支付;可以是期初支付,也可以是期末支付;定期间隔可以是月度或季度,也可以是半年或一年。对于经营租赁而言,还需要考虑租赁物的维护费、维修费、陈旧风险等。

租金的确定方法很多,名称也不统一。下面介绍两种常见的确定租金的方法。

1. 平均分摊法

首先,根据出租方与承租方协商确定的利息率和手续费率计算出租赁期间的利息和手续费;然后,连同设备成本按租金支付次数平均。其计算公式为:

$$R = \frac{(C-S)+I+F}{N}$$

式中:R为每次支付的租金;C为租赁设备购置成本;S为租赁设备预计残值;I为租赁期间利息;F为租赁期间手续费;N为租赁期限。

例如南方公司于2012年1月1日从租赁公司租入一大型设备,价值80万元,租期5年,预计租期期满时设备残值为1.5万元,归租赁公司,年利息率按9%计算,租赁手续费为设备价值的2%,租金每年年初支付一次。根据以上资料采用平均分摊法,我们可以计算出该设备的租金为:

$$\frac{(80-1.5)+[80(1+9\%)^5-80]+80(2\%)}{5} = 24.638(万元)$$

平均分摊法的不足之处主要是没有充分考虑时间价值因素。

2. 等额年金法

根据年金现值的计算原理,将租赁资产在未来各租赁期内的租金额按一定的贴现系数予以折现,使其现值正好等于租赁资产的成本。这里所用的贴现率通常根据租赁期间利率和手续费来确定。其计算公式为:

$$R = \frac{C}{PVIFA_{r,n}}$$

式中:C为租赁资产的购置成本;分母即等额租金的现值系数,其中r为根据利率和手续费确定的租赁费率,n为租期。由于通常租金都是年初支付的,而上面的计算公式是普通年金的计算，因此需要进行调整。

例如某公司于 2010 年 1 月 1 日从租赁公司租入一套价值 30 万元的设备，租期为 5 年，到期后设备归承租公司所有，假定租赁费率为 16%。那么采用等额年金法我们可以估计出来公司每年年初应该支付的租金为：

$$R=3000000/[(PVIFA_{16\%,5})(1+16\%)]=78992（元）$$

如果不进行调整的话，则租金为：

$$R=3000000/PVIFA_{16\%,5}=300000/3.274=91631（元）$$

也就是说如果是年末付租金的话，那么租金应为 91631 元。

第二节 租赁与借款购买的比较

融资租赁的承租方通过签订租赁合同，在租赁期内按期支付租金获得资产的使用权，从现金流量的表现形式上看，与承租方事先借入一笔资金购买资产，然后再逐年归还借款本息的做法是完全一致的。因此，承租方在做出租赁决策前，需要在是借款购买还是融资租赁之间做出比较。

假设 Z 公司需新添一台设备，公司可以通过租赁或借款购买的方式获得设备。设备的购置成本为 1000000 元，预计可使用 5 年，5 年后可收回残值 150000 元。按直线法提取折旧，折旧可计提到账面价值为零。若借款购买设备，借款的利息率 10%，每年需花费 100000 元维修费。若租用该设备，租赁期 5 年，每年年初支付租金 300000 元，租金中已包含承租人对机器的维修费用。Z 公司的所得税率为 40%。那么 Z 公司究竟该选择哪一种方式呢？

我们首先分析计算租赁条件下的公司税后现金流出量，详见表 14.2。

表 14.2　　　　　　　　租赁引起的税后现金流出量　　　　　　　　单位：元

年	租金支出 （1）	税收减免 （2）=（1）×0.4	税后现金流出量 （3）=（1）-（2）
0	300000	0	300000
1	300000	120000	180000
2	300000	120000	180000
3	300000	120000	180000
4	300000	120000	180000
5	0	120000	（120000）

由于租金属于费用，可以从公司的应税收入中扣除，因而可以享受税收减免。但这些租金支出只能在付税当年扣税。如，Z公司第1年年初支付的租金300000元属于预付费用性质，必须在第1年的应税收益中扣除。

接着，我们计算举债购置设备引起的税后现金流出量。第一步，根据还款计划计算借款的现金流出，假设按年等额偿还本息，其结果如表14.3所示。然后，进一步计算借款方式所带来的节税利益，求出其税后净现金流量，计算结果见表14.4。

表 14.3　　　　　　　　借款分期偿还计划表　　　　　　　　单位：元

年	年偿还额（1）	年初本金（2）	利息支付（3）=（2）*10	本金偿还额（4）=（1）-（3）	年末本金（5）=（2）-（4）
1	263800	1000000	100000	163800	836200
2	263800	836200	83600	180200	656000
3	263800	656000	65600	198200	457800
4	263800	457800	45800	218000	239800
5	263800	239800	24000	239800	0

表中每年的偿还额根据确定年金的方法得出：

$$年还款额 = 1000000 / PVA_{10\%,5} = 263800（元）$$

表 14.4　　　　　　　借款购买税后现金流出量计算表　　　　　　　单位：元

年	年偿还额（1）	维修费（2）	利息费（3）	折旧费（4）	节税额（5）=0.4×[（2）+（3）+（4）]	税后残值	税后现金流出（7）=（1）+（2）-（5）
1	263800	100000	100000	200000	160000		203800
2	263800	100000	83600	200000	153440		210360
3	263800	100000	65600	200000	146240		217560
4	263800	100000	45800	200000	138320		225480
5	263800	100000	24000	200000	129600	90000	144200

表中，税后残值=150000（1-0.4）=90000（元）

最后，我们就可以计算并比较租赁和借款购买税后现金流出量的现值，用税后债务成本为折现率。

债务的税后成本为：10%（1-0.4）=6%

租赁的成本现值为：$PV = 3000000 + 180000 PVIFA_{6\%,4} - 120000 PVIF_{6\%,5}$

$= 300000 + 180000 \times 3.465 - 120000 \times 0.747 = 834060$（元）

借款购买的成本现值为:

$$PV = \frac{203800}{1.06} + \frac{210360}{1.06^2} + \frac{217560}{1.06^3} + \frac{225480}{1.06^4} + \frac{114200}{1.06^5} = 848507（元）$$

由于借款购买的成本现值大于租赁,所以应选择租赁的方式获得所需设备。

相对于购买而言,租赁融资的好处在于:①租赁融资集"融资"与"购置"为一身,能够较为迅速地取得所需资产。②租赁的筹资限制较少。③免遭设备陈旧过时的风险。④租金分期支付,不必一次投入大批资金,减少资金占用。⑤租金费用在税前支付,可以享受税收屏蔽好处。

租赁融资的缺点主要是融资成本较高,租金总额通常比资产价值高很多。特别是对于处于财务困难时期的企业,租金也是很沉重的负担。并且不论企业经营状况如何,租金都必须按期支付,因而财务风险较高。

第三节 对租赁的进一步讨论

一、租赁购买无差异

在租赁业务的分析中,出租人和承租人都有自己的考虑:出租人要求获得满意的回报,承租人必须考虑租赁是否比购买更划算。如果承租人选择了租赁而不是借款购买设备,说明对承租人而言租赁比借款购买更划算,但对出租人而言是否也能够同时获利呢？如果租赁交易不能给出租人带来利益,出租人就不会同意出租设备。

首先考虑一个简单的例子。

假设克里斯多夫（Christopher）公司需要一项价值为 1000 万美元的设备 2 年,公司必须决定是租赁还是购买。如果购买,银行会借给公司 1000 万美元,年利率 8%,单利计息,第二年末偿还本金。税务部门要求按直线法计提折旧,无残值。公司所得税为 40%。因此,①克里斯多夫公司每年需偿还银行借款利息 80 万美元,由于利息可以税前扣除,因此每年的利息节税额为 32 万美元；②第二年末,偿还本金 1000 万美元,本金只能税后支付,所以这 1000 万美元不存在节税的利益；③公司每年计提折旧 500 万美元,根据税法要求,折旧同样在税前扣除,因此折旧每年可提供的节税额为 200 万美元。注意,折旧并非现金支出。

因此，采用购买方式，克里斯多夫公司的年现金流量如表14.5所示。

表 14.5　克里斯多夫公司借款购买设备的年税后现金流　　单位：万美元

年份	0	1	2
设备成本	（1000）		
贷款流入	1000		
利息支出		（80）	（80）
利息节税		32	32
偿还本金			（1000）
折旧节税		200	200
税后现金流量	0	152	（848）

克里斯多夫公司还可以从埃比盖尔（Abigail）公司进行租赁以取得该设备，双方约定每年年底支付550万美元的租金。假定租金支出符合税法规定，由于租金支付属于费用，同样可以税前扣除，因此每年租金产生的节税额为220万美元。因此，租赁的现金流量如表14.6。

表 14.6　克里斯多夫公司租赁设备的年税后现金流　　单位：万美元

年份	0	1	2
租金支出	0	（550）	（550）
租金节税		220	220
税后现金流量	0	（330）	（330）

上面的分析中，我们并没有考虑资产使用产生的现金流量，因为无论是哪种方式，资产产生的现金流量，都可以认为是相同的。我们同时假定公司的应税收入足够大，足以抵消公司的费用支出，以充分利用债务、折旧、租金支出所产生的节税利益。

为了进行比较，我们应该对两种方式使用资产生成的现金流量在同一时点进行比较，因此问题的关键在于该用什么样的利率进行折现。举债融资用税后的债务成本显然是毫无疑问的，由于可以近似认为租赁是债务的替代，这里我们采用的是税后债务成本，即：$r=8\%（1-40\%）=4.8\%$。克里斯多夫公司举债融资和租赁产生的税后现金流量的现值分别为：

$$PV_1 = \frac{152}{(1+4.8\%)} + \frac{(-848)}{(1+4.8\%)^2} = -627.1（万美元）$$

租赁产生的税后现金流量的现值为：

$$PV_2 = \frac{(-330)}{(1+4.8\%)} + \frac{(-330)}{(1+4.8\%)^2} = -615.3（万美元）$$

显然，克里斯多夫公司会选择租赁的方式。但埃比盖尔公司的情况如何呢？

假如埃比盖尔公司从银行借款1000美万元购买设备，并交给克里斯多夫公司使用。该笔借款期限两年，年利率也为8%。公司每年计提设备折旧500万美元，因此折旧节税200万美元。另外，每年从承租人那里收取550万美元租金。埃比盖尔公司出租设备的年税后现金流如表14.7所示。

表14.7　　　埃比盖尔公司出租设备的年税后现金流　　　单位：万美元

年份	0	1	2
银行贷款流入	1000		
购买设备的现金支出	（1000）		
利息支出		（80）	（80）
利息节税		32	32
偿还本金			（1000）
年折旧节税		200	200
收取租金	0	550	550
租金负税额	0	（220）	（220）
税后现金流量	0	482	−518

埃比盖尔公司购买设备并出租的税后现金流量的现值为：

$$PV = \frac{482}{1.048} - \frac{518}{1.048^2} = -11.7（万美元）$$

埃比盖尔公司的损失刚好等于克里斯多夫公司选择租赁节约的现金流量的现值。

这一结果的出现包括如下前提条件：①不存在交易成本；②出租方和承租方面临相同的利率和税率；③购买设备的价格相等。这些都是理想资本市场的条件。

这个例子说明，在理想的资本市场上，承租方通过租赁所获得的利益恰恰是出租方的损失，出租方必然会提高租金来提高收益，而此时承租人便会选择购买而放弃租赁，因此达成租赁协议时，出租人和承租人双方之间是一零和博弈。显然，这与现实中存在的大量租赁现象相矛盾。那么，究竟是什么原因导致了现实中的双赢结果呢？

二、对租赁现象的解释

1. 税收

租赁存在的最主要原因在于不同经济个体之间的税收差异。有大量因素影响着税收利益，如税率、折旧、投资税收优惠和亏损的结转等。

仍然考虑克里斯多夫公司的例子。假如埃比盖尔公司的所得税税率为50%，同时埃比盖尔公司可以采用加速折旧法计提折旧（符合税法要求），第1年计提折旧800万美元，第二年计提200万，我们看看会有什么现象发生？

表 14.8　　　　埃比盖尔公司出租设备的年税后现金流　　　　单位：万美元

年份	0	1	2
银行贷款流入	1000		
购买设备的现金支出	（1000）		
利息支出		（80）	（80）
利息节税（所得税税率为50%）		40	40
偿还本金			（1000）
年折旧节税		400	100
收取租金	0	550	550
租金负税额（所得税税率为50%）	0	（225）	（225）
税后现金流量	0	585	-415

以税后债务成本4%（8%×50%）对埃比盖尔公司购买设备并出租所产生的税后现金流量贴现，所得到的现值为：

$$PV = \frac{585}{1.04} - \frac{415}{1.04^2} = 175.81（万美元）$$

此时，埃比盖尔公司也乐意出租设备，出租人和承租人都从租赁中获利。

现实经济中的税率千差万别，个人所得税与公司所得税之间存在着差异，个人和公司在不同的收入水平上也面临着不同的边际税率。而且公司的亏损还可以结转。这些类似的规定可以使公司少纳税或者不纳税。

资产的所有者通过折旧可以回收对该资产的投资，折旧同样能够起到减税作用。而公司的折旧可以采用多种方法进行计提，比如直线折旧法、年数总和法、双倍余额递减法等，税法还对不同的资产规定了不同的最短折旧年限，选择不同的折旧方法必然对公司的节税额产生不同的影响。

投资税收优惠是指符合要求时，企业可以从税额中直接扣除新购买设备支出的一部分。关于投资税收优惠的规定，可大大降低企业固定资产支出的税收负担。

诸如此类的大量税收差异的存在，使出租人和承租人都能获得好处，实现双赢。

2. 破产

各国的破产法通常对出租人的利益有较高的保护。如我国关于破产的法规规定，破产公司租赁资产所有权属出租人所有，不列入破产财产。因此，当承租人遭破产时，出租人可以将资产收回，而债权人往往只能得到部分清偿。融资公司的风险越大，资本提供者就越倾向于订立租赁合同，租赁融资下破产成本外流往往要比债务融资小得多。尤其是当经济衰退时，这个因素就显得比较重要。注意：破产只是影响租赁的因素之一，绝不是主要因素，但也不能忽视。

3. 租赁的灵活性

谁都知道，假如一个中国商人去南非出差1个月，租赁显然比购买公寓再卖掉要划算得多。这虽然只是我们现实生活中一个简单的例子，但它确实能说明很多问题。例如，如今全球航空业面临着激烈的竞争，航空业的景气度不断下滑，为了适应不断变化的竞争需求，各大航空公司需要增加新的航线。不同的机型适用不同的航线，航空公司为了匹配好每条航线上的机型就需要频繁地安排各种飞机。如果飞机是购买来的，航空公司就无法对变化的形势迅速做出反应。相反，租赁公司却能向所有航空公司提供不同型号的机型。租赁业增强了航空公司的灵活性，新制造的民用飞机中也大约有一半被租赁公司所购买。

4. 现实的约束

现实的约束是不能回避的问题。例如，一个刚毕业的普通大学生在参加工作的最初几年内只能租赁房屋居住。零售商的很多店铺都是靠租赁来取得的，他们往往没有足够的资金购买店铺，受资金的约束，除了租赁而没有别的选择。许多远洋货轮都需要使用一些码头，而这些设施通常只能通过租赁取得。2005年，我国新成立的3家民营航空公司奥凯、春秋与鹰联初始注册资本金都不到1亿元人民币，在这种情况下，从事航空运营也只能是从租赁飞机起步。

第十五章

项目融资

大公司在发展过程中，通常会参与公路等基础设施建设以及铁矿、天然气等资源的开采，这就涉及到一种新的筹资形式——项目融资。事实上，项目融资超出了传统公司融资的范畴，它是以项目公司为载体的融资活动。但项目融资与公司金融有着千丝万缕的联系，同时在我国得到日益广泛的应用，故本书将这种筹资形式的基本原理、方法等单独作为一章介绍。

第一节 项目融资概述

项目融资（project finance）是 20 世纪 70 年代兴起的一种融资模式，被广泛应用于如石油、天然气、铁矿开采和铁路、港口、电力、通讯等大型基础设施建设项目。项目融资的历史可以追溯到 17 世纪，当时英国的私人业主建设灯塔的过程就与项目融资的 BOT 形式非常相似。当时，私人业主建设灯塔的过程是：私人业主向政府提出建造和经营灯塔的申请，获得批准后，私人业主向政府租用土地建造灯塔，在特许期内管理灯塔并向过往船只收取过路费。特许期满后，由政府收回灯塔并移交给港工会管理和继续收费。

通过这个例子，我们可以得到对项目融资的初步感性认识。迄今为止，项目融资还没有一个公认的定义，它的通常做法是：发起人为该项目的筹资和经营成立一家项目公司，由项目公司进行融资，以项目公司的现金流量和收益作为还款来源，以项目的资产或权益作抵押（或质押）而取得的一项无追索权或有限追索权的融资方式。

一、项目融资的特点

为了进一步了解项目融资，我们先来看一个例子。

某自来水有限公司现已拥有 A、B 两个自来水厂。公司管理层决定建设新的自来水厂 C，筹集资金的方案有以下两种。方案一：借来的款项用于建设 C 厂，而归还贷款的款项来源于 A、B、C 三个水厂的收益。并在合同中约定，如果新厂 C 建设失败，公司把原来的 A、B 两厂的收益作为偿债的担保。此时，贷款方对自来水公司有完全追索权。所谓完全追索权，指的是贷款人在借款人未按期偿还债务时，要求借款人用除抵（质）押资产以外的资产偿还债务的权利。方案二：借来的资金用于建设 C 厂，用于偿债的资金仅限于 C 厂建成后的水费和其他收入。如果 C 厂失败，贷款方只能从清理 C 厂的资产中收回部分贷款。除此而外，不能要求自来水公司用别的资金来源，包括 A、B 两厂的收入，来归还贷款,这时称贷款方对自来水公司无追索权;或者在签订贷款协议时,只要求自来水公司把其特定的一部分资产作为贷款担保,这时称贷款方对自来水公司拥有有限的追索权。上述两种融资方案中的第二种就是项目融资。

上述例子进一步说明了项目融资一些特性,通常项目融资具有以下特点。

(1) 项目导向

项目融资,顾名思义,是以项目为主体诉求的融资安排。它主要依赖于项目的现金流量、盈利前景和资产,而不是依赖于项目的投资者或者发起人的资信来安排融资。由于项目导向,有时投资者很难借到的资金可以通过项目来安排,很难得到的担保条件也可以通过组织项目融资来实现。项目融资的贷款期限可以根据项目的具体需要和项目的具体经济寿命周期来合理安排设计。

(2) 有限追索或无追索

在大量的文献中,往往把项目融资称为有限追索和无追索贷款。将归还贷款资金来源限定在特定项目的收益和资产范围内,是项目融资的最重要特点。在某种意义上,贷款人对项目发起人的追索形式和程度是区分融资是属于项目融资还是传统融资的重要标志。对于传统融资,贷款人对项目发起人提供的是完全追索形式的贷款,即借款人更主要依赖的是自身的资信情况,而不是项目本身;而对于项目融资,在有限追索的情况下,贷款人可以在贷款的某个阶段(如项目建设期)或者在项目的一定范围内对项目发起人进行追索,除此之外,若项目出现问题,贷款人均不能追索到发起人除项目资产、现金流以及所承担的义务之外的任何形式的财产。在无追索的情况下,在融资的任何阶段,贷款人只能追索到项目公司,而不能向发起人追索,这种无追索权的项目融资被称为纯粹的项目融资。纯粹项目融资在20世纪20年代最早出现于美国,主要用于开发得克萨斯州的油田。这种做法使贷款人承担很大的风险,因此很少采用。

需要注意的是,项目融资的资金来源尽管在很大程度上来源于贷款,但也不能把项目融资和项目贷款融资等同起来,项目的债务资金除贷款外还有债券等多种形式。因此,项目贷款融资只是项目融资的重要组成部分,而非全部。

(3) 项目具有良好的经济效益和相对稳定的现金流

由于项目融资所筹资金主要依靠项目本身产生的现金流来偿还,因此项目本身能否产生可以预见的现金流至关重要。

(4) 筹资额大

从全世界范围来看,项目融资集中在资源开发项目、基础设施项目和大型工程项目,这些项目的建设都需要巨额的资金来源,项目融资所获的资金通常占整个项目所需资金的 65%～75%，有时甚至接近 100%。

（5）风险分担

为了保证项目发起人不承担项目的全部风险，对于与项目有关的各种风险要素，需要以某种形式在项目发起人、与项目开发有直接或间接利益关系的其他参与者和贷款人之间进行分担。一个成功的项目融资应该是在项目中没有任何一方单独承担起全部项目债务的风险责任，这构成了项目融资的又一个重要特点。例如项目发起人（有时包括项目承包人）可能需要承担项目建设期的全部风险，但在项目建成投产后，发起人所承担的风险将有可能被限制在一个特定的范围内，而贷款人可能要承担项目的一部分经营风险。

由于项目融资的有限追索性质，贷款人通常要求项目实体的第三方在一定时期内（如项目建设期）提供担保。当项目公司是某个公司的子公司时，贷款方一般都会要求母公司提供担保。当项目公司无母公司，或发起人不想充当保证人时，可以请第三方担当保证人。材料或设备供应商、销售商、项目产品的未来购买者、承包商和东道国政府机构等都可以充当保证人。

（6）融资成本高

项目融资与传统融资相比，通常具有较高的成本，这主要是因为项目融资的前期工作十分浩繁，工作量大、涉及面广、技术工作复杂，同时又具有有限追索的性质。项目融资的成本包括融资的前期费用和利息成本两部分。融资的前期成本包括顾问费、承诺费、成本费、律师费、公关费等，一般占贷款总额的 0.5%～2%；项目融资的利息成本一般要高出同等条件传统贷款的 0.3%～1.5%。

（7）非公司负债型融资

非公司负债型融资（off-balance finance）是指不用反映在资产负债表之内的融资安排。

经过适当的安排，可以使负债不出现在发起人资产负债表内，而仅以某种说明的形式出现在会计报表的注释中。这种安排可以使投资者能够更加灵活地进行经营，在很大程度上降低风险。

二、项目融资的参与者

项目融资通常工程较大、资金需求多、涉及面广、结构复杂，因此参与主体众多，主要有以下几类参与者。

（1）项目发起人

项目发起人，又称项目主办方，是项目的投资者，它通过组织项目融资来实现投资项目的目的。项目发起人可以是一家公司，也可以是由多方组成的团体，比如承建商、供应商、项目产品的购买方以及东道国政府等多方构成的联合体。项目发起人可以是项目利益的直接相关方，也可以是与项目没有直接利益的主体。项目发起人通常是项目公司的母公司。一般来说，项目发起人仅限于发起项目，不负责项目的建设和运营。

（2）项目公司

项目公司是为了项目建设和运营的需要而成立的实体。它可以是一个独立的公司，也可以是合伙企业，还可以是信托机构。通常项目发起人仅以投入项目公司的股份对项目承担有限责任。除项目发起人投入的资金外，项目公司主要靠借款进行融资，并以项目本身的资产和未来的预期现金流作为偿还债务的保证。有些项目公司仅是为项目的融资而成立的，并不参与项目的建设、运营，仅起资本运营的作用。如菲律宾 Palbilao 电力项目中的 Pagbilao 发电有限公司是项目公司，但电厂的运营和售电均由电厂经营者负责。

（3）贷款人

贷款人主要有商业银行、国际金融组织，还有租赁公司、财务公司等非金融机构。由于项目资金的需求量通常很大，通常是几家银行组成的银团对项目提供贷款。银团贷款能够扩大资金的供给量、分散风险，构成了项目融资最主要的资金来源。此外，在项目融资中，多边金融机构往往起着重要的信用担保作用，尤其是对东道国政治风险的担保。

（4）项目承建商

项目承建商负责项目的设计和建设，其技术水平、财务能力和经营业绩在很大程度上构成了贷款人对项目建设风险的判断。项目承建商可以通过项目公司签订"一篮子承包合同"，从而成为项目融资的最重要信用担保者。由于项目承建商与贷款银行、项目发起人和各级政府机构打交道的经验非常丰富，因此他们可以对项目融资过程中的一些问题提出很有价值的意见。

（5）项目供应商

项目供应商包括项目所需设备的供应商和原材料供应商。项目设备供应商通常通过延期付款或低息优惠出口信贷安排为项目融资提供了资金来源，同时也为项目融资提供了信贷保证。原材料供应商以长期的优惠价格为项目提供原材料，以减少项目建设和运营期的原材料供应风险，为项目融资提供了便利的条件。其资信水平和经营作风也成为贷款人发放贷款的重要考虑因素。

（6）项目产品的使用者

项目产品的使用者包括项目产品的购买者和项目提供服务的使用者。项目产品的使用者通过签订项目长期购买或者服务使用合同，从而保证了项目的市场和现金流量，为项目融资提供了重要的信用支持。项目产品的使用者包括项目发起人、对项目产品有需求的第三方，或者东道国政府有关机构。项目产品的使用者作为项目融资的一个重要参与者，可以直接参与融资谈判，确定项目产品的最小承购数量和价格公式。

（7）融资顾问

项目公司筹集资金时，往往要聘请金融公司为其策划和操作，这些金融机构就是项目公司的融资顾问。项目融资顾问必须熟悉国内、国际金融市场操作规则，了解项目所在地的政治经济结构、投资环境、法律和税收政策，对项目本身及项目所属行业的技术发展趋势、成本结构、投资费用等有清楚的认识，与主要银行和金融机构有良好的关系，具有丰富的谈判经验和技巧。他们通常通过对项目融资方案的反复设计、分析、比较和谈判，形成一个既能在最大程度上保护项目发起人的利益，又能被贷款银行和项目利益相关方接受的方案。融资顾问可以减少风险和降低成本，还可以向外界公司推荐项目，通常由投资银行或商业银行承担。

（8）东道国政府

东道国政府能够在项目融资中发挥多方面的作用。政府可以作为担保方为项目融资提供帮助，也可以作为公共产品的购买者为项目提供特许权。另外，可以通过制定相关的税收政策、外汇政策等为项目融资提供优惠条件，减少项目的建设风险和经营风险，促进项目融资的完成。

（9）保险公司等其他参与者

项目融资的巨大资金数额以及未来难以预料到的种种风险，使得保险公司成为项目融资中必不可少的参与者。保险公司收取保费，为项目分担风险，在很大程度上保障了贷款人的权益。此外，项目融资文件众多，关系复杂，一开始就需要有律师的介入，帮助制定相关合同条款。在项目融资的过程中，涉及到大量复杂的技术，需要聘请各方面的专家提供咨询意见。此外，还会有信用评级机构等参与其中。

图 15.1 概括了项目融资的主要参与者和他们之间的基本合同关系。

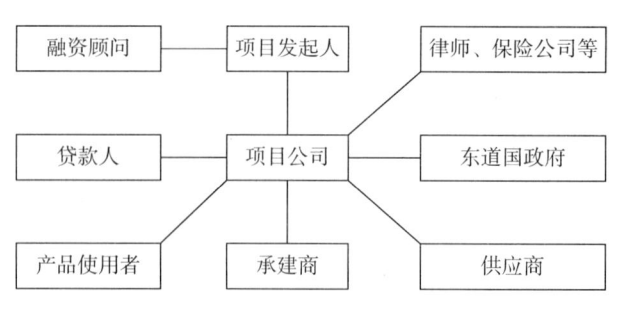

图 15.1 项目融资的主要参与者

三、项目融资的运作程序

1. 项目融资的框架

项目融资由四个基本模块组成，它们分别是项目投资结构、项目融资结构、项目资金结构和项目信用保证结构，它们之间的关系如图 15.2 所示。我们将在随后的几节中分别介绍各个模块的内容。

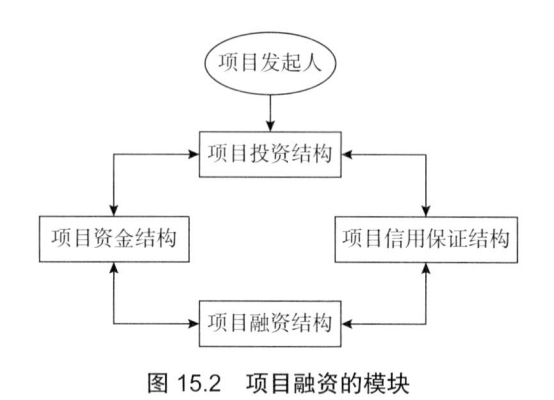

图 15.2 项目融资的模块

2. 项目融资的阶段与步骤

从项目的提出到选择采用项目融资的方式为项目筹集资金，一直到最后完成项目融资，大致分为五个阶段，这五个阶段分别为：项目提出与构思、投资决策分析、融资决策分析、融资谈判、执行阶段。这一程序和步骤如图 15.3 所示。

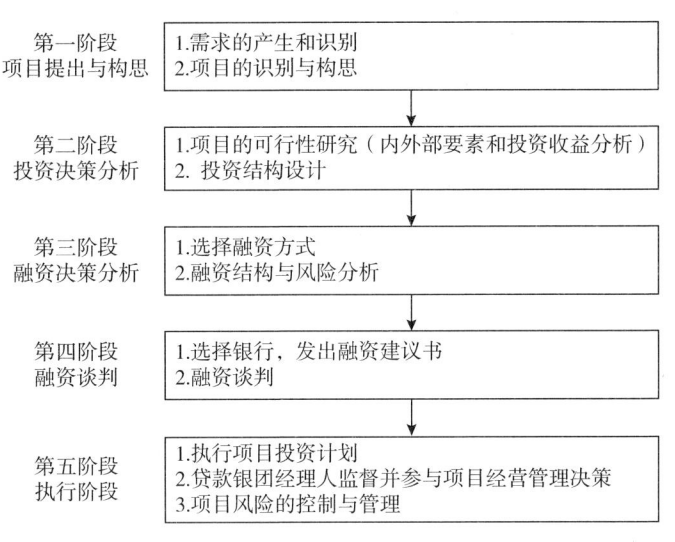

第一阶段 项目提出与构思	1.需求的产生和识别 2.项目的识别与构思
第二阶段 投资决策分析	1.项目的可行性研究（内外部要素和投资收益分析） 2. 投资结构设计
第三阶段 融资决策分析	1.选择融资方式 2.融资结构与风险分析
第四阶段 融资谈判	1.选择银行，发出融资建议书 2.融资谈判
第五阶段 执行阶段	1.执行项目投资计划 2.贷款银团经理人监督并参与项目经营管理决策 3.项目风险的控制与管理

图 15.3　项目融资的程序和步骤

①项目提出与构思阶段。之所以把项目的提出与构思作为一个单独阶段是希望读者能够对整个项目融资过程有比较完整的了解，项目的构思是对所要实现的目标进行的一系列想象和描绘，是对项目的未来目标、功能范围以及项目设计的各个主体要素和大体轮廓的设想和初步界定。项目的确立离不开项目的构思，只有有吸引力的项目才具有潜在的市场和良好的未来。

②投资决策分析阶段。在投资决策分析阶段，首先要进行项目的可行性研究，这些分析包括宏观经济形势、政策性环境、所在产业的前景、竞争性环境等内容。一个高质量、详细的项目可行性分析报告，将有助于项目融资的组织和对项目风险的分析判断。一旦作出投资决策，接下来的工作就是确定项目的投资结构，项目的投资结构与将要选择的融资结构和资金来源有着密切的关系。最普遍的投资结构有四种：公司型结构、合伙制和有限合伙制结构、非公司型合资结构、信托基金结构，这些我们将在下一节详细介绍。

③融资决策分析阶段。融资模式是项目融资整体结构的重要阶段。设计项目融资模式，需要结合项目投资结构，合理安排项目的资金构成和来源。项目的资金通常分为股本和债务资金，需要考虑的问题有：债务资金和股本资金之间的比例关系，项目资金的使用结构以及税务安排对融资成本的影响等。根据对与项目有关的风险因素所进行的全面分析和判断，进一步确定债务的承受能力和风险，最后结合相关利益方的要求，设计出可行的融资方案。

④融资谈判阶段。在初步确定了项目融资方案以后，融资顾问将会有选择

地向商业银行和其他投资机构发出参与融资项目的建议书、组织贷款银团、策划债券发行等。这一阶段需经过多次的反复，在谈判过程中，不仅需要对有关的文件作出修改，有时甚至需要对项目的投资结构等作出修改，以满足贷款人的要求。

⑤执行阶段。正式签署项目融资的法律文件后，融资的组织安排工作就结束了，项目融资进入执行阶段。在这期间，贷款银团通过融资顾问经常性地对项目融资的进展进行监督，根据融资文件的规定，参与部分项目的决策程序，管理和控制项目的贷款资金投入和部分现金流量。除此之外，银团经理人还会参与一部分项目生产经营决策，在增加资本支出、减停产、资产处理等重大决策问题上有一定的发言权。

第二节　项目的投资结构

项目融资过程中，项目的投资结构主要是指项目发起人对项目资产权益的法律拥有形式和发起人之间的法律合作关系。项目的投资结构对项目融资的组织和运行方式有着重要的影响，项目发起人在项目融资之前必须明确采用何种投资结构，尤其在存在多个发起人的情况下，投资结构问题显得更为重要。采用不同的项目投资结构直接影响到发起人对项目产品和现金流量的控制程度，以及投资者在项目中所承担的债务责任，一个在法律上结构严谨的投资结构是项目融资得以实现的重要前提。

一、决定项目投资结构的主要因素

项目投资结构的设计是一个复杂的过程，往往要考虑到很多方面的因素，每个项目都有自己的独特之处，但投资结构的设计还是有一些共同的规律，通常在决定项目投资结构时，需要考虑以下一些主要因素。

（1）项目债务的隔离程度

实现融资的有限追索是采取项目融资方式的一个重要目的，在项目投资结构设计中，必须考虑根据各项目参与方的特点和要求来实现项目风险的合理分配，以及项目的债务追索性质和强度符合项目投资者的要求。对发起人来说，项目债务的隔离程度越高，其承担的融资风险就越小，相应的投资回报也会较少。各个投资者往往由于其背景、对风险的承担能力、投资目标等不同，通常会对投资结构提出不同的要求，因此进行投资结构设计时，就需要结合项目投资者的要求，经过不断的修正和调整，以尽可能满足各方利益。

（2）补充资本注入的灵活性

项目融资所需资金数额巨大，风险较高，因此当项目遇到经营困难时，往往难以通过其他方式筹集资金，通常需要通过补充资本的方式来满足资金需求。项目融资需要注入资本的可能性大小和数额往往取决于项目风险、经济强度等因素。如果项目的经济强度不高，出现经营困难时，采取股权式投资结构就便利于增资扩股的需要。当项目的经济强度较高时，出现财务困境的可能性就比较小，就可以考虑契约型的投资结构。

（3）税务优惠和投资优惠利用

充分利用合理的项目税务结构来降低项目的投资成本和融资成本是项目投资结构设定需要考虑的一个重要因素。许多国家都因为大型项目的投资大、建设周期长等问题而给予一定的投资鼓励政策和税收优惠政策，同时不同的项目投资结构往往会影响到投资者能否合理有效地利用到这些政策。如契约型投资结构中，由于项目资产直接归发起人拥有，此时在纳税上，发起人就能比较灵活地运用税收优惠政策和投资优惠政策。

（4）融资的便利程度

项目的投资结构直接决定着项目资产的法律拥有形式，这会对融资时的抵押担保条件产生重要影响，从而直接影响到项目的融资活动。在采取公司型的投资结构时，项目公司作为一个独立的实体，拥有资产并控制着项目的现金流量，就可以比较容易地将整个项目资产抵押给银行来安排融资。

（5）其他因素

项目的投资结构不同，会影响到投资者会计报表的披露方式，从而对投资者的资产负债表产生不同的影响，投资者在考虑投资结构中往往会对这一点进行权衡。

项目投资的类型也对投资结构有着重要影响。基础设施类的投资项目往往没有直接的有形产品，投资者更重视项目所带来的收益，这时公司型的融资结构就比较有利。在石油等资源开发项目中，投资者更看重对项目产品的拥有，从而倾向于采用契约型的投资结构。

投资者在一个项目中的权益能否转让、转让程度和转让成本都与投资结构有着紧密的联系，公司型的投资结构更有利于权益转让。

二、投资结构的基本类型

目前，国际上普遍采用的投资结构主要有四种类型：公司型合资结构、合伙制结构、非公司型合资结构和信托结构。

1. 公司型合资结构

公司型合资结构（incorporated joint venture）的基础是有限责任公司。在这种投资结构中，公司与其投资者完全分离，项目公司作为独立的法人拥有权利并承担相应的义务。投资者通过持股拥有项目公司，并通过选举任命董事会成员来对公司的日常运作进行管理。图15.4是一个简单的公司型合资结构示意图。

在项目融资中，采用公司型合资结构往往会有以下这些优点：

①有限责任。投资者的最大责任被限制在所投资的股本资金之内，项目公司对偿还贷款承担直接责任，从而实现对项目投资者的有限追索。

②融资安排比较容易。第一，公司型合资结构便于贷款银行取得项目资产的抵（质）押权，一旦项目出现违约，银行就可以比较容易地行使自己的权利；第二，易被资本市场接受，条件许可的话，可以直接进入资本市场通过发行股票上市或者发行债券筹资。

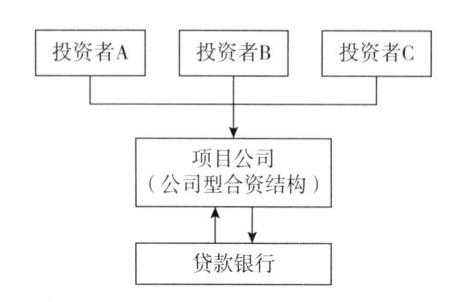

图 15.4　公司型合资结构示意图

③股权关系清晰，投资转让容易。

④表外融资方便。根据一些国家的公司法规和财务会计制度的规定，投资者在项目公司的股份不超过一定比例，在合并会计报表上就不容易显示出来，从而在一定程度上降低了项目发起人的负债率。

这种投资结构的不足之处也非常明显：

①投资者对项目的现金流量缺乏直接的控制。现金流量属于项目公司，任何一个投资者都无法对其实行直接的控制。

②项目的税务结构灵活性差。由于分开纳税,投资者不能利用项目公司的亏损来冲抵利润,有时还存在双重纳税的现象。项目公司的利润要先交纳公司所得税,发起人从项目公司分得的利润还要作为收益来源交纳所得税,这种情况只在税法规定不能完全抵扣时发生。

2. 合伙制结构

合伙制(partnership)结构是至少两个以上的合伙人以获取利润为目的共同从事某项投资活动而建立起来的一种法律关系。与公司制不同,合伙制不是一个独立的法律实体,它通过合伙人之间的法律合约建立起来,没有法定的形式,一般也不需要在政府注册。但是,大多数国家都有完善的法规来规范合伙制的组成及行为。合伙制通常包括普通合伙制和有限合伙制两种。

①普通合伙制。普通合伙制是所有的合伙人对于合伙制的经营、合伙制结构的债务以及其他经济责任和民事责任负有连带的无限责任的一种合伙制。在大多数国家,普通合伙制结构一般被用来组成一些专业化的工作合作,如律师事务所、会计师事务所,很少在大型项目和项目融资中采用。在北美,石油、天然气勘探开发领域曾采用普通合伙制结构。图 15.5 是普通合伙制结构的简单示意图。

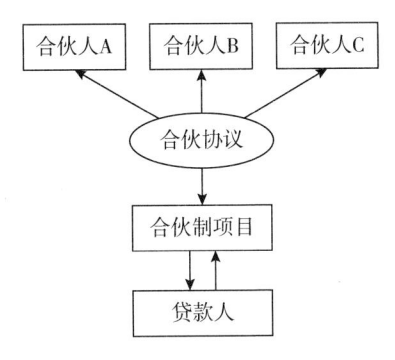

图 15.5 普通合伙制结构示意图

普通合伙制不是一个与其合伙人相分离的法律实体,它的主要特点是合伙制的财产由合伙人所拥有,而非公司制结构那样公司资产由公司拥有;合伙人对普通合伙制的债务承担连带的无限责任,而非公司制那样股东仅以出资份额承担有限责任。因此普通合伙制的主要优点就是税务安排灵活,缺点在于合伙人承担无限责任。为了克服这一缺点,一个普遍的做法是投资者并不直接进入合伙制结构,而是成立一个专门的子公司并通过这个子公司进入合伙制结构,如图 15.6 所示。

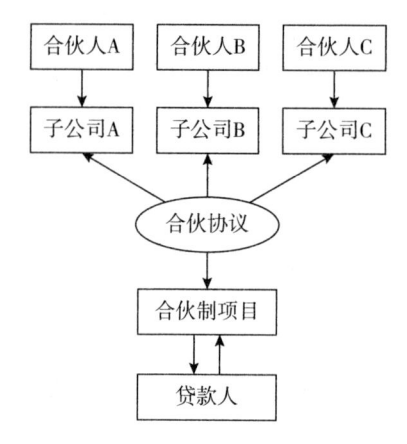

图 15.6　普通合伙制结构示意图

②有限合伙制。有限合伙制是在普通合伙制基础上发展起来的一种合伙制结构，包括至少一个普通合伙人和至少一个有限合伙人。普通合伙人负责合伙制项目的组织、经营和管理工作，并承担对合伙制项目的无限责任；有限合伙人不参与项目的日常经营管理，对合伙制项目的债务责任也被限制在有限合伙人已投入并承诺投入到合伙制项目中的资本数量。有限合伙制投资结构示意图如图 15.7。

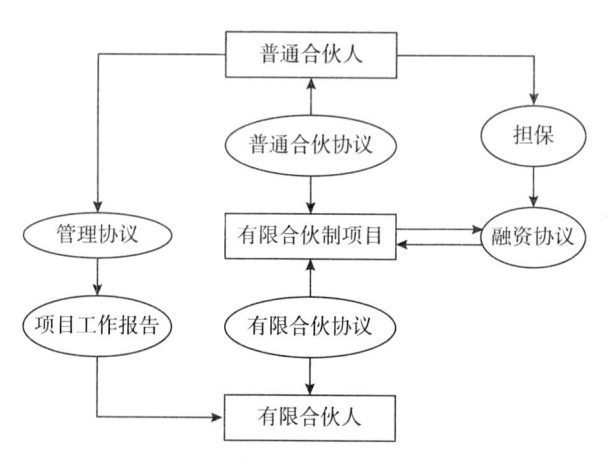

图 15.7　有限合伙制结构示意图

有限合伙制既具有普通合伙制在税务安排上的优点，又在一定程度上避免了普通合伙制的连带责任问题，是项目融资中经常使用的一种投资结构。普通合伙人一般是在该项目领域具有技术管理特长并且准备利用这些特长从事项目开发的公司。较经常使用有限合伙制作为投资结构的项目有两大类：一类是电站、公路等资本密集、回收期长但是风险较低的公共设施和基础设施项目，另一类是石油、天然气等投资风险较大，税收优惠大，同时又有良好前景的资源类地质勘探项目。在资源类地质勘探项目中，国家通常对于项目的前期勘探费用给予优惠的税收政策，往往是项目的主要发起人作为普通合伙人，邀请一些其他的投资者作为有限合伙人为项目提供前期勘探的高风险资金，而普通合伙人则承担全部或者大部分的项目建设开发的投资费用以及项目勘探、建设和生产阶段的管理工作。简单示意图如图 15.8 所示。

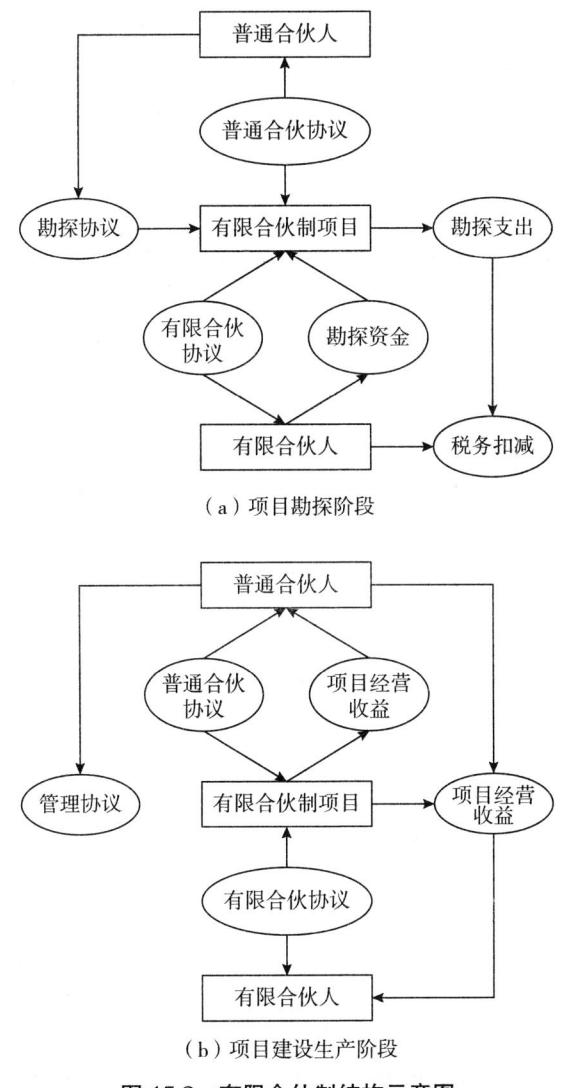

(a) 项目勘探阶段

(b) 项目建设生产阶段

图 15.8　有限合伙制结构示意图

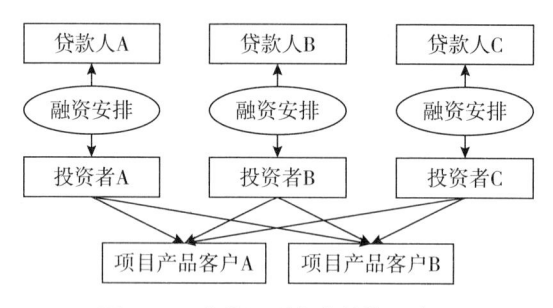

3. 非公司型合资结构

非公司型合资结构（incorporated joint venture），也被称作契约型合资结构，是项目发起人为实现共同目的，根据合作经营协议结合在一起的一种投资结构，这种投资结构并不是一种法律实体，只是投资者之间所建立的一种契约性质的合作关系。

非公司型合资结构在项目融资中的应用领域集中在采矿、能源开发、初级矿产加工、石油化工、钢铁及有色金属等。

非公司型合资结构与合伙制结构有一定的相似之处，但这两种结构有着很大区别，主要表现在：非公司型合资结构是通过每一个投资者之间的合资协议建立起来的，每一个投资者直接拥有全部的项目资产的一个不可分割的部分，同时每一个投资者需要投入相应比例的资金，只承担与其投资比例相应的责任，投资者之间没有任何的连带责任关系，投资者直接拥有并有权处置其投资比例的项目的最终产品。投资者在非公司型合资结构中是合作性质而非合伙性质的关系，投资者并不是"共同从事"一项商业活动，每个投资者都有权独立作出其相应投资比例的项目投资、原材料供应、产品处置等重大商业决策，他们从合资项目中获得相应份额的产品，而不是相应份额的利润。非公司型合资结构更适用于产品"可分割"的项目的投资结构。其结构如图15.9所示。

图 15.9 非公司型合资结构示意图

非公司型合资结构的最主要特点就是灵活性：投资结构设计灵活、融资安排灵活、税务安排灵活等，但它的缺点也非常明显，就是结构设计存在一定的不确定性，管理程序也比较复杂。

4. 信托基金结构

信托基金结构是一种投资基金的管理结构，主要运用在房地产等不动产项目、资源性项目的开发中。项目融资中，信托基金结构在形式上和公司型结构很相似，就是把信托基金划分为类似于股票的信托单位，通过发行信托单位来筹集资金。简单示意图如图 15.10 所示。

信托基金结构是通过信托契约建立起来的，它与公司型结构有着很大的区别：信托基金在法律上并不是一个独立法人，受托管理人只是受信托单位持有人的委托持有资产，信托单位持有人对信托资产按比例拥有直接的法律和受益人权益。它的优点在于融资安排比较容易，易于被资本市场所接受，需要时可通过信托单位上市等手段来筹集资金，不需要时可以很容易地把信托基金中的一切资产资金返还给信托单位持有人。缺点在于涉及到信托基金管理人等多个主体单位，结构比较复杂。

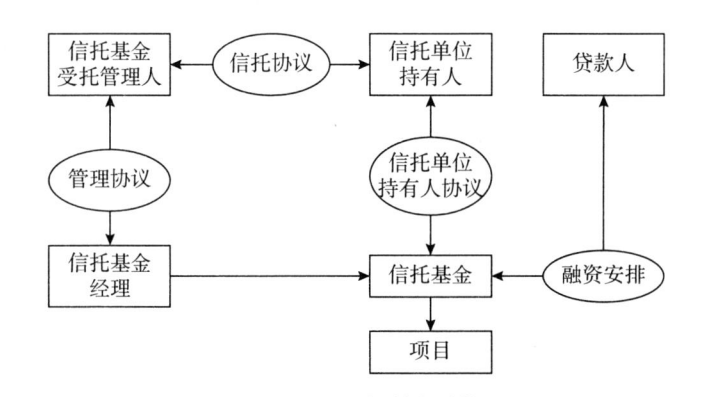

图 15.10 信托基金结构

专栏15-1　　　　　　　　信托

信托（trust），是指委托人基于对受托人的信任，将其财产权委托给受托人，由受托人按委托人的意愿以自己的名义，为受益人的利益或者特定目的，进行管理或者处分的行为。从法律上讲，信托是一种财产委托人、受益人和受托人之间发生的财产权关系，是一种以为他人管理财产为主要内容的法律关系。

世界各国的信托制度都包含有三方当事人和三个基本要素：

（1）委托人（trustor），是指将财产转移给受托人的当事人。

（2）受托人（trustee），是指受让信托财产并允诺代为管理处分的人，必须具有权利能力和行为能力。

（3）受益人（beneficiary），是指依据文件享受权益的人，不负任何义务。需要注意的是，受益人可以和委托人重叠。

（4）信托设立依据。在大陆法系，信托一般依据委托人的意思表示而设立，而这种意思表示往往由信托契约体现。在英美法系，设立信托的依据是多元的，可以是明示依据、法定依据，还可以是默示依据。

（5）信托财产，是指委托人转移给受托人并由受托人管理和处分的财产。凡是具有金钱价值的东西皆可成为信托财产的标的物，如动产、不动产、有价证券等。在法律地位上，信托财产具有独立性，它与委托人、受托人、受益人的财产相分离，运作上独立管理，并且处于委托人、受托人、受益人三方债权人的追索范围之外。在法律性质上，信托财产的所有权属于受托人。但这种所有权是不完整的，因为完整的所有权包括"占有、使用、收益、处分"四项权能，但信托财产的收益权由受益人享受，因此信托财产在法律上是"所有权与收益权相分离"，这是信托最本质的特点。

（6）信托目的，是指通过信托的实施所欲达到的目的。原则上，信托目的应采取当事人意思自治原则。

专栏15-2　　　　　　　　投资基金与信托的异同

信托通常分为商业信托和金融信托两类。商业信托主要经营商业性质的委托代理业务。金融信托主要是代理资金运用、买卖和代理有价证券、管理财产等。投资基金是金融信托的一种，即投资者将资金交给专业投资机构管理，这些专业投资机构根据与投资者之间的投资协议进行投资，争取实现最佳的投资回报和最小的投资风险。

投资基金与信托具有以下共同点：

（1）投资基金与信托都是代理他人运用资金、管理财产。

（2）投资基金与信托业务活动中的当事人都有委托者、受托者和受益者。受托者与委托者之间均有契约关系；受托者在契约和法律规定的范围内运用委托者的资金，并对受益者的利益负责。

但投资基金与信托又不完全相同，他们之间的重要区别如下：

（1）投资基金与信托业务范围不同。信托业务范围广泛，包括商业信托和金融信托，而投资基金只是金融信托的一种。

（2）资金运用形式不同。信托机构可以运用代理、租赁和出售等形式处理委托人的财产，既可以融通资金，也可以融通财物；而投资基金主要是进行资金运用，不能融通财物。

（3）当事人不同。信托业务的当事人主要是委托人、受托人和受益人；而投资基金业务的当事人除了上述三者外，还必须有一个保管人，并且保管人与基金管理人不能是一个机构。

第三节　项目融资模式

在初步拟定项目的投资结构的基础上，项目发起人就要考虑项目债务资金的来源及可能取得项目债务资金的方式，即项目融资模式。事实上，国际上很少有任何两个项目融资的模式是完全一样的，融资模式需要结合行业性质、投资结构、融资战略、信用支持等各方面的因素综合考虑。然而，无论一个项目的融资模式如何复杂，它们总包含着一些共同的东西，据此，人们总结出了下面几种主要的融资模式。

一、投资者直接安排的融资模式

在这种融资模式中，项目发起人（投资者）直接安排项目的融资，并且直接承担融资安排中相应的责任和义务，这是最为简单的一种项目融资模式，适用于投资者本身财务结构不是很复杂的情况。

采用这种融资模式不仅有利于投资者税务结构方面的安排，对于资信状况良好的投资者来说，直接安排融资还可以获得成本相对较低的贷款，这是因为即使安排的是有限追索的项目融资，但由于是直接使用投资者的名义出面，对于大多数贷款人来说资信良好的公司名誉本身就是一种担保。但由于贷款直接由投资者安排，在法律结构上如何实现有限追索就会比较复杂，而且这种项目融资很难安排成非公司负债型的融资。

投资者直接安排项目融资的模式，在投资者直接拥有项目资产并直接控制项目现金流量的非公司型合资结构中比较常见；并且这种方式有时也是为一个项目筹资所能够使用的唯一方法，因为大多数的非公司型合资结构不允许以合资结构的名义举债。

二、投资者通过项目公司安排的融资模式

项目发起人（投资者）建立一个单一的项目公司来安排融资，具体有单一项目子公司和合资项目子公司两种基本形式。

1. 单一项目子公司形式

为了减少投资者的风险，在合伙制结构、非公司型合资结构甚至公司型合资结构中，投资者经常建立一个单一目的的项目子公司形式作为投资载体，以该项目子公司的名义与其他投资者组成合资结构安排融资，这就是单一子公司的融资形式。它的特点是项目子公司将代表投资者承担项目中主要的或者全部的经济责任。由于该子公司是项目投资者临时组建的，缺乏必要的信用和经营经历，有时也缺乏资金，所以需要投资者提供一定的信用支持和保证。这种模式容易划清项目的债务责任，贷款人的追索权只能涉及项目子公司的资产和现金流量，其母公司除提供必要的担保外，不承担任何直接的责任。

2. 合资项目公司形式

这种形式是最常见的项目融资形式：投资者共同投资组建一个项目公司，再以该公司的名义拥有、经营项目和安排项目融资。具体操作程序是：首先，由项目投资者根据协议组建一个单一目的的项目公司，并注入一定的股本资金；然后，以项目公司作为独立的法人实体，签署一切与项目建设、生产和销售等有关的合同，安排项目融资，建设经营并拥有项目；在这一过程中，将项目融资安排在对投资者有限追索的基础上。

由于该项目公司除了正在安排的融资项目外，无任何其他资产，且该项目公司也无任何经营经历，原则上要求投资者必须提供一定的信用担保，承担一定的项目责任，这也是项目公司安排融资过程中重要的一个环节。如在项目建设期间，投资者可为贷款人提供完工担保；在项目生产期间，如果项目的生产经营达到预期标准，现金流量满足债务覆盖比率的要求，项目融资就可以安排成对投资者的无追索贷款。

三、以"杠杆租赁"为基础的融资模式

这种模式是指在项目投资者的要求和安排下，由杠杆租赁结构中的资产出

租人购买项目所需的资产,然后租赁给承租人(项目公司等)的一种融资结构。资产出租人和贷款人的收入以及信用保证主要来自租赁项目的税收优惠、租赁费用、项目的资产以及对项目现金流量的控制。

在杠杆租赁中,设备等出租标的物购置成本的一小部分由出租人承担,大部分由银行提供贷款补足。出租人只需要投资购置出租标的物所需款项的20%~40%,即可拥有设备的所有权,享受如同对设备100%所有权的同等待遇。购置成本的贷款部分被称为杠杆,可以凭借杠杆效果利用贷款人的资金提高出租人的资本利润。

杠杆租赁融资模式的运作过程是:①项目发起人(投资者)设立项目公司,项目公司签订资产购置合同,并在合同中说明这些资产的拥有权归专业租赁公司(出租人),然后再将这些资产从出租人手中租赁过来。当然,这些必须事先经过出租人的同意。②由于所需资产数额庞大,往往是两个以上的专业租赁公司 A 和 B 以合伙制的形式成立一家新的租赁公司 C,C 租赁公司安排资金购买项目公司所需要的资产并出租给项目公司。③购买标的资产的资金主要来自贷款人,它们通常以无追索权的形式提供所需资金的60%~80%,租赁公司 C 必须将其与项目公司签订的租赁协议和转让来的资产抵押给贷款人,这样贷款人就享有有限取得租赁费的权利。④在项目开发建设阶段,项目公司开始向租赁公司 C 支付租金,租金大体上等于租赁公司 C 购买项目资产贷款部分所需的利息,同时项目公司还要提供担保。⑤生产经营阶段,项目公司出售产品,补交建设期间没有付清的租金。⑥终止阶段,租赁公司收回全部成本获得了相应的回报,项目投资者的一个相关公司将租赁资产以事先约定的价格购买回去。

四、以"设施使用协议"为基础的融资模式

设施使用协议(tolling agreement)是在某种工业设施或服务型设施的提供者和这种设施的使用者之间达成的一种具有"无论提货与否均需付款"性质的协议,这种协议在工业项目中也被称为委托加工协议。以"设施使用协议"为基础的融资模式,主要运用于一些带有服务性质的项目,例如石油、天然气管道开发、发电设施、某种专门产品的运输系统以及港口、铁路设施等。20 世纪 80 年代,国际原材料市场长期不景气,导致与原材料有关项目的投资风险偏高,以原材料生产为代表的一些工业项目开始尝试引进"设施使用协议",并取得了良好效果。

利用"设施使用协议"安排项目融资，其成败的关键在于项目设施的使用者能否提供一个强有力的具有"无论提货与否均需付款"（在这里理解为"无论使用与否均需付款"）性质的承诺的工具。这个承诺要求项目设施的使用者在融资期间定期向设施的提供者支付一定数量的预先确定下来的项目设施使用费；这种承诺是无条件的，不管项目设施的使用者是否真正利用了项目设施所提供的服务。在项目融资中，这种无条件承诺的合约权益将被转让给贷款人，通常再加上项目投资者的担保，构成了项目信用保证的重要组成部分。比如20世纪80年代，澳大利亚昆士兰州产煤区的几家公司在兴建煤炭运输港口时，就以日本和欧洲的主要煤炭客户提供"无论提货与否均需付款"性质的港口使用协议为基础，成立煤炭运输港口公司（项目公司），从股票市场和贷款银行募集资金完成了港口建设工作。

五、以"产品支付"为基础的融资模式

"产品支付"融资模式是项目融资的早期形式之一，它起源于20世纪50年代美国石油天然气项目开发的融资安排。它以项目生产的产品及其销售收入的所有权为担保，而不是采用转让和抵押方式进行融资。这种形式是主要针对项目贷款的还款方式而言的，借款人在项目投产后不以项目产品的销售收入来偿还债务，而是直接以项目产品来还本付息。在贷款清偿以前，贷款人拥有项目部分和全部产品的所有权。但需注意的是，这并不意味着贷款人真的要储存几亿桶石油或者足以点亮一座城市的电力，在多数情况下，产品支付只是产权的转移而已，而非产品本身的转移。贷款人储存这些产品是没有任何意义的，它们通常要求项目公司重新购回它们的产品或者充当它们的代理人销售这些产品，无论采用什么样的销售方式，贷款人都不用接受实际的项目产品。产品支付融资模式适用于资源储量已经探明，并且项目生产的现金流量能够比较准确地计算出来的项目。

六、BOT项目融资模式

BOT（build-operate-transfer，建设—经营—转让）是国际上近二十年来逐渐兴起的一种私营机构参与公共设施建设项目，并与东道国政府机构形成一种伙伴关系，在互惠互利的基础上分享该项目的资源、风险和收益的融资方式，

也被称为特许权融资模式。它的基本思路是：项目所在国政府或者所属机构提供一种特许权协议（concession agreement）作为项目融资的基础，私营机构（本国公司或外国公司）为项目的建设安排资金，承担风险，开发建设项目并在有限的时间内经营项目获取利润，最后根据协议将项目转让给相应的政府机构。所以，BOT有时也被称为"暂时私有化"过程。BOT的概念最早由土耳其总理奥热扎尔在1984年提出，土耳其运用此方式建设了火电发电厂、机场和博斯普鲁斯第二座大桥。

特许权协议是BOT项目框架的中心，是整个项目得以融资、建设和经营的基础和核心。特许权协议实质是政府将公共基础设施项目通过授权方式特许给私营机构来建设和经营，它规定了项目公司和政府在BOT项目建设、运营以及最后移交过程中的权利和责任。

在我国，有的项目是由政府制定公开立法性文件确立授权关系的。比如1994年2月，上海市政府颁布《上海市延安东路隧道专营管理办法》，明确由上海市政府授权上海中信隧道发展有限公司（外方投资者为香港中信泰富有限公司）经营、管理延安东路原隧道，投资兴建并经营、管理新隧道（即延安东路隧道复线）的专营权，特许期限30年。此后颁布了诸如两桥一隧、奉浦大桥、大场自来水处理厂、沪嘉高速公路、徐浦大桥、延安高架路、内环高架路和南北高架路、逸仙路高架和蕴川路大桥、沪宁高速公路（上海段）等多个专营管理办法。有的项目是由国有公司代表政府向项目主办方授予专营权，如闸北电厂等项目的专营合同。还有一种是向社会公开招标的办法，如2002年上海市计划在浦东建设一座污水处理的大型基础设施，就采用招标设立项目公司并对该项目公司授予特许权的方式。该项目的总投资2.46亿美元，最终确定上海市政府承担50%，法国威望迪水务公司承担50%，特许经营期为50年，即2002～2052年，运营目标是为上海市1800万人口的用户提供污水处理和净水分销。该项目暂时没有进行外部融资。北京奥林匹克公园内的标志性建筑——国家体育场也是采用公开招标的方式，最终确定由中信集团及其旗下国安岳强公司、北京城建集团、美国金州控股集团组成的中信联合体与北京市国有资产经营有限公司共同组建项目公司，作为国家体育场的项目法人，负责国家体育场的设计、投融资、建设、运营和移交。根据特许经营协议，联合体获得了30年的国家体育场特许经营权。奥运会主体育场总投资为35亿元人民币，北京市政府提供其中58%的资金，剩余部分由项目公司进行融资。

BOT融资模式通常具有以下特点：①运用BOT方式承建的工程一般都是

需要投入大量资本的项目，比如市政建设、道路、环保、电力等基础设施类项目。②政府批准项目公司开发经营项目，并给予其使用土地、获取原材料等方面的便利条件。③政府按照固定价格购买产品（比如发电项目）或者政府担保项目可以获得最低收入。④政府为项目经营提供特许权协议，作为项目融资的信用安排基础。⑤特许权协议终止后，政府以固定价格或者无偿收回整个项目。⑥融资安排中，一般要求项目公司将特许权协议的权益转让给贷款银团作为抵押，有时贷款银行要求政府提供一定的从属贷款或者贷款担保作为融资的附加条件。⑦项目公司在特许期内运营和维护这些设施，通过收取使用费或服务费用，回收投资并取得合理的利润。特许期满后，设施所有权移交政府。

专栏15-3　我国第一个国家正式批准的BOT试点项目——广西来宾电厂B厂

　　20世纪末的十年，亚洲地区每年的基建项目标底高达1300亿美元。许多发展中国家纷纷引进BOT方式进行基础建设，如泰国的曼谷二期高速公路，巴基斯坦的Hah River电厂等等。BOT方式在中国出现也有多年。1984年香港合和实业公司和中国发展投资公司等作为承包商与广东省政府合作在深圳投资建设了沙角B电厂项目，是我国首家BOT基础的项目，虽然当时在具体做法上并不规范。1995年广西来宾电厂二期工程是我国引进BOT方式的一个里程碑，为我国利用BOT方式提供了宝贵的经验。此外，BOT方式还在北京京通高速公路、上海黄浦延安东路隧道复线等许多项目上得以运用。

　　广西来宾电厂B位于广西壮族自治区的来宾县。装机规模为72万千瓦，安装两台36万千瓦的进口燃煤机组。该项目总投资为6.16亿美元，其中总投资的25%，即1.54亿美元为股东投资，两个发起人按照60：40的比例向项目公司出资，具体出资比例为法国电力国际占60%，通用电气阿尔斯通公司占40%，出资额作为项目公司的注册资本；其余的75%通过有限追索的项目融资方式筹措。我国各级政府、金融机构和非金融机构不为该项目融资提供任何形式的担保。项目融资贷款由法国东方汇理银行、英国汇丰投资银行及英国巴克莱银行组成的银团联合承销，贷款中3.12亿美元由法国出口信贷机构——法国对外贸易保险公司提供出口信贷保险。项目特许期为18

年，其中建设期为 2 年 9 个月，运营期 15 年 3 个月。特许期满项目公司将电厂无偿移交给广西壮族自治区政府。在建设期和运营期内，项目公司将向广西壮族自治区政府分别提交履约保证金 3000 万美元，同时项目公司还将承担特许期满电厂移交给政府后 12 个月的质量保证义务。广西电力公司每年负责向项目公司购买 35 亿千瓦时（5000 小时）的最低输出电量（超发电量只付燃料电费），并送入广西电网。同时，由广西建设燃料有限责任公司负责向项目公司供应发电所需燃煤，燃煤主要来自贵州省盘江矿区。

资料来源：王璐："BOT 模式及其主要形式比较研究"，《国际经济合作》，2003 年第 11 期。

世界银行在《1994 年世界发展报告》中指出，BOT 至少有三种具体形式，即 BOT、BOOT、BOO，除此之外，它还有一些变通的形式。如：BOOT（build-own-operate-transfer，建设—拥有—经营—转让）、BOO（（build-own-operate 建设—拥有—经营）、BTO（（build-transfer-operate，建设—转让—经营）、BLT（bulid-lease-transfer，建设—租赁—转让）、TOT（transfer-operate-transfer，转让—经营—转让）等，这些具体形式虽然提法不同，具体操作上也存在一些差异，但它们的运作原理和思路都是一样的。

专栏15-4　　　　　　我国TOT案例

TOT（transfer-operate-transfer），通常是指政府将一些已建成的大型基础设施项目作价后转让给私营机构，政府收回投资后可以进行新的项目建设，而受让方则在一定时期内享有专营权，专营期届满后，受让方必须无偿将经营权转移给政府的一种投融资方式。

上市公司天津泰达股份公司就通过 TOT 模式涉足市政公用事业。2002 年 9 月，天津开发区向天津泰达股份公司转让整个开发区 272 万平方米的绿地草坪和园林绿化中心，合同期限为 50 年。根据协议，泰达股份出资 5.85 亿元收购这项公用事业资产，开发区政府每年给予泰达公司 7.5% 的投资回报，即每年向泰达股份返还 4388 万元现金，合同期满后，政府收回所有绿地和草坪及其相关土地使用权。实践证明，这种方式避开了 BOT 方式的风险和复杂性，易于操作。

资料来源：新文汇法讯网站。

七、ABS 项目融资模式

ABS（asset-backed-securitization）是以项目所属的资产为支撑的证券化融资方式。具体来说，就是以项目所拥有的资产为基础，以该项目资产可以带来的预期收益为保证，通过在资本市场上发行债券等筹集资金的一种方式。作为一项金融技术，ABS 最早起源于美国。ABS 的目的在于，通过其特有的提高信用等级方式，使原本信用等级较低的项目照样可以进入高信用等级证券市场，利用该市场信用等级高、债券安全性和流动性高、债券利率低的特点，大幅度降低发行债券筹集资金的成本。ABS 过程比较简单：

①确定 ABS 融资的目标。原则上，项目所附的资产只要在未来能够带来稳定可靠的现金流收入，如项目产品的出口贸易收入、房地产的未来租金收入、住房抵押贷款、汽车贷款、信用卡应收账款、公共事业收入（如水、电、煤气）等，都可以进行 ABS 融资。这些代表未来现金收入的资产本身具有较高的投资价值，只是由于客观条件的限制，无法获得权威资信评估机构所给予的较高信用评级，因此无法通过证券化的途径在资本市场上筹集到项目建设资金。拥有这种未来现金流量所有权的企业被称为原始权益人，他们将这些未来现金流量的资产进行估算和信用考核，并根据资产证券化的目标确定要把多少资产用于证券化，最后将这些资产汇集组成一个资产池。

②组建 SPV。成功组建 SPV（special purpose vehicle）是 ABS 融资的关键因素。为此，SPV 一般由在国际上获得了权威资信评估机构给予较高资信评级（AAA 或 AA）的投资银行、信托投资公司、信用担保公司等与证券相关的金融机构组成。SPV 也可由原始权益人设立，但它是以资产证券化为唯一目的的独立的信托实体，其经营有严格的法律限制，例如不能发生证券化以外的任何资产和负债，在对投资者付讫本息之前不能分配任何红利，不得破产等。其收入完全来自资产支撑证券的发行。为了降低资产证券化的成本，SPV 是一个独立于发起人之外的壳公司，一般都设在开曼群岛、百慕大群岛等免税的国家和地区，设立时往往只投入最低限度的资本。

③项目资产的真实出售。SPV 成立后，与原始权益人签订买卖合同，原始权益人将资产池中的资产过户给 SPV。这一交易必须以真实出售方式进行，买卖合同中应明确规定，一旦原始权益人发生破产清算，资产池不列入清算范围，从而达到破产隔离的目的。破产隔离使资产池与原始权益人自身的信用水平隔离开来，投资者对资产支撑证券的投资就不会受到原始权益人信用风险的影响。

这也正是项目融资的本质特点。

④完善交易结构，进行内部评级。SPV与原始权益人或其制定的资产服务公司签订服务合同，与原始权益人一起确定一家受托管理银行并签订托管合同，与银行达成必要时提供流动性周转的协议，与证券承销商达成证券承销协议等，来完成资产证券化的交易结构。然后请信用评级机构对这个交易结构和设计好的资产支撑证券进行内部评级。一般而言，这时的评级结果并不理想，较难吸引投资者。

⑤信用增级。为了吸引投资者，改善发行条件，SPV必须进行信用增级。信用增级的方法很多，但必须做到：一是"破产隔离"，剔除原始权益人的信用风险对投资的影响；二是划分高级／次级（senior／subordinate）证券结构，使对高级证券支付本息优于次级证券，付清高级证券本息后再对次级证券还本，这就降低了高级证券的信用风险，提高了它的信用等级；三是进行金融担保，担保公司向投资者保证SPV将履行到期还本付息的义务。

⑥进行信用评级，安排销售证券。信用增级后，SPV再次委托信用评级机构进行评级，然后由承销商负责向投资者销售资产支撑证券。这时资产支撑证券有了较好的信用评级，能以较好的发行条件销售。

⑦SPV获得证券发行收入，向原始权益人支付购买资产池的价款。此时，原始权益人达到了筹资的目的，进行项目投资和建设。

⑧资产管理。原始权益人或由SPV与原始权益人设立的资产服务公司对资产池进行管理，负责收取、记录由资产池产生的全部收入，将这些收款全部存入托管银行的收款专户，托管银行按约定建立积累金，准备用于SPV对投资者的还本付息。

⑨清偿抵押支撑证券，对聘用机构付费。在规定的时间，托管银行将积累金拨入付款账户，对投资者付息还本。资产支持证券到期后，还要向聘用的各类机构支付服务费。由资产池产生的收入在付息还本、支付服务费后若有剩余，全部退还给原始权益人。资产证券化过程到此结束。

专栏15-5　　　　　公路收费证券化

公路收费证券化是一种典型的基础设施证券化，是以项目所属资产收费权为支撑的证券化融资方式。我国自20世纪80年代初期开始筹建收费公路，据中国收费公路网的不完全统计，截至2000年年底，中国大陆证券化的收费公路总里程为11559公里,独立桥隧188828米。收费公路证券化在我国大陆地区的21个省市自治区均有不同程度的分布,其中广东、江苏、安徽等省市是证券化程度最高的省份。

案例一:珠海高速公路证券化

1996年8月,珠海市人民政府在开曼群岛注册了珠海市高速公路有限公司,成功地根据美国证券法律的144a规则发行了资产担保债券。该债券的策划人为中国国际金融公司,承销商为摩根斯坦利公司。珠海高速公路有限公司以当地机动车的管理费及外地过境机动车所缴纳的过路费作为支持,发行了总额为2亿美元的债券,所发行的债券通过内部信用增级的方法,将其分为两部分:其中一部分为年利率为9.125%的10年期优先级债券,发行量为8500万美元;另一部分为年利率为11.5%的12年期的次级债券,发行量为11500万美元。该债券发行的收入被用于广州到珠海的铁路及高速公路建设。

案例二、 广州—深圳—珠海高速公路证券化

广深珠高速公路的建设是和合控股有限公司与广东省交通厅合作的产物。为筹集广州—深圳高速公路的建设资金,项目的发展商香港和合控股有限公司通过注册于开曼群岛的三角洲公路有限公司在英属维尔京群岛设立广深高速公路控股有限公司,并由其在国际资本市场发行6亿美元的债券,募集资金用于广州-深圳-珠海高速公路东段工程的建设。和合公司持有广深珠高速公路50%的股权,并最终持有广深珠高速公路东段30年的特许经营权直至2027年。在特许经营权结束时,所有资产无条件地移交给广东省政府。

下表是我国高速公路证券化融资的概况。

DT 代码	SPV	债券息率	到期日	筹资额度	发行时间
CATHAY	Cathay International	13.50%	2008-4-15	$350000000	1998-4-2
GTBEIJ1	Great Beijing First Expressway	9.25%	2004-6-15	$100000000	1997-6-12
GTBEIJ2	Great Beijing First Expressway	9.50%	2007-6-15	$188000000	1997-6-12
GSSUP1	GS Superhighway	9.88%	2004-8-15	$198000000	1997-8-4
GSSUP2	GS Superhighway	10.25%	2007-8-15	$389900000	1997-8-4
TRAFF	Traffic Stream Infrastructure	14.25%	2006-5-1	$119000000	1998-4-24
ZHAI1	Zhuhai Highway Co.	9.13%	2006-7-1	$85000000	1996-7-31
ZHAI2	Zhuhai Highway Co.	11.50%	2008-7-1	$155000000	1996-6-30

注:①债券的付息方式均为半年一次;②资料来源debttrader.com 2001。

资料来源:金融界网站。

第四节 项目的资金结构和融资担保

一、项目的资金结构

项目的资金结构指的是如何安排项目的资金构成和来源。项目融资的资金构成一般包括三个部分：股本资金、准股本资金和债务资金。一方面，这三个部分在一个项目中的构成受到项目的投资结构、融资模式和项目的信用保证等的限制；另一方面，这三个部分在项目融资中也会产生特殊的作用。合理安排项目的资金构成和比例，选择适当的资金形式，能够达到既减少投资者自身资金的直接投入，又能够提高项目综合经济效益的目的。

项目中债务资金和股本资金的比例关系、项目资金的合理使用结构和税务安排对债务成本的影响，是确定项目的资金结构时重点考虑的三个要素。

项目融资的一个重要特点就是提高项目的债务承受能力。在项目融资中，贷款人面对的是一个独立项目，通过对项目的全面风险分析，可以确定项目最小现金流量水平和债务承受能力，通过对项目结构（投资结构、融资结构、资金结构、信用保证结构）的综合设计，可以减少和排除许多风险和不确定因素，从而可以获得较高的债务比例。

确定项目资金的使用结构需要综合考虑项目的总资金需求量、资金使用期限和使用成本。如果资金需求量测算不够准确，就会导致资金筹集和使用之间出现不一致的现象，增加项目资金筹集成本和运营风险，甚至导致项目失败。国际上存在大量由于资金计划使用不周而造成项目失败的案例。在项目融资债务安排方面，如果能够需要根据项目的现金流量特点和不同项目阶段的资金需求采取灵活的筹资手段，就能够降低项目债务风险，优化项目债务结构。

1. 股本资金

股本资金就是项目公司的股份。近年来在项目融资中出现一种新的情况，就是在项目筹资的同时，直接安排项目公司上市来筹集资金。20世纪80年代，英法两国建立穿越英吉利海峡的海底隧道工程时，就通过股票上市筹集了大量资金，如表15.1所示。欧洲迪斯尼乐园项目、悉尼2000年奥林匹克体育场项目都通过上市筹集了资金。在我国，只有经国务院批准的特别项目，才能试行以组建股份制公司发行股票方式筹措资本金。

表15.1　英法海底隧道资金来源

英法海底隧道资金来源		金额（单位：亿美元）	备注
股权	银行与承包人	0.8	股东发起人
	私营机构	3.7	第一部分（1986年末）
	社会公众	8.0	第二部分（1987年末）
	社会公众	2.75	第一部分（1988年末）
	社会公众	2.75	第一部分（1989年末）
负债	商业银行	68	用于主要设施
	商业银行	17	用于备用设施（共有209家商业银行提供）
合计		103	

2. 准股本资金

准股本资金指的是项目投资者或者与项目利益有关的第三方提供的一种从属性债务（subordinated debt）。准股本资金是相对股本资金而言的，通常具有以下性质：①债务本金的偿还具有一定的灵活性，不能在某一期间强制性的要求项目公司偿还从属性债务。②从属性债务在项目资金偿还顺序中要低于其他债务资金，但高于股本资金。③项目公司破产时，在偿还项目融资贷款的高级债务（senior debt）前，不能偿还从属性债务。从项目贷款人角度看，准股本资金可以看成是股本资金的一部分。从属债务的主要特征如表15.2所示。

表15.2　三种从属性债务的主要特征

从属性债务形式	无担保贷款	可转换债券	零息债券
债务金额	贷款协议规定金额		
利息	略高于普通贷款利率	低于普通债券利率	无利息支付
本金偿还	贷款协议规定	到期日面值支付	到期日面值支付
转换性	无	可在有效期内转换成股票	无
担保/抵押	无	无	无
备注			每年的名义利息可以获得税务扣减

3. 其他形式的股本资金

以贷款担保形式作为项目股本资金的投入，是项目融资中最有特色的一种资金投入方式。投资者并不直接投入资金作为项目公司的股本资金或准股本资金，而是以贷款人能够接受的方式提供固定金额的贷款担保作为替代。从投资者的角度看，没有实际的资金投入，资金成本低。但从贷款人的角度看，在项目自身的风险因素外，又加入了投资者（项目发起人）自身的风险因素。因此多数情况是贷款担保作为实际投入资金的一种补充形式，只有在项目具有很高的经济强度，同时担保责任方的信誉很好的条件下，贷款担保形式才能 100% 或接近 100% 的替代项目投资者的资金投入。中国国际信托投资公司在澳大利亚波兰特铝厂和加拿大塞尔加纸浆厂两个项目的融资就做到了这一点。

有时，项目担保人提供的某种形式的担保协议，如 BOT 模式中的特许权协议，在项目融资中也被当作股本资金来处理。

4. 债务资金

在项目融资中，债务资金的筹集是核心问题。图 15.11 是我国国内债务融资的主要途径。

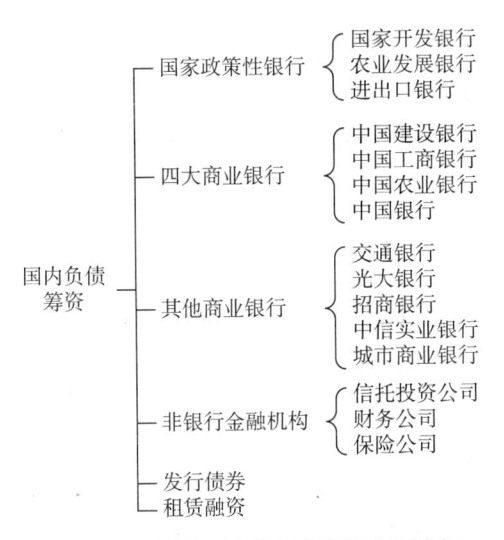

```
                        ┌ 国家开发银行
         ┌ 国家政策性银行 ┤ 农业发展银行
         │              └ 进出口银行
         │              ┌ 中国建设银行
         │              │ 中国工商银行
         ├ 四大商业银行  ┤ 中国农业银行
         │              └ 中国银行
         │              ┌ 交通银行
国内负债 │              │ 光大银行
  筹资   ├ 其他商业银行 ┤ 招商银行
         │              │ 中信实业银行
         │              └ 城市商业银行
         │              ┌ 信托投资公司
         ├ 非银行金融机构┤ 财务公司
         │              └ 保险公司
         ├ 发行债券
         └ 租赁融资
```

图 15.11　我国国内债务融资的主要途径

项目融资过程中，还常常会利用国际辛迪加银团贷款（international syndicated loan）、国际债券和商业票据（commercial paper）、租赁以及世界银行等国际金融组织的贷款。

二、融资担保

担保，在民法上指的是以确保债务和其它经济合同项下义务的履行或清偿为目的的保证行为，它是债务人对债权人提供履行责任的特殊保证，是保证债权实现的一种法律手段。按照各国法律，担保通常分为物权担保和信用担保。物权担保是指借款人或者担保人以自己的有形财产或者权益为履行债务设定的担保，又称物的担保，如抵押权、留置权等。信用担保指的是担保人以自己的资信向债权人保证对债务人履行债务承担责任，有担保（保证）书、安慰信等形式，又称人的担保。

我国担保法律体系基本是以《合同法》《民法》为基本法，《担保法》为核心，最高人民法院的《担保法司法解释》为补充。我国《担保法》（1995年10月1日实施）第1章第2条规定，担保形式为保证、抵押、质押、留置和定金。

项目融资担保是指借款人或者第三方以信用或者资产向贷款方或者租赁人作出的偿还保证。由于项目融资的最大特点是"无追索权或有限追索权"，因此担保在项目融资中具有特殊的地位。图 15.12 列示了担保人在项目融资结构中的关系，而表 15.3 则总结了项目融资担保的主要类型。

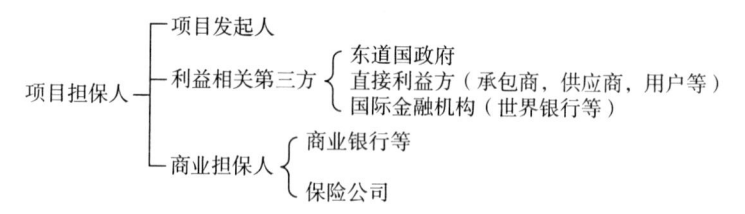

项目担保人
- 项目发起人
- 利益相关第三方
  - 东道国政府
  - 直接利益方（承包商，供应商，用户等）
  - 国际金融机构（世界银行等）
- 商业担保人
  - 商业银行等
  - 保险公司

图 15.12　项目担保人在融资结构中的关系

表 15.3　项目融资担保的类型

直接担保	① 确定项目融资担保的最大金额，主要针对贷款损失 ② 在项目建设、试运行等不同阶段提供担保
间接担保	① "无论提货与否均需付款"合同 ② BOT：政府特许权协议
或有担保	① 针对地震、火灾、塌方等不可抗力因素 ② 针对政治风险 ③ 针对政府税收政策变动风险，尤其是杠杆融资租赁模式中

参考文献 References

英文部分

[1] Aggarwal, Reena, and Pietra. Rivoli, "Fads in the Initial Public Offering Market", Financial Management, 1990

[2] Aharony, Joseph, and Itahak Swary, "Quarterly Dividend and Earnings Announcements and Stockholders' returns: An Empirical Analysis", Journal of Finance, 1980

[3] Allen, Franklin, and Gerald Faulhaber, "Signaling by Underpricing in the IPO Market", Journal of Financial Economics, 1989

[4] Asquith, Paul and David Mullins, 1986, "Equity Issues and Offering Dilution", Journal of Financial Economics, 1986

[5] Bagwell, Laurie Simon, "Dutch Auction Repurchases: An Analysis of Purchase of Shareholder Heterogeneity", Journal of Finance, 1992

[6] Baker, Malcolm and Jeffrey Wurgler, "Market Timing and Capital Structure", Journal of Finance, 2002

[7] Baron, David, "A Model of the Investment Banking Advice and Distribution Services for New Issures", Journal of Finance, 1982

[8] Barclay, Michael J., "Dividends, Taxes and Common Stock Prices: The Ex-Dividend Day Behavior of Common Stock Prices before the Income Tax", Journal of Financial Economics, 1987

[9] Black, B. and R. Gilson(1998), "Venture Capital and the Structure of Capital Markets: Banks versus Stock Markets", Journal of Financial Economics

[10] Bohren 0., Eckbo B. and D. Michalsen, "Why Underwrite Rights Offering? Some New Evidence", Journal of Financial Economics, 1997

[11] Brennan, Michael J., and Thomas E. Copeland, "Stock Splits, Stock Prices and Transaction Costs", Journal of Financial Economics, 1988

[12] Brigham, Eugene F., and Michael C. Ehrhardt, "Financial Management: Thoery and Management", Tenth Editon, 中国财政经济出版社(影印版)

[13] Chemmanaur, Thomas, "The Pricing of IPOs: A Dynamic Model of Information Production", Journal of Finance, 1993

[14] Comment, Robert and Greg A. Jarrell, "The Relative Signalling Power of Dutch-Auction and Fixed-Price Self-Tender Offer and Open-Market Share Repurchases", Journal of Finance, 1991

[15] Constantinides, Geogre M., and Militon Harris, Rene M. Stulz, Handbook of the Economics of Finance, 2003

[16] Cox, J., S. Ross, and M. Rubinstein, "Optiona Pricing: A Simplified Approach", Journal of Financial Economics, 1979

[17] Dann, Larry Y., "Common Stock Repurchases: An Analysis of Return to Bondholders and Stockholder", Journal of Financial Economics, 1981

[18] DeAngelo, H., and R. Masulis, "Optimal Capital Structure under Corporate and Personal Taxation", Journal of Financial Economics, 1980

[19] Donaldson, Gordon, Corporate Debt Capacity: A Study of Corporate Debt and the Determination of Corporate Debt Capacity, 1961

[20] Drake Philip D. and Michael R. Vetsuypens, 1993, "IPO Underpricing and Insurance against Legal Liability", Financial Management, 1993

[21] Durand, David, "Cost of Debt and Equity Funds for Business-Trends and Problems of Measurement", National Bureau of Economic Research, Conference on Research on Business Finance, New York 1952

[22] Eades, Kenneth M.; Hess, Patrick J.; Kim, E. Han, "On Interpreting Security Returns during the Ex-Dividend period", Journal of Financial Economics, 1984

[23] Eades, Kenneth M., and Patrick H. Kim, "Market Rationality and Dividend Annoucements", Journal of Financial Economics, 1985

[24] Elton, Edwin J., and Martin J. Gruber, "Marginal Stockholder Tax Rates and the Clientele Effects", Review of Economics and Statistics, 1970

[25] Fabozzi, Frank J., "the Handbook of Fixed Income Securities", Seventh Edition, McGraw-Hill company, 2005

[26] Fama, Eugene F., Laurence Fisher, Michael Jensen, and Richard Roll, "The Adjustment of Stock Prices to New Information", International Economics Review, 1969

[27] Fama, Eugene, and Kenneth French., "Value versus Growth: the international Evidence", Journal of Finance, 1998

[28] Gordon, Myron J., "Optimal Investment and Financing Policy", Journal of Finance, 1965

[29] Graham, John R., , "Debt and the Marginal Tax Rate", Journal of Financial Economics, 1996

[30] Graham, John R., Michael L. Lemmon, and James S. Schallheim "Debt, Lease, Taxes, and the Endogeneity of Corporate Tax Status" 1, Journal of Finance, 1998,

[31] Grinblatt, Mark, and Chun-Yang Hwang, "Signaling and the Pricing of New Issues", Journal of Finance, 1989

[32] Grinblatt, Mark S., Ronald W. Masulis, and Sheridan Titman, "The Valuation Effects of Stock Splits

and Stock Dividends", Journal of Financial Economics, 1984

[33] Grinblatt, Mark, and Sheridan Titman, "Financial Markets and Corporate Strategy", Second Edition, 清华大学出版社(影印版)

[34] Healy, Paul M., and Krishna G. Palepu, "Earnings Information Conveyed by Dividend Initiations and Omissions", Journal of Financial Economics, 1988

[35] Hess, Patrick J., "The Ex-Dividend Day Behavior of Stock Returns: Further Evidence on Tax Effects", Journal of Finance, 1982

[36] Jenkinson, Tim, and Alexander Ljugquist, "Going Public: the Theory and Evidence on How Companied Raise Equity Finance", Oxford University Press, 1996

[37] Jensen, Michael C., "Agency Costs of Free Cash Flow, Corporate Finance and Takeovers", American Economic Review, 1956P1986

[38] Jensen, C. Michael, and Kevin J. Murphy (1990b). "CEO Incentices-It's Not How Much You Pay, But How", Harward Business Review

[39] Jensen, MichaelC., and William H. Meckling, "Theory of the Firm: Managemerial Behavior, Agency, Costs and Ownership Structure", Journal of Financial Economics, 1976

[40] Johnson, Charles J., and Jr. Joseph Mclaughlin, Corporate Finance and the Securities Law, the third edition, ASPEN Publishers, 2004

[41] Kalay, Avner, "The Ex-Dividend Day Behavior of Stock Prices: A Re-examination of the Clientele Effect", Journal of Finance, 1982

[42] Kaplanis, Costas P., "Options, Taxes and Ex-Dividend Day Behavior", Journal of Finance, 1986

[43] Kester, Roy B., Advanced Accounting: Accounting Theory and Practice, third revised edition, The longmans Book INC., 1933.

[44] Lamoreux, Christopher G., and Percy Poon, "The Market Reaction to Stock Splits", Journal of Finance, 1987

[45] Linter, John, "Distribution of Income of Corporations among Dividends, Retained Earnings and Taxes", American Economics Review, 1956

[46] Linter, John, "Dividends, Earnings, Leverage, Stock Prices, and the Supply of Capital to Corporations", Review of Economics and Statistics, 1962

[47] Long, Larry H. P., and Robert H. Litzenberger, "Dividend Annoucements: Cash Flow Signalings, Free Cash Flow Hypothesis", Journal of Financial Economics, 1989

[48] Loughran, Tim, Jay. Ritter, and Kristian. Rydqvist, "Initial Public Offerings: International Insights", Pacific-Basin Finance Journal, 1994

[49] Marsh, Paul, "The Choice between Equity and Debt: An Empirical Study", Journal of Finance, 1982

[50] McNichols, Maureen, and Ajay Dravid, "Stock Dividends, Stock Splits, and Signalling", Journal of Finance, 1990

[51] Michaely, Roni, "Ex-Dividend Day Stock Price Behavior", Journal of Finance, 1991

[52] Mikkelson, Wayne H., "Convertible Calls and Security Return", Journal of Finance, 1981
[53] Miller, Merton H., "Debt and Taxes", Journal of Finance, 1977
[54] Miller, Merton H., and Franco Modigliani, "Dividend Policy, Growth, and the Valuation of Shares", Journal of Business, 1961
[55] Miller, Merton H., and Kevin Rock, "Dividend Policy under Asymmetric Information", Journal of Finance, 1985
[56] Miller, Robert, and Frank. Reilly, "An Examination of Mispricing, Returns, and Uncertainty of Initial Public Offerings", Financial Management, 1987
[57] Modigliani, Franco, and Merton H. Miller, "The Cost of Capital, Corporation Finance and the Thoery of Investment", American Economic Review, 1958
[58] Modiglian, Franco, and Merton H. Miller, "Corporate Income Taxes and the Cost- of Capital: A corection", American Economic Review, 1963
[59] Muscarella, Chris, and Michael Vetsuypens, "A Simple Test of Baron' Model of IPO Underpricing", Journal of Financial Economics, 1989
[60] Myers, Stewart C., "The Capital Structure Puzzle", Journal of Finance, 1984
[61] Ofer, Aharon R., and Daniel R. Siegel, "Corporate Financial Policy, Information, and Market Expection: An Empirical Investigation of Dividends", Journal of Finance, 1987
[62] Poterba, James M., and Lawrence H. Summers, "New Evidence That Tax Affect the. Valuation of Dividends", Journal of Finance, 1984
[63] Pettit, R Richardson, "Taxes, Transaction Costs and the Clientele Effect of Dividends", Journal of Financial Economics, 1977
[64] Ritter, Jay, "The Costs of Going Public", Journal of Financial Economics, 1987
[65] Ritter, Jay, "The 'Hot' Issue Market of 1980", Journal of Business, 1984
[66] Ritter, Jay, "The Long-Run Performance of Initial Public Offerings", Journal of Finance, 1991
[67] Robert A. Taggart Jr., "A Model of Corporate Financing Decisions", Journal of Finance, 1977
[68] Rock, Kevin, "Why the Issues Are Underpriced", Journal of Financial Economics, 1986
[69] Ross, Stephen. A, "The Determination of Financial Structure: The Incentive Signaling Approach", Bell Journal of Economics, 1977
[70] Ross, Stephen A., Randolph W. Westerfield, and Jeffrey Jaffe, "Corporate Finance", Seventh Edition, the McGraw-Hill company, 2005
[71] Shefrin, Hersh M., and Meir Statman, "Explaining Investor Preferences for Cash Dividends", Journal of Financial Economics, 1985
[72] Shleifer, Andrei, Inefficient Markets: An Introduction to Behavioral Finance, Oxford University Press, 2000
[73] Smith, Clifford W. and Jerome B. Warner, "On Financial Contracting: An Analysis of Bond Covenants", Journal of Financial Economics, 1979
[74] Stiglitz, Joseph E., "Why Financial Structures Matters", Journal of Economic Perspective, 1988

[75] Tong, Wilson, "International Evidence on Weekend Anomalies", working paper, 1999

[76] Vermaelen, Theo, "Repurchase Tender Offers, Signalling, and Managerial Incentives", Journal of Financial and Quantitative Analysis, 1984

[77] Wilson, Richard, and Frank Fabozzi, The New Corporate Bond Market, Chicago: Probus Publishing, 1990

[78] Woolridge, J. Randall, and Chinmoy Ghosh, "Dividend Cuts: Do They Always Signal Ba News?", Midland Corporate Finance Journal, 1985

译文部分

[1] Aswath Damodaran 著, 林谦译. 投资估价（第二版）. 北京: 清华大学出版社, 2004

[2] E·约翰·拉森著, 张文贤译. 现代高级会计. 大连: 东北财经大学出版社, 1999

[3] Eugene F. Brigham, Michael C. Ehrhardt 著, 狄瑞鹏等译. 财务管理: 理论与实践（第10版）. 北京: 清华大学出版社, 2005

[4] Kester, Fruhan, Piper, Ruback 编, 冯梅等译. 财务案例（第11版）. 北京: 北京大学出版社, 科文（香港）出版有限公司, 1999

[5] 埃德温·J·埃尔顿等著, 向东等译. 现代投资组合理论和投资分析（第六版）. 北京: 中国人民大学出版社, 2006

[6] 爱斯华斯·达莫德伦著, 荆霞主校译. 公司财务理论与实务. 北京: 中国人民大学出版社, 2001

[7] 弗兰克 J. 法博齐编著, 任若恩等译. 固定收益证券手册（第六版）. 北京: 中国人民大学出版社, 2005

[8] 马克·格林布莱特, 施瑞丹·蒂特曼著, 伊志宏等译. 金融市场与公司战略. 北京: 中国人民大学出版社, 2003

[9] 迈克尔·查特菲尔德著, 文硕等译. 会计思想史. 北京: 中国商业出版社, 1989

[10] 米什金著, 李扬等译. 货币金融学（第四版）. 北京: 中国人民大学出版社, 2002

[11] 帕特里克 A·高根著, 朱宝宪等译. 兼并、收购与公司重组（原书第3版）. 北京: 机械工业出版社, 2004

[12] 罗伯特·J·席勒著, 廖理等译. 非理性繁荣. 北京: 中国人民大学出版社, 2001

[13] 斯蒂芬 A·罗斯等著, 吴世农等译. 公司理财（原书第六版）. 北京: 机械工业出版社, 2003

[14] 斯蒂芬·佩因曼著, 刘力等译. 财务报表分析与证券定价. 北京: 中国财政经济出版社, 2002

[15] 苏瑞什·M·桑德瑞森著. 固定收益证券市场及其衍生产品（第二版）. 北京: 中国人民大学出版社, 2006

[16] 托马斯·李·哈森著, 张学安等译. 证券法. 北京: 中国政法大学出版社, 2003

[17] 约翰·C·赫尔著, 张陶伟译. 期货期权入门（第三版）. 北京: 中国人民大学出版社, 2001

[18] 兹维·博迪, 罗伯特 C·莫顿著, 伊志宏等校译. 金融学. 北京: 中国人民大学出版社, 2000

[19] 詹姆斯·范霍恩著, 宋逢明等译. 财务管理与公司政策（第十版）北京: 华夏出版社, 2000

中文部分

[1] 戴大双. 项目融资. 北京：机械工业出版社，2005

[2] 何小锋. 投资银行学. 北京：北京大学出版社，2002

[3] 蒋先铃. 项目融资. 北京：中国金融出版社，2001

[4] 李春好等. 项目融资. 北京：科学出版社，2004

[5] 李心愉. 公司金融学（第二版）. 北京：北京大学出版社，2015

[6] 刘力. 财务管理学（第二版）. 北京：企业管理出版社，2000

[7] 卢家仪等. 项目融资. 北京：清华大学出版社，1998

[8] 陆正飞等. 中国上市公司融资行为与融资结构研究. 北京：北京大学出版社，2005

[9] 宋伟一. 美国证券法案例解析. 北京：中国法制出版社，2002

[10] 施东晖等. 市场微观结构：理论和中国经验. 上海：上海三联出版社，2005

[11] 孙东方. 证券监管法律制度研究. 北京：北京大学出版社，2002

[12] 屠光绍. 市场监管：架构与前景. 上海：上海人民出版社，2000

[13] 许海峰主编. 境外上市. 北京：人民法院出版社，2005

[14] 扬志华. 证券法律制度研究. 北京：中国政法大学出版社，1995

[15] 张极井. 项目融资. 北京：中信出版社，1997

[16] 中国证券业协会. 证券市场基础知识. 北京：中国财政经济出版社，2004

[17] 中国证券业协会. 证券交易. 北京：中国财政经济出版社，2004

[18] 中国证券业协会. 证券发行与承销. 北京：中国财政经济出版社，2004

[19] 中国注册会计师协会. 经济法. 北京：经济科学出版社，2005

[20] 中国注册会计师协会. 财务成本管理. 北京：经济科学出版社，2005

[21] 中国注册会计师协会. 税法. 北京：中国财政经济出版社，2005

[22] 周春生. 融资、并购与公司控制. 北京：北京大学出版社，2005

[22] 朱武祥等. 中国公司金融. 上海：上海三联出版社，2005

附录一

复利终值系数表：$FVIF = (1+r)^T$

T	1%	2%	3%	4%	5%	6%	7%	8%	9%	10%	12%	14%	15%	16%	18%	20%	24%	28%	32%	36%
1	1.0100	1.0200	1.0300	1.0400	1.0500	1.0600	1.0700	1.0800	1.0900	1.1000	1.1200	1.1400	1.1500	1.1600	1.1800	1.2000	1.2400	1.2800	1.3200	1.3600
2	1.0201	1.0404	1.0609	1.0816	1.1025	1.1236	1.1449	1.1664	1.1881	1.2100	1.2544	1.2996	1.3225	1.3456	1.3924	1.4400	1.5376	1.6384	1.7424	1.8496
3	1.0303	1.0612	1.0927	1.1249	1.1576	1.1910	1.2250	1.2597	1.2950	1.3310	1.4049	1.4815	1.5209	1.5609	1.6430	1.7280	1.9066	2.0972	2.3000	2.5155
4	1.0406	1.0824	1.1255	1.1699	1.2155	1.2625	1.3108	1.3605	1.4116	1.4641	1.5735	1.6890	1.7490	1.8106	1.9388	2.0736	2.3642	2.6844	3.0360	3.4210
5	1.0510	1.1041	1.1593	1.2167	1.2763	1.3382	1.4026	1.4693	1.5386	1.6105	1.7623	1.9254	2.0114	2.1003	2.2878	2.4883	2.9316	3.4360	4.0075	4.6526
6	1.0615	1.1262	1.1941	1.2653	1.3401	1.4185	1.5007	1.5869	1.6771	1.7716	1.9738	2.1950	2.3131	2.4364	2.6996	2.9860	3.6352	4.3980	5.2899	6.3275
7	1.0721	1.1487	1.2299	1.3159	1.4071	1.5036	1.6058	1.7138	1.8280	1.9487	2.2107	2.5023	2.6600	2.8262	3.1855	3.5832	4.5077	5.6295	6.9826	8.6054
8	1.0829	1.1717	1.2668	1.3686	1.4775	1.5938	1.7182	1.8509	1.9926	2.1436	2.4760	2.8526	3.0590	3.2784	3.7589	4.2998	5.5895	7.2058	9.2170	11.703
9	1.0937	1.1951	1.3048	1.4233	1.5513	1.6895	1.8385	1.9990	2.1719	2.3579	2.7731	3.2519	3.5179	3.8030	4.4355	5.1598	6.9310	9.2234	12.166	15.917
10	1.1046	1.2190	1.3439	1.4802	1.6289	1.7908	1.9672	2.1589	2.3674	2.5937	3.1058	3.7072	4.0456	4.4114	5.2338	6.1917	8.5944	11.806	16.060	21.647
11	1.1157	1.2434	1.3842	1.5395	1.7103	1.8983	2.1049	2.3316	2.5804	2.8531	3.4785	4.2262	4.6524	5.1173	6.1759	7.4301	10.657	15.112	21.199	29.439
12	1.1268	1.2682	1.4258	1.6010	1.7959	2.0122	2.2522	2.5182	2.8127	3.1384	3.8960	4.8179	5.3503	5.9360	7.2876	8.9161	13.215	19.343	27.983	40.037
13	1.1381	1.2936	1.4685	1.6651	1.8856	2.1329	2.4098	2.7196	3.0658	3.4523	4.3635	5.4924	6.1528	6.8858	8.5994	10.699	16.386	24.759	36.937	54.451
14	1.1495	1.3195	1.5126	1.7317	1.9799	2.2609	2.5785	2.9372	3.3417	3.7975	4.8871	6.2613	7.0757	7.9875	10.147	12.839	20.319	31.691	48.757	74.053
15	1.1610	1.3459	1.5580	1.8009	2.0789	2.3966	2.7590	3.1722	3.6425	4.1772	5.4736	7.1379	8.1371	9.2655	11.974	15.407	25.196	40.565	64.359	100.71
16	1.1726	1.3728	1.6047	1.8730	2.1829	2.5404	2.9522	3.4259	3.9703	4.5950	6.1304	8.1372	9.3576	10.748	14.129	18.488	31.243	51.923	84.954	136.97
17	1.1843	1.4002	1.6528	1.9479	2.2920	2.6928	3.1588	3.7000	4.3276	5.0545	6.8660	9.2765	10.761	12.468	16.672	22.186	38.741	66.461	112.14	186.28

续表

T	1%	2%	3%	4%	5%	6%	7%	8%	9%	10%	12%	14%	15%	16%	18%	20%	24%	28%	32%	36%
18	1.1961	1.4282	1.7024	2.0258	2.4066	2.8543	3.3799	3.9960	4.7171	5.5599	7.6900	10.575	12.375	14.463	19.673	26.623	48.039	86.071	148.02	253.34
19	1.2081	1.4568	1.7535	2.1068	2.5270	3.0256	3.6165	4.3157	5.1417	6.1159	8.6128	12.056	14.232	16.777	23.214	31.948	59.568	108.89	195.39	344.54
20	1.2202	1.4859	1.8061	2.1911	2.6533	3.2071	3.8697	4.6610	5.6044	6.7275	9.6463	13.743	16.367	19.461	27.393	38.338	73.864	139.38	257.92	468.57
21	1.2324	1.5157	1.8603	2.2788	2.7860	3.3996	4.1406	5.0338	6.1088	7.4002	10.804	15.668	18.822	22.574	32.324	46.005	91.592	178.41	340.45	637.26
22	1.2447	1.5460	1.9161	2.3699	2.9253	3.6035	4.4304	5.4365	6.6586	8.1403	12.100	17.861	21.645	26.186	38.142	55.206	113.57	228.36	449.39	866.67
23	1.2572	1.5769	1.9736	2.4647	3.0715	3.8197	4.7405	5.8715	7.2579	8.9543	13.552	20.362	24.891	30.376	45.008	66.247	140.83	292.30	593.20	1178.7
24	1.2697	1.6084	2.0328	2.5633	3.2251	4.0489	5.0724	6.3412	7.9111	9.8497	15.179	23.212	28.625	35.236	53.109	79.497	174.63	374.14	783.02	1603.0
25	1.2824	1.6406	2.0938	2.6658	3.3864	4.2919	5.4274	6.8485	8.6231	10.835	17.000	26.462	32.919	40.874	62.669	95.396	216.54	478.90	1033.6	2180.1
30	1.3478	1.8114	2.4273	3.2434	4.3219	5.7435	7.6123	10.063	13.268	17.449	29.960	50.950	66.212	85.850	143.37	237.38	634.82	1645.5	4142.1	10143.
40	1.4889	2.2080	3.2620	4.8010	7.0400	10.286	14.974	21.725	31.409	45.259	93.051	188.88	267.86	378.72	750.38	1469.8	5455.9	19427.	66521.	*
50	1.6446	2.6916	4.3839	7.1067	11.467	18.420	29.457	46.902	74.358	117.39	289.00	700.23	1083.7	1670.7	3927.4	9100.4	46890.	*	*	*
60	1.8167	3.2810	5.8916	10.520	18.679	32.988	57.946	101.26	176.03	304.48	897.60	2595.9	4384.0	7370.2	20555.	56348.	*	*	*	*

* FVIV>99999。

附录二

复利现值系数表：$\text{PVIF} = 1/(1+r)^T$

T	1%	2%	3%	4%	5%	6%	7%	8%	9%	10%	12%	14%	15%	16%	18%	20%	24%	28%	32%	36%
1	0.9901	0.9804	0.9709	0.9615	0.9524	0.9434	0.9346	0.9259	0.9174	0.9091	0.8929	0.8772	0.8696	0.8621	0.8475	0.8333	0.8065	0.7813	0.7576	0.7353
2	0.9803	0.9612	0.9426	0.9246	0.9070	0.8900	0.8734	0.8573	0.8417	0.8264	0.7972	0.7695	0.7561	0.7432	0.7182	0.6944	0.6504	0.6104	0.5739	0.5407
3	0.9706	0.9423	0.9151	0.8890	0.8638	0.8396	0.8163	0.7938	0.7722	0.7513	0.7118	0.6750	0.6575	0.6407	0.6086	0.5787	0.5245	0.4768	0.4348	0.3975
4	0.9610	0.9238	0.8885	0.8548	0.8227	0.7921	0.7629	0.7350	0.7084	0.6830	0.6355	0.5921	0.5718	0.5523	0.5158	0.4823	0.4230	0.3725	0.3294	0.2923
5	0.9515	0.9057	0.8626	0.8219	0.7835	0.7473	0.7130	0.6806	0.6499	0.6209	0.5674	0.5194	0.4972	0.4761	0.4371	0.4019	0.3411	0.2910	0.2495	0.2149
6	0.9420	0.8880	0.8375	0.7903	0.7462	0.7050	0.6663	0.6302	0.5963	0.5645	0.5066	0.4556	0.4323	0.4104	0.3704	0.3349	0.2751	0.2274	0.1890	0.1580
7	0.9327	0.8706	0.8131	0.7599	0.7107	0.6651	0.6227	0.5835	0.5470	0.5132	0.4523	0.3996	0.3759	0.3538	0.3139	0.2791	0.2218	0.1776	0.1432	0.1162
8	0.9235	0.8535	0.7894	0.7307	0.6768	0.6274	0.5820	0.5403	0.5019	0.4665	0.4039	0.3506	0.3269	0.3050	0.2660	0.2326	0.1789	0.1388	0.1085	0.0854
9	0.9143	0.8368	0.7664	0.7026	0.6446	0.5919	0.5439	0.5002	0.4604	0.4241	0.3606	0.3075	0.2843	0.2630	0.2255	0.1938	0.1443	0.1084	0.0822	0.0628
10	0.9053	0.8203	0.7441	0.6756	0.6139	0.5584	0.5083	0.4632	0.4224	0.3855	0.3220	0.2697	0.2472	0.2267	0.1911	0.1615	0.1164	0.0847	0.0623	0.0462
11	0.8963	0.8043	0.7224	0.6496	0.5847	0.5268	0.4751	0.4289	0.3875	0.3505	0.2875	0.2366	0.2149	0.1954	0.1619	0.1346	0.0938	0.0662	0.0472	0.0340
12	0.8874	0.7885	0.7014	0.6246	0.5568	0.4970	0.4440	0.3971	0.3555	0.3186	0.2567	0.2076	0.1869	0.1685	0.1372	0.1122	0.0757	0.0517	0.0357	0.0250
13	0.8787	0.7730	0.6810	0.6006	0.5303	0.4688	0.4150	0.3677	0.3262	0.2897	0.2292	0.1821	0.1625	0.1452	0.1163	0.0935	0.0610	0.0404	0.0271	0.0184
14	0.8700	0.7579	0.6611	0.5775	0.5051	0.4423	0.3878	0.3405	0.2992	0.2633	0.2046	0.1597	0.1413	0.1252	0.0985	0.0779	0.0492	0.0316	0.0205	0.0135
15	0.8613	0.7430	0.6419	0.5553	0.4810	0.4173	0.3624	0.3152	0.2745	0.2394	0.1827	0.1401	0.1229	0.1079	0.0835	0.0649	0.0397	0.0247	0.0155	0.0099
16	0.8528	0.7284	0.6232	0.5339	0.4581	0.3936	0.3387	0.2919	0.2519	0.2176	0.1631	0.1229	0.1069	0.0930	0.0708	0.0541	0.0320	0.0193	0.0118	0.0073
17	0.8444	0.7142	0.6050	0.5134	0.4363	0.3714	0.3166	0.2703	0.2311	0.1978	0.1456	0.1078	0.0929	0.0802	0.0600	0.0451	0.0258	0.0150	0.0089	0.0054

续表

T	1%	2%	3%	4%	5%	6%	7%	8%	9%	10%	12%	14%	15%	16%	18%	20%	24%	28%	32%	36%
18	0.8360	0.7002	0.5874	0.4936	0.4155	0.3503	0.2959	0.2502	0.2120	0.1799	0.1300	0.0946	0.0808	0.0691	0.0508	0.0376	0.0208	0.0118	0.0068	0.0039
19	0.8277	0.6864	0.5703	0.4746	0.3957	0.3305	0.2765	0.2317	0.1945	0.1635	0.1161	0.0829	0.0703	0.0596	0.0431	0.0313	0.0168	0.0092	0.0051	0.0029
20	0.8195	0.6730	0.5537	0.4564	0.3769	0.3118	0.2584	0.2145	0.1784	0.1486	0.1037	0.0728	0.0611	0.0514	0.0365	0.0261	0.0135	0.0072	0.0039	0.0021
21	0.8114	0.6598	0.5375	0.4388	0.3589	0.2942	0.2415	0.1987	0.1637	0.1351	0.0926	0.0638	0.0531	0.0443	0.0309	0.0217	0.0109	0.0056	0.0029	0.0016
22	0.8034	0.6468	0.5219	0.4220	0.3418	0.2775	0.2257	0.1839	0.1502	0.1228	0.0826	0.0560	0.0462	0.0382	0.0262	0.0181	0.0088	0.0044	0.0022	0.0012
23	0.7954	0.6342	0.5067	0.4057	0.3256	0.2618	0.2109	0.1703	0.1378	0.1117	0.0738	0.0491	0.0402	0.0329	0.0222	0.0151	0.0071	0.0034	0.0017	0.0008
24	0.7876	0.6217	0.4919	0.3901	0.3101	0.2470	0.1971	0.1577	0.1264	0.1015	0.0659	0.0431	0.0349	0.0284	0.0188	0.0126	0.0057	0.0027	0.0013	0.0006
25	0.7798	0.6095	0.4776	0.3751	0.2953	0.2330	0.1842	0.1460	0.1160	0.0923	0.0588	0.0378	0.0304	0.0245	0.0160	0.0105	0.0046	0.0021	0.0010	0.0005
30	0.7419	0.5521	0.4120	0.3083	0.2314	0.1741	0.1314	0.0994	0.0754	0.0573	0.0334	0.0196	0.0151	0.0116	0.0070	0.0042	0.0016	0.0006	0.0002	0.0001
40	0.6717	0.4529	0.3066	0.2083	0.1420	0.0972	0.0668	0.0460	0.0318	0.0221	0.0107	0.0053	0.0037	0.0026	0.0013	0.0007	0.0002	0.0001	*	*
50	0.6080	0.3715	0.2281	0.1407	0.0872	0.0543	0.0339	0.0213	0.0134	0.0085	0.0035	0.0014	0.0009	0.0006	0.0003	0.0001	*	*	*	*

* 系数保留到小数点后 4 位。

附录三

年金现值系数表：$PVIF = [1 - 1/(1+r)^T]/r$

T	1%	2%	3%	4%	5%	6%	7%	8%	9%	10%	12%	14%	15%	16%	18%	20%	24%	28%	32%
1	0.9901	0.9804	0.9709	0.9615	0.9524	0.9434	0.9346	0.9259	0.9174	0.9091	0.8929	0.8772	0.8696	0.8621	0.8475	0.8333	0.8065	0.7813	0.7576
2	1.9704	1.9416	1.9135	1.8861	1.8594	1.8334	1.8080	1.7833	1.7591	1.7355	1.6901	1.6467	1.6257	1.6052	1.5656	1.5278	1.4568	1.3916	1.3315
3	2.9410	2.8839	2.8286	2.7751	2.7232	2.6730	2.6243	2.5771	2.5313	2.4869	2.4018	2.3216	2.2832	2.2459	2.1743	2.1065	1.9813	1.8684	1.7663
4	3.9020	3.8077	3.7171	3.6299	3.5460	3.4651	3.3872	3.3121	3.2397	3.1699	3.0373	2.9137	2.8550	2.7982	2.6901	2.5887	2.4043	2.2410	2.0957
5	4.8534	4.7135	4.5797	4.4518	4.3295	4.2124	4.1002	3.9927	3.8897	3.7908	3.6048	3.4331	3.3522	3.2743	3.1272	2.9906	2.7454	2.5320	2.3452
6	5.7955	5.6014	5.4172	5.2421	5.0757	4.9173	4.7665	4.6229	4.4859	4.3553	4.1114	3.8887	3.7845	3.6847	3.4976	3.3255	3.0205	2.7594	2.5342
7	6.7282	6.4720	6.2303	6.0021	5.7864	5.5824	5.3893	5.2064	5.0330	4.8684	4.5638	4.2883	4.1604	4.0386	3.8115	3.6046	3.2423	2.9370	2.6775
8	7.6517	7.3255	7.0197	6.7327	6.4632	6.2098	5.9713	5.7466	5.5348	5.3349	4.9676	4.6389	4.4873	4.3436	4.0776	3.8372	3.4212	3.0758	2.7860
9	8.5660	8.1622	7.7861	7.4353	7.1078	6.8017	6.5152	6.2469	5.9952	5.7590	5.3282	4.9464	4.7716	4.6065	4.3030	4.0310	3.5655	3.1842	2.8681
10	9.4713	8.9826	8.5302	8.1109	7.7217	7.3601	7.0236	6.7101	6.4177	6.1446	5.6502	5.2161	5.0188	4.8332	4.4941	4.1925	3.6819	3.2689	2.9304
11	10.3676	9.7868	9.2526	8.7605	8.3064	7.8869	7.4987	7.1390	6.8052	6.4951	5.9377	5.4527	5.2337	5.0286	4.6560	4.3271	3.7757	3.3351	2.9776
12	11.2551	10.5753	9.9540	9.3851	8.8633	8.3838	7.9427	7.5361	7.1607	6.8137	6.1944	5.6603	5.4206	5.1971	4.7932	4.4392	3.8514	3.3868	3.0133
13	12.1337	11.3484	10.6350	9.9856	9.3936	8.8527	8.3577	7.9038	7.4869	7.1034	6.4235	5.8424	5.5831	5.3423	4.9095	4.5327	3.9124	3.4272	3.0404
14	13.0037	12.1062	11.2961	10.5631	9.8986	9.2950	8.7455	8.2442	7.7862	7.3667	6.6282	6.0021	5.7245	5.4675	5.0081	4.6106	3.9616	3.4587	3.0609
15	13.8651	12.8493	11.9379	11.1184	10.3797	9.7122	9.1079	8.5595	8.0607	7.6061	6.8109	6.1422	5.8474	5.5755	5.0916	4.6755	4.0013	3.4834	3.0764
16	14.7179	13.5777	12.5611	11.6523	10.8378	10.1059	9.4466	8.8514	8.3126	7.8237	6.9740	6.2651	5.9542	5.6685	5.1624	4.7296	4.0333	3.5026	3.0882
17	15.5623	14.2919	13.1661	12.1657	11.2741	10.4773	9.7632	9.1216	8.5436	8.0216	7.1196	6.3729	6.0472	5.7487	5.2223	4.7746	4.0591	3.5177	3.0971

续表

T	1%	2%	3%	4%	5%	6%	7%	8%	9%	10%	12%	14%	15%	16%	18%	20%	24%	28%	32%
18	16.3983	14.9920	13.7535	12.6593	11.6896	10.8276	10.0591	9.3719	8.7556	8.2014	7.2497	6.4674	6.1280	5.8178	5.2732	4.8122	4.0799	3.5294	3.1039
19	17.2260	15.6785	14.3238	13.1339	12.0853	11.1581	10.3356	9.6036	8.9501	8.3649	7.3658	6.5504	6.1982	5.8775	5.3162	4.8435	4.0967	3.5386	3.1090
20	18.0456	16.3514	14.8775	13.5903	12.4622	11.4699	10.5940	9.8181	9.1285	8.5136	7.4694	6.6231	6.2593	5.9288	5.3527	4.8696	4.1103	3.5458	3.1129
21	18.8570	17.0112	15.4150	14.0292	12.8212	11.7641	10.8355	10.0168	9.2922	8.6487	7.5620	6.6870	6.3125	5.9731	5.3837	4.8913	4.1212	3.5514	3.1158
22	19.6604	17.6580	15.9369	14.4511	13.1630	12.0416	11.0612	10.2007	9.4424	8.7715	7.6446	6.7429	6.3587	6.0113	5.4099	4.9094	4.1300	3.5558	3.1180
23	20.4558	18.2922	16.4436	14.8568	13.4886	12.3034	11.2722	10.3741	9.5802	8.8832	7.7184	6.7921	6.3988	6.0442	5.4321	4.9245	4.1371	3.5592	3.1197
24	21.2434	18.9139	16.9355	15.2470	13.7986	12.5504	11.4693	10.5288	9.7066	8.9847	7.7843	6.8351	6.4338	6.0726	5.4509	4.9371	4.1428	3.5619	3.1210
25	22.0232	19.5235	17.4131	15.6221	14.0939	12.7834	11.6536	10.6748	9.8226	9.0770	7.8431	6.8729	6.4641	6.0971	5.4669	4.9476	4.1474	3.5640	3.1220
30	25.8077	22.3965	19.6004	17.2920	15.3725	13.7648	12.4090	11.2578	10.2737	9.4269	8.0552	7.0027	6.5660	6.1772	5.5168	4.9789	4.1601	3.5693	3.1242
40	32.8347	27.3555	23.1148	19.7928	17.1591	15.0463	13.3317	11.9246	10.7574	9.7791	8.2438	7.1050	6.6418	6.2335	5.5482	4.9966	4.1659	3.5712	3.1250
50	39.1961	31.4236	25.7298	21.4822	18.2559	15.7619	13.8007	12.2335	10.9617	9.9148	8.3045	7.1327	6.6605	6.2463	5.5541	4.9995	4.1666	3.5714	3.1250

附录四

年金终值系数表： $FVIFA = [(1+r)^T - 1]/r$

T	1%	2%	3%	4%	5%	6%	7%	8%	9%	10%	12%	14%	15%	16%	18%	20%	24%	28%	32%	36%
1	1.0000	1.0000	1.0000	1.0000	1.0000	1.0000	1.0000	1.0000	1.0000	1.0000	1.0000	1.0000	1.0000	1.0000	1.0000	1.0000	1.0000	1.0000	1.0000	1.0000
2	2.0100	2.0200	2.0300	2.0400	2.0500	2.0600	2.0700	2.0800	2.0900	2.1000	2.1200	2.1400	2.1500	2.1600	2.1800	2.2000	2.2400	2.2800	2.3200	2.3600
3	3.0301	3.0604	3.0909	3.1216	3.1525	3.1836	3.2149	3.2464	3.2781	3.3100	3.3744	3.4396	3.4725	3.5056	3.5724	3.6400	3.7776	3.9184	4.0624	4.2096
4	4.0604	4.1216	4.1836	4.2465	4.3101	4.3746	4.4399	4.5061	4.5731	4.6410	4.7793	4.9211	4.9934	5.0665	5.2154	5.3680	5.6842	6.0156	6.3624	6.7251
5	5.1010	5.2040	5.3091	5.4163	5.5256	5.6371	5.7507	5.8666	5.9847	6.1051	6.3528	6.6101	6.7424	6.8771	7.1542	7.4416	8.0484	8.6999	9.3983	10.146
6	6.1520	6.3081	6.4684	6.6330	6.8019	6.9753	7.1533	7.3359	7.5233	7.7156	8.1152	8.5355	8.7537	8.9775	9.4420	9.9299	10.980	12.136	13.406	14.799
7	7.2135	7.4343	7.6625	7.8983	8.1420	8.3938	8.6540	8.9228	9.2004	9.4872	10.089	10.730	11.067	11.414	12.142	12.916	14.615	16.534	18.696	21.126
8	8.2857	8.5830	8.8932	9.2142	9.5491	9.8975	10.260	10.637	11.028	11.436	12.300	13.233	13.727	14.240	15.327	16.499	19.123	22.163	25.678	29.732
9	9.3685	9.7546	10.159	10.583	11.027	11.491	11.978	12.488	13.021	13.579	14.776	16.085	16.786	17.519	19.086	20.799	24.712	29.369	34.895	41.435
10	10.462	10.950	11.464	12.006	12.578	13.181	13.816	14.487	15.193	15.937	17.549	19.337	20.304	21.321	23.521	25.959	31.643	38.593	47.062	57.352
11	11.567	12.169	12.808	13.486	14.207	14.972	15.784	16.645	17.560	18.531	20.655	23.045	24.349	25.733	28.755	32.150	40.238	50.398	63.122	78.998
12	12.683	13.412	14.192	15.026	15.917	16.870	17.888	18.977	20.141	21.384	24.133	27.271	29.002	30.850	34.931	39.581	50.895	65.510	84.320	108.44
13	13.809	14.680	15.618	16.627	17.713	18.882	20.141	21.495	22.953	24.523	28.029	32.089	34.352	36.786	42.219	48.497	64.110	84.853	112.30	148.47
14	14.947	15.974	17.086	18.292	19.599	21.015	22.550	24.215	26.019	27.975	32.393	37.581	40.505	43.672	50.818	59.196	80.496	109.61	149.24	202.93
15	16.097	17.293	18.599	20.024	21.579	23.276	25.129	27.152	29.361	31.772	37.280	43.842	47.580	51.660	60.965	72.035	100.82	141.30	198.00	276.98
16	17.258	18.639	20.157	21.825	23.657	25.673	27.888	30.324	33.003	35.950	42.753	50.980	55.717	60.925	72.939	87.442	126.01	181.87	262.36	377.69
17	18.430	20.012	21.762	23.698	25.840	28.213	30.840	33.750	36.974	40.545	48.884	59.118	65.075	71.673	87.068	105.93	157.25	233.79	347.31	514.66

续表

T	1%	2%	3%	4%	5%	6%	7%	8%	9%	10%	12%	14%	15%	16%	18%	20%	24%	28%	32%	36%
18	19.615	21.412	23.414	25.645	28.132	30.906	33.999	37.450	41.301	45.599	55.750	68.394	75.836	84.141	103.74	128.12	195.99	300.25	459.45	700.94
19	20.811	22.841	25.117	27.671	30.539	33.760	37.379	41.446	46.018	51.159	64.440	78.969	88.212	98.603	123.41	154.74	244.03	385.32	607.47	954.28
20	22.019	24.297	26.870	29.778	33.066	36.786	40.995	45.762	51.160	57.275	72.052	91.025	102.44	115.38	146.63	186.69	303.60	494.21	802.86	1298.8
21	23.239	25.783	28.676	31.969	35.719	39.993	44.865	50.423	56.765	64.002	81.699	104.77	118.81	134.84	174.02	225.03	377.46	633.59	1060.8	1767.4
22	24.472	27.299	30.537	34.248	38.505	43.392	49.006	55.457	62.873	71.403	92.503	120.44	137.63	157.41	206.34	271.03	469.06	812.00	1401.2	2404.7
23	25.716	28.845	32.453	36.618	41.430	46.996	53.436	60.893	69.532	79.543	104.60	138.30	159.28	183.60	244.49	326.24	582.63	1040.4	1850.6	3271.3
24	26.973	30.422	34.426	39.083	44.502	50.816	58.177	66.765	76.790	88.497	118.16	158.66	184.17	213.98	289.49	392.48	723.46	1332.7	2443.8	4450.0
25	28.243	32.030	36.459	41.646	47.727	54.865	63.249	73.106	84.701	98.347	133.33	181.87	212.79	249.21	342.60	471.98	898.09	1706.8	3226.8	6053.0
30	34.785	40.568	47.575	56.085	66.439	79.058	94.461	113.28	136.31	164.49	241.33	356.79	434.75	530.31	790.95	1181.9	2640.9	5873.2	12941.	28172.3
40	48.886	60.402	75.401	95.026	120.80	154.76	199.64	259.06	337.88	442.59	767.09	1342.0	1779.1	2360.8	4163.2	7343.9	22729.	69377.	*	*
50	64.463	84.579	112.80	152.67	209.35	290.34	406.53	573.77	815.08	1163.9	2400.0	4994.5	7217.7	10436.	21813.	45497.	*	*	*	*
60	81.670	114.05	163.05	237.99	353.58	533.13	813.52	1253.2	1944.8	3034.8	7471.6	18535.	29220.	46058.	*	*	*	*	*	*

* FVIFA>99999。